KB143553

퓰리처
글쓰기 수업

논픽션 스토리텔링의 모든 것

잭 하트 지음

정세라 옮김

퓰리처
글쓰기 수업

논픽션 스토리텔링의 모든 것

현대
지성

논픽션 작법을 찾아 고락을 함께했던

위대한 작가들에게 이 책을 바친다

일러두기

1. 이 책의 핵심 개념인 "내러티브 논픽션"(Narrative Nonfiction)은 사실을 바탕으로 한 스토리 텔링을 말한다. 신문이나 잡지 등 시사 매체에 실리는 저널리즘이긴 하지만 육하원칙에 근거해 사실을 전달하는 전통적 기사가 아니라, 구성과 스타일 등 여러 면에서 문학성을 띠기 때문에 "문학적 저널리즘"이라고도 한다.

2. 본문의 각주는 모두 옮긴이 주이며, 미주는 저자의 것이다.

3. 단행본, 신문, 정기간행물(잡지)는 겹낫표(『 』)로, 에세이, 기사명, 보고서, 논문 제목 등 책의 형태가 아닌 인쇄물은 홑낫표(「 」)로, 저자의 부연 설명은 대괄호([ ])로 표기했다. 영화, 방송, 연재물, 연극, 뮤지컬, 개별 프로그램은 《 》로, 시(개별제목), 노래명, 그림명, 희곡, 프로그램 에피소드(개별제목)는 〈 〉로 표기했다.

4. 국내에 번역 소개된 작품은 문장 부호 안에 병기하고(예. 『새로운 기계의 영혼 The Soul of a New Machine』), 소개되지 않은 작품은 문장 부호 밖에 괄호로 표기한다(예. 『전원』(Coming into the Country)).

정교하고 울림 있는 콘텐츠 구성을 위한 최적의 안내서

나는 최근의 에세이 출간 열풍을 크게 반긴다. 저자 본인뿐 아니라 우리 사회에도 큰 도움이 되는 일이다. 그런 책들로 직장생활이나 투병 같은 은밀하고 사적인 경험들이 한 시대의 공적 기록이 된다.

　　나도『책 한번 써봅시다』라는 글쓰기 책을 내기도 했지만, 문장에 대해 파고드는 작법서는 시중에도 많다. 그러나 취재 현장의 테크닉과 한 권의 책을 감당할 매력 있는 서사 구조를 설계하고 길을 안내하는 실용서는 드물다. 가령, 타인의 경험에서 핵심을 찾아내는 법, 듣고 기록하는 법, 한눈팔지 못하게 하는 스토리텔링으로 재구성하는 법, 이야기의 주인공을 만들고 그에게 성격을 입히는 법, 그 과정에서 지켜야 할 윤리적인 부분까지 실용적이고 상세한 조언이 가득하다. 인터뷰 장소로 적당한 곳이나 통화 내용을 녹음할 때의 에티켓까지 소개한다.

특히 나는 이 책을 현직 기자들이 꼭 읽어줬으면 좋겠다. 매체 환경이 급변하고 있고, 언론사에서는 자기 사명을 실현하고 보람을 찾기가 점점 힘들어지고 있기 때문이다. 또한, 기획안이나 보고서를 작성할 일이 많은 다양한 분야의 전문가들에게도 '논픽션 스토리텔링'은 강력한 대안이다. 회사에서 가르쳐주지 않은 '긴 스토리텔링', 더 나아가 팟캐스트 같은 새로운 미디어에 적용할 수 있는 글쓰기 전략까지 이 책을 통해 배울 수 있다.

이제는 '나의 고백'을 넘어 타인의 경험을 소재로, 단편적인 생각을 병렬식으로 엮은 구성에서 벗어나 보다 정교하고 울림 있는 서사 구조를 지닌 굵직한 원고로 구성한 책들이 나오길 기대한다. 그리고 여기에 도전하는 작가들에게 잭 하트의 『퓰리처 글쓰기 수업』을 강력하게 추천한다.

장강명

소설가, 장편소설과 논픽션을 쓰고 사랑하는 사람

내 삶의 주인이 되는 글쓰기가 펼쳐진다

나는 이런 삶을 살았다고 꺼내놓는 사람들 이야기는, 늘 압도적이었다. 인터뷰 현장에서, 글쓰기 수업에서 만난 이들이 들려준, 그 엄청난 사실을 엄정한 진실로 가공하는 작업이 나의 오랜 글쓰기 과제였다. 언어가 품지 못하는 현실에 쩔쩔매면서도 나는 사실을 바탕으로 한 논픽션에 점점 빠져들었다. 글의 힘은 삶에 있음을, 삶의 힘은 글에 있음을 믿게 되었다. 산다는 것은 밀려오는 사건을 받아들이는 수락의 여정이다.

때로 어떤 일은 삶보다 커서 존재를 덮어버리곤 하는데, 그럴 때 사람들은 말을 하고 글을 쓴다. 글쓰기를 통해 나를 짓누르는 일이 내가 다룰 만한 일이 되기 때문이다. 이것이 이야기의 힘일 것이다.

　　허구가 아닌 사실에 기반을 둔, 예술 창작물보다는 삶의 미학화를 지향하는 이런 글쓰기를 무어라 부를지 막연했는데 비로소 마땅한 이름을 얻었다. 일명 내러티브 논픽션. 이 책은 진짜 사람에게 벌어지는 사건들에서 가치와 의미를 생산하는(인간 이해에 기여하는) 글쓰기 방법론을 보여준다. 작가, 기자, 학자 등 사람 이야기에 기대어 사는 직업인은 물론 자전적 글쓰기를 꿈꾸는 이들에게 좋은 반려서가 될 것이다. 소설의 주인공이 되는 게 아니라 소설보다 더 재미있는 삶의 주인이 되는 글쓰기가, 지금부터 펼쳐진다.

은유

『글쓰기의 최전선』 저자, 글을 쓰고 가르치는 사람

이보다 더 좋은 글쓰기 교본은 없다

강연 후에 '글을 잘 쓰는 법'에 대한 질문을 종종 받는다. 솔직히 말해서 단번에 글을 잘 쓸 비법 같은 건 없다. "이건 그냥 타고나는 거예요"라고 말하고 싶지만, 나 역시 타고나진 못했기에 실전에서 터득한 팁을 몇 가지 알려준다. 하지만 그분들에게 딱히 도움이 되진 않았을 것이다. 오직 내게만 유용한 팁이었으니까.

　　하지만 『퓰리처 글쓰기 수업』은 "어떻게 하면 좋은 글을 쓸 수 있는가?"라는 질문에 대한 매우 예리하고 구체적인 답변서로 읽힌다.

영화 시나리오든, 팟캐스트 대본이든, 유튜브 제작이든 간에 도움을 받을 수 있다. 그리고 그 새로운 플랫폼 안에서 어떻게 고전적인 글쓰기 방법을 통해서도 성공할 수 있는지를 설파한다. 어떤 글이 좋은 글인가부터 시작해 세세한 예시를 통해 비법을 전수한다. 글 쓰는 이의 윤리까지 다루는 챕터를 읽다 보면 저자의 진심과 장인의 숨결이 느껴진다.

최근 인기 있다는 콘텐츠(글이든 영상이든 오디오든 간에)를 일별해보면, 잔기술은 화려하나 기본은 약한 원고가 넘쳐난다. 그런 의미에서 좋은 글이 무엇인지를 심도 있게 고민하는 이 책은 읽는 것만으로도 마음에 위안이 된다. 주로 논픽션을 다루지만 픽션을 쓰는 작가에게도 좋은 책이다. 모든 스토리텔링은 픽션이든 논픽션이든 동일하기 때문이다. 그리고 픽션일수록 더욱 논픽션다운 글쓰기 방법을 알아놓는 게 좋다. 소설은 현실처럼, 현실은 소설처럼 써야 독자의 뇌리에 오래 기억되고 살아남는다.

책을 읽는 중간중간 읽기를 멈추고 출간 준비 중인 내 원고를 수없이 살피고 고쳤다. 여전히 부족하지만 그래도 덕분에 조금은 나아진 느낌이다. 이 책을 끝까지 읽을 정도의 정성만 있다면 이보다 더 좋은 글쓰기 교본은 없다.

오후

『나는 농담으로 과학을 말한다』 저자,
낮에는 일하고 밤에는 글 쓰는 논픽션 작가

평범한 소재를 독자가 열광하는 스토리로
바꾸어주는 특급 글쓰기 코칭

40여 년 전 경찰서 출입기자 한 명이 당시 내가 발행하던 『노스웨스트 매거진』 사무실로 걸어 들어와 사건 하나를 풀어놓았다. 한 젊은 엄마가 음주 운전자의 차에 치여 죽은 사건이었다. 그는 경찰서 출입기자의 본분을 다해 그 사건을 단신으로 처리했지만 그 후로도 좀처럼 뇌리에서 떠나지 않았던 모양이다. 이 여인은 무슨 얄궂은 운명의 장난으로 뜻밖의 장소에서, 뜻밖의 시간에 죽음을 맞았을까? 그녀는 어떤 삶을 남기고 떠났을까? 그녀를 죽음으로 내몬 남자는 어떤 사람일까? 한낱 술주정뱅이일까 아니면 그런 파렴치범에게도 의외의 인간적인 면모가 숨어 있을까?

이 사건은 신문 사회면 치과 보험 광고 위에 빼곡히 들어가는 1단짜리 단신에 그치지 않았다. 그 후 내가 『오레고니언』(Oregonian) 편집기자로 막 합류했을 때 당시 경찰서 출입기자였던 톰 홀먼이 일요판 기자로 들어왔다. 나는 그가 풀어놓은 진짜 이야기에 넘어가버렸다. 이번에는 단신이 아닌 서두와 본문, 결말을 모두 갖춘 제대로 된 기사를 싣기로 했다. 치밀한 짜임새로 극적 긴장감을 조성하되 완급을 적절히 조절했다. 정보원 대신 인물이 있었고 화젯거리 대신 장면이 있었다. 꼼꼼하게 정확성을 기하되 보통의 뉴스 보도에는 담지 못할 진정성이 드러나도록 했다.

그렇게 5,000단어에 달하는 이야기 「충돌 진로」(Collision Course) 가 탄생했다. 톰도 나도 신문에 이런 글을 써보긴 처음이었다. 독자의 반응 역시 남달랐다. 잠시도 눈을 뗄 수 없었다는 전화와 편지가 쇄도했다. 이야기에 푹 빠져들었고, 교훈과 감동을 얻었다고도 말했다. 너무 짧아 아쉽다며 더 듣고 싶다고들 했다.

이 이야기는 수많은 사람을 논픽션 스토리텔링에 매료시켰다. 실화를 바탕으로 한 이야기에 사람들이 관심을 조금씩 보이던 때였다. 한마디로 시류를 잘 탄 것이다. 우리가 감행한 실화 스토리텔링이 사람들의 이러한 관심을 수면 밖으로 끌어낸 셈이었다. 존 맥피의 『전원』(Coming into the Country)이나 트레이시 키더의 『새로운 기계의 영혼 The Soul of a New Machine』처럼 소설 작법을 기사에 도입한 논픽션 기사집이 베스트셀러 순위에 단골로 오르내렸다. 보스턴에 사는 세 가족을 통해 정부의 강제 인종 통합 정책의 현실을 낱낱이 파헤친 토니 루카스의 『한 땅』(Common Ground)은 퓰리처상을 받는 기염을 토했다. 이와 맞물려 소설을 비롯한 픽션은 독자들을 예전만큼 사로잡지 못했다.

이러한 경향은 책에 국한되지 않았다. 이후 몇 년 동안 미국의 유력 일간지, 잡지에는 논픽션 스토리텔링이 폭발적으로 증가했다. 라디오뿐 아니라 영화에서도 다큐멘터리가 새롭게 두각을 드러냈다. 훗날 인터넷이 이 트렌드를 이어받았다. 인터넷이 등장하면서 논픽션 작가의 작업 방식이 크게 달라졌고, 논픽션은 더욱 새롭고 흥미진진한 국면을 맞았다. 팟캐스트는 인터넷이라는 새로운 매체와 가장 오래된 매체 중 하나인 라디오를 결합해 새로운 열혈 독자층을 찾아냈다.

『노스웨스트 매거진』에 다니던 시절, 우리는 논픽션 스토리텔링의 인기를 타고 호시절을 보냈다. 벌목에서 심장 이식, 유전 공학까지 주제를 가리지 않고 논픽션 스토리텔링 형식을 사용했다. 잡지 구독자 수가 치솟았고, 논픽션 스토리텔링 형식을 취한 글은 한결같이 좋은 반응을 얻었다. 『오레고니언』에서 필진과 편집자들을 대상으로 글쓰기 코치를 맡게 되면서 대학교에서 12년 동안 스토리텔링 이론을 강의하며 개발한 글쓰기 요령을 그대로 전수했다.

그들은 내가 가르쳐준 이론을 실전에 멋지게 적용했다. 종교, 비즈니스, 음악, 범죄, 스포츠 등 각종 분야에서 스토리텔링 형식을 취한 『오레고니언』 기사들이 굵직한 상을 수상했다. 리치 리드가 내 지도 아래 쓴 국제 비즈니스 관련 기사는 해설보도 부문 퓰리처상을 수상했고, 톰 홀먼과 내가 두 번째로 의기투합해 쓴 기사는 특집기사 부문 퓰리처상을 받았다. 내 손을 거쳐 간 미셸 로버츠의 스토리텔링 기사도 특종보도 부문 퓰리처상을 받았다. 리치 리드 그리고 나와 함께 오랫동안 손발을 맞췄던 작가 줄리 설리번은 어맨다 베넷이 이끄는 기획취재팀 일원으로 2001년 언론계 최고의 영예로 꼽히는 퓰리처상 금메달을 받았다.[1]

나는 『오레고니언』 편집장이 된 후에도 기자들에게 글쓰기를 가르쳤다. 『오레고니언』에서 운영하는 글쓰기 훈련 프로그램의 대표 자격으로 신문사 편집기자, 언론학 교수, 음식 전문기자, 탐사보도 전문기자, 여행 전문기자, 와인 전문기자, 원예 전문기자 등 모든 분야의 언론인이 모이는 회의에 참석하기도 했다. 잡지 『편집자와 출판인』에 칼럼을 썼고, 전국에 배포되는 교육적인 성격의 월간 소식지를 발행했다.

교편을 놓은 뒤에도 이따금 대학교에서 글쓰기 수업을 진행했다. 그러는 사이 시간이 흐르면서 점점 논픽션 스토리텔링에 집중했다. 강연, 워크숍, 수업을 하고 기사를 쓸 때마다 '진짜' 사람을 다룬 사실적인 이야기가 독자를 매료시키는 힘이 어디에 있는지를 깊이 고민했다.

그때마다 내게 값진 가르침을 준 것은 수십 명의 기자, 작가들과 함께했던 수백 개의 글 작업이었다. 마감에 쫓기며 글을 만들었던 경험이 곧 훈련이 된 셈이다. 이러한 경험은 일류로 손꼽히는 대학원에서도 배우지 못할 귀중한 자산이다. 현직에서 물러났을 때 나는 그간 쌓은 실전 지식을 제대로 전할 때가 되었다고 생각했다.

그 첫 결실로 『작가의 코치』(*A Writer's Coach*)를 출간했다. 함께 작업했던 기라성 같은 작가들이 힘 있고 생생하며 깊은 정서를 건드리는 글, 무엇보다 전달력이 좋은 글을 만드는 데 사용했던 기법을 망라한 책이다. 랜덤하우스에서 처음 출간되었으나 어느덧 시대에 뒤처졌고, 랜덤하우스의 어마어마한 도서 목록에 묻혀버렸다. 그로부터 몇 년 뒤, 나는 글쓰기 코치 시절 주력했던 논픽션 스토리텔링을 다룬 이 책의 초판을 시카고대학교출판부(UCP)에서 출간했다.

『작가의 코치』까지 UCP로 데려올 기회가 생겼을 때 나는 조금도 주저하지 않았다. 그 김에 오래된 예문을 교체하고 예상 독자를 기자나 칼럼니스트에서 대중으로 확장하여 글을 손보았다. 또한, 이 기회에 『작가의 코치』에 원래 붙이려고 했던 제목 『낱말 짓기』(*Wordcraft*)를 되살렸다. 『낱말 짓기』는 책의 의도를 그대로 반영한 제목이다. 『작가의 코치』를 『낱말 짓기』라는 새 제목으로 개정하면서 실용성에 대한 초점을 더욱 넓혔다. 『낱말 짓기』와 이 책을 한데 묶어 내려던 계획도 되살릴 수 있었다. 『퓰리처 글쓰기 수업』과 『낱말 짓기』는 짝을 이뤄(이 책의 원제는 Storycraft로 『낱말 짓기』의 원제 Wordcraft와 짝을 이룬다—편집

자) UCP에서 출간되었고, 각 권에는 상호참조가 수록되어 있어 서로 참고서로 삼을 수 있다.

수백 명의 작가가 『낱말 짓기』에서 도움을 많이 받았다고 했고, 교사들도 학생들이 책을 쉽게 이해했다는 피드백을 주었다. 실전에서 활용할 여지를 염두에 두고 매 페이지에 노력을 기울인 데 대한 보답이라고 생각한다. 나의 글쓰기 조언들은 이미 대중적 성공을 거둔 작가들과 빠듯한 마감을 앞두고 작업하면서 어렵사리 알게 된 것들이다. 그들에게 효과가 있었던 것은 대체로 학생들에게도, 인간이 만들어낸 가장 복잡하고 어려운 기술 중 하나인 글쓰기와 씨름하는 다른 작가들에게도 효과가 있었다.

『퓰리처 글쓰기 수업』 개정판은 실용성을 중시하는 원칙을 유지했다. 이 책의 초판 역시 독자들로부터 가슴 따뜻해지는 후기가 쏟아졌다. 이색 소재에 맞는 틀을 찾거나 구성상 엉킨 지점을 풀어야 할 때, 시점을 잡을 때, 사건의 시간 배열이나 디테일 수준을 정할 때 부딪히는 난감한 문제 등 까다로운 글쓰기 고민들을 해결할 수 있었다는 말들에서 큰 보람을 느꼈다.

내가 바랐던 대로 작가들도 이 책의 실용적 가치를 가장 큰 장점으로 꼽았다. 나는 '당장 써먹을 수 있는' 실용성을 최우선 원칙으로 삼고 책에 쓸 예문을 골랐다. 예문의 출처는 내 도움을 요청했던 작가들과 함께 작업한 작품들이다. 그들은 시시콜콜한 디테일이 아니라 기사로 보도하고, 사용할 장면을 고르고, 등장인물을 묘사하고, 무엇을 빼고 남길지 선택하는 문제로 도움을 청했다.

그들은 다른 선택지가 있는지도 알고 싶어 했다. 대학교 문학 수업에서 배우는 고전적인 내러티브 포물선은 빙산의 일각일 뿐이다. 기존의 글쓰기 책에서는 내러티브 논픽션 형식 중 한두 가지에 집중하고 있기에 다양한 형식을 살펴보기는 힘들다. 이 책에서는 해설 내러티브, 소품문[•], 내러티브 에세이, 팟캐스트 등 다양한 형식의 논픽션 내러티브를 다루었다.

이번 개정판에서는 초판 이후 10년 동안 내러티브 논픽션을 더욱 중요하고 폭넓게 만든 변화들까지 아우르고자 했다. 예를 들면, 팟캐스트 방송은 기막히게 훌륭한 내러티브를 전달하는 매체로 급성장했다. 퓰리처상 선정위원회가 '오디오 보도'라는 생소한 부문을 신설한 것은 그 달라진 위상을 인정한 것이다. 개정판에는 팟캐스트 섹션을 별도로 만들어 비슷한 기존 매체, 즉 인쇄물이나 다큐멘터리와 자세히 비교했다. 기존의 스토리텔링 이론을 오디오 스토리텔링에 적용할 때마다 스토리텔링 이론이 확대되고 있음을 알 수 있다.

이 책의 초판 이후로 생긴 큰 변화 중 하나는 인류의 뇌에서 스토리텔링 본능에 대한 연구가 많이 진척되었다는 것이다. 나는 10년 전, fMRI(기능성 자기공명영상) 기술이 획기적 전환점을 맞이할 때쯤 이미 인간은 '이야기하는 동물'로 설계되었다고 말한 바 있다. 이 신기술로 자극받은 문화인류학자를 비롯한 연구자들은 전 세계 문화에서 스토리텔링의 핵심 역할을 조명하는 연구에 나섰다. 그 뒤 수백 건의 연구 보고서가 나왔고, 덕분에 우리 모두의 이야기 솜씨를 갈고닦아줄 지식을 더 얻게 됐다.

개정판에는 새 예문도 많이 추가했다. 내러티브 논픽션이 그만큼 중요하고, 신문사 보도국을 벗어나 모든 대중매체에서 두각을 드러

• vignettes. 스냅사진처럼 순간의 분위기, 특정 사물이나 인물, 배경 등을 잡아낸 짤막하지만 운치 있는 스케치 기사. 본문에 있는 각주는 특별한 언급이 없는 한 모두 옮긴이의 것이다.

내는 확장성 있는 형식이라는 방증이다.

　그러나 바뀌지 않는 진리도 있다. 다양한 스토리텔링 형식을 섭렵하는 것은 여전히 성공의 관건이다. 또 하나는 부적절한 소재를 스토리텔링이라는 틀에 억지로 구겨 넣는 치명적 실수를 피하기 위해 이론을 충분히 숙지하라는 것이다. 나는 아무리 봐도 고전적 스토리텔링 취향이긴 하지만, 대부분 소재는 핵심 요점을 신속하게 전달하는 정보성 글쓰기에 적합하다는 사실을 경험을 통해 깨달았다. 스포츠 기자나 작가들이 시작부터 득점 결과를 말하는 이유가 있다. 주민들이 현재 진행 중인 심사에서 지역 학교가 예산 삭감을 당할 것인지에 촉각을 곤두세우고 있는데, 이야기를 길게 감아 돌리는 것은 어리석은 짓이다. 구글, 애플 등에 인터넷뉴스 피드를 채우고 있는 단신도 마찬가지다.

　글쓰기 실전에 초점을 맞추기 위해 이미 출간된 책을 많이 인용했다. 상당수는 출간되기까지 내 손을 거친 책들이다. 인용된 작품은 참고 문헌 목록에 올려놓았고, 출판되지 않은 내용이나 인용은 책 말미에 출처와 부가 설명을 달았다.

　이 책에는 편집자의 관점이 포함되어 있다. 스토리텔링 기술을 다루는 대부분 책이 편집자를 배제한 채 저자 관점에서만 설명한다. 하지만 나는 신문, 잡지, 책, 팟캐스트, 온라인의 글을 막론하고 편집자의 손을 거친 뒤에야 스토리텔링 완성도가 높아지는 경우를 숱하게 봐왔다. 『뉴요커』에서 논픽션 스토리텔링의 전통을 세운 사람은 편집자 해럴드 로스와 윌리엄 숀이다. 해럴드 헤이스는 『에스콰이어』에서 편집자로 일할 때 현대 논픽션 스토리텔링의 토대를 마련했다. 리처드 프레스턴은 『핫존*The Hot Zone*』의 머리말에서 "이 책을 편집한 랜덤하우스의 편집자 샤론 들라노 덕분에 스토리텔링이 설득력을 갖는 데 이야기 구조가 얼마나 결정적인 역할을 하는지 알게 되었다"라고 감사를 표했다.

최근 주목받는 편집자로는 아이라 글래스가 있다. 미국 공영 라디오방송 《디스 아메리칸 라이프》와 사라 쾨니히가 진행하는 인기 팟캐스트 《시리얼》을 총지휘했다. 이 프로그램으로 그는 긴 안목을 가진 제작자와 편집자의 역할이 얼마나 중요한지 여실히 보여주었다.

25년간 논픽션 작가들과 일하며 대중의 사랑을 받는 이야기는 비범한 재능에서 나오는 것도, 수십 년 동안 골방에 들어앉아 쓴다고 나오는 것도 아님을 깨달았다. 실화를 이야기로 풀어내는 기술을 알고 싶다면 겁을 내선 안 된다. 한 번도 이야기를 써본 적 없는 사람이 핵심 원칙을 정확히 파악하고 적절한 이야기 구조를 찾아내고 초고에서 극적인 이야기를 뽑아내 독자를 감동시킨 예는 무수히 많다. 처음으로 평단의 인정까지 받은 경우도 있다. 클래식 평론가 데이비드 스터블러는 『오레고니언』에 한 음악 신동에 대한 연재기사를 쓰면서 처음으로 스토리텔링 기법을 사용했고, 퓰리처상 최종 결선까지 올랐다. 리치 리드 역시 논픽션 스토리텔링 기법을 사용한 첫 기사로 퓰리처상을 받았다.

내가 그랬듯 이들이 성장한 곳은 지난 20년간 훌륭한 이야기를 생산해낸 신문사 편집국이다. 하지만 지금의 신문사들은 디지털판 뉴스에 독자를 빼앗기는 과도기를 맞고 있다. 호흡이 긴 기사는 비용이 많이 들기 때문에 사정이 어려운 신문사들은 20년 전에 비하면 이런 기사들을 훨씬 적게 써낼 수밖에 없다. 차세대 논픽션 작가들은 지금 나와 함께 일하는 작가들과는 다른 길을 걷게 될 것이다. 신문이 아닌 다른 매체에서 활동하는 작가들 역시 독자를 만날 새로운 통로를 고민해야 한다. 미디어 시장 전체가 지각 변동을 겪는 오늘날, 연륜이 부족한 작가는 난관에 부딪힐 수밖에 없다. 진취적인 사람은 변화하는 과학 기술에 적응해 인쇄, 오디오, 비디오가 통합된 새로운 전달 방식을 찾아낼 것이다. 하지만 전달 방식에 상관없이 모든 이야기에 적용되는 보편타당하고 영원불변한 원칙을 터득한 사람만이 진정한 성공을 거둘 수 있다. 이 책은 이러한 원칙에 관해 이야기하고자 한다.

여전히 전통적인 신문사 편집국을 거쳐 논픽션 스토리텔링으로 가는 이도 존재하겠지만 그 외의 다른 길도 얼마든지 열려 있다. 트레이시 키더는 하버드대학교 영문과를 거쳐 아이오와대학교 작가 워크숍에서 문예 창작을 공부했다. 논픽션 스토리텔링은 미국의 모든 대학교에서 인기를 얻고 있는 문예창작과의 주력 과목이다. 테드 코노버는 애머스트칼리지에서 인류학을 공부하던 중 문화기술지학(文化記述誌学, ethnography)을 접하고 논픽션 스토리텔링에 입문했다. 윌리엄 랑게비셰는 미국에서 손꼽히는 잡지기자가 되기 전 항공기 조종사로 일했다. 훌륭한 이야기꾼이 되는 데 필요한 자격은 그 기술을 터득하려는 굳은 의지뿐이다.

오늘날 논픽션 스토리텔링은 광범위한 영역을 아우른다. 이 책에 인용한 사례 대부분은 신문 이외의 매체에서 가져온 것이다. 물론, 신문에서 인용한 사례도 상당수다. 내가 글쓰기 코치로, 편집자로 잔뼈가 굵은 분야이기 때문이다. 내 경험을 이 책에 고스란히 녹여내고 싶다는 바람으로 그 시절 내가 배웠던 것을 전하는 데 역점을 두었다.

이야기가 갖춰야 할 이론적 원칙과 그것을 실전에 적용할 방법을 동시에 알고 있는 저자와 편집자에게서 좋은 스토리텔링이 나오는 법이다. 스토리텔링을 익히려는 이들은 그 분야에서 일해본 사람, 그래서 이론과 실전을 모두 잘 아는 사람에게 배워야 한다. 나에겐 신문사 시절 경험, 그 후에는 워크숍에서 만난 논픽션 내러티브 작가들과의 대화, 수많은 논픽션 내러티브 책을 처음부터 출간까지 코칭했던 경험이 스승이었다.

스토리텔링의 활용 폭이 이토록 넓은 이유는 이야기가 인간의 보편적 필요에 기여하기 때문이다. 이야기는 하나의 행위가 어떻게 다음 행위로 이어지는지 보여줌으로써 혼란스러운 세계를 이해하는 틀을 제공하며, 누군가가 어떻게 삶의 고비를 넘었는지 알려줌으로써 동시대를 살아가는 우리에게 살아가는 방법을 알려준다.

솜씨 좋고 열정적인 작가는 어떤 매체에서든 좋은 이야기를 풀어낼 줄 안다. 좋은 스토리텔링 이론과 기법은 대중매체를 초월한다. 변호사들은 워크숍에 참가해 배심원을 설득할 수 있는 이야기 구축 기술을 배운다. 심리학자들은 환자를 치료하는 데 스토리텔링을 사용한다. 이 책을 통해 스토리텔링이 활용되는 다양한 영역에서 써먹을 수 있는 유용한 통찰을 발견할 수 있을 것이다.

목차

추천의 글   009

들어가는 글   013

1 장 **스토리**   025

2 장 **구조**   055

3 장 **시점**   091

4 장 **목소리와 스타일**   127

5 장 **캐릭터**   151

6 장 **장면**   179

7 장 **액션**   211

8 장 **대화**   239

9 장 **주제**   255

10장 **취재**   273

11장 **스토리 내러티브**   303

12장 **해설 내러티브**   337

13장 **그 밖의 내러티브**   373

14장 **윤리 의식**   409

감사의 말   450

역자 후기   451

참고 문헌   455

미주   469

1장

스토리

> **인간의 뇌에는 스토리를 추구하는**
> **본성이 각인되어 있다.**
>
> ◎ 대니얼 스미스_진화인류학자

보스턴의 어느 호텔 연회장 맨 뒤편에서 아이라 글래스*가 큐 사인을 내리고 음악 볼륨을 조정하고 작가 수백 명의 마음을 휘어잡으며 자신의 스토리텔링 이론을 능수능란하게 풀어내는 모습을 넋 놓고 지켜보고 있을 때였다. 왜소한 체구의 이 천재 진행자가 시종일관 에너지 넘치는 모습으로 설명하는 방송용 스토리텔링 이론은 신문에 실을 논픽션 내러티브를 선정하거나 편집할 때 내가 원칙으로 삼는 항목과 똑같았다![2]

　'아하!' 하는 그 순간 이제껏 제각각 따로 놀던 생각들이 하나로 모이며 한 가지 깨달음이 번득 머리를 스쳤다. 바로 배경 설정, 캐릭터 형상화, 플롯 설계라는 스토리텔링 원칙은 어느 매체든 비슷하다는 점

● 　미국 공영 라디오방송 NPR의 《디스 아메리칸 라이프》 진행자.

이다. 신문과 잡지에 싣는 논픽션 내러티브 편집에 잔뼈가 굵은 나는 이 두 매체에 적용되는 스토리텔링 원칙을 많이 알고 있었다. 아이라 글래스가 말하는 방송용 스토리텔링 역시 다르지 않았다. 신문 연재물이든 라디오 다큐멘터리든 잡지기사·책·영화·인터넷 게시물이든, 하나같이 주인공을 갈등에 빠뜨리는 흥미진진한 심리적 시련˙이 캐릭터를 생생하게 살아나도록 한다.

어쩌다 이런 중요한 사실을 간과했는지는 알 수 없지만 이를 증명할 만한 증거는 늘 내 주변에 널려 있었다. 나는 마크 보든이 『필라델피아 인콰이어러』 기자로 재직하던 시절 어떤 일이 있었는지 누구보다 잘 알았다. 당시 경찰서 출입기자였던 마크 보든은 미국의 소말리아 공습에 대한 연재기사를 썼다. 이 기사의 인터넷판이 전국적으로 주목을 받으면서 『블랙 호크 다운』이라는 책으로 출간되기까지 했다. 책 역시 엄청난 반향을 일으켰고, 리들리 스콧은 이 책을 영화로 만들었다. 그리고 보든은 『애틀랜틱』 워싱턴 특파원으로 스카웃되었다.

스토리텔링의 원칙이 모든 매체에 적용된다는 사실을 깨닫고 나자 이러한 사례가 곳곳에서 발견되었다. 『볼티모어 선』의 데이비드 사이먼처럼 신문에 글을 쓰는 이들은 취재한 내용을 책으로 내고 그 책은 다른 매체로 재가공된다. 사이먼의 『강력계, 살인의 거리에서 보낸 1년』(*Homicide: A Year on the Killing Streets*)이 인기리에 방영된 TV 시리즈 《강력계, 거리 위의 생사》(*Homicide: Life on the Street*)로 재탄생한 것이 일례다. 서배스천 융거의 『퍼펙트 스톰』, 수전 올린의 『난초 도둑』(*The*

˙ 이야기에서 주인공을 갈등에 빠뜨리는 플롯상의 여러 사건 혹은 주인공이 원하는 바를 이루기 위해 헤쳐나가야 하는 문제들을 가리킨다. 한마디로 주인공에게 닥친 시련이다.

Orchid Thief), 로라 힐렌브랜드의 『시비스킷』(*Seabiscuit*) 등 굵직한 논픽션 베스트셀러는 모두 할리우드에서 영화로 제작되어 책에 버금가는 성공을 거두었다.

내가 『오레고니언』에서 편집했던 장편 스토리 중에도 이런 사례가 있었다. 신참 기자였던 반스 엘리스와 내가 팀을 이뤄 썼던 「지옥으로의 여행」(A Ride through Hell)은 신문에 실린 지 얼마 지나지 않아 조애나 컨스와 배리 보스트윅 주연의 TV 영화 《포로》로 제작되었다. 톰 홀먼이 쓴 장애인 방문 외판원 빌 포터의 감동적인 실화는 그 후 지면을 바꾸어 『리더스 다이제스트』에 실렸고, 뒤이어 ABC방송 《20/20》에서 심층 보도했다. 그리고 윌리엄 메이시 주연의 TV 영화 《도어 투 도어》로 재탄생했다.

스토리는 어딜 가도 변함없이 스토리다. 어디에 이야기보따리를 풀어놓든 그 바탕을 가로지르는 원칙에는 변함이 없다. 퓰리처상을 두 차례 수상한 존 프랭클린은 "모든 스토리에는 몇 가지 공통된 속성이 일정 방식으로 배치되어 있다"라고 말했다. 스토리텔러로서 잠재력을 100퍼센트 펼치려면 이 보편타당한 원칙을 알아야 한다. 기본적으로 스토리를 이루는 기초 이론과 그 이론이 제시하는 스토리 구조를 이해하고 있어야 제대로 된 논픽션 스토리텔링을 쓸 수 있으며, 독자의 마음도 얻을 수 있다.

스토리 이론의 기원은 고대 그리스다. 각본의 거장 로버트 맥키는 이렇게 말했다. "아리스토텔레스가 『시학』을 쓴 후 2,300년 동안 스토리의 '비법'은 동네 도서관처럼 누구에게나 열려 있었다." 우리는 지난 수천 년간 고대 그리스 이론에 충실한 스토리 구조를 발전시켜 왔을 뿐이다. 그렇다고 해서 많은 사람이 스토리의 비법을 알고 흔하게 써먹었다는 뜻은 아니다. 나 역시 신문사 편집자 경력이 중반에 이르러서야 도서관에 가 어떤 책을 찾아달라고 말할 수 있게 되었으니 말이다. 그 전까지는 갈팡질팡하며 시행착오를 겪었다. 그리고 옛날의 나처럼 방향을 잃고 헤매는 스토리텔러 지망생을 꽤 많이 만났다. 그들은 엄청난 잠재력이 숨어 있는 소재를 눈앞에 두고도 그냥 지나치거나 가망 없는 스토리에 무수한 시간을 허비했다.

무엇을 찾아야 하는지 안다면 절반은 성공한 셈이다. 사실 스토리의 기본 재료는 주위에 널려 있다. 일상생활에서 소재 찾는 법을 배워 스토리 보는 안목을 길러야 한다. 정말 훌륭한 스토리를 찾고 싶다면 앞으로 내가 설명할 재료들을 찾아보라. 위대한 스토리를 쓰고 싶다면 이 책에서 설명하는 기법들을 공부하라.

현실의 한 부분에서 스토리의 모든 구성 요소를 찾아내기는 쉽지 않다. 내러티브를 잡아내는 일은 흑과 백, 모 아니면 도로 명쾌하게 구분되지 않는다. 스토리 요소가 풍부한 사건과 맞닥뜨리면 (길든 짧든) 캐릭터가 하나의 완결된 내러티브 포물선을 따라가는 본격적인 스토리를 뽑아내려고 노력해야 한다. 이야기의 흥미로운 전개에 도움이 될 만한 에피소드가 약하다면 해설기사로 작성하는 것이 현명한 선택일 수 있다. 그럴 거리도 안 된다면 개인적인 생각이나 감상이 담긴 에세이 혹은 소품문으로 써볼 수 있다. 그도 아니면 일화를 하나 잡아 좀 더 고전적인 보도기사나 특집기사로 만들 수도 있다.

독자들이 있는 그대로의 꾸밈없는 정보를 원한다면 사족을 붙이지 말고 정보만 제공하면 된다. 빵 포장지에 제빵사 이름과 재료가 적혀 있는 것처럼 말이다. 하지만 나는 빵에 얽힌 사연이 포장지에 구구절절 적혀 있는 것을 좋아한다. "이 빵을 만든 제빵사는 교도소에서 15년을 복역한 뒤 사회에 나와 정직하고 성실한 사람으로 새 삶을 살고 있다. 더 나은 세상을 만들고 싶다는 마음으로 최선을 다해 정성껏

빵을 만든다"처럼 말이다. 이런 사연이 있는 빵이라면 누구든 한 입 먹어보고 싶지 않을까?

문장력보다 스토리가 더 중요하다

조지프 캠벨의 『천의 얼굴을 가진 영웅』은 다양한 문화권에서 나온 원시적인 이야기 저변에는 동일한 원형이 자리 잡고 있음을 밝힌다. 고생물학자 스티븐 제이 굴드부터 언어학자 스티븐 핑커에 이르기까지 세계적 석학들은 스토리텔링에 진화의 근거라 할 만한 부분이 존재한다고 주장한 바 있다.[3] 정보를 정리하는 시스템이 세계를 바라보고 이해하는 방식을 제공해 인류에게 생존 우위로 작용했다는 것이다.

지금까지 개발된 첨단 뇌 분석 기술은 인간이 스토리텔링 능력을 가지고 태어난다는 이론에 힘을 실어 준다. 과학 저술가 스티븐 홀은 이야기를 만드는 동안 자신의 뇌를 MRI로 찍는 실험을 진행했는데 실제로 오른쪽 전두엽에서 각설탕만 한 구역이 활성화되는 것을 확인했다. 홀은 『뉴욕타임스 매거진』에 발표한 글에서 하전두회에 위치한 이 부위를 '스토리텔링 영역'이라고 이름 붙였다. 이곳은 시각피질*을 비롯한 뇌의 다른 영역과도 연결되어 있다. 홀은 이 영역이 모여 '스토리텔링 시스템'을 이룬다고 설명한다.

엄밀히 말하면 홀의 실험은 과학적 연구가 아니었지만, 스토리텔링을 생물학적 본성으로 접근할 수 있는 가능성을 열었다. 인류에게

● 후두엽에 위치해 있으며 대뇌피질 내에서 시각 정보 처리에 관여한다.

스토리텔링 본능이 있다는 것은 얼토당토않은 발상이 아니다. 우리 삶에서 스토리가 얼마나 널리, 다양한 방식으로 사용되는지 생각하면 오히려 반대로 주장하기가 더 어렵다. 아주 많은 뇌과학자가 스티븐 홀과 동일한 발견을 했다. 스티븐 홀이 MRI 기기 안에 들어간 뒤로 20년 동안 뇌신경학자, 언어학자, 그 외 분야의 과학자들은 스토리가 우리 본성 속에 어떻게 녹아 있는지, 인간 생존과 진화에 어떤 역할을 하는지, 스토리텔링 생리가 우리의 이야기 구조와 내용을 어떻게 좌우하는지 탐구하고자 수백 건의 연구를 실시했다.

제레미 수는 이 연구들을 모조리 조사하고, 『사이언티픽 아메리칸』에 그 결과를 요약한 보고서를 발표했다. "스토리텔링은 인간의 몇 안 되는 특성 중 하나로, 문화와 역사를 초월하는 인류의 보편적 특성이다. … 원시 부족 사회의 구전 이야기꾼부터 오늘날의 책, 텔레비전 프로그램, 영화 등으로 이야기를 쏟아내는 수백만 명의 작가에 이르기까지 모든 유형의 사회에서 사람들은 이야기를 지어낸다."

인간의 뇌에 스토리텔링 본성이 각인되어 있을 가능성은 다음 연구 결과로 드러났다. 우선, 피실험자들은 이야기 형식을 가장 잘 다뤘고 대다수가 이야기로 들을 때 메시지를 더 분명하게 이해했으며, 이야기 형식의 프레젠테이션을 선호했다. 또 사실만을 간추린 목록보다는 그 사실을 이야기로 접할 때 더 정확하게 기억했으며, 재판에서 변호사들이 이야기로 변론을 포장하면 신뢰를 얻을 가능성이 높다는 것도 연구로 밝혀졌다.[4]

이 초기 연구들이 추측과 기대를 한껏 돋우며, 그 후 10년 동안 관련 연구가 비약적으로 증가했다. 구글에서 "스토리텔링 두뇌 연구"를 검색해보면, 1천 개가 넘는 검색 결과가 뜬다. 대부분이 최근 연구를 인용한 내용이다. 무엇보다 이 열풍으로 드러난 몇 가지 사실이 있다.

- 스토리는 인간 존재를 지배한다. 조너선 갓셜은 "우리가 상상의 세계에서 보내는 시간을 모두 더하면 꽤 당혹스러운 수치가 나올 것이다"라고 말한다. "우리는 하루 4시간을 텔레비전을 보며 보낸다. 아이들은 게임 속 가상 세계에서 진짜처럼 살고, 우리는 많은 시간, 정확히는 매일 8시간 정도를 몽상에 빠져 보낸다. 잠을 자며 꾸는 꿈도 이야기니까. 이렇게 모두 합하면 인간이 정말로 이 지구에 존재하는 게 맞는지 의문이 든다. 지구인이라기보다 네버랜드라는 기묘한, 다차원 세계에 존재하는 것 같다. 인생의 대부분을 상상의 세계를 헤매는 것이다."
- 인간의 스토리텔링은 고대에서 기원한다. 2017년 인도네시아 술라웨시섬에서 발견된 4만 4천 년 된 동굴 벽화는 반인반수(半人半獸)들이 사냥하는 장면을 묘사하고 있다. 호주 인류학자 막심 오베르는 "세계에서 가장 오래된 암각화이며, 현대적 인식을 보여주는 핵심 면면이 모두 들어 있다"라며 벽화 창작자가 캐릭터를 상상해내고 이야기로 형상화하는 능력이 원숙한 수준이라고 말한다. 이것이 술라웨시에 있다는 것은 "아프리카를 떠나 세계 각지에 정착한 초기 현생인류에게 스토리텔링 능력이 이미 있었을 것"임을 시사한다고 결론 내렸다.[5] 리사 크론은 이렇게 표현했다. "다른 네 손가락과 마주볼 수 있는 엄지는 우리가 손에 물건을 쥘 수 있게 해주었고, 스토리는 우리가 무엇을 붙들어야 하는지 알려주었다."
- 원시 사회에서 스토리텔링은 생존을 위해서도 명백한 가치가 있었다. 런던 유니버시티 칼리지의 진화인류학자 대니얼 스미스는 원시생활을 하는 필리핀 부족 아이타(Agta)를 집요하게 연구했다. 그는 스토리텔링이 사회적 협동과 공유를 장려하고, 혼인과 신분 상승에도 기여했다는 결론을 냈다. 모두 진화상의 이점이 분명한 것들이다.
- 인간의 두뇌 깊숙한 안쪽에는 스토리를 추구하는 본성이 각인되어 있

다. 뇌 손상으로 지능지수가 20~30인 아이들도 스토리 내용을 이해한다. 대니얼 스미스는 이를 두고 "심각한 뇌신경 손상에도 타격을 입지 않을 만큼 스토리 이해력은 인간의 근본적 속성임을 암시한다"라고 말했다. 그는 한발 더 나아가 "인간의 뇌는 기본적으로 스토리로 작동하는 스토리텔링 장치다. 우리가 뇌에 저장하는 지식, '세계에 대한 우리 이론'은 거의 스토리 형식으로 저장되어 있다"라고 주장한다.

- 뇌의 '거울 신경세포'는 스토리가 불러일으키는 감정을 모방한다. 1990년대 이탈리아 연구진은 원숭이들이 견과를 집을 때 활성화된 뇌 영역이 다른 원숭이가 견과를 집는 것을 볼 때도 동일하게 활성화되는 것을 발견했다. 감정을 불러일으키는 상황을 단순히 관찰하는 것만으로 실제로 그 상황을 겪을 때의 감정을 느끼는 이유는 '거울 신경세포' 덕분임을 밝혀냈다. 거울 신경세포는 외부에서 관찰된 감정을 거울처럼 반영했다. 이 발견으로 원숭이와 인간의 거울 신경세포 연구가 봇물처럼 쏟아졌다. UCLA 뇌신경과학자 마르코 이아코보니는 우리가 영화를 볼 때 실제처럼 느끼는 것은 "뇌 속의 거울 신경세포가 화면에 보이는 고통스러운 감정을 그대로 따라하기 때문"이라고 했다.[6]

- 아이들은 고전적 이야기 형식을 따르는 스토리텔링을 중심축으로 놀이를 짠다. 조너선 갓셜은 아이와 놀이, 스토리텔링에 관한 연구를 요약하면서 "이야기는 아이들의 삶과 매우 밀착되어 있어서 그들이 존재하는 방식을 규정할 정도"라고 지적했다.

- 캐릭터와 플롯이 함께 스토리를 만들어가지만, 우위를 점하는 것은 캐릭터다. 논픽션 작가들 사이에 널리 퍼져 있는 통념과 반대로 대부분 관객에게 스토리를 끌고 가는 힘은 "다음에 어떤 일이 벌어질 것인가?"가 아니라, "다음에 일어날 일이 내가 좋아하는 캐릭터에게 어떤 파급을 미칠 것인가?"이다

- 문장력보다 스토리가 독자의 흥미를 불러일으킨다. 위 과학 연구들을 본 리사 크론은 "스토리만 좋다면 빈약한 문장력은 생각보다 피해가 적다"라고 남겼다. 베스트셀러 목록을 한 번 쓱 봐도 그녀의 말을 확인할 수 있다. 퓰리처상을 두 차례 수상한 존 프랭클린이 30년 전에 했던 주장은 베스트셀러 목록에서도 증명된다. 졸필에 가까운 책들이 수두룩하지만, 이야기를 풀어내는 솜씨만큼은 가히 발군이다. 낱말과 문장을 다듬는 데 엄청난 시간과 공을 들이는 작가들은 정작 집필에 들어가기 전 독자에게 커다란 반향을 일으킬 수 있는 굵직한 스토리 요소에 집중할 기회를 흘려버린다.

- 우리는 자신에 관한 이야기들을 가지고 정체성을 구축한다. 우리는 자신의 인생도 하나의 스토리라고 생각한다. 그래서 다른 사람의 인생 이야기에 그렇게 매료되는 것일지도 모른다. 심리학자들은 사람들이 자신의 인생 이야기를 어떤 식으로 그리는지 연구해왔다. 『뉴욕타임스』에 실린 일부 연구 결과를 보면, 사람들은 각자 마음속에 일종의 영화대본을 갖고 있으며, "각 장면을 어떻게 그리느냐에 따라 자기 인식과 행동 양식이 결정된다"라고 한다.[7] 외상성 뇌손상(TBI)을 입은 환자가 자기 정체성을 다시 정립해야 할 때 일부 심리학자들이 스토리텔링을 적극 권장하는 이유가 여기에 있다.[8] 스스로에게 들려주는 이야기를 바탕으로 자기 정체성을 구축한다는 개념은 대중의 상상력을 어찌나 강렬하게 사로잡았던지 잭 골드스미스*는 범죄조직과 연관된 계

---

* 미 법무부 차관보를 역임한 바 있는 하버드 법대 교수. 2019년에 펴낸 저서 『호파의 그림자』(In Hoffa's Shadow)에서 1975년 갑자기 실종된 미국 트럭 운전사 노동조합 지도자 제임스 리들 지미 호파의 살해범으로 자신의 계부 찰스 처키 오브라이언이 잘못 지목되었으며, 진범은 따로 있다고 주장했다.

부의 전화 통화를 미국연방수사국(FBI)에서 도청하고 녹음했던 사실에 관해 이 개념을 빌려 강하게 비판했다. 『월간 애틀랜틱』에서 골드스미스는, 도청 때문에 자신의 계부는 스스로 만든 인생 이야기에서 강제 박탈당해 과거 전과라는 진실과 마주해야 했다고 말했다. 정부의 불법 도청으로 "계부의 가장 내밀한 세계와 인간관계가 박살났고, 자신이 스스로에게 했던 이야기들, 그가 구축한 세계와 그 속의 인간관계, 삶을 정의하고 말해줄 힘을 완전히 빼앗겼다"라고 표현했다.

이렇게 최근 연구 결과 몇 가지만 봐도 스토리텔링이 우리의 생물학적 구조 깊숙이 자리하고 있음을 확인할 수 있다. 스토리가 우리 뇌와 행동에 뿌리 깊이 박혀 있다는 것은 성공적인 스토리텔링에 공통분모가 왜 그렇게 많은지 납득이 된다. 이렇게 알게 된 사실 중 어떤 것은 즉시 응용되기도 한다. 예를 들어, 공통된 문제의 해법을 제시하는 삶의 교훈이 담긴 주제를 만나는 것은 스토리텔러에게 고생한 보람을 준다. 하지만 대개의 연구는 구체적인 해결책을 제시하지 않은 채 약 올리기만 한다. 글을 쓰려고 컴퓨터 앞에 앉아 있는데, 4만 4천 년 전 인류가 인도네시아 어느 동굴 벽에 이야기를 남겼다는 사실이 무슨 소용이 있겠는가?

스토리텔링의 생물학적 본성에 관한 최근의 활발한 연구가 내놓은 가장 중요한 발견은 아마도 2천 년이라는 세월 동안 시행착오 끝에 오늘날 과학이 알려주는 성공 비결과 일치하는 스토리텔링 기법이 우리에게 어마어마하게 축적되었다는 사실일 것이다. 우리 뒤에는 과학이 버티고 있으니, 확신 있게 이 기법들을 활용해보자.

스토리의 주재료

1942년에 라요스 에그리가 쓴 『극작의 기술_The Art of Dramatic Writing_』은 극작법의 정석으로 꼽히며 지금까지 출간되고 있다. 에그리는 이 책에서 스토리를 끌고 가는 원동력으로 캐릭터를 내세운다. 결핍과 욕구를 충족하려는 인간이 스토리를 움직이고 이에 뒤따르는 모든 요소를 결정한다는 것이다.

　　우리는 자원이 희소한 세상에 살고 있다. 따라서 무언가를 갖고 싶어 하는 등장인물은 자신의 목표 달성을 방해하는 대상과 맞서 싸운다. 이런 욕망은 갈등을 유발한다. 멜 맥키는 "스토리는 전쟁", "즉각적이지만 지속적인 싸움"이라고 말한다.[9] 어떤 이들은 갈등의 개념을 폭넓게 잡아 등장인물의 목표(외적인 것뿐 아니라 내적인 것이 될 수도 있다) 달성을 가로막는 모든 것을 가리킨다. 그리고 그것을 갈등이라 하지 않고 '시련'이라 표현한다.

　　이렇게 스토리는 기본적으로 욕망을 가진 캐릭터에서 시작한다. 무언가를 원하는 주인공이 그것을 이루기 위해 발버둥 치는 일련의 행위를 통해 이야기가 전개된다. 이것이 이야기의 실질적인 구조다. 스토리 유형을 간략하게 정리하면 '주인공-시련-결말'이라고 볼 수 있다. 스티븐 핀커의 표현을 빌리면, "어떤 상황이 발생하고, 누군가가 그 상황에 치이며 그가 어떤 어려운 목표를 이루고자 안간힘을 쓰고, 결국 그 사람이 변화된 모습을 보여주는 것"이 스토리다.[10]

　　이 유형은 다양한 형식에서 볼 수 있다. 픽션과 논픽션을 넘나드는 필립 제라드는 "우리가 아끼는 주인공이 중요하고 의미 있는 바람을 이루기 위해 어떤 행동을 할 때 스토리가 시작된다"라고 말한다. AP통신의 글쓰기 코치였던 브루스 디실바는 "실화의 기본 구조는 모두 똑같다. 주인공에게 한 가지 문제가 있고, 그 문제를 해결하기 위해 주인공은 고군분투한다. 스토리에서 가장 큰 부분을 차지하는 것이 이 고군분투다. 그리고 주인공이 문제를 극복하거나 혹은 극복하지 못한 결말이 나온다"라고 했다. 나는 존 프랭클린이 논픽션 스토리텔링 교본 『스토리 쓰기』(Writing for Story)에서 내린 정의를 좋아한다.

> 스토리는 공감을 일으키는 인물이 뜻하지 않게 난감한 상황에 직면하나
> 그에 굴하지 않고 맞서 돌파구를 찾으려 할 때 발생하는 일련의 행위로
> 이루어져 있다.

프랭클린의 정의는 간단하면서도 정확하며, 스토리를 이루는 핵심 요소에 대한 구체적인 분석까지 내포하고 있다.

● 일련의 행위: 플롯 전환점

어떤 스토리든 주요 등장인물은 일련의 행위를 하고, 작가가 이를 글로 적은 것이 내러티브다. 아주 간단하게 말하면 사건을 일어난 순서대로 기술한 것이 내러티브●다.

반면 플롯은 내러티브처럼 단순하지 않다. 스토리텔러가 메시지를 전달하고자 신중하게 재료를 고르고 배치한 것이 플롯이다. 재닛 버로웨이는 플롯을 "극적 효과와 감정선, 주제 의식이 드러나도록 의도적으로 배치한 사건의 연속"이라고 정의한다. 유도라 웰티는 간단히

● 이 책에서 저자가 사용하는 '내러티브'는 내러티브의 원 정의를 따른다. 지금은 내러티브가 글쓰기에 국한하지 않고 다양한 매체에서 다양한 방법으로 서사하는 모든 행위를 지칭하는 말이 되었지만, 원래는 '사건을 시간적 순서에 의해 글로 기술하는 것'을 뜻한다.

"왜?"라고 정의한다. 소설가 E. M. 포스터는 "왕이 죽고, 왕비가 죽었다"가 내러티브, "왕이 죽자 왕비가 비탄에 빠져 죽었다"가 플롯이라고 했다.[11] 이렇게 보면 스토리는 내러티브와 플롯이 결합한 것이다.

플롯은 원인과 결과 형태로 전개되고, 이 형태로 이야기가 펼쳐지는 동안 몇 차례 '플롯 전환점'을 거친다. 로버트 맥키의 정의에 따르면 플롯 전환점이란 "스토리를 새로운 방향으로 전환시키는 국면"이다. 내가 글쓰기를 가르칠 때 가장 중요시하는 단계가 바로 이 플롯 전환점을 잡는 단계다. 플롯 전환점이 모두 잡히면 이야기가 어떻게 흘러갈지 한눈에 알 수 있다.

스튜어트 톰린슨과 내가 함께 쓴 짤막한 내러티브 기사를 예로 들어보겠다. 당시 스튜어트는 『오레고니언』 메트로폴리탄 지국 중 한 곳에서 경찰서 출입기자로 일하고 있었다. 수화기 너머로 들려오는 그의 목소리는 방금 접한 사고 소식으로 격양되어 있었다. 나는 함께 걸으면서 그 사건에 대해 자세히 얘기해달라고 말했다.[12]

스튜어트의 말에 따르면 경찰관 한 명이 교차로 부근에 앉아 지나가는 차들을 지켜보고 있었다고 한다. 여기까지 플롯 전환점이라고 할 만한 것은 없다. 일상적인 흐름을 뒤흔드는 사건이 나타나지 않은 것이다. 그때 픽업트럭 한 대가 시속 129킬로미터로 지나갔다. 플롯 전환점이 나왔다. 교통경찰이 도심 교차로를 시속 129킬로미터로 질주하는 차를 발견한 이상 흥미로운 전개가 나올 것이 분명하다. 이 과속 트럭을 목격한 경찰관은 제이슨 맥고완이었다.

픽업트럭은 승용차를 세게 들이받았고, 승용차를 운전하던 여자는 찌그러진 차체 안에 갇혔다(플롯 전환점 2). 픽업트럭 운전자는 차에서 내려 도망쳤다(플롯 전환점 3). 맥고완은 트럭 운전자를 쫓아가 체포한 뒤 행인 두 명에게 그를 붙잡고 있어 달라고 부탁했다(플롯 전환점

4). 맥고완은 여자가 갇혀 있는 승용차로 재빨리 달려갔다. 차에 불이 붙었다(플롯 전환점 5). 불길이 금방이라도 여자를 집어삼킬 듯했다. 그때 경찰차 두 대가 현장에 도착했다(플롯 전환점 6). 차에서 소화기를 가지고 나온 경찰관들이 불을 끄려 노력했지만(플롯 전환점 7) 불길은 사그라지는가 싶다가 다시 살아났다(플롯 전환점 8).

경찰관 중 한 명이 근처 편의점으로 달려가 소화기를 하나 더 들고 나왔지만 결과는 마찬가지였다(플롯 전환점 9). 사고 차량 안의 여자가 몸을 움찔거렸다. 여자는 아직 살아 있었다!(플롯 전환점 10) 드디어 소방구조대가 조스 오브 라이프*를 가지고 현장에 도착했다(플롯 전환점 11). 여자는 즉시 병원으로 이송됐다(플롯 전환점 12). 상황이 정리된 후 맥고완은 병원으로 여자를 찾아갔고, 여자는 덕분에 살았다며 맥고완에게 감사 인사를 했다.

플롯 전환점이 숨 돌릴 틈 없이 쏟아진다. 플롯 전환점이 전부 나왔으니 내러티브 포물선을 잡는 데 필요한 모든 조건이 갖춰진 셈이다. 무엇을 넣고 빼야 할지, 어디서부터 이야기를 시작해야 할지, 가장 손에 땀을 쥐게 할 대목이 어디고 극적 효과를 발휘할 장치가 무엇인지, 어디에서 시점을 옮겨 가야 할지 스토리의 플롯을 짤 때 던지는 모든 질문에 대한 답이 나왔다.

• 공감을 불러일으키는 주인공

이야기를 끌고 나가는 인물이 바로 주인공이다. 주인공은 능동적인 인물로, 자신의 바람을 이루기 위해 대립하는 인물(악당)을 물리치며 문

---

*   jaws of life. 틈새를 벌려 안에 갇힌 인명을 구조하는 장비. 상표명.

제를 해결해 나간다. 주인공이 누군지 알고 싶다면 자꾸 일을 만드는 사람을 찾아라.

기존의 경찰서 출입기자가 앞서 예로 든 사건을 기사로 옮겼다면 사건 피해자를 중심에 놓고 '누가, 무엇을, 어디서, 왜'에 입각해 글을 썼을 것이다. 하지만 스튜어트는 현명하게 제이슨 맥고완의 입을 통해 이야기하는 방식을 택했다. 맥고완은 '좋은 주인공'의 조건을 모두 갖추고 있었다.

우선 맥고완은 취재가 가능했다. 몇 차례 취재를 하면서 안면을 튼 후 계속 좋은 관계를 맺어 온 터라 전체 스토리를 파악하는 데 필요한 광범위한 인터뷰를 요청할 수 있었다. 무엇보다 맥고완은 처음부터 끝까지 사고의 전 과정을 지켜본 인물이었다. 맥고완 말고도 주인공으로 삼을 만한 인물은 많았지만 그들은 스토리 라인에 불쑥 들어와 잠깐 능동적인 행위를 보여주고는 다른 인물이 등장하면 빠져나갔다. 나중에 현장에 도착해 열심히 불을 끈 다른 경찰관이나 조스 오브 라이프를 써서 여자를 구출한 소방관을 주인공으로 쓸 수도 있다. 하지만 이들 중에 사건을 처음부터 끝까지 지켜본 사람은 없다. 물론 시점을 바꿔가며 여러 인물 입장에서 이야기를 전할 수도 있다. 그러나 여럿보다는 한 사람이 낫다.

프랭클린은 주인공이 반드시 공감을 불러일으키는 인물이어야 한다고 강조했다. 많은 초보자가 악역을 주인공으로 삼고 싶어 하지만, 악역은 주인공으로 적합하지 않다. 우선 독자에게 올바른 해결 방법을 보여주지 않으며 독자가 주인공에게 감정 이입을 하기도 쉽지 않다. 독자는 영웅적인, 혹은 최소한 호감 가는 주인공을 기대한다. 할리우드 영화에서 범죄자를 주인공으로 삼을 때 '사랑스러운 악당'으로 그리는 이유가 바로 여기에 있다. 논픽션 주인공이 소시오패스인 경우, 독자는 당치도 않게 죄의식 없는 이 냉혈한에게서 긍정적인 점을 찾아내려 한다. 이는 우리가 스토리를 이용해 인생 교훈을 배우고, 우리가 공감하는 캐릭터가 자신에게도 언젠가 닥칠지 모를 시련을 어떻게 해결하는지 알기 위해 스토리를 눈여겨본다는 과학 연구와도 일맥상통한다.

그렇다고 해서 악한을 아예 다룰 수 없다는 뜻은 아니다. 주인공으로만 삼지 않으면 된다. 실화를 바탕으로 한 범죄소설 분야에서 여러 편의 베스트셀러를 낸 앤 룰은 1987년 작 『소소한 희생』(*Small Sacrifices*)에서 병적 나르시시즘에 빠져 자기 자식을 총으로 살해한 다이앤 다운스를 집요하게 파고든다. 앤 룰이 이야기의 주인공으로 택한 인물은 다이앤을 감옥에 보낸 검사 프레드 후기다. 프레드는 이 인면수심의 엄마를 철창 안에 가두고 엄마의 살해 위협 속에서 살아남은 아이 두 명을 입양했다. 그중 한 아이는 안타깝게도 이미 반신불수가 된 상태였다. 공감을 불러일으키는 인물은 바로 이런 사람이다.

제이슨 맥고완은 프레드만큼 영웅적인 인물은 아니지만 공감을 불러일으키는 인물임에는 틀림없다. 맥고완은 준수한 용모를 지닌 가정적인 아버지이자 존경받는 직업 1순위에 꼽히는 소방관이면서, 당시 보충경찰관 일까지 병행하며 경찰 업무를 지원할 정도로 사명감이 투철한 사람이다. 뺑소니범을 붙잡고 위험에 빠진 시민을 구한 그를 더욱 빛나게 해주는 면모라고 할 수 있다.

• 시련

재닛 버로웨이는 "문학에서는 오직 문젯거리만이 흥미를 불러일으킨다"라고 말했다. 즉 주인공에게 문제가 있어야 한다는 것이다. 이렇다 할 문제가 없어서 행동에 나서야 할 이유도, 도전에 맞서야 할 이유도 없고 그래서 세상을 헤쳐나갈 지혜와 교훈을 던져주지 않는다면 누가 이야기를 거들떠보겠는가?

　모든 문젯거리는 시련이 될 수 있지만 모든 시련이 스토리를 정당화하진 않는다. 어떤 여자가 자동차 열쇠를 잃어버렸다고 가정해보자. 일상에서 얼마든지 일어날 수 있는 이 사소한 문제가 파국으로 치닫는다면 모를까, 그렇지 않다면 이 이야기를 읽고 싶어 할 사람은 거의 없다. 이때 열쇠는 스토리에 단초를 제공해 줄 수는 있을지언정 스토리를 끌고 나갈 정도의 시련은 되지 못한다.

　그렇다고 해서 꼭 생사가 걸린 시련일 필요는 없다. 제이슨 맥고완의 경우처럼 박진감 있는 액션이 연달아 일어나는 스토리에 사람들이 끌리는 것은 사실이지만 소리 없이 의미 있는 메시지를 전하는 스토리도 많다. 버로웨이는 "인생에서든 문학에서든 어마어마한 위험이 반드시 극적인 것만은 아니다"라며, "욕망을 실현하지 못하도록 가로막는 진짜 심각한 장애물은 사실 가까이에 있는 경우가 많다. 내 신체나 성격에 있기도 하고 가까운 친구, 애인, 가족에게 있기도 하다. 총을 들고 다가오는 낯선 사람보다 헤어 아이론(일명 고데기)을 들고 다가오는 엄마가 더 큰 충격과 공포를 준다"라고 말했다.

　시련을 인간의 욕망이라는 측면에서 생각할 수도 있다. 무언가를 원한다는 사실을 깨닫고 그것을 얻기 위해 행동에 나선 인간은 스토리를 시작할 단초를 갖고 있는 셈이다. 시련이 커질수록 스토리도 커진다. 존 프랭클린은 사랑, 증오, 고통, 죽음 등 인간이기에 어쩔 수 없이 경험하게 되는 근본적인 시련을 좋아한다. 짐작했을지도 모르겠지만, 라요스 에그리 역시 캐릭터를 설정할 때 동일한 원칙을 내세운다. 불굴의 의지를 가진 주인공이 무언가를 간절히 원한다. 그를 막을 수 있는 것은 없다. 당연히 치열한 갈등이 이어지고, 이것이 묵직한 스토리를 끌고가는 원동력이 된다.

흡인력 있는 스토리를 쓰려면 거창한 시련이 필요하다는 생각을 버려야 한다. 작지만 의미 있는 시련도 훌륭한 스토리가 될 수 있다. 켄 퍼슨은 『디모인 레지스터』(Des Moines Register) 기자 시절 미국 내에서 특집기사를 잘 쓰기로 열 손가락 안에 꼽힌 인물이었다. 이런 그에게 명성을 안겨준 스토리는 난생처음 꿩 사냥에 나간 소년이라든가, 선거에서 처음으로 투표를 하게 된 한 이민 여성에 대한 것이었다.

● 해결

해결은 모든 스토리의 최종 목표다. 주인공이 시련에 맞서 엎치락뒤치락 분투하는 동안 팽팽하게 차오른 극적 긴장은 이곳에 이르러서야 해소된다. 해결에 이르면 독자와 관객은 교훈을 얻거나 자기 삶을 새로운 시각으로 돌아보는 정서적 환기를 경험한다.

단순한 이야기에는 지극히 물리적인 해결법이 등장한다. 소방구조대가 조스 오브 라이프를 가지고 와 찌그러진 차량에서 피해자를 꺼내주는 식이다. 중요하고 복잡한 메시지를 전달하는 이야기는 근본적이고 영구적인 심경 변화로 시련에 종지부를 찍는다. 톰 홀먼의 「리처드 밀러의 교육」에서 바리스타인 주인공은 가난하고 나태한 생활에 염증을 느껴 회사에 취직하기로 결심한다. 주인공은 머리를 짧게 자르고 양복을 입는 비즈니스 세계의 일원이 되지만 이내 중산층의 삶이 상상 이상으로 힘겹다는 사실을 깨닫는다. 스토리는 전직 바리스타가 경쟁, 야망, 책임, 성실에 차례로 눈뜨는 일상을 따라간다. 그리고 마침내 새로운 삶의 대가를 즐길 줄 아는, 예전과는 완전히 달라진 주인공을 그린다. 스토리에서 시련은 이렇게 자신을 바꾸거나 세상을 바꿈으로써 해결된다.

그러나 모든 이야기에 해결 국면이 있는 것은 아니다. 해설 내러티브는 주제를 다루기 위해 일련의 행위를 기술해나가지만 반드시 해결 국면이 등장하진 않는다. 스토리는 평탄한 궤적을 따라간다. 한 사건에 다른 사건이 이어지고, 또 다른 사건이 이어지다 간혹 옆으로 새 흥미로운 화제를 살짝 건드리고 넘어간다. 대왕오징어를 잡고야 말겠다는 뉴질랜드 어부의 집념 어린 여정을 그린 데이비드 그랜의 글은 전형적인 해설 내러티브다. 『뉴요커』에 실린 이 이야기의 취지는 오징어의 역사, 오징어에 얽힌 미스터리, 현재까지 밝혀진 오징어에 대한 과학 지식을 전하는 것이었다. 어부의 오징어 추적기는 이 주제를 다루기 위해 선택한 형식이었을 뿐이다. 따라서 어부가 대왕오징어를 잡는 장면으로 끝을 맺지 않아도 전혀 문제가 되지 않는다.

내러티브 에세이는 짤막한 동선으로 시작하는 경우가 많다. 여기에는 해결 국면이랄 것이 없다. 글쓴이가 겪은 일과 그로 인해 얻은 통찰을 보여주기 위해 자신의 사고 흐름 속으로 독자를 끌어들이는 것이 글의 목적이기 때문이다. 나는 스키장에서 리프트를 기다리는 아들 녀석을 바라보던 에피소드로 시작하는 에세이를 한 편 썼다. 아들은 자기 차례가 되자 리프트 의자에 올라탔다. 그뿐이다. 이 행위를 결론지을 이유가 없다. 나는 이 짧은 에피소드를 통해 더욱 의미 있는, 에세이의 진짜 결론을 끌어내고 싶었다. 자식에게 대물림되는 유전자를 통해서 우리는 죽어서도 계속 살아간다는 것을 말하고 싶었다. 우리는 세상을 떠난 후에도 자녀 세대에게 삶을 즐기라고 가르쳐준 여러 행위를 통해 이 세상에 계속 존재한다.

소품문 역시 해결이 등장하지 않아도 되는 장르다. 삶에 대한 짧은 통찰을 잘 포착했다면 그것만으로 훌륭한 소품문이다. 『오레고니언』의 빌 먼로는 인디언들이 낚시를 하러 100년 만에 다시 윌러멧 폭포를 찾았을 때 그들과 동행했다. 금방이라도 무너질 듯 흔들리는 비계

위에서 14킬로그램짜리 연어를 건져 올릴 때 쓰는 커다란 뜰채를 들고 밤을 지새웠던 그날의 이야기는 「강가에서의 하룻밤」으로 탄생했다. 이 글의 목적은 극적 긴장을 끌어올렸다가 해소하는 데 있는 것이 아니었다. 그저 독자를 그 폭포로 데려가 특별한 경험을 맛보게 하려는 데 있었다.

이와 반대로 소설가는 결말이 명확한 완결된 스토리 라인을 추구한다. 할리우드 영화의 결말은 대부분 명쾌하다. 액션 영화에는 가짜 결말을 몇 차례씩 늘어놓으며 관객을 약 올리는 감독도 있긴 하지만, 대체로 스토리 라인이 선명하다. 터미네이터는 웬만해선 죽지 않는다. 죽은 줄 알았지만 매번 살아나 주인공을 위협하고, 그때마다 극적 긴장감을 고조시킨다.

맥키는 전형적인 할리우드식 결말을 '닫힌' 결말이라고 부른다. "모든 의문을 해소하는 동시에 관객의 감정을 충족시키는, 절대적이며 돌이킬 수 없는 변화"로 끝나기 때문이다. 일부 평론가는 할리우드식 결말을 복잡할 수밖에 없는 삶을 그릇되게 단순화했다고 질타한다. 그들은 맥키가 '열린' 결말이라고 부르는 것을 선호한다. 열린 결말은 "클라이맥스를 지났는데도 관객에겐 여전히 한두 가지 의문이 남고 어딘지 석연치 않은 느낌이 드는" 것을 말한다.

존 프랭클린은 할리우드의 손을 들어준다. 해결점 없는 현실 세계의 시련은 작가에게 "쓸모없는 정도가 아니다". 하지만 사실에 충실한 논픽션에서는 주인공―시련―해결이라는 지극히 픽션다운 구성을 충족하는 경우가 드물다. 결말이 이미 나와 있는 상황에서 스토리를 재구성하는 것이 아니라 현재 진행 중인 사건을 실시간으로 따라가며 글을 쓸 때는 더더욱 그렇다. 관찰자 시각으로 이야기를 전달하는 스토리텔링의 대가 테드 코노버는 사건 현장에 직접 뛰어들어 몇 달이고 사건

추이를 지켜본다. 첫 논픽션 『정처 없이 떠돌다』(*Rolling Nowhere*)를 쓸 때는 화물열차에 몰래 올라타 농장을 떠돌아다니며 품 파는 생활을 자처했다. 또한, 『신참』(*Newjack*)을 쓸 때는 싱싱 교도소에 교도관으로 취직했다. 그는 "정말 운이 좋으면 해결에 도달하지만, 인생은 대체로 그렇게 잘 풀리지 않는다"라고 말했다.[13]

프랭클린이 말하는 "건설적인 해결"을 찾아내는 것은 더욱 운이 좋은 경우다. 건설적인 해결이란 우리가 흔히 말하는 해피엔딩이다. 고대 그리스인들에게 해피엔딩은 재미가 있든 없든 희극에 안성맞춤이었다. 이와 달리 비극은 부정적인 결말로 끝나는 이야기다. 희극과 비극은 오늘날까지도 드라마를 구분 짓는 두 얼굴이다.

고대 그리스인은 희극보다 비극을 좋아했다. 영국의 대문호 셰익스피어에게 불후의 명성을 안겨준 작품도 비극이다. 고전주의 비극은 오만, 나르시시즘, 탐욕 같은 인간의 근본적인 결함과 그것이 가져오는 엄청난 파국을 그린다. 어떤 죄악은 인간이 저지르는 실수의 핵심을 건드려서 주인공은 죽고 살아남은 자들은 운명을 한탄하는 '재앙'으로 막을 내리는 스토리에 설득력을 더한다. 냉소에 가득 찬 데다 피해자 취재에 이골이 난 기자들은 이야기의 결말을 비극으로 내는 경우가 많다. 그래서 고난을 이겨내는 법을 터득한 승자보다는 비극적 최후를 맞고 장렬히 사라지는 패자에게 더 끌린다.

사람들에게 글쓰기를 가르치면서 실수를 한 적이 있다. 어떤 기자가 한 죄수에 대한 이야기를 쓰겠다고 말했고 나는 여기에 이의를 표하지 않았다. 그 죄수는 감방에서 자살하려고 목을 맸다가 뇌를 다쳐 식물인간이 된 뒤 결국 요양소에서 국가의 비싼 의료 혜택을 받으며 살고 있었다. 국민의 세금이 죄수의 비싼 병원비를 내는 데 사용되고 있다는 사실은 뉴스거리로는 나쁘지 않지만 스토리로서는 한계가 있다.

우리에게 아무런 교훈도 주지 못하기 때문이다.

이런 이유로 나는 프랭클린과 마찬가지로 승자 쪽의 이야기를 선호한다. 부정적인 결말에서도 무언가를 배울 수 있다. 하지만 하면 안 되는 것들을 하나씩 지워나가는 방식은 세상을 배우는 효율적인 방법이 아니다. 이기는 전략에 집중하는 것이 훨씬 낫다. 모든 전략은 쓰임새가 있다.

나는 해결에 대한 프랭클린의 또 다른 견해에도 동감한다. 그에게 해결은 "예외 없이, 절대적으로 캐릭터가 스스로 일군 노력의 산물이어야만 한다". 우리는 스스로 문제를 해결하고 운명을 만들어가는 능동적인 캐릭터에게서 가치 있는 무언가를 얻는다. 맥키는 이런 스토리를 아크플롯이라 부른다.* 반대로 주인공이 불가항력적인 상황에 처해 치이고 깨지는 희생자로 그려지는 플롯을 안티플롯이라고 한다.

마지막으로 한 가지 더 이야기하자면 긍정적인 결말이 좋다고 해서 패배자처럼 보이는 주인공을 처음부터 피할 필요는 없다. 게이 탈리스**는 시합에서 이긴 선수의 라커 룸보다 진 선수의 라커 룸이 늘 더 흥미로웠다고 말했다.[14] 그 이유는 시합에서 진 선수든 사랑, 선거, 직장 내 경쟁에서 진 사람이든 실패를 만회하기 위해 건설적인 방법을 찾기 때문이다. 그래서 패자 이야기는 긍정적이고 우리에게 영감을 준다. 우리는 모두 살면서 절망을 딛고 일어서며 다른 사람의 절망 극복기에

---

* 저자는 모든 플롯을 아크플롯(archplot), 미니플롯(miniplot), 안티플롯(antiplot) 이렇게 세 가지로 나눈다. 고전적인 아크플롯은 자신의 바람을 이루기 위해 외부의 반대급부와 맞서 싸우는 능동적인 주인공을 중심으로 이야기가 펼쳐진다.

** 1960년대 『뉴욕타임스』, 『에스콰이어』 기자로 활동하며 조 디마지오와 프랭크 시나트라를 취재한 기사로 이름을 알렸다. 현재는 전업 작가다.

서 삶의 해답을 찾는다.

스토리의 힘

스토리 이론을 이해하면 스토리 구조의 원칙을 이해할 수 있다. 그리고 여기서부터 구체적인 실전으로 들어가게 된다. 캐릭터, 사건, 장면을 어떻게 전달할 것인지, 어떻게 해야 나만의 어조와 문체를 찾고 발전시킬 수 있는지, 내러티브 형식을 구분 짓는 차이는 무엇이고, 각각의 형식을 솔직담백하게 전달하는 방법은 무엇인지를 배운다. 그리하여 최종적으로 스토리 기술을 완전히 익히게 된다.

톰 홀먼과 나는 음주 운전자에게 목숨을 잃은 한 젊은 엄마의 이야기를 「충돌 진로」로 써내면서 이 긴 여정을 시작했다. 부단히 연구하고 실험하고 연습하다 보니 내러티브 논픽션 글쓰기의 기본 요소를 자유자재로 사용할 수 있다는 자신감이 드는 시점이 찾아왔다. 그렇게 우리는 기자와 편집자로 한 팀을 이뤄 더할 나위 없이 만족스러운 20여 년을 보냈다. 그렇게 21세기의 길목으로 접어들 즈음 스토리 이론과 구조, 기술에 대한 우리의 지식과 경험을 최고의 그릇에 담아 보여줄 기회가 찾아왔다.

독자들은 그동안 톰에게 그의 글쓰기 스타일과 어울리는 이야깃거리들을 귀띔해주곤 했다. 한번은 누군가가 전화를 걸어와 샘 라이트너에 대해 이야기했다. 포틀랜드에 사는 샘은 안면 기형을 앓는 10대 소년이었다. 샘은 중학교를 졸업한 뒤 고등학교 진학을 앞두고 있었다. 한창 외모, 또래들과의 관계를 중시할 시기였기에 샘과 그의 가족은 목숨을 잃을지도 모르지만 여러 차례의 성형수술을 감행하기로 결심했다. 우려한 대로 샘은 수술 도중 목숨을 잃을 뻔했다. 고비를 넘기고 겨우 살아나자 샘의 가족은 남은 성형수술을 그만두기로 했다. 실의에 빠져 있던 샘은 기운을 차리고 자신의 모습을 직시하고 받아들이는 내면의 성장을 이루었다. 그렇게 다시 인생을 살아간 것이다.

샘의 가족은 샘의 사연을 기사로 쓰고 싶다는 톰을 반겼고, 그렇게 톰은 샘의 가족과 오랜 시간을 함께 보냈다. 그들과 함께 비행기를 타고 보스턴으로 날아가 수술실 앞을 지키고 가족 회의에도 참석했다. 특별한 일이 없을 때도 샘의 집을 찾아갔으며, 샘이 고등학교에 입학 등록을 하던 날에도 그들과 함께했다. 이렇게 밀착 취재한 결과, 생동감 있는 장면들과 극적인 스토리 라인이 탄생했다. 1만 7,000단어로 이루어진 이 이야기는 나흘에 걸쳐 연재되었다. 「가면 너머의 소년」(The Boy behind the Mask)[15]은 2001년 특집기사 부문 퓰리처상을 받았다.

수상 사실보다 더 중요한 사실은 이 스토리가 독자들을 감동시켰다는 것이다. 편지와 이메일, 전화가 폭주했다. 그토록 뜨겁고 열광적인 반응은 이제껏 본 적이 없었다. 「가면 너머의 소년」은 우리가 만들어낸 내러티브 논픽션 중 가장 성공적이었다. 독자들이 무엇에 반응하고, 왜 그런 반응을 보이는지 알게 되면서 중요한 사실을 깨닫기도 했다. 나는 독자들이 보내온 후기를 꼼꼼하게 분석하며 무엇이 독자의 마음을 움직이는지, 그렇다면 그 효과를 극대화하기 위해 어떻게 글을 쓰고 편집해야 하는지에 대해 고민했다. 그 과정에서 내가 깨달은 것들은 이 책의 독자들에게도 유용할 것이라 생각한다.

한눈을 팔 수 없게 만드는 스토리의 힘을 높이 산다는 의견이 가장 많았다. 강력한 극적 긴장감을 만들고, 그 긴장감이 끝까지 이어진다고 했다. "책을 내려놓을 수 없었다"라고 말한 독자도 있었다. 이런 반응은 이야기 속 상황의 중차대함을 보여주는 기술과 독자가 긴장의 끈을 놓지 않도록 사건을 배열하는 기술이 얼마나 뛰어났는지를 증명한다. 독자의 주의를 끝까지 붙잡고 싶은 작가라면 스토리에 힘을 불어넣어야 한다.

마찬가지로 흡인력 있는 이야기는 독자를 다른 세계로 끌어들일 수 있어야 한다. 어떤 독자는 "기사를 읽는 시간 만큼은 나를 둘러싼 어떤 현실도 눈에 들어오지 않았다"라고 말했다. 작가는 강렬한 사건에 절묘한 장면을 결합하여 독자의 주의를 끌고, 독자가 캐릭터와 혼연일체가 되어 스토리에 몰입할 수 있도록 가상 현실을 그려낸다. 이 기술도 내러티브 논픽션 글쓰기에서 중요한 부분을 차지한다.

많은 독자가 샘 라이트너의 사연을 접하고 난 뒤의 심리적인 반응을 전해왔다. "첫 화를 읽고 난 후 하염없이 눈물을 흘렸다", "얼굴이 통통 부을 정도였다", "너무나 가슴이 아렸다" 등 다양한 후기가 있었다. 이러한 반응은 톰이 갖고 있는 인간에 대한 애정을 보여준다. 그는 샘의 가족을 취재하며 자신이 느꼈던 여러 감정을 들여다보고 그런 감정을 느낀 구체적인 요소가 무엇이었는지 집요하게 파고들었다. 그리고 독자에게 자신이 받은 느낌을 전달하기 위해 노력했다. 독자는 머리뿐 아니라 가슴으로 샘과 함께 이야기 속에 등장하는 사건을 경험했다.

수백 명의 독자가 무미건조한 사실만 읽었다면 얻지 못했을 통찰을 얻었다고 말했다. 또, 샘의 시각으로 세상을 바라보게 되면서 인류 공통의 인간성을 새삼 확인하고 세상 사람들에 대한 인류애가 생겼다고 했다("샘의 눈으로 세상을 보게 되었고, 그렇게 되자 우리를 인간답게 만드는 여러 감정이 강렬하게 느껴졌다"). 그런가 하면 샘의 이야기를 읽고 난 후 그동안 삶을 짓눌러 왔던 걱정거리를 한 발 떨어져서 한결 편안한 마음으로 바라보게 되었다는 이들도 있었다("우리 아이가 축구 시합에 나갈 기회를 얻지 못해 속이 상하거나 다들 모이는 파티에 우리 아이만 초대

받지 못해 비참한 기분이 들 때면 나는 샘을 떠올릴 것이다"). 어떤 사람들은 자신이 처한 상황과는 비교도 되지 않을 만큼 힘든 현실에 당당히 맞선 샘을 보면서 아무리 어려운 일이 생겨도 열심히 노력해 이겨낼 의지를 다졌다고 말했다("샘의 이야기는 절망에 빠져 응원을 필요로 하는 많은 이에게 희망을 줄 것이다"). 마지막으로 독자들은 톰의 이야기가 교훈을 주었다는 점에 가장 고마워했다("이 기사를 복사해 두었다. 여덟 살 된 딸아이가 고등학교에 가서 어쩔 수 없이 또래 압력을 겪는 날이 오면 이 글을 꺼내 읽으며 힘을 얻겠다").

좋은 스토리는 가르침을 준다. 스토리의 이런 기능은 1세대 스토리텔러까지 거슬러 올라간다. 노련한 원시 사냥꾼들은 모닥불 주변에 옹기종기 모여 앉은 아이들에게 사냥감을 추격했던 긴장감 넘치는 이야기를 들려주며 매머드를 쓰러뜨리는 데 필요한 용기와 기술, 전략을 전수했다. 또한, 스토리는 아이를 훌륭하게 키우는 법, 대대로 내려오는 민간 치료법, 추위와 위협이 도사리는 세상에서 나약한 인간을 하나로 모으는 관습과 가치 등을 다음 세대에 전달하기도 했다. 일상으로부터의 탈피, 정서적 충만, 균형 잡힌 시각, 정신적 격려, 인생의 교훈…. 이외에도 독자에게 도움이 되는 모든 것이 논픽션 작가가 지향해야 할 목표라고 할 수 있다. 목표를 이루기 위해서는 단어를 어떻게 배치해야 할까? 어떤 글이 독자에게서 이런 반응을 이끌어낼 수 있을까? 아니, 어떻게 그런 기술을 터득할 수 있을까?

이제부터 이 질문에 대한 답을 구하기로 하겠다. 이것은 톰 홀먼을 비롯한 10여 명의 논픽션 작가와 30여 년간 논픽션 글쓰기를 해오며 배운 점들을 간략하게 정리하는 일이기도 하다. 나는 이 기회에 처음 이 길로 들어섰을 때 있었으면 좋겠다고 생각했던 책을 쓰려고 했다. 후배들은 나처럼 힘들게 에둘러 가지 않길 바라는 마음에 그동안 내가 많은 시간과 노력을 들여 어렵게 알게 된 것들을 이 책으로 전하고자 한다. 퓰리처상은 받지 못하더라도 독자는 얻을 수 있을 것이다.

.

2장

구조

독자에게 다가가는 가장 중요한 힘은
틀을 짜는 능력에서 나온다.

● 리처드 로즈_퓰리처상 수상 논픽션 작가

로버트 루악의 소설 『벌꿀 오소리』(*The Honey Badger*)에는 잡지 기고가가
되고 싶어 하는 앨릭 바 이야기가 나온다. 앨릭 바는 "신문기사에 사용
되는 '언제, 어디서, 무엇을' 원칙을 다른 매체에 적용"하려다 "갈수록
갈피를 잡지 못하게 되었다"라고 말한다. 이름난 잡지 편집자 마크 맨
텔은 퇴짜 맞은 앨릭의 원고 중 하나를 읽어보고는 이렇게 말했다. "이
제부터 내가 재미난 걸 보여주지. 자네 글을 조각낼 거야. 그전에 우선
잡지기사가 어때야 하는지 표를 그려서 보여줄게. 건물이나 다른 정밀
한 구조물만큼 건축적인 형태를 띠거든."

　　연필을 쥔 맨텔은 메모지에 당시 잡지의 기본적인 기사 양식이
었던 5,000단어짜리 내러티브 논픽션 기사 형태를 그림으로 그리고 각
부분의 기능을 설명했다. 앨릭은 휘둥그레진 눈으로 맨텔의 그림을 빤
히 내려다보며 처음으로 '구조의 중요성'을 절감했다. 앨릭은 퇴짜 맞
은 자신의 원고를 보고 "어디서 형태를 놓쳐 스토리가 축 처졌는지 정

확하게 파악했을 것이다". 연필을 집어 든 앨릭은 자신의 원고를 난도질하기 시작했다. 맨텔은 그 상태로 원고를 다시 훑어보았다.

> "제대로 했군."
> 맨텔이 말했다.
> "이번엔 팔릴 거야. 우리 잡지가 아니면 다른 잡지에라도 반드시. 내가 그려준 표 절대 잊지 말고. 그게 성공으로 가는 이정표니까. 픽션을 쓸 때 필요한 표는 또 달라."
> "그려주신 표 제가 가져가도 될까요? 그리고 이 밑에 사인 좀 해주실래요?"
> 앨릭은 맨텔을 따라 일어서며 부탁했다.
> "그럼, 되고말고. 가져가서 뭘 하려고?"
> "액자에 넣어 두려고요."

아리스토텔레스부터 시작해 구조의 중요성을 강조하지 않은 스토리 이론 전문가는 없다고 봐도 좋다. 스토리는 어떤 형태를 취한다. 그 형태에서 너무 벗어나면 이야기가 성립되지 않는다. 아리스토텔레스는 "무엇보다 중요한 것은 사건의 구조"이며, 이때 구조란 "인물에 관한 구조가 아니라 액션의 구조, 삶의 구조"라고 역설했다. 스토리텔링의 기초 요소들은 모두 우리 뇌가 설계된 구조 깊숙한 곳에서 나온다. 조너선 갓셜은 최근의 뇌 연구 자료를 모두 조사한 뒤 "사람들이 얘기하는 갖가지 스토리들은 정말 다양한 얼굴을 하고 있지만, 그 밑바닥에는 시공을 초월하여 공통된 구조가 있다"라고 결론지었다.

그가 얘기하는 공통된 구조란 거의 모든 소설과 상당히 많은 내러티브 논픽션이 갖고 있는 주인공—시련—해결 구조를 말한다. 내러티브 논픽션이라면 쓸 수 있는 구조가 이 밖에도 많다. 하지만 노라 에프론의 말처럼 어떤 구조를 선택하든 "구조를 짤 때 옳은 결정을 내리고 나면 많은 것이 명쾌해진다".[16]

풀리처상에 빛나는 논픽션 내러티브의 대가 켈리 벤헴 프렌치는 구조에 관한 결정이 취재부터 시작해 그 후에 이어지는 모든 작업을 어떻게 결정하는지 설명한 바 있다. 2019년 『USA 투데이』가 미국에서 노예제도 400주년을 기념하여 「1619, 해답을 찾아서」라는 야심찬 연재물을 기획했는데, 켈리는 이 취재팀에 참여했다. 「멀고 먼 고향길」 편에서 취재팀은 완다 터커와 함께 앙골라로 가서 그녀의 조상의 뿌리를 찾아 헤맨다. 앙골라는 미국이라는 생면부지의 땅에 노예로 팔려온 1세대 아프리카인들이 정착하게 된 곳이다.

"우리가 앙골라로 가기로 결정하기 전에는 이 스토리에 액션이 없었어요. 등장인물은 있지만… 그때는 연대순으로 엮어 놓을 만한, 지면에 재현할 만한 가족사가 많지 않았죠. 그런데 일단 완다를 데리고 앙골라로 가기로 하자 스토리 구조가 드러났어요."[17]

켈리는 스토리를 찾아 지구 반 바퀴를 돌아갈 가치가 있는지에 관해 자신의 경험과 안목을 믿었다. 그렇지만 내가 만난 신출내기 내러티브 작가들은 대체로 로버트 루아크 소설의 가상 인물 알렉 바와 공통점이 많았다. 그들은 스토리 구조에 전형적인 전개 방식을 억지로 집어넣으려고 했다. 이는 동그란 구멍에 네모난 못을 박으려는 격이다. 나는 맨 먼저 스토리 재료를 담는 데 필요한 새로운 구조를 그리는 것부터 시작한다. 일단 구조가 나오면 활자화로 가는 길이 시작됐다고 할 수 있다.

어떤 글에 대해 이야기할 때 우리는 단어 선택, 문장 구조, 문체, 어법 등 글을 매끄럽게 다듬는 단계에서 생각해야 할 문제들을 놓고 왈

가왈부하는 데 많은 시간을 보낸다. 물론 이것도 중요한 요소다. 그러나 좋은 글을 쓰는 데 훨씬 더 중요한 (그럼에도 덜 드러나는) 요소를 제쳐둔 채 이러한 문제들에만 매달리는 것에는 문제가 있다. 존 프랭클린은 "다듬기는 효과가 눈에 확 드러나기 때문일 것이다"라며, "많은 사람이 다듬기가 글쓰기의 가장 중요한 부분이라고 생각하지만 사실은 그렇지 않다. 다듬기는 구조물의 벽에 회칠하는 것에 불과하다"라고 말했다.

정말 그런지 알고 싶다면 지금 당장 동네 서점에 가서 베스트셀러 매대에 가보라. 가장 잘 팔리는 책을 모아놓은 곳에는 우아하기 짝이 없는 문장이 다가와 춤을 신청해도 우아한지 어떤지 관심을 보이지 않는 무신경한 소설가들의 책이 분명 몇 권은 있을 것이다. 진 아우얼*, 톰 클랜시의 책이 수백만 부씩 팔리는 이유는 그들이 스토리 구조를 잘 이해하고 있기 때문이다. 이것이 이들의 문장을 난도질하는 평론가들이 간과하는 점이다.

퓰리처상을 받은 리처드 로즈는 수려한 문장가이자 많은 베스트셀러를 펴낸 훌륭한 논픽션 작가다. 그 또한 독자에게 다가가는 가장 중요한 전략은 "어휘를 다루는 능력과는 거의 관계가 없다"라고 말한다. 그는 구조를 섭렵하는 것은 "틀을 짜는 능력, 전체를 다스리는 능력"을 필요로 하는 일이라고 설명한다. 그런데 "작가들은 구조에 대해선 거의 이야기하지 않는다"라며 안타까워했다.[18]

자, 우리는 구조에 대해 이야기해보자.

---

* 전 세계 60개국에서 4,000만 부 이상 판매된 『대지의 아이들』 작가.

구조는 논리적이라기보다 시각적이다. 자기만의 규칙을 가지고 요소들을 짜 맞춰 그림을 완성한다. 정말 노련한 작가는 스토리의 전개를 보여주는 시각적 지침서를 만든다. 건축가처럼 어떤 구조로 건물을 지을지 설계도를 그리는 것이다. 이야기의 구조를 시각적으로 그려보는 과정은 필수다.

초등학교 때 배우는 서론—본론—결론 구성을 갖추면 뉴스 보도, 논문, 이 책과 같은 지침서 정도는 충분히 쓸 수 있다. 하지만 스토리의 기초가 되는 틀은 다르다. 주제를 전달하는 틀은 화술을 관장하는 인간의 좌뇌에서 만들어진다. 그러나 스티븐 홀이 스토리텔링을 하는 동안 자신의 뇌를 MRI로 촬영한 실험은 스토리 설계도가 '우뇌'에서 나온다는 사실을 밝혀냈다. 이는 이야기의 틀을 시각화하는 데 관여하는 신경망이 시각피질과 밀접하게 연관되어 있다는 사실을 강력하게 시사한다.

로버트 루악의 소설 『벌꿀 오소리』에서 마크 맨텔은 앨릭 바에게 "삼각형, 정사각형, 직사각형, 두툼한 직사각형이 연속해서 연결되어 있고 거기에 동그라미와 십자, 체크 표시가 박힌" 표를 보여주었다. 『세인트피터즈버그 타임스』에 실린 내러티브 논픽션 기사로 퓰리처상을 받은 톰 프렌치는 이렇게 조언했다. "이야기의 흐름을 순서대로 나열한 도식을 만들어라. 나는 이야기를 흐르게 하는 가장 단순한 길을 찾는데, 그것이 이야기가 펼쳐지는 가장 자연스러운 길이다. 이와 같은 도식이 그려지지 않는다는 건 아직 구조가 잡히지 않았다는 뜻이다."[19] 소설가 다린 스트라우스는 "나는 기획 단계에서 종이에 각 플롯 라인을 포물선으로 그려본다. 한쪽 끝에 A를, 반대쪽 끝에 B를 적는다. A는 질

문이고 B는 그에 대한 답이다. 질문은 대개 주인공의 구체적인 바람과 연관되어야 한다"라고 했다.[*]

　내러티브 논픽션의 대가 존 맥피가 구조에 집착하는 이유 중 하나는 설계도를 그리면 이야기를 전개할 때 여기저기서 쑥쑥 올라와 어느새 덤불을 이루는 정보의 틈바구니에서 길을 잃지 않을 수 있기 때문이다. 그는 이야기를 쓸 준비를 마친 뒤에 그 덤불 너머의 목표 지점을 보고, 그곳까지 다다를 경로를 대충 그려본다고 한다. "젊었을 때는 그 많은 재료를 주체하지 못해 헤맸죠. 구조를 잡을 줄 알게 되고 나서는 가슴에 얹혀 있던 커다란 바위가 내려간 기분이었어요."

　맥피가 "무심한 낙서"라고 부르는 이 도식은 다양한 모양을 띤다. 동그라미가 있고, 동그라미에서 선이 삐죽 튀어나온 모양(이야기가 새롭게 전개되는 것을 나타냄)이 있는가 하면 긴 줄에 이야기의 곁가지를 나타내는 고리가 군데군데 달린 것도 있다. 맥피는 자신의 대표작 중 하나인 「조지아 여행」을 쓰기에 앞서 『프린스턴』 주간 회보에 나갈 인터뷰에서 제니퍼 그린스타인 올트먼에게 이 도식을 보여주었다. 나선형으로 구부러진 선을 따라 스토리의 중요 장면이 배치된 모양이었다.

　「조지아 여행」은 맥피가 두 생물학자를 따라 조지아주의 변두리 시골을 돌아다닌 내용을 담고 있다. 맥피는 자신의 도식에 좀 더 흥미로운 여정을 넣었다.

　생물학자들은 종종 걸음을 멈추고 차에 치여 죽은 지 얼마 안 된 동물의 사체를 수습해 요리해 먹었다. 맥피는 도식에 사향뒤쥐로 요기

● 　다린 스트라우스는 『리얼 맥코이』의 작가다. 소설뿐 아니라 논픽션, 전기 등 장르를 넘나들며 미국비평가협회상, 구겐하임예술기금 등 다수의 문학상을 수상했다.

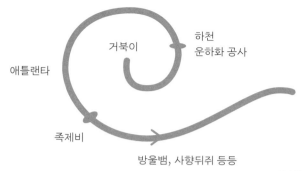

거북이

하천
운하화 공사

애틀랜타

족제비

방울뱀, 사향뒤쥐 등등

◆도표1 **존 맥피의 도식**

했다는 내용을 포함시켰다. 그들은 하천을 운하로 만드는 공사를 진행하며 습지를 파괴하고 있는 준설기 작업 인부와 마주쳤다. 이 장면 역시 나선형 이야기의 중요 지점이다.

극적 긴장감이 높아지는 대목 중 하나는 지나가는 차에 치여 치명상을 입은 거북이를 도와주지 못한 채 그저 바라보는 장면이다. 일행은 결국 조지아주 보안관이 주춤거리며 총을 쏴 거북이의 고통을 끝내주는 장면을 지켜본다. 이 나선형 도식이 보여주듯 이야기는 거북이를 향해 가며 점점 고조된다. 맥피와 생물학자들은 이 거북이까지도 요리해 먹었다.

설계도

일반적으로 건축가는 하청을 받은 뒤 바로 착공에 돌입해 작업하는 도중에 방을 여기 놓을지 복도를 저기에 놓을지 결정하고, 훗날 필요할지도 모를 건축자재는 대량 주문해놓지 않는다. 우선 설계도를 꼼꼼히 살

펴 숙지한 다음 필요한 자재를 그때그때 주문하며 일을 체계적으로 진척한다.

갈팡질팡하고 불안해하는 비생산적인 내러티브 작가는 설계도 없는 시공업자처럼 일한다. 반대로 계획이 필요하다는 사실을 알아챈 작가는 별문제 없이 괜찮은 글을 뽑아낸다. 테드 코노버는 뉴욕대학교 언론학 교수 로버트 보인턴에게 자신이 작가로 막 데뷔했던 시절을 두고 이런 얘기를 했다. "신출내기 작가였을 땐 먼저 쓰기 시작한 뒤에야 글이 흘러가야 하는 구조가 눈에 들어왔다. 어느 때는 이미 너무 많이 써버린 후에야 보였다. 나는 계획 없이 무턱대고 시작해 마음 가는 대로 쓰곤 했다. 정말 효율적이지 못한 방법이었다. 실컷 써놓고 보면 막다른 길로 와버린 경우가 비일비재했다."

나는 스토리의 방향에 대해 어느 정도 감을 잡으면 그 즉시 작가와 마주 앉아 설계도 그리는 작업을 아주 오랫동안 습관처럼 해왔다. 예상치 못한 일에 부딪히면 언제든 도면을 수정하면 된다. 건축 시공업자들은 늘 그렇게 한다. 그래야 쓰지도 않을 자료를 수집하느라 시간과 비용을 낭비하지 않는다. 메리 로치는 "나는 항상 스토리에 구조가 있고, 모든 것이 그 구조에 맞아야 한다는 사실을 잊지 않으려 해요. 그래야 쓰이지 않을 자료를 수집하는 헛고생을 면할 수 있거든요"라고 말했다.[20]

설계도가 좋으면 글을 편하게 쓸 수 있다. 다듬기에 너무 치중하지 말라는 존 프랭클린의 경고를 잊지 말자. 그는 초고를 쓸 때 문장을 하나하나 깔끔하게 다듬기보다는 구조(적재적소에 재료를 배치하는 일)에 집중해야 한다고 강조했다. 그렇게 전체적인 구조를 잡았다면 글 앞으로 돌아가 매끄럽게 고쳐 쓰면 된다.

다시 한번 건축에 비유해보자. 시공자는 각 방의 장식 같은 세부 사항을 고민하기 전에 건물 전체의 틀을 잡는다. 이렇게 하면 훨씬 안정적이고, 끝내 버려질 재료를 다듬느라 시간을 헛되이 보내지 않는다.

내러티브 포물선

내가 좋아하는 시트콤 《사인펠드》의 에피소드 가운데 한 편은 늘 그렇듯 잔뜩 흥분한 크레이머가 제리의 아파트에 난입하는 장면으로 시작한다. 크레이머가 어지럽게 제자리를 맴돌고, 제리는 답답해서 참을 수 없다는 표정이다. "무슨 일인데?" 마침내 제리가 묻는다. "나 방금 깨달은 게 있어…." 크레이머가 대답한다. "내러티브 포물선이 없지 뭐야!"

이 개그는 여러 단계에 걸쳐 반복적으로 사용된다. 내러티브 포물선은 구체적인 스토리 요소를 통해 사실이 질서 정연하게 전개되면서 형성되는 것이다. 그런데 《사인펠드》가 방영될 당시에는 '내러티브 포물선'이라는 말이 뉴욕의 문인과 언론인 사이에서 의미 없이 남발되고 있었다. 아마 크레이머는 무슨 뜻인지도 모른 채 이 유행어를 떠들었을 테지만 아이러니하게도 정확하게 사용한 꼴이 되었다. 언제 어떤 사고를 칠지 모르는, 질서도 일관성도 없는 인생이니 크레이머의 삶에는 확실히 내러티브 포물선이 없다고 할 수 있겠다. 이 대사는 《사인펠드》를 목적 없는 인생사를 두서없이 늘어놓았을 뿐 메시지라고는 없는, '아무 의미 없는' 극이라고 규정한 평론가들을 비꼬는 말이기도 하다.

이 시트콤의 웃음 코드는 내러티브가 생길라치면 흐지부지 만들어버리는 데 있다. 하지만 기본적인 에피소드는 몇 가지 내러티브 포물선을 한데 엮는다. 크레이머의 사업은 반짝했다가 폭삭 망한다. 일레인의 연애는 뜨겁게 달아올랐다가 식어버린다. 조지는 취직을 하면 해고

된다. 잘 만들어진 다른 스토리텔링처럼 《사인펠드》에도 모양새를 잡아주고 그다음에 어떻게 될지 시청자를 궁금하게 만드는 구조가 있다.

아리스토텔레스 이후 이론가들은 이 구조라는 녀석을 정복하기 위해 씨름을 해왔다. 누구나 한 번쯤 "스토리에는 시작과 중간과 끝이 있다"라는 아리스토텔레스의 말을 들어보았을 것이다. 그러나 막상 책상 앞에 앉아 글을 쓸 땐 이 말이 별 도움이 되지 않는다. 초보 스토리텔러에게는 구체적인 지침이 필요하다.

다행히 이런 지침은 차고 넘친다. 아리스토텔레스의 구조에 대한 논의도 '시작—중간—끝'을 훨씬 넘어선다. 현대의 아리스토텔레스들은 독자에게 공감을 얻는 스토리 구조를 굉장히 자세하게 파고들어 '주인공—시련—해결' 모델의 필수 요소를 시각적으로 연관 지어 보여준다. 재닛 버로웨이의 책을 비롯한 픽션 쓰기 지침서들을 보면 이러한 예를 얼마든지 찾을 수 있다.

나에게는 작가들을 인터뷰하는 나름의 규칙이 있다. 인터뷰가 끝나면 그들이 스토리를 짜고 집필할 때 지침으로 삼는 시각적인 얼개를 그린다. 나는 먼저 작가에게 중요한 스토리 요소들을 꼽아달라고 부탁한다. 그것을 바탕으로 내러티브 포물선을 그려본다. 그러면 아래 그림과 같이 오른쪽으로 살짝 기운 포물선 모양이 된다.

과연 크레이머는 자신에게 없는 포물선이 바로 이 그림이라는 것을 알아볼까? 경험 많은 내러티브 논픽션 작가 중에도 알아보지 못하는 이가 많을 것이다. 『양키』 잡지의 편집자로 일했던 짐 콜린스는 다음과 같이 말했다. "내러티브 포물선을 이해하는 작가는 거의 없다. 시작, 중간, 끝은 물론이고 계속해서 독자를 따라오도록 만드는 사건이 연속해서 배열된다는 사실도 모를 것이다. 굴곡 없이 단조로운 글이 많다. 한 가지 사건이 일어나고 또 다른 사건이 일어나고 다시 또 다른 사

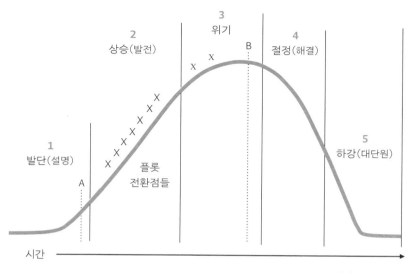

◆도표2 **내러티브 포물선**

건이 일어나는데 그 사건들을 잇는 통일된 흐름이 없다."[21]

　　진정한 내러티브 포물선은 시간을 가로질러 쉼 없이 움직이며 스토리를 몰아붙인다. 마치 부서지기 직전의 파도처럼 에너지를 가득 품은 채 휘몰아친다.

1. 발단

도표2 위쪽에 숫자로 표시된 것처럼 포물선은 완결된 스토리를 특징짓는 다섯 단계를 거친다. 첫 단계는 발단이다. 독자에게 주인공이 누구고, 주인공이 직면하게 될 시련이 무엇일지 이해할 수 있을 정도의 정보를 준다.

　　아리스토텔레스는 발단을 "인물을 정의하는 단계"라고 말했다. 라요스 에그리는 발단은 "노출하는 행위"라는 웹스터 사전의 정의를 들며 "그렇다면 무엇을 노출해야 할까? 전제? 전반적인 분위기? 인물 배경? 플롯? 장소적 배경? 이 모든 것을 한꺼번에 노출하는 것이 답"이라고 했다. 이것이 전부는 아니다. 좋은 발단을 쓰는 요령은 독자가 반드시 알아야 할 것만 알려주고 그 이상은 알려주지 않는 것이다. 익사 위험에 처한 낸시 펀치스와 그녀의 폭스하운드* 이야기는 훌륭한 사례를 제공한다.

　　2007년 겨울, 어마어마한 폭우가 쏟아져 태평양 북서부의 대부분 지역이 물에 잠겼다. 『오레고니언』 포틀랜드 지국에서 하드뉴스**를 취재하는 중견 기자 마크 라라비는 제방이 무너져 서해안의 주요 북남간 주간고속도로가 폐쇄된 지점으로 취재를 나섰다. 고속도로 통행을 재개하기 위해 정신없이 복구 작업이 이루어지는 현장을 취재하던 마크는 이번 홍수로 기르던 동물을 거의 다 잃을 뻔하고, 자신도 죽음의 문턱에 다녀왔다는 한 여인의 소식을 들었다. 그는 여인의 이웃과 친구들을 만나본 뒤 그녀를 인터뷰하기 위해 그녀가 입원해 있는 병원을 찾아갔다. 마크는 기가 막힌 건을 잡았다고 생각했다. 이 이야기라면 처음으로 내러티브 논픽션을 써볼 수 있겠다는 자신감이 생겼다. 마크의 담당 편집자가 포틀랜드 지국으로 돌아온 그를 내게 보냈다.[22]

　　그렇게 우리는 사무실에 마주 앉았다. 나는 스토리텔링에 관해 지도할 때면 늘 그랬듯 무엇을 알아냈는지 묻는 것부터 시작했다. 감동적인 세부 장면들이 이야기에 생명을 불어넣었다. 여인이 홀로 살던 외딴집을 덮친 홍수, 대회에 나가 챔피언 트로피를 거머쥔 아메리칸 폭스하운드를 구하기 위해 펼친 필사의 몸부림, 그럼에도 한 마리씩 죽어간

●　　여우 사냥용으로 개량한 사냥개.

●●　　정치, 경제, 국제관계 등 파급력과 비중이 큰 분야의 뉴스.

개들…. 집에 갇힌 채 잔인한 시간은 속절없이 흘렀고, 얼음처럼 차가운 물이 천장을 향해 차올랐다. 마침내 비가 그쳤고, 그녀는 살아남은 강아지에게 노아라는 이름을 지어주었다.

우리의 대화는 중요한 지점, 즉 앞부분에 정보를 어떻게 배열할지 결정해야 하는 지점에 이르렀다. 어떤 매체에 실리든 이야기를 효과적으로 전달하려면 필요한 부분이었다. 신문에 실리는 내러티브든, 잡지에 나갈 특집기사든, 라디오 다큐멘터리든, 영화든 집필에 들어가기 전에 자신이 할 이야기의 바탕이 되는 기본 요소를 알아야 한다.

마크와 나는 개 주인이 주인공의 자질을 갖추었는지 논의하기 시작했다. 우리는 다른 생존자들과 그녀를 비교하며 주인공이 그들과 어떻게 비슷한지, 그녀의 사례에서 무엇을 배울 수 있을지 등을 이야기했다. 우리는 스토리를 핵심 부분으로 쪼개고 메모지에 그린 내러티브 포물선에 플롯 전환점을 표시했다. 이렇게 그럴싸한 얼개가 탄생했다.

본격적으로 이야기를 시작하려면 발단부터 써야 했다. 독자에게 어떤 정보를 제공해야 하는가? 기본적인 사실이 있다(일흔넷인 낸시 펀치스는 혼자 살며 폭스하운드를 길렀다). 그리고 소소한 장소 배경이 있다(낸시가 사는 곳은 워싱턴주 남서부를 관통하는 체할리스 강가였다). 여기에 낸시의 성격적인 면모가 있다(강인하고 독립심이 강하며, 수단이 좋다). 동기부여도 빼놓을 수 없다(낸시는 최고 혈통의 개를 30년째 길러오고 있다. 그리고 태어난 지 5주 된 강아지들이 있다). 이 정도면 독자가 주인공에 대해 알아야 할 모든 정보가 드러났다고 볼 수 있다. 이제 곧 이어질 시련에 맞서 그녀가 사투를 벌이는 이유가 설명되기 때문이다.

내러티브 논픽션을 처음 쓰는 기자들은 수집한 정보를 전부 집어넣느라 스토리 전개를 지연시켜 독자를 지루하게 만드는 잘못을 범한다. 발단은 내러티브의 적이라고 하는 이유가 바로 여기에 있다. 매체는 상관없다.

　한 번은 이 금언을 무시했던 팟캐스트 작가를 상담한 적이 있다. 그는 이야기의 핵심이 되는 갈등 상황과는 전혀 관계없는 여담으로 자꾸만 샜다. 독자로서 실망스러웠다. 스토리의 대부분이 중구난방으로 흘렀다. 제발 스토리를 따라가고 싶었다. 이 문제에 관해 대화한 뒤 그는 상당히 개선된 팟캐스트 방송을 다시 올렸다. 그 덕분에 그는 유력 방송사에 정직원으로 채용되었다.

　좋은 발단은 주인공이 어쩌다 어느 시간에, 어떤 장소에 있게 되었는지 충분한 배경을 제공하고 아쉬움을 남겨 다음 단계로 인도한다. 취재를 철저하게 하면 디테일이 차고 넘칠 정도로 많아진다. 훌륭한 스토리텔러는 이리저리 기웃거리지 않고, 나아갈 확고한 길을 찾아낸다. 내가 좋아하는 소설가 코맥 매카시는 『평원의 도시들』(*Cities of the Plain*)에서 주체할 수 없이 많은 배경 사실 중에서 이야기에 정말로 필요한 옥석을 가려내야 할 필요성을 이렇게 표현했다. "전부 알려진다면 스토리가 성립되지 않아."

　반드시 노출되어야 할 아주 짧은 정보라 할지라도 그로 인해 스토리 시작이 지연된다면 집어넣는 것이 능사는 아니다. 헌터 톰프슨˙은 "섞고, 섞고, 섞는" 것이 요령이라고 말한다. 시작하자마자 사건으로 돌

˙ 프리랜스 기자로 활동하며 취재 대상의 현실에 몸소 뛰어들어 주관을 확실히 드러내는 내러티브를 개척했다. 첫 장편 『헬스 앤젤스』는 직접 폭주족이 되어 그들의 문화를 기록, 한 해에 50만 부가 팔리는 기염을 토하며 지금까지도 반문화의 중요 기록으로 평가받고 있다. 『롤링스톤』 정치부 기자로 대통령 선거 과정을 취재한 『공포와 혐오: 72년 대통령 선거 유세』는 "정치에 관한 최고의 책"이라는 극찬을 받았으며, 대표작 『라스베이거스의 공포와 혐오』는 1960년대 말 새로운 세상을 열망하던 히피 문화가 좌절을 맞고 보수 반동의 기운이 돌아오면서 정치 혐오와 환멸에 빠지기 시작한 시대를 예리한 통찰력으로 그려냈다. 소설 『럼 다이어리』는 조니 뎁 주연의 영화로 제작되기도 했다.

입한 뒤 수식어나 종속절, 동격어구 등에 발단에 들어갈 정보를 묻어두는 방식으로 처리하는 것이다. 마크는 다시 첫 문단을 쓸 때 사건을 전달하면서도 필수 배경 정보가 들어간 발단을 만들고 있었다.

 낸시 펀치스는 사납게 요동치는 물살을 넋 놓고 바라보았다. 연일 쉴 새 없이 퍼부은 폭우로 잔뜩 불어난 체할리스 강물이 제방을 타고 빗물을 흠뻑 머금은 강변 들판으로 흘러넘치고 있었다. 하지만 그 축축한 일요일 아침, 강물은 그녀의 집 옆으로 난 시골길에서 아직 한참이나 떨어져 있었다.

 이러한 발단은 잠시 후 극적인 사건이 일어나리란 조짐을 내비쳐 호기심을 자극하여 독자를 사건의 흐름으로 끌어들인다. 마크는 "낸시는 몇 시간 뒤 자신의 개가 죽고, 자신마저 집에 꼼짝없이 갇혀 물과 치열한 사투를 벌이게 될 줄은 상상조차 하지 못했다"같은 조잡한 발단을 쓸 수도 있었다. 하지만 그는 현명하게도 '넌지시 암시하는' 방법을 택했다.

 낸시는 체할리스 강에서 서쪽으로 6킬로미터 떨어진 이곳에서 6년을 살았지만, 그동안 한 번도 강이 범람하는 모습을 보지 못했다. 오랫동안 강가에 터전을 잡고 살아온 이웃들도 강물이 도로로 넘치는 모습을 한 번도 본 적 없다고 말했다. 강물이 제방을 넘어 5번 주간 고속도로가 폐쇄되었던 1996년에도 도로까지 물이 흘러들지는 않았다. 이번 폭우도 그렇게 심하진 않을 것이다. 낸시는 그렇게 안심하며 집으로 향했다. 어서 집으로 돌아가 발 뻗고 편히 잠자리에 들고 싶었다.

주인공이 최악의 사태를 전혀 눈치채지 못하고 있음을 작가가 열심히 설명할 때 독자는 곧 최악의 사건이 일어날 것을 예감한다. 마크 싱어의 「표류자들」(Castaways)이 어떻게 시작하는지 보자.

『뉴요커』에 실린 이 기사는 며칠간 낚시 여행을 하러 나섰다가 아홉 달 넘게 바다에서 표류한 멕시코인들 이야기를 담고 있다.

> 2005년 10월 28일 이른 아침, 태평양을 마주 보는 멕시코 중부 해안의 어촌 산블라스에서 다섯 명의 남자가 작은 어선에 올랐다. 일진이 아주 좋아보이는 아침이었다. 허리케인의 기세가 수그러들고 있었고 구름 걷힌 하늘은 더없이 푸르렀으며. 드넓은 마탄첸 만 수면은 평온했다. 이대로라면 바다에서 2, 3일은 보낼 수 있을 것이다.

대놓고 떠드는 혼잣말처럼 뻔한 복선을 피할 방법은 많다. 선행 지시어 없이 대명사를 쓰거나 문장을 미진하게 끝내는 것도 흔히 쓰는 방법이다. 조앤 디디언의 대표적인 내러티브 논픽션은 이렇게 시작한다. "우선 반얀 스트리트를 머릿속에 떠올려보라. 반얀에서 그 일이 일어났기 때문이다." 『오레고니언』에서 기획 특집기사를 쓰는 스펜서 하인즈는 "팻 요스트는 그 소리를 들었을 때 침대에 있었다"를 첫 문장으로 내세웠다.

신문기사의 정석은 모든 것을 즉시 드러내는 것이다. 하지만 약간의 미스터리는 내러티브에 추진력을 제공한다. 『월스트리트 저널』에서 글쓰기를 지도했던 빌 블런델이 애용하는 수법이기도 하다. "나는 글을 쓰는 사람들에게 독자를 애태워 자꾸 따라오게 만들라고 가르친다. 독자는 별로 개의치 않는다. 작가들도 독자들의 흥미를 붙잡아두려는 것뿐이다." 표현은 다르지만 찰스 디킨스의 스토리텔링 공식도 일맥상통한다. "사람들을 웃기고 울려라. 그리고 무엇보다도 그들을 기다리게 해라."[23]

그러나 독자를 기다리게 해선 안 되는 것이 한 가지 있다. 지금 벌어진 상황에 대해 독자가 이해할 수 있을 정도의 사전 정보는 주어야 한다. 마크가 쓴 홍수 수난기처럼 짤막한 내러티브에선 저간의 배경 정보를 사건 흐름 속에 모두 섞어 넣기 어렵다. 이럴 때는 섞지 말고 배경 정보 설명에 한두 문단을 할애하는 것이 좋다. 그런다고 전개 속도가 떨어지지 않는다. 마크는 우리의 주인공 낸시 펀치스를 재운 뒤 곧바로 미처 꺼내지 못한 중요한 배경 정보를 제공하는 데 한 문단을 온전히 할애했다.

> 두 뺨이 발그레하고, 은발을 치렁치렁 늘어뜨린 낸시는 74세이지만 정정하다. 미국애견협회 심사 위원인 그녀는 화려한 수상 경력을 지닌 폭스하운드를 기르고 있다. 1970년대 중반부터 꾸준히 다듬어온 명문 챔피언 혈통이다. 낸시는 1만 평에 달하는 목초지 가장 높은 곳에 조립식 주택 두 채를 연결해 살고 있었다.

이외에 발단부에서 나와야 할 배경 정보, 가령 낸시에게 태어난 지 5주 된 강아지 여섯 마리가 있다는 사실 등은 사건을 전개하며 충분히 끼워 넣을 수 있는 요소다. 마크는 인물과 장소 등에 대한 설명을 어느 정도 끝내고 내러티브 포물선의 가장 중요한 요소 중 하나로 발단부를 마무리 지었다.

로버트 맥키는 이것을 "사건의 단초"라 하고, 누군가는 "플롯 전환점 A", 또 다른 누군가는 "시련의 시작"이라고 부른다. 이름이야 어찌 되었든 한마디로 전체 이야기에 시동을 거는 사건이다. 마크는 낸시 펀치스의 이야기를 본격적으로 가동시킨 사건을 이렇게 묘사했다.

> 월요일 아침에 낸시는 침대에서 빠져나와 창밖을 내다보았다. 흙탕물이 앞마당을 뒤덮고 시보레 밴의 엔진부까지 집어삼킨 뒤였다. 밴에 시동이 걸린다 해도 도로가 이미 물에 잠겨 도피로란 도피로는 모두 막혀 있을 것이다.

이렇게 시련이 고개를 내밀고, 발단 단계가 막을 내린다. 이제 상황은 점점 흥미진진해진다.

2. 상승(발전)

완결된 내러티브 포물선의 두 번째 단계는 상승(혹은 발전)이다. 다른 단계와 같은 비중을 차지하지만 분량은 가장 많다. 120분짜리 할리우드 영화의 경우 상승(발전) 단계가 100분을 넘는다. 사건이 펼쳐지며 극적 긴장감이 높아지고 관객은 쉽게 자리를 뜨지 못한다. 이렇게 팽팽해진 긴장은 클라이맥스(절정)가 해결로 이어질 때 비로소 해소된다.

이야기가 서서히 상승하는 이 단계가 낸시 펀치스에게는 물이 차오르는 때다. 물은 낸시의 집 앞 현관 높이만큼 차는가 싶더니 이내 현관을 덮어버린다. 그 뒤를 이어 마크가 인터뷰하며 알게 된 극적인 사건의 전모가 꼬리를 물고 이어진다. 각각의 사건은 플롯 전환점으로서 내러티브 포물선의 상승 곡면에 나열된 X에 해당한다.

앞 장에서 설명했듯 플롯 전환점이란 이야기가 새로운 방향으로 전개되는 지점을 가리킨다. 현재 상황에 강제로 떠밀린 주인공은 사건의 단초인 플롯 전환점 A에서 내러티브 포물선 끝에 기다리고 있는 새로운 현실을 향해 출발한다. 다린 스트라우스는 "스토리를 풀어내기에 앞서 중심인물의 삶을 저 위 산꼭대기에서 위태롭게 흔들리는 바위라고 생각해 보라"고 말한다. 새 한 마리가 날아와 툭 치면 바위가 굴러 내려오면서 내러티브도 포물선을 그리기 시작한다.

굴러 내려오는 바위는 주인공뿐 아니라 관객까지 흔들어놓으며 긴장감을 조성한다. 플롯이 방향을 틀 때마다 긴장감은 커진다. 대부분 플롯 전환점은 주인공에게 새로운 문제를 던진다. 테드 코노버는 그 전환점이 "문제가 생겼을 때의 내러티브"라고 말한다.[24]

마크 라라비와 나는 사전 회의를 하면서 마크가 쓰게 될 스토리의 플롯 전환점을 죽 훑어보았다. 플롯 전환점이 늘어날수록 스토리가 모양을 갖추어갔다. 플롯 전환점은 낸시의 주변 인물을 인터뷰하는 과정에서 드러났으며, 전환점은 앞뒤로 맞물렸다. 그래야 마땅하다. 라요스 에그리의 말처럼 "극에서 일어나는 모든 순간은 바로 앞에서 생겨난다."

낸시의 수난은 물에 잠긴 앞마당을 본 순간 시작되었다. 그녀는 사력을 다해 어미 개와 어린 강아지들 그리고 다른 개 다섯 마리를 겨우 집 안으로 데려다놓았다. 그리고 다시 개집으로 가려 했으나 물이 불어나 접근할 수 없었다. 개집 안에는 아직 열 마리의 개가 갇혀 있었다. 집 안으로 들어오자 나무 바닥 사이로 보글보글 솟아오르던 물이 순식간에 낸시의 무릎까지 차올랐다. 설상가상으로 홍수에 떠내려온 잔해가 문을 막는 바람에 집 안에 꼼짝없이 갇히고 말았다. 낸시는 얼음장처럼 차가운 물에 흠뻑 젖었다.

몸이 꽁꽁 얼어붙는 듯 추웠지만, 평소의 그녀답게 기지를 발휘해 탈출 계획을 세웠다. 실패해도 주저앉지 않고 바로 다음 계획을 실행했다. 강아지 두 마리가 익사하자 낸시는 남은 강아지를 스티로폼 상자에 담아 물에 둥둥 띄웠다. 그러는 동안에도 물은 계속 차올랐다. 밖에서는 개집에 남아 있던 개들이 익사했다. 집 안에 있던 큰 개들도 하나둘 죽어가기 시작했다.

> 낸시는 부엌 조리대로 올라갔다. 수면은 더욱 높아져 의자가 잠기고 창틀 아래 선반이 잠기더니 창문 블라인드 널이 하나씩 잠겨갔다. 가구는 기우뚱 쓰러진 뒤 물속으로 가라앉았다.

책장 하나가 엎어지더니 물에 동동 떴다. 낸시는 헤엄을 쳐 책장까지 이동한 뒤 그 위에 올라탔다. 물이 천장에 닿으면 낸시와 남은 강아지들은 익사하게 될 것이다. 그들은 살아남게 될까?

주도면밀하게 짜인 상승 단계는 이야기가 전개되며 한 가지씩 의문을 제기한다. 필립 제라드는 극적인 이야기 구조가 "치밀한 순서로 짜인 미스터리의 연속"이라고 말한다. "그 미스터리는 크기도, 작기도 할 것이다. 작가는 바로 이 흥미성 편차를 잘 이용해 이야기가 고조될수록 미스터리가 점점 커지다가 마침내 모두 해결되도록 한다. 처음에는 사소한 문제였던 것이 점점 더 큰 문제를 일으키고 … 가장 큰 미스터리는 최후로 미뤄둔다."

마지막 문장에 밑줄을 긋자. 퓰리처상 심사위원을 맡았을 때 나는 이 원칙을 무시한 예선 출품작을 보았다. 아직도 잊을 수 없는 그 스토리는 처음부터 끝까지 주인공이 죽느냐 사느냐는 문제에만 매달렸다. 그리고 맨 마지막에는 방금 구덩이를 판 주인공의 무덤 주변에 애도하는 사람들이 빙 둘러선 사진이 자리 잡고 있었다.

그 사진을 넣은 디자이너가 아리스토텔레스의 『시학』을 읽었더라면 위치가 달라졌을지도 모른다. "1막에서 (주인공이 직면한) 상황을 명백하게 제시하라. 2막에서는 그에 따른 에피소드들을 엮되 3막 중반에 이를 때까지 결과를 예측하기 어렵게 해야 한다. 늘 예상을 한발 앞질러야 한다. 이렇게 하면 결국에는 마땅히 예상되는 것과 전혀 다른 상황이 공감을 얻게 될지도 모른다.”

조너선 하르의 『시빌액션』(*A Civil Action*)이 20세기의 논픽션 베스트셀러로 꼽힌 이유 중 하나는 저자가 미스터리를 아주 현명하게 나열했기 때문이다. 이 책은 고래 힘줄 같은 집념을 지닌 변호사 얀 슐리트만이 워번의 지하수를 오염시킨 기업들을 추적하고 고발한 실화다. 그는 특히 W. R. 그레이스 법인에서 마구잡이로 배출한 유독성 화학물질이 백혈병을 유발해 어린이들을 죽음으로 몰아넣었다고 주장한다.

한창 재판이 벌어지던 당시 피고 측은 지하수 전문가 존 거스와를 증인석에 세웠다. 그는 W. R. 그레이스 공장에서 나온 오염물질은 워번의 식수원으로 흘러들어갈 수 없으므로 백혈병으로 인한 아이들의 사망과 W. R. 그레이스는 전혀 관계가 없다고 주장했다. 설상가상으로 얀 슐리트만이 자문을 구했던 하버드대학교 교수 찰스 네슨이 돌연 자취를 감추었다.

그날 네슨은 끝내 법정에 나타나지 않았다. 슐리트만의 사무실에도 나타나지 않았다. 슐리트만은 네슨의 연구실에 전화를 걸었지만 그의 조교는 그날 네슨을 한 번도 보지 못했다고 답했다. 두려운 예감에 휩싸여 케임브리지에 있는 네슨의 집으로 전화를 걸었다. 역시나 받지 않았다.

“대체 어디 있는 거야?” 슐리트만은 버럭 소리를 질렀다.

네슨은 다음 날 오전 재판에도 나타나지 않았다. 종일 증인을 교차 심문했지만 슐리트만은 증언을 반박하지 못했다. 오염된 지하수가 얼마나 멀리까지 갈 수 있느냐는 문제에 관한 지금까지의 변론이 맥없이 주저앉는 듯 보였다.

그러다 마침내 네슨의 행방이 독자에게 밝혀진다. 그는 교수 도서관에 틀어박혀 있었다. 수문학의 근본 원리인 다르시의 법칙[*]을 이용해 피고 측 전문가의 계산이 잘못됐음을 입증하는 데 몰두해 있었다. 그날 밤 네슨은 슐리트만의 사무실로 태연하게 걸어 들어왔다.

슐리트만이 의자에서 벌떡 일어나 소리쳤다.

"찰리! 세상에 지금까지 어디 있었던 거야?"

네슨은 지긋이 미소 지었다.

"존 거스와의 코를 납작하게 해줄 방법을 알아냈어."

다음 날 슐리트만은 거스와를 증인석에 세우고 보기 좋게 박살 낸다. 그제야 그동안 변호사로서 모든 것을 걸고 악착같이 매달려온 이번 사건에서 승소할 수 있겠다는 희망이 보이는 듯했다.

좋은 내러티브는 희망을 한껏 부풀렸다 꺼뜨린다. 상승 단계를 효과적으로 전개하는 또 하나의 특징이다. 배트맨이 이긴다. 희망이 생겨난다. 조커가 이긴다. 희망이 사그라진다. 중대한 변수가 되는 재판에서 진 뒤 슐리트만의 소송은 그렇게 끝을 맺는가 싶었다. 하지만 극적으로 반격을 가할 기회가 찾아오고, 골리앗과의 싸움은 다시 시작된다.

이런 희망의 기복은 에릭 라슨의 『화이트 시티*The Devil in the White*

---

[*] Darcy's law. 관 속의 물의 속도는 움직이는 물의 기울기에 비례한다는 것으로 지하수의 흐름에 관한 기본 법칙이다. 19세기 중엽 프랑스의 공학자 앙리 다르시는 모래층을 통과하는 지하수의 유동에 관해, 모래층을 통과하는 물의 유량 Q는 모래층의 지점 1의 수두(水頭) h1과 지점 2의 수두 h2의 차에 비례하고, 1-2지점 간 거리 L에 반비례하며, 단면적 A와 매질의 성질에 따라 좌우되는 계수 K, 즉 수리전도도에 비례한다는 법칙을 세계 최초로 발견했다.

City』에서도 극적인 효과를 연출한다. 이 스토리의 실제 인물인 대니얼 버넘은 1893년에 열릴 예정인 시카고 세계 박람회의 총책임을 맡게 된다. 준비 기간은 촉박한데 악천후가 이어져 공사에 차질을 빚고, 박람회의 성공 가능성은 점점 희박해진다. 버넘은 플롯 전환점마다 우여곡절을 맞이한다. 때로는 확신에 차오르고 때로는 절망의 나락으로 떨어진다. 급기야 중책을 맡고 있던 유명 조경 건축가 프레더릭 옴스테드가 낙담에 빠져 버넘에게 청천벽력 같은 편지를 보낸다.

> 편지에는 "나에 대한 기대를 버릴 시점이 온 것 같습니다"라고 적혀 있었다. 그렇지 않아도 시카고 세계 박람회장 공사는 진작부터 희망이 보이지 않았다.
> "돌아가는 상황을 보면 우리가 이번 일을 해내지 못할 게 뻔합니다."

물론 옴스테드는 다시 한번 힘을 내 일어선다. 중요한 행사를 준비하는 이들이 한 번씩 좌절했다 기운을 차리듯. 그들은 모두의 암울한 예상과 온갖 악재를 이기고 시카고 세계 박람회를 미국 문명사의 가장 찬란한 순간으로 만든다. 이처럼 희망과 미스터리, 서스펜스가 오르락내리락하는 방식은 스토리의 상승 단계에서 나타나는 틀 중 하나로 굳어 있다. 나는 가끔 이 상승 단계에 구불구불한 곡선을 타고 올라가는 선 하나를 더 그려 넣곤 한다. 각 X는 플롯 전환점을 나타낸다(도표3 참조).

상승 단계의 성패를 가르는 마지막 요소는 바로 클리프행어, 즉 손에 땀을 쥐게 하는 아슬아슬한 순간이다. 그렇다고 깎아지른 절벽에 가느다란 나뭇가지를 붙잡고 대롱대롱 매달린 인디애나 존스를 묘사해야 한다는 말은 아니다. 다만 주인공과 관객의 마음을 졸이게 할 만한

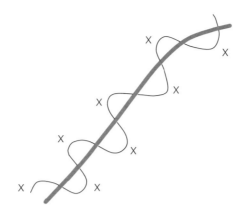

◆도표3 **상승 곡선을 타고 오르락내리락하는 희망, 미스터리, 서스펜스**

뜻밖의 장치로 각 에피소드를 일단락 짓는 게 좋다.

　　얀 슐리트만은 온종일 존 거스와를 교차심문했지만 그의 증언을 뒤집을 아이디어를 낼 수 없었다. 찰스 네슨 교수의 도움이 절실한 상황이었다. 이 에피소드는 다음과 같은 클리프행어로 마무리된다.

　　내일은 어찌해야 할까? 아무런 계획이 없다. 게다가 네슨은 여전히 실종 상태다.

　　대니얼 버넘은 뉴욕의 거물급 건축가들을 시카고로 초대했다. 버넘은 그들에게 박람회 준비에 참여할 것을 제안했다. 그들이 참여한다면 시카고 세계 박람회를 성공적으로 개최할 만한 든든한 지원군이 생기는 것이었다. 에릭 라슨은 이 중요한 미팅을 묘사하며 독자의 긴장을 더욱 팽팽하게 틀어쥔다.

　　그들이 자신에게 넘어왔다는 확신이 들었다. 버넘은 저녁 무렵 미팅을 마치고 사람들에게 참가할 의향이 있느냐고 물었다.

대답 대신 침묵이 흘렀다.

마크 라라비 역시 비장의 클리프행어를 절묘하게 배치했다. 이 스토리의 상승 단계는 낸시 펀치스가 물에 둥둥 떠 있는 책장 위로 올라간 뒤 물이 천장을 향해 점점 차오르는 장면에서 끝난다. 물이 천장에 닿으면 낸시는 익사할 것이다. 마크는 이 부분을 이렇게 묘사한다.

뿌연 흙탕물이 창문을 가리자 전등이 꺼진 듯 사위가 어두워졌다. 물은 계속 높아졌다. 팔을 뻗자 천장에 닿았다.

3. 위기

아리스토텔레스는 『시학』에서 '운명의 급전환'이라는 뜻을 가진 페리페테이아(*peripeteia*)를 언급한다. 이것은 주인공을 갑자기 위태로운 심연으로 떨어뜨리는 3막의 반전을 의미한다. 현대의 스토리 분석가들은 대개 페리페테이아를 상황이 한층 더 심각해졌음을 뜻하는, 더욱 폭넓은 개념의 '위기'로 간주한다.

낸시 펀치스에게 위기는 천장이 손에 닿을 만큼 가까워지자 최후가 얼마 남지 않았음을 깨닫는 순간이다. 위기는 눈앞의 사태가 어디로 흘러갈지 알 수 없는, 모든 것이 불확실한 지점이다.

스토리텔러에게는 중요한 대목이 아닐 수 없다. 관객이 모두 숨을 멈춘 채 기다리는 순간이기 때문만은 아니다. 위기는 작가에게 중대한 극적 질문을 던지는 단계이기도 하다. "당신은 (시간 순으로) 발단부터 스토리를 시작하는가? 아니면 다짜고짜 위기로 시작하는가?"

로마 시인 호라티우스는 『시학*Ars Poetica*』에서 이 같은 딜레마를 인정했다.[25] 호메로스는 사건의 중반부터 이야기를 시작했다가 플래시백*을 사용해 다시 앞으로 돌아간다. 이렇게 함으로써 독자가 알아야 할 정보를 귀띔한다. 호라티우스의 주장에 따르면 이야기를 처음부터 시작하는 방식은 "알부터" 혹은 "발단부터" 시작하는 것이다.

이러한 차이는 한 가지 사실을 강조한다. 논픽션에서 내러티브 포물선은 실제 일어난 사건을 시간 순으로 그린다. 픽션도 동일한 원칙을 따르지만, 허구의 현실을 그려낸다. 논픽션이든 픽션이든 이야기를 일어난 순서대로 전달해야 한다는 법칙은 없다. 앞으로 훌쩍 건너뛸 수도, 중간에 과거로 되돌아갈 수도 있다. 다시 말해 플롯이 항상 내러티브 포물선을 따라갈 필요는 없다는 말이다. 영화 《메멘토》는 역순으로 전개된다. 시간상 가장 마지막에 와야 할 장면이 맨 처음에 나오고, 장면 장면이 나올 때마다 처음과 가까워진다.

논픽션은 보통 시간 순으로 이야기가 전개되지만, 독자에게 배경 정보를 제공하기 위해 플래시백을 끼워 넣기도 한다. 『뉴요커』에 실린 데이비드 그랜의 대왕오징어 추적기는 데이비드가 대왕오징어를 잡고야 말겠다는 집념에 사로잡힌 어부 스티브 오시어와 함께 보낸 시간이 내러티브 대부분을 차지한다. 이 글에서 데이비드는 1,500단어 길이의 다른 오징어 사냥 에피소드를 제법 긴 플래시백으로 끼워 넣는다.

오시어를 따라나서기 전인 지난해 1월, 나는 오징어 포획 분야에서 오시어와 양대 산맥을 이루는 브루스 로비슨의 오징어잡이에 합류했다.

---

* 인물의 과거사 또는 심리 상태를 전달하거나 과거의 구체적 사건을 재연해 보여주고자 할 때 사용하는 장면 전환 기법으로, 영화에서는 주로 생각에 잠기는 주인공이 클로즈업되면서 장면 전환이 이루어진다.

다른 오징어 사냥꾼들과 달리 로비슨은 수중 로봇을 두 대 이용했다. 이 로봇은 수중 영상 촬영 능력이 뛰어나며, 물속에서 움직이는 속도가 잠수부나 잠수정보다 빠르다.

사건이 한창 벌어지고 있는 지점에서 시작하면 위기가 먼저 등장한 뒤, 처음으로 되돌아가 발단, 시련, 상승 순으로 이야기가 펼쳐진다. 그리고 다시 한번 위기에 이르는데, 이때는 위기를 그대로 통과한 다음 절정으로 가는 길목에 놓인 새로운 영역으로 들어선다. 사건의 중간부터 시작하는 내러티브 포물선은 도표4와 같다.

마크와 나는 낸시 펀치스의 스토리를 사건의 중간 지점에서 시작하는 것은 어떨지 검토했다. 낸시가 물에 둥둥 뜬 책장 위에 앉아 있는 시점에서 스토리를 시작하는 것이다. 독자에게는 낸시가 지금 어떤 위험에 처해 있는지 알 수 있도록 충분한 배경 정보를 제공하면 된다.

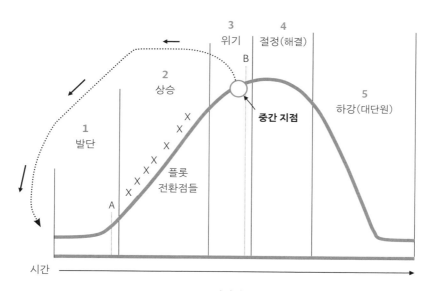

◆도표4 **사건의 중간 지점에서 스토리를 시작하는 경우**

이 경우 천장까지 남은 공간이 그녀의 팔 길이 정도밖에 안 된다는 사실이 기막힌 클리프행어가 될 것이다.

그러나 중간에서 스토리를 시작하면 스토리텔러의 일이 복잡해진다. 낸시 이야기는 마크의 첫 번째 내러티브 기사였다. 더구나 마크가 잡은 출발점(낸시가 체할리스 강가에서 물이 불어나는 모습을 보고는 걱정하지 않아도 되겠다고 판단하는 장면)은 어딘지 불길한 기운을 풍긴다. 이 정도면 앞으로 펼쳐질 이야기 속으로 독자를 끌어들이기에 충분하다. 나는 KISS(Keep It Simple, Stupid) 원칙을 따르라고 조언했다. 그리하여 마크는 "낸시는 성난 물살을 망연히 바라보았다"라는 문장으로 스토리를 시작했다.

글쓰기 경험이 많든 적든 플래시백이나 플래시포워드˙가 길어지면 KISS 원칙을 따르는 것이 좋다. 일반적으로 스토리텔러는 독자가 이야기에 빠져 즐겁게 헤매길 바란다. 그런데 시간의 흐름을 앞으로 뒤로 건너뛰는 것은 이 즐거움을 앗아갈 위험이 있다. 플래시포워드는 특히나 작위적인 장치이므로 독자가 이야기와 함께 호흡하지 못하게 방해할 수 있다. 우리의 의식은 갑자기 시간을 빨리 돌려 미래로 혹은 과거로 가지 못한다. 플래시포워드는 우리와 스토리 사이에 작가라는 존재가 있음을 상기하게 한다. 한창 푹 빠져 이야기를 읽고 있는데 "여기서 잠깐만요. 앞으로 무슨 일이 일어날지 얘기하고 갈게요"라며 흐름을 끊는 것과 같다. 톰 프렌치가 "길어지는 플래시백, 장식이 주렁주렁 달린 플래시포워드, 지나치게 전문적인 설명을 경계하라. 가능한 한 인물의 행위를 바짝 쫓아라"라고 한 것은 이런 맥락에서다.

˙ 플래시백과 반대로 현재에서 미래로 넘어가는 장면 전환 기법.

위기는 내러티브 포물선이라는 파도의 봉우리다. 이 봉우리가 무너져 내리면 상황은 크게 달라진다. 비극에서는 주인공(맥베드)이 파멸한다. 액션이 주된 단순한 스토리에서는 시련이 해소된 뒤 주인공이 본래의 일상으로 되돌아간다(구급차가 도착해 불타는 차에서 구조된 여자를 태우고는 신속하게 병원으로 향한다). 건설적인 결말로 끝나는 감동적인 스토리라면 주인공이 완전히 달라진다. 더욱 성숙해진 주인공은 새로운 시각과 지식을 무기 삼아 삶을 능동적으로 주도해 나간다(샘 라이트너는 자신의 외모를 받아들이고 다른 아이들 틈에 섞여 함께 학교생활을 하기로 결심한다. 이렇게 어른이 되기 위한 힘찬 발걸음을 내딛는다). 아리스토텔레스는 이처럼 주인공이 새롭게 눈뜨는 것을 "인식"이라고 말했다.

할리우드 액션 영화는 대체로 스토리가 단순해 더티 해리*처럼 엄청난 우여곡절을 겪은 뒤에도 인물의 심적 변화가 일어나지 않는다. 그런데 클린트 이스트우드가 본격적인 드라마 장르로 옮겨가자 내러티브 포물선은 주인공을 새로운 세계관으로 이끌지 않을 수 없었다. 그렇게 《용서받지 못한 자》는 더티 해리 시리즈가 한 번도 받아보지 못한 비평가 호평을 받았다.

로버트 맥키는 영화 도입부와 결말에서 주인공이 처한 상황을 보면 "그 영화의 포물선이 보인다. 마지막에 인생을 완전히 다른 상황으로 이끄는 엄청난 변화의 곡선이 보인다"라고 말했다.

낸시 펀치스의 경우처럼 진정한 정신적 변화를 담기엔 사건이 너무 급박하게 전개될 때도 있다. 낸시는 기지와 인내심을 발휘해 위기를 이겨냈고, 위기를 겪기 전과 후의 그녀는 크게 달라지지 않았다. 단

●   영화 《더티 해리》의 주인공인 해리 캘러핸 형사의 별명.

편이 대부분 이렇다. 제이슨 맥고완은 불타는 차에서 여자를 구출한 후 그 전과 크게 달라지지 않았다. 논픽션은 주인공이 새로운 통찰을 얻는 심오한 변화가 내러티브 포물선 상에 나타나지 않는 경우가 많다. 포물선에 B라고 표시된 플롯 전환점이 없는 것이다.

만약 이 플롯 전환점 B가 있다면 운이 좋은 경우다. 시발점이 되는 사건(플롯 전환점 A)과 주인공이 통찰을 얻는 지점(플롯 전환점 B)이 모두 있다는 것은 완벽한 스토리라는 뜻이며, 문학성 있는 작품으로 탄생할 가능성을 가진 소재를 찾았다는 뜻이기도 하다.

심오한 심적 변화가 딱히 없을 때는 위기가 정점을 찍었다고 생각되는 부분을 '통찰 지점'으로 간주하면 된다. 스스로 "위기가 해결로 접어든 계기가 무엇이었지?"라고 물어보라. 그 계기를 통찰 지점으로 삼자. 내러티브 논픽션 기사를 쓸 때도 이 지점이 있으면 전체 구조를 잡기 좋다. 스튜어트 톰린슨의 스토리에서는 자동차가 폭발할지도 모를 일촉즉발의 순간 소방관들이 조스 오브 라이프를 가지고 나타났을 때가 바로 통찰 지점이다. 낸시 펀치스의 이야기에서는 낸시의 손이 천장에 닿았을 때가 통찰 지점이다. 두 경우 모두 어떤 식으로든 바로 절정이 이어질 수밖에 없다.

4. 절정(해결)

클라이맥스라고도 부르는 절정은 위기를 해결하는 일련의 사건이다. 『반지의 제왕』에서는 프로도가 절대 반지를 파괴하는 순간 반지를 둘러싼 시련이 마침내 종결된다. 스튜어트 톰린슨의 스토리는 소방관들이 찌그러진 차를 벌려 여자를 꺼내고, 그녀를 구급차에 실어 응급실로 보냈을 때 막을 내린다. 낸시 펀치스의 손이 천장에 닿은 뒤 이어지는 이야기는 그녀의 생사를 결정지을 것이다. 이 부분 역시 클라이맥스에 해당한다.

천장까지의 거리는 이제 겨우 25센티미터. 착실하게 차오르던 물의 속도가 조금 느려진 듯했다. 그러더니 더 이상 물이 들어차지 않는다. 도대체 몇 시나 되었는지 알 길이 없었다. 그런데 마침 저녁 어스름이 창으로 비쳐드는 게 아닌가. 물이 빠지고 있었다.

밤사이 물이 계속 빠져나가더니 결국 낸시가 마룻바닥에 두 발로 설 수 있을 정도가 되었다. 어두워서 잘 보이진 않았지만, 가까스로 강아지들을 양털 점퍼 안에 감싸 안았다. 그렇게 아직 온기가 남아 있는 강아지들을 품에 꼭 끌어안고 쉴 새 없이 방안을 서성였다. 사방의 벽이 유리로 보이는 환각이 나타났다. 강아지 한 마리가 머리를 빼꼼 내밀더니 그녀의 얼굴을 핥고는 다시 점퍼 안으로 숨어들었다.

계속 움직이자. 오직 그 생각뿐이었다. 절대 포기하지 말자고.

저체온증으로 인한 섬망 증세가 밤새도록 그녀를 괴롭혔다. 그리고 마침내 날이 밝아왔다. 강아지가 다시 고개를 내밀고 그녀의 얼굴을 핥았다. 자꾸 헛것이 보였다. 집 앞에 여자아이가 서 있는 모습이었다. 그러나 소녀는 환각이 아니었다. 소녀는 아버지를 부르러 달려갔고, 소녀의 아버지는 낸시의 집 문을 가로막고 있던 장애물들을 치우고 낸시와 강아지를 구해냈다. 낸시의 시련은 비로소 해소되었다.

낸시는 기지를 발휘해 자신과 강아지의 목숨을 지켰다. 하지만 차오르던 물이 빠진 것은 자연의 힘이었고, 그녀를 집 안에서 구해 낸 것은 이웃이었다. 반면『반지의 제왕』클라이맥스는 프로도가 순전히 자신의 힘으로 일구어낸, 지극히 할리우드다운 클라이맥스다. 프로도는 여정 곳곳에 도사리고 있는 온갖 역경을 물리치고 절대 반지를 무사히 불의 산까지 가져간다. 그리고 반지를 파괴할 수 있는 유일한 불 속으로 그것을 던져 넣는다.

샘 라이트너의 스토리에서 보듯 논픽션에서도 주인공 혼자 위기를 해결하는 클라이맥스가 등장한다. 하지만 현실은 영화가 아니기 때문에 이런 경우는 극히 드물다. 소방관들이 올 때까지 차 안에 갇힌 여자를 안전하게 지키기 위해 최선을 다하긴 했지만, 조스 오브 라이프를 사용해 여자를 구출한 사람은 제이슨 맥고완이 아니었다. 물에 떠 있기 위해 기지를 발휘하고 끈기 있게 기다리긴 했지만, 비를 멈춘 것도 낸시 펀치스가 아니었다. 그럼에도 이 두 실화는 훌륭한 논픽션 기삿감이다. 이것이 바로 논픽션 기사의 핵심이다. 완결된 스토리 구조로 보면 2퍼센트 부족한 부분이 있을지 몰라도 극적인 실화가 가진 힘, 즉 실제로 일어난 이야기라는 사실은 독자를 끝까지 붙잡아두기에 충분하다.

5. 하강(대단원)

절정에서 우리는 스토리의 봉우리에 오른다. 봉우리에 오른 후에는 내려갈 일만 남는다. 말 그대로 하강 국면에 접어드는 것이다. 치열함이 사그라지고 속도는 느려지며 상황이 마무리된다. 이 지점에 이르면 해소되지 않은 궁금증이 한두 가지 남는다. 사고 차량에서 구조된 여자는 결국 살았을까, 죽었을까? 얼마나 심한 부상을 입었을까? 픽업트럭을 몰았던 남자는 어떻게 됐을까?

이런 의문들이 하강 단계에서 해소된다. 따라서 이 단계를 '매듭 풀기' 혹은 '대단원'이라는 뜻을 가진 프랑스어 '데뉴망'(denouement)이라 칭하기도 한다. 모든 것이 명백하게 드러나는 단계다. 스튜어트 톰린슨은 이야기를 이렇게 마무리한다.

몇 분 뒤 에번 왜거너는 오리건대학병원으로 이송되었다. 맥고완은 픽업트럭 운전자인 타이슨 포트너를 태운 구급차를 타고 병원으로 갔다. 맥고완은 병원에서 왜거너의 가족을 만났다. 화요일에는 왜거너가 골반 세 곳이 골절되고 왼쪽 다리뼈에 금이 갔으며, 오른쪽 다리와 턱부위에 상처를 입었다는 걸 알았다. 족히 석 달은 꼼짝없이 누워 여러 차례 수술을 받아야 할 것이다.

이 사건은 멀트노마주 지검으로 송치되었다. 에번 왜거너는 빨리 약혼자를 만나고 싶다고 말했다. 현재 텍사스에서 오리건주 방위군으로 복무 중인 왜거너의 약혼자 제임스 칼킨스 일병은 내년에 이라크로 파병된다고 한다.

대단원을 쓸 때 한 가지 명심할 것이 있다. 대단원에서는 사건이 마무리되며 모든 극적 긴장감이 썰물처럼 빠져나간다. 이야기를 추진할 강력한 동력이 꺼진 상태이기 때문에 끌고 나갈 힘이 더 이상 남아 있지 않다. 그러니 독자가 몇 가지 의문점을 갖는다고 해도 질질 끌지 말고 가능한 한 빨리 정리해서 떠나야 한다. 영화《반지의 제왕》을 보며 가장 큰 불만은 대단원이 지루하게 늘어진다는 것이었다. 잘 가라는 인사가 너무 길다. 제 갈 길로 떠났나 싶었는데 아직이다.

웬만큼 의문을 해소하고 나면 한 가지 숙제가 남는다. 다소 예상밖의 요소로 이야기를 매듭짓는 일이다. 이 작업이 훌륭하게 이루어지면 독자들에게 놀라움을 주면서 이야기가 충족된 효과를 낸다. 그리고 주인공은 이전과는 다른 상황을 맞이한다. 이렇게 되면 이야기가 끝났다는 데 한 치의 의심도 남지 않는다. 스튜어트 톰린슨의 경우 맥고완이 보여준 영웅적인 공무원상을 십분 활용했다.

왜거너는 병상에서 병원 대변인을 통해 인사를 전했다.

"모든 분이 알았으면 해요. 그 경찰관이 아니었다면 전 지금 여기 있지 못했을 거예요."

마크 라라비가 훌륭한 스토리텔러로 승승장구할 수 있었던 이유는 결말에 의외의 사실을 심어놓기 때문이기도 하다. 낸시 펀치스의 스토리를 두고 사전 회의를 할 때 마크는 낸시의 얼굴을 핥았던 강아지에 대해 잠깐 이야기했다. 병원에서 낸시를 인터뷰할 때 마침 그녀의 친구가 그 강아지를 데리고 병문안을 왔다. 낸시는 강아지를 계속 기르기로 마음먹고 홍수 생존자인 만큼 노아라는 이름을 붙였다고 했다.

"노아!" 나는 말했다. "아주 잘됐어! 완벽한 결말이야. 어떻게든 이 단어를 결말에 집어넣을 방법을 찾아봐." 마크는 곧장 집필에 들어갔고, 그다음 회의 때 제대로 된 답을 찾아왔다.

> 홍수가 나기 전 우수 견종인 이 강아지들은 새 주인이 정해진 상태였다. 그녀는 강아지를 좋은 품종으로 개량할 뿐 일일이 거두어 기르진 않는다.
>
> 일요일에 친구 하나가 그녀의 얼굴을 핥아 혼미한 정신을 깨우곤 하던 강아지를 몰래 병실로 데려왔다. 잠시 킁킁거리던 녀석은 고개를 들어 위쪽을 쳐다보고는 낸시의 품으로 뛰어들었다. 그리고 낸시의 얼굴을 다시 핥았다.
>
> 또 다른 생존자다. 낸시는 이 녀석만큼은 팔지 않겠노라며 노아라는 이름을 지어주었다.

3장

시점

**작가는 독자가 주제를 가장 선명하게 볼 수 있도록
시점을 선택해야 한다.**

◉ 돈 머리_글쓰기 코치

보스턴의 날씨가 서늘해진 며칠 전이었다. 새벽 5시에 엘리자베스 루크는 옆에서 자고 있던 남편 크리스를 깨웠다. 숱 많은 흑갈색 머리와 대조되는 창백한 피부 빛의 그녀는 임신 41주째였다.

"진통이 와."

그녀가 말했다.

"정말?"

"정말."

이렇게 이야기는 시작된다. 아툴 가완디는 『뉴요커』에 「의학 연대기」(Annals of Medicine)라는 연재 칼럼을 쓰는 의사다. 그는 극적인 상황을 잉태하고 있는 이야기 속으로 우리를 단숨에 밀어 넣는다. 가완디가 이렇게 이야기를 시작하기로 결정했을 때 그가 했을 '시점'에 관한 여러 고민을 떠올릴 독자는 아무도 없을 것이다.

한번 생각해보자. 이 사사로운 침실 장면을 누가 묘사하고 있는가? 스토리텔러는 지금 어디에 서 있는가? 그에게는 무엇이 보이고 무엇이 들리는가? 한마디로 누구의 이야기인가? 작가는 다짜고짜 우리를 침실로 데려갔다. 사건이 일어나고 있는 현장을 바로 앞에서 지켜보고 있는 것만 같다. 엘리자베스와 남편이 보이고, 너무 가까워 무슨 이야기를 나누는지도 다 들린다. 사건을 지켜보기에 아주 좋은 위치에 있는 것이다. 잠깐! 바로 다음 문단에서 어떤 일이 벌어지는지 한번 보자.

예정일이 일주일이나 지났다. 그래서인지 몸을 쥐어짜는 듯한 깊고 묵직한 경련이 일었다. 그동안 한 번씩 찾아왔던 배를 당기는 듯한 느낌은 아무것도 아니었다. 통증은 등 아래쪽에서 시작되어 배 전체를 에워쌌다. 첫 번째 경련이 왔을 때 그녀는 잠에서 깨어났다. 그 후 두 번째 경련이 오고 이어서 세 번째 경련이 찾아왔다.

놀랍게도 우리는 지금 엘리자베스의 몸속에 들어와 있다. 그녀와 함께 통증을 느끼고 그녀의 경험까지 다 알고 있다. 앞으로 이어질 두세 문단에서 우리는 이 예비 엄마에 대해 더 많은 사실을 알게 된다. 엘리자베스는 이번이 첫 출산이라는 것, 그녀 역시 의사라는 것 등. 그녀는 매사추세츠 종합병원의 수련의로 이미 네 아이를 받아낸 바 있다. 그중 한 아이는 병원 주차장에서 태어났다. 열 번째 문단에서 엘리자베스는 지금 자신이 느끼고 있는 통증을 잊고 주차장에서 아이를 받았을 때의 긴박했던 순간을 직접 들려준다.

태어날 아이의 아버지가 다급한 상황을 알려왔다.

"시작됐어요! 병원으로 가는 중인데, 지금 낳고 있어요!"

응급실에 대기하고 있던 우리는 달려 나갔다. 밖에는 매서운 한파가 몰아치고 있었다. 차 한 대가 끼익 소리를 내며 급정거했고, 동시에 차 문이 활짝 열렸다. 산모는 정말로 분만을 시작한 상태였다.

이로써 우리는 이것이 엘리자베스의 이야기며, 이제부터 그녀가 해주는 이야기를 듣게 될 것이라고 예상한다. 그런데 이상한 일이 벌어진다. 누구의 것인지 모를 목소리가 불쑥 끼어들어 뜬금없어 보이는 배경 정보를 제공한다. 달라진 것은 이것만이 아니다. 지금까지 3인칭 시점으로 전개되던 이야기에 갑자기 '우리'라는 말이 튀어나온다. 엘리자베스의 이야기인 줄 알았는데 난데없이 '우리'라니…. 독자뿐 아니라 인류가 개입되는 모양이다.

다른 포유동물은 어미의 배에서 나오는 즉시 걷는다. 그리고 몇 시간이 지나면 스스로 먹이를 구한다. 인간의 아이는 여러 달 동안 스스로 아무것도 할 수 없다.

글이 중반에 이르면 다시 시점이 바뀐다. 가완디가 전면에 나서 출산에 관한 자신의 연구 내용과 겸자분만에 대한 사실을 열거한다.

나는 노스캐롤라이나대학교 산과학 교수 왓슨 보즈 주니어 박사에게 문의했다. 그는 산과학 교재로 널리 사용되는 책에서 겸자 사용법에 관한 장을 쓴 인물이다.

8,500단어로 이루어진 이 글에서는 이런 식의 시점 이동이 계속 일어난다. 두어 발짝이면 닿을 것 같은 위치에서 엘리자베스가 출산하

는 모습을 생생하게 실시간으로 지켜보려나 싶다가도 어느새 훌쩍 멀어진다. 눈앞에 또렷하게 보이던 것들이 흐려지고, 시간을 종횡무진 이동한다. 그러고는 이내 엘리자베스 곁으로 돌아온다. 여기에 엘리자베스까지 한 번씩 나서서 자신의 경험담을 이야기한다. 스토리 밖의 서술자가 끼어들어 지금 벌어지는 상황과 관련된 배경 정보를 제공하기도 하며, 저자 가완디가 무대 중앙으로 나와 주제와 관련된 자신의 경험담을 풀어놓기도 한다.

우리 뇌는 이미 이런 식의 스토리텔링에 익숙해져 있으므로 이이야기가 현실을 묘사하고 있음을 잘 안다. 그런데 진짜 현실은 이렇게 클로즈업과 롱숏, 현재와 과거가 번갈아 반복되지 않는다. 누군가의 마음을 들여다볼 수도 없고, 사람을 바꿔가며 한 번은 이 사람의 시선으로 봤다가 다음에는 저 사람의 시선으로 볼 수도 없다. 내러티브 논픽션은 우리에게 현실을 대리 체험하는 것 같은 느낌을 주지만 사실은 신과 같은 전지전능한 힘을 부여해 현실을 초월할 수 있게 해주는 장치다. 그리고 이 막강한 힘은 대부분 스토리텔러가 시점을 다루는 능력에서 나온다.

시점이란 도대체 무엇일까? 안타깝게도 하나로 통일된 정의는 없다. 소설가 다린 스트라우스는 시점이란 "스토리를 전달하거나 경험하는 인물의 심리적 흐름"에 지나지 않는다고 말했다. 문학 에이전트 피터 루비는 시점을 "카메라 렌즈의 위치"에 비유한다. 주로 문학성 짙은 논픽션을 쓰는 필립 제라드는 "시점은 1인칭도, 3인칭도 될 수 있다. 스토리텔러가 등장인물의 심리에 얼마나 깊이 접근하느냐에 따라 달라진다"라고 했다.

일반적으로 시점은 세상을 바라보는 방식에 영향을 미치는 가치관을 뜻하곤 한다. 에인 랜드의 소설 『파운틴 헤드 *The Fountainhead*』의 주제는 무한경쟁을 추구하는 자본주의에 대한 열망이다. 반대로 칼 샌드버그의 시집 『시카고』(*Chicago Poems*)에는 고삐 풀린 자본주의에 대한 시인의 혐오가 진하게 묻어난다. 이처럼 가치관이 스토리텔링에 미치는 영향은 내러티브 논픽션 분야에서 진지하게 고민해봐야 할 문제다. 이 문제에 관해서는 별도의 장에서 다루고, 지금은 본론으로 돌아가 시점을 크게 세 가지 방향에서 살펴보려고 한다. 누구의 눈을 통해 이야기를 경험하고 있는가? 그 눈은 어느 방향을 향하고 있는가? 대상과의 거리는 어떠한가?

시점인물

이야기는 반드시 '누군가'의 이야기여야만 한다. 그래서 작가는 맨 먼저 그게 '누구'냐는 질문을 던진다. 이때의 '누구'는 이야기를 전하는 사람, 즉 화자(혹은 서술자)와는 다르다. 3인칭 시점 내러티브는 처음부터 끝까지 단 한 명의 등장인물을 따라간다. 그 인물은 독자에게 직접 말을 건네지 않지만, 독자는 시점인물과 함께 호흡한다. 시점인물이 보고 듣는 것을 함께 보고 듣는다. 때로는 이 시점인물이 무슨 생각을 하는지까지도 훤히 알고 있다.

    제임스 캠벨의 『그는 지도 밖에 산다*The Final Frontiersman*』는 알래스카 북부에 사는 모피 사냥꾼 하이모 코스의 일대기를 그린 작품이다. 그는 내륙의 깊은 오지에서 홀로 일가족을 부양하며 살아가는 최후의 모피 사냥꾼 중 한 명이다. 어느 날 그는 오리 사냥을 나갔다.

    오두막집과 그리 멀지 않은 곳에서 증기기관차 지나가는 듯한 소리가 들려왔다. 우지직 얼음이 깨지며 쏟아져 내리는 소리였다. 그 소리에 화들짝 놀라서 그는 발목 깊이의 눈밭을 전속력으로 달렸다. 강에서 30여 미터 떨어진 곳에서 물이 제방을 타고 콸콸 흘러들고 있었다. 홍수다. 그가 오두막집에 다다랐을 때 물은 이미 문 앞까지 들이친 상태였다. 뭐부터 해야 하지? 당황하면 안 된다. 자신을 타일렀다. 지금은 당황하면 안 된다.

긴장감이 감돈다. 하이모에게 큰일이 닥쳤다. 우리는 그곳에 함께 있다. 하이모의 눈에 보이는 것을 우리도 본다. 그가 무슨 생각을 하는지도 안다. 그러나 하이모는 서술자가 아니다. 캠벨은 하이모 코스라는 인물을 내세워 독자를 이야기 안으로 끌어들인다. 물론 하이모를 조종하는 사람은 작가다. 작가는 단 1분도 조종키를 내주지 않는다.

하이모는 주인공이다. 시련에 맞서고 난관을 거듭 돌파하며 해결의 실마리를 찾아 마침내 스토리의 극적 긴장을 해소한다. 하이모처럼 시점인물이 주인공인 경우는 많다. 픽션 분야에서 가장 잘 알려진 예는 스콧 피츠제럴드의 『위대한 개츠비』 속 닉 캐러웨이일 것이다. 닉은 제이 개츠비의 대저택 바로 옆 평범한 단층집에 산다. 개츠비를 관찰하고 베일에 싸인 그의 과거를 알아내고 그의 몰락을 지켜보기에 가장 좋은 위치에 있다. 하지만 이것은 개츠비의 이야기지 닉의 이야기가 아니다.

여러 등장인물로 시점이 옮겨 다니기도 한다. 마이클 드오소의 『이글 블루』(*Eagle Blue*)는 주 챔피언컵을 향한 포트유콘고등학교 농구팀의 도전을 다룬다. 첫 장에서는 코치, 2장에서는 선수 중 한 명, 3장에서는 전직 농구 선수의 시점으로 이야기를 들려준다. 각 장의 제목인 "데이브", "맷", "폴"은 옮겨 다니는 시점인물을 나타낸다.

하지만 너무 잦은 시점 변화는 독자를 혼란스럽게 만든다. 잡지나 팟캐스트에 싣는 글이라면 주요 인물 두세 명에게만 초점을 맞추는 것이 좋다. 책 한 권 분량의 글이라면 시점 인물이 이보다 많아도 상관없다. 시점이 오락가락하는 영화로 자주 인용되는 구로사와 아키라 감독의《라쇼몽》조차 단 네 명의 시점인물을 통해 같은 이야기를 다른 각도에서 보여준다.

시점인물 사용은 현대 내러티브 논픽션의 훌륭한 장점 중 하나다.『볼티모어 선』의 경찰서 출입기자 출신 데이비드 사이먼은『강력계, 살인의 거리에서 보낸 1년』,『뒷골목』(On the Corner) 같은 논픽션 범죄물과 TV 드라마《더 와이어》로 이름을 알리기 전에 일간지 저널리즘은 관찰자 시점을 그만두어야 한다고 주장했다. "기자가 등장인물의 시점으로 사건을 전할 수 있을 만큼 그들을 잘 알아야만 의미 있는 관점이 얻어지지 않을까? 독자를 검사, 판사, 교도관, 경찰 정보원, 살인자의 입장에 서보도록 하는 것은 데이먼 러니언˙, 허버트 베이어드 스워프˙˙가 아는 스토리텔링이었다."

알고보니 데이비드 사이먼도 그랬다. 주인공의 밀착된 시선으로 세상을 보여주는 그의 스킬은《더 와이어》,《트림》(Treme),《더 듀

˙ Damon Runyon. 야구 칼럼니스트로 일하며 1920~1930년대 뉴욕 브로드웨이를 배경으로 갱스터, 도박꾼 그리고 이들과 연애하는 쇼걸들의 꿈과 사랑, 음모와 배신을 유머와 페이소스로 풀어낸 단편들을 썼다.《아가씨와 건달들》에 줄거리를 제공한 「혈압」,「세라 브라운 양 이야기」가 대표적이다.

˙˙ Herbert Bayard Swope. "확실한 성공 비법은 몰라도, 확실한 실패의 길은 알려줄 수 있다. 그것은 항상 모두를 만족시키려고 노력하는 것이다"라는 명언을 남긴 장본인이다.『뉴욕 월드』기자 시절 「독일 제국의 내막」을 연재해 1917년 제1회 퓰리처상을 수상했다. 1922년에는 백인 우월주의를 표방하는 폭력 조직 '쿠클럭스클랜'(Ku Klux Klan)에 대항하는 보도로『뉴욕 월드』에 또다시 퓰리처상을 안겼다.

스》(The Deuce)와 같은 TV 시리즈가 성공할 수 있었던 핵심 비결이었다. 주인공 시점이 주는 밀착된 시선을 유지하려면 섬세한 취재가 요구된다. 칩 스캔런은 켈리 프렌치와 데보라 베리가 공동 집필한『USA 투데이』의 미국 노예제도 시행 400주년 기념 연재기사「멀고 먼 고향길」(The Long Road Home)로 프렌치를 인터뷰할 때 이 점에 주목했다. 프렌치와 베리는 완다 터커가 자신의 뿌리를 찾아 감행한 아프리카 여행에 동행했다.『니먼 스토리보드』(Nieman Storyboard)에 기고한 글에서 스캔런은「멀고 먼 고향길」의 다음 대목을 인용했다.

> 셔틀버스에 오른 그녀는 의자에 털썩 몸을 내려놓았다. 왼손으로 초조하게 자신의 무릎을 톡톡 쳤다. 처음에 눈물을 손으로 훔치는가 싶더니 이제는 내버려뒀다. 숨쉬기가 힘들었다.

이어 스캔런은 질문했다. "여긴 완전히 완다 터커의 시점인데, 이 대목을 뒷받침할 취재를 어떤 식으로 했나요?" 프렌치는 대답했다. "그녀에게 물어봤어요. 지금 심정이 어떤지 물어보면 간단하잖아요."

프렌치와 베리는 완다 터커의 머릿속에서 일고 있는 생각을 물어볼 수 없는 순간에는 다른 취재 기법을 썼다. 취재에 동행한 사진기자 재러드 헨더슨이 터커에게 그녀의 모습을 담은 조각 영상을 보여주곤 했다. "그러면서 그 영상 속 장면을 돌이켜보게 했어요. 그때 무엇을 봤고, 어떤 느낌이었는지, 무슨 생각을 했는지 말을 시키는 거죠. 재러드는 인터뷰를 아주 잘했어요. 나도 앞으로 꼭 이 수법을 쓸 거예요. 재러드가 '사진―영상 답변유도'라는 기법이라고 하더군요. 아무튼, 아주 탁월했어요."

논픽션 작가 역시 스스로 시점인물이 되어 독자에게 이야기를 전달할 수 있다. 궁극의 참여 관찰자라 할 만한 테드 코노버는 배역 하나를 직접 맡아 처음부터 끝까지 1인칭 시점으로 일관한다. 헌터 톰프슨은 폭주족 문화를 기록해 주류 사회에 커다란 반향을 일으켰던 『지옥의 천사들』(*Hell's Angels*)에서 실제 폭주족이 되었으며, 코노버는 싱싱 교도소 교도관이 되어 감옥 안을 걸어 다녔다.

그때그때 필요에 따라 3인칭 시점에서 갑자기 1인칭 시점으로 전환하는 작가도 있다. 트레이시 키더는 『작은 변화를 위한 아름다운 선택*Mountains beyond Mountains*』에서 내내 3인칭 시점을 고수하다 한순간 1인칭 시점으로 일탈을 시도한다. 이 책의 주인공인 박애주의 의사 폴 파머는 산간벽지에 사는 환자들을 만나러 정기적으로 아이티의 험한 산길을 오른다. 이 여정에 동행했던 키더는 자신과 파머의 신체 반응을 비교하며 파머의 몸이 얼마나 잘 단련되어 있는지 알려준다.

> 우리는 점점 더 깊은 산중으로 들어갔다. 나는 앞장서서 걷고 있는 파머와 이야기를 주고받았다. 나는 온몸이 땀범벅 상태였지만 파머의 목 뒤에는 땀 한 방울 맺히지 않았다.

테드 코노버와 트레이시 키더가 만들어낸 1인칭 화자는 1960년대부터 1970년대까지 미국의 논픽션 분야에 일대 변혁을 일으켰던 뉴저널리즘의 '자아에 도취된 1인칭 시점'과는 다르다. 헌터 톰프슨, 톰 울프 등의 뉴저널리즘 작가는 글에 지극히 주관적인 관점을 드러내며,

이제까지 본 적 없는 거칠고 이색적인 스타일을 추구한다.[•] 따라서 작가 자신의 이야기인지 주인공의 이야기인지 분간하기 어려운 경우가 종종 있다. 싱싱 교도소를 무대로 한 코노버의 『신참』은 코노버 자신의 이야기지만 그의 시선은 자신이 아닌 바깥, 즉 주변에서 일어나는 사건을 향한다. 자아를 드러내지 않는 그의 글에는 뉴저널리즘이 표방하는 '나를 좀 봐달라'는 식의 야단스러운 시선 끌기가 없다. 헌터 톰프슨의 『라스베이거스의 공포와 혐오』처럼 작가 자신은 스토리가 되지 않은 채 글을 풀어나간다.

데이비드 사이먼은 현대의 내러티브 저널리즘을 "초기의 뉴저널리즘과 혼동해선 안 된다"라고 강조했다. "뉴저널리즘은 스토리에서 작가의 생각, 철학, 비전, 표현 방식이 객관적 현실만큼이나 중요한 부분을 차지하는 작법이다. 내러티브 저널리즘은 정반대다. 작가다운 스타일도 문학적 과장도 필요로 하지만 작가의 비전이 그대로 드러나는 것은 거부한다. 작품에 드러나야 할 비전이 있다면 그것은 등장인물의 것이어야 한다."

물론 작가 자신이 등장인물이 될 때도 있다. 이때 작가는 사건을 따라가는 동안 피터 루비가 말한 "회상 목소리"로 보이는 것, 들리는 것, 그 외의 감각을 통해 느껴지는 것들을 전달한다. 이 방식은 특별한 친밀감을 준다.

[•] 톰 울프는 1960년대 『워싱턴 포스트 매거진』 남미 특파원 시절 쿠바 보도로 워싱턴 신문협회 외신기자상을 수상하고, 이후 『헤럴드 트리뷴』 기자 시절 『뉴욕 매거진』과 『에스콰이어』에 기고한 글을 시작으로 저널리스트 특유의 현장감 넘치는 입담과 명쾌한 통찰력, 위트 넘치는 문체로 발표하는 논픽션마다 큰 반향을 일으켰다. 1975년에 발표한 『현대 미술의 상실 *The Painted Word*』은 미술계에 엄청난 파장을 가져온 그의 대표작이다.

내러티브 논픽션에서는 2인칭 시점을 찾아보기가 어렵다. 2인칭 시점은 자기계발서나 요리책이 아니라면 잘 사용하지 않는다. 안내서나 매뉴얼은 '당신이', '어떻게 해야 한다'라는 식의 요령을 제시한다. 같은 맥락에서 나도 이 책에서 2인칭을 사용했다.

　　내러티브에서도 간혹 독자를 어떤 상황에 던져놓기 위한 수사적 장치로 2인칭을 사용한다. 상대방을 지칭하는 표현이라기보다는 문학적 장치라 할 수 있다. 짐 해리슨[*]은 때때로 이런 장치를 이용해 톡톡한 효과를 거둔다. 그의 회고록 『한쪽으로 비켜서서』(*Off to the Side*)는 1인칭 시점으로 이루어져 있다. 애리조나의 카베자 프리에타 야생생물 보호구역을 방문했을 때 "무려 사흘간 그곳을 돌아다녔지만, 사람은 단한 명도 만나지 못했다"라고 적었다. 그 뒤 멕시코 세리 해안으로 간 그는 독자에게 이런 조언을 남긴다.

> 데셈보케에서 바히아 키노로 갈 때는 여유를 부려보자. 가는 길에 인적 없는 해변이나 사막에서 하룻밤 야영도 해보고, 산에 올라 티뷰론 섬을 넋 놓고 바라보자. 떠나기 전에는 이 지역의 자연 식생에 관해서도 공부하고 가자. 존 스타인벡의 『코르테즈 항해일지』(*The Log from the Sea of Cortez*)도 읽고 가면 좋겠다.

전미매거진상을 수상한 마이클 패터니티 또한 1998년에 캐나

---

[*] 소설가이자 시나리오 작가. 대표작으로 『가을의 전설』이 있다.

다 노바스코샤 근해에서 발생한 스위스에어 111편의 추락사고 기사에서 비슷한 방법을 사용했다. 패터니티는 희생자와 생존자 모두의 시점으로 독자를 끌어들이기 위해 2인칭을 이용하여 비운의 비행기에 오르기 직전까지 그들의 삶을 포착해 보여준다. 누군가는 배를 몰고 바다로 나가 얼굴에 닿는 바닷바람을 느낀다. 한 젊은 여성은 남자친구와 작별 인사를 나누고, 어떤 부모는 자식을 떠나보낸다.

> 여기 모든 사람이 이마에 보이지 않는 X 표식을 달고 금으로 변해 가는 것 같았다. 언제, 어디가 될지 아직은 알 수 없지만 우리도 그렇게 변하고 있었다. 그렇다, 우리는 지금 불에 타고 있고 시간은 사방으로 흩어진다. 그곳에는 자동차와 집을 가지고 침대에서 잠을 자던, 이번 여행을 위해 옷과 선물을 산(어떤 것은 아직 가격표도 떼지 않았다) 229명이 있었다. 그런데 지금 흔적도 없이 사라졌다.
>
> 마지막으로 살결에 닿는 바람을 느껴본 것이 언제인지 기억나는가? 아이의 머리에 마지막으로 입을 맞춘 건 언제인가? 그녀가 티켓을 손에 쥐고 등을 돌리기 전 마지막으로 했던 말을 기억하는가?

3인칭

호메로스는 3인칭 시점으로 트로이의 멸망 과정을 묘사했다. 지금의 논픽션 스토리텔러들은 대부분 그의 뒤를 따르고 있다. 픽션에서 천재적 재능을 보인 트루먼 커포티가 현실 이야기를 풀어내는 '논픽션 소설'이라는 새로운 장르의 작품을 쏟아냈을 때 그는 아주 자연스럽게 3인칭 시점을 사용했다. 커포티가 『인 콜드 블러드_In Cold Blood_』에서 유감없이 보여주었듯 3인칭 서술이 가진 가능성과 장점 덕분에 논픽션 스토리텔러들은 3인칭 서술을 애용한다.

1인칭 시점은 자기 자신의 관점에서 벗어나지 못한다. 다른 시점 인물의 말을 서술자의 경험에 기대 옮기지 않는 한 그들의 마음속을 들락거릴 수도, 그들의 목소리를 빌릴 수도 없다. 예를 들어, 어떤 인물이 사건 당시 자신이 한 생각을 말하면 서술자는 그 말을 대화 형식으로 옮길 수 있을 뿐이다. 그 시점인물의 경험을 직접 전하고 싶다면 잠깐 1인칭 시점을 내려놓으면 된다. 하지만 진정한 해결책은 시점인물의 관점에서 이야기할 수 있는 3인칭 시점뿐이다.

스토리를 바라보는 시야가 더없이 깊고 넓어지는데 3인칭 시점을 사용하지 않을 이유는 없다. 3인칭 시점은 첫째, 작가 자신이 영화를 찍는 카메라가 되어 장면과 인물의 외적 이미지를 생생하고 자세하게 포착할 수 있다. 둘째, 자연 법칙을 초월해 등장인물의 머릿속을 들여다볼 수 있다. 마지막으로 시공간을 이동해 같은 시각 다른 장소에서 벌어진 일을 전할 수 있다. 심지어 과거와 미래를 바로 옆에서 지켜보는 특권도 누릴 수 있다. 아툴 가완디처럼 말이다.

필립 제라드는 3인칭 시점의 첫 번째 특징인 '카메라 시선'을 가리켜 "극적인 시점"이라고 부른다. 독립된 관찰자가 사실을 입증할 수 있는 위치에 있어 가장 객관적이고, 저널리즘 정신에도 부합한다. 이 시점을 취하는 내러티브는 순수하게 장면의 연속으로 이루어져 있다. 서체나 활자의 배치로 장면과 장면을 구분할 뿐, 필수적인 배경 정보를 그때그때 제시하는 것 외에는 이야기가 옆길로 새는 법도 없다. 작가는 치밀한 의도 아래 몇 가지 중요한 순간을 중점으로 장면을 구성하지만 독자는 구경꾼의 시선으로 스토리를 경험한다. 현실이지만 지루하지 않고, 싫증 나기 쉬운 일상의 이야기지만 절정을 이루는 때와 장소가 있다. 『볼티모어 이브닝 선』에 실린 존 프랭클린의 퓰리처상 수상작 「켈리 부인의 괴물」(Mrs. Kelly's Monster)은 대개 이런 식이다.

> 현재 시각 오전 7시 15분. 11호 수술실에서는 기술자가 뇌수술용 현미경을 점검하고 간호사가 붕대와 의료 도구를 펼쳐놓고 있다. 켈리 부인은 스테인리스스틸 테이블 위에 미동 없이 누워 있다.

3인칭 시점의 두 번째 특징은 서술자에게 더 많은 자유를 허용한다는 것이다. 보통은 겉으로 보이는 상황과 시점인물의 눈에 보이는 세상을 전하는 것이 주된 서술 방식이다. 하지만 3인칭 시점은 등장인물의 머릿속을 엿보고, 세상 변화에 따라 그의 생각이 어떻게 변하는지 묘사할 수 있다. 다음은 뇌에 입은 심각한 부상을 치료하고자 안간힘 쓰는 게리 월의 이야기를 담은 톰 홀먼의 「분실된 삶, 다시 찾다」(A Life Lost ... and Found)의 일부이다.

> 아파트 문을 잠근 게리는 자동차를 그냥 지나쳐 걸어갔다. 운전하는 법을 다시 배우긴 했지만, 게리는 기차를 타고 출근했다. 다른 승객들이 신문이나 책을 읽을 때 그는 수첩을 꼼꼼히 들여다보았다.
> 납품업체에서 블루크로스 휴게실 찬장에 놓아두기로 한 냅킨 때문에 심란했다. 냅킨은 찬장이 아닌 싱크대 밑에서 나타났고, 그는 매번 냅킨을 찾느라 고생했다.

3인칭 시점의 힘은 여기서 그치지 않는다. 원한다면 언제든, 어디든, 무엇이든 가서 볼 수 있다. 3인칭 전지적 시점으로 들어가보자. 작가는 높은 횃대에 앉아 천지만물을 지그시 내려다보며 아이오와주

수시티, 샌프란시스코, 상파울루에서 일어나는 일을 전할 수 있다. 필요하다면 200년 전으로 거슬러 올라가 배경 정보를 가지고 현재로 돌아올 수도 있고, 10년 뒤에 일어날 일을 이야기할 수도 있다. 충분한 시간을 들여 조사를 벌이고, 그렇게 알아낸 것을 정확히 전달할 수만 있다면 얼마든지 시대를 앞질러도 된다.

에릭 라슨은 『화이트 시티』에서 시종일관 3인칭 시점을 사용한다. 그는 처음부터 자신에게 전지전능한 힘을 부여한다. 1912년 4월 14일을 기점으로 시작되는 이야기는 대니얼 버넘을 중심 시점인물로 삼는다. 건축가로 이름을 알린 버넘은 유럽행 호화 여객선 올림픽호에 오른다. 그는 1893년에 열린 시카고 세계 박람회의 개최 장소 화이트 시티를 함께 지은 프랭크 밀렛에게 충동적으로 무선전보를 보낸다.

> 버넘은 선실 승무원에게 손짓했다. 반듯하게 날이 선 흰 제복을 입은 중년 남자는 버넘의 전보를 가지고 갑판을 세 층 올라가 무선 교신실로 향했다. 잠시 후, 남자가 돌아왔다. 손에는 버넘의 쪽지를 쥐고 있었다. 무선 교신원이 그 전보를 받아줄 수 없다고 거절했다는 것이다.
> 발도 아프고 짜증도 난 버넘은 그 승무원에게 다시 무선 교신실로 돌아가 자신이 납득할 만한 해명을 받아 오라고 으름장을 놓았다.

라슨은 프랭크 밀렛이 올림픽호의 자매 여객선인 타이타닉호에 타고 있다는 것을 이미 알고 있었다. 전지적 시점이 아닌가. 1912년 4월 14일은 모두가 잘 알고 있듯 타이타닉호가 침몰한 비극적 날이었다. 그러나 라슨에게 버넘이 타고 있던 올림픽호의 1등석 식당 칸은 편리하고 극적인 '스토리의 출발점'일 뿐이었다. 그는 재빨리 세계 박람회 이야기로 돌아간다. 화이트 시티와 멀지 않은 곳에서 젊은 여성을 스토킹한 연쇄살인범을 언급하는데 이 이야기는 화이트 시티 건설과 나란히 내러티브의 한 축을 이룬다. 그런 다음 그는 대서양을 훌쩍 건너 과거로 시간 이동을 한다. 1889년, 알렉상드르 귀스타브 에펠이 역사에 자신의 족적을 남긴 해다.

> 프랑스는 파리 마르스 광장에서 세계 박람회를 개최했다. 어찌나 성대하고 화려하고 신기한지 박람회에 온 모든 사람이 이것을 뛰어넘을 박람회는 다시 나오지 않을 거라고 굳게 믿고서 돌아갔다. 박람회장 중심에는 철로 된 탑이 305미터 상공까지 우뚝 솟아 있었다. 지구상에서 인간이 만든 구조물 중 이보다 높은 것은 없었다.

그러고 나서 라슨은 내러티브 중심축으로 돌아가 버넘이 초조하게 세계 박람회 개최지 선정 결과를 기다리는 장면으로 이동한다. 우선 버넘과 루트를 프레임 가득 잡고, 버넘의 시카고 사무실을 휙 훑고는 하늘 높이 올라가 산업화를 맞은 시카고의 칙칙한 전경을 묘사한다.

> 버넘은 기다렸다. 그의 사무실도 루트의 사무실처럼 남향이다. 인공이 아닌 자연의 빛을 채우기 위해서다. 어디 버넘 한 사람뿐이랴. 시카고 도시 전체가 빛에 굶주려 있다. 인공조명의 주 광원인 가스버너는 이 도시를 뒤덮은 고질적인 연무를 아직도 투과하지 못한다.

그러고는 다시 한번 시공간을 훌쩍 뛰어넘어 주인공의 출생 시점으로 날아간다.

> 대니얼 허드슨 버넘은 1846년 9월 4일 뉴욕 헨더슨에서 태어났다. 그

의 집안은 복종, 자기 예속, 공익을 원칙으로 삼는 신학자 스베덴보리의 교리를 독실하게 믿었다. 그의 가족은 1855년 버넘이 아홉 살이던 해에 시카고로 이사했다.

라슨은 버넘의 사무실에서 그리 멀지 않은 시카고로 복귀한다.

트리뷴 타워˙ 바깥은 침묵에 휩싸였다. 구름같이 몰려든 사람들은 뉴스를 이해하기 위한 시간이 잠시 필요했다. 그중 수염을 길게 기른 남자가 가장 먼저 반응했다. 그는 시카고가 세계 박람회 개최지로 선정되는 날까지 수염을 밀지 않겠다고 선언한 사람이었다. 남자는 근처에 있던 유니언트러스트컴퍼니은행 계단을 올라가더니 계단을 끝까지 올라가서는 발악하듯 소리를 질렀다. 이 광경을 지켜본 어떤 사람은 로켓이 발사되는 소리 같았다고 말했다.

우리의 어지러운 여행은 마지막을 향해 간다. 라슨은 4년 전으로 돌아가 또 다른 시점인물, 화이트 시티에 사악한 그림자를 드리운 살인자의 행적을 따라간다.

어린아이의 고열 같은 열기가 거리에 피어오르던 1886년 8월의 어느 날 아침, 자신을 H. H. 홈스라고 소개한 남자가 시카고 한 기차역으로 걸어 들어왔다. 축 가라앉은 퀴퀴한 공기에선 썩은 복숭아 냄새와 말의

● 36층의 고딕 양식 건축물로 『시카고 트리뷴』으로 대표되는 미디어 그룹 '시카고 컴퍼니'의 사옥이다.

배설물, 완전히 타지 않은 일리노이산 무연탄 냄새가 물씬 풍겼다.

수십 년의 세월과 여러 대륙을 정신없이 오가는 이야기임에도 우리는 이것을 지극히 자연스럽게 받아들인다. 이뿐 아니라 『화이트 시티』는 이 훌륭한 스토리텔링 덕분에 출간 즉시 『뉴욕타임스』 베스트셀러에 올랐으며, 얼마 지나지 않아 1위를 꿰차기까지 했다.

카메라의 위치, '스탠스'

몇 년 전 포틀랜드 시내 동쪽 도로에서 연료를 실은 유조차가 승용차 한 대를 들이받아 불이 붙는 사건이 일어났다. 도심 상공으로 연기가 치솟았다. 『오레고니언』 신문사에서도 시커먼 연기 기둥이 보일 정도였다. 다음 날 아침 신문은 그 연기가 한여름의 하늘로 올라가 "후드산을 가렸다"라는 기사를 내보냈다.

이 기사를 작성한 기자는 단순히 모든 사람이 같은 방향에서 연기를 목격했을 것이라 단정했다. 시내를 내려다보는 웨스트 힐스의 고급 주택가에서는 검은 연기가 후드산을 가린 것으로 보인다. 하지만 사고 지점 동쪽에 있던 사람들에게는 후드산이 아니라 웨스트 힐스가 연기에 싸인 것으로 보였다. 기자의 무신경함이 일으킨 실수일 수 있지만, 동쪽에 사는 독자들은 기사 저변에 깔린 편향을 느끼고 불쾌해했을지 모른다. 포틀랜드에서 웨스트 힐스는 진보주의 엘리트 권력층을 상징하는 반면 동쪽 지역은 보수 성향을 지닌 노동자들이 많이 산다. 이들 가운데 "후드산을 가렸다"라는 표현이 조롱이라고 느끼고, 세상을 자기 시각으로만 바라보는 웨스트 힐스의 젠체하는 자들에게 콧방귀를

뀐 사람이 분명 있었을 것이다.

스탠스는 카메라를 놓는 위치, 카메라가 향하는 방향을 뜻하지만 카메라를 놓는 사람이 사물을 어떻게 바라보는지에 관해서도 많은 것을 알려준다. 에세이 작가 리처드 로드리게스는 '서부'는 미국 동부 해안 지역에 사는 유럽계 미국인에게만 서부일 뿐 멕시코인에게는 북부, 중국인에게는 동부라고 꼬집었다.

스탠스를 선정하는 이유는 대체로 스토리가 펼쳐지는 모습을 독자가 가장 잘 볼 수 있는 각도를 잡기 위함이다. 신문사 글쓰기 코치들의 대선배라 할 수 있는 돈 머리는 "스토리 하나를 여러 시점에서 풀어낼 수 있다. 그러나 독자가 주제를 가장 선명하게 볼 수 있도록 시점을 선택하는 일이 작가의 몫이다"라고 말했다.

스탠스는 시점인물의 위치인 경우가 많다. 경찰관 제이슨 맥고완의 이야기를 쓴 스튜어트 톰린슨의 기사를 기억하는가? 그 기사는 이렇게 시작한다.

> 픽업트럭이 시속 129킬로미터로 쌩하니 지나갔다. 포틀랜드 보충경찰관 제이슨 맥고완은 사우스이스트 142번가에 세워둔 순찰차 안에서 그 트럭이 급선회해 주행하는 차들 사이로 끼어들었다가 나오는 것을 목격했다.

여기서 스튜어트의 스탠스(카메라의 위치)는 맥고완이 타고 있는 순찰차 안이다. 그곳에서 픽업트럭 한 대가 달려가는 것을 지켜본다. 그런데 이 스탠스는 이후에 일어나는 일련의 사건을 지켜보기에 적절치 않다. 사실 스튜어트의 스탠스는 이야기가 끝날 때까지 여러 번 바뀐다. 앞 장면에 바로 이어지는 자동차 충돌 장면을 가장 잘 볼 수 있는 위치는 길 건너편이고, 이를 따라 스튜어트는 카메라를 길 건너편으로 옮긴다.

> 프로비던스 헬스 시스템스의 고객센터에서 일하는 캐런 웨브는 칼스 주니어의 드라이브스루 앞에 줄을 서 있었다. 그녀는 픽업트럭이 길 건너 세븐일레븐 쪽으로 향하던 닷지를 들이받는 장면을 목격하고 심장이 철렁 내려앉았다. 트럭과 승용차가 도로 옆 공중으로 붕 날아오르더니 길가의 교통 표지판과 화단 위로 떨어졌다.

> 맥고완은 차를 몰고 교차로를 건넜다. 그러고는 차 문을 박차고 나와 맨발로 달아나는 픽업트럭 운전수를 뒤쫓았다. 이 지점에서 스튜어트는 모든 액션이 시야에 들어오도록 카메라를 멀찍이 떨어뜨려 놓는다.

> 맥고완은 트럭 운전수 포트너의 뒤를 쫓아갔다. 부상을 입은 포트너는 얼마 못 가 바닥에 쓰러졌다. 맥고완은 서서 그를 내려다보았다.

이런 식으로 액션을 따라가며 스탠스가 자주 이동한다. 스튜어트는 카메라를 아주 가까이 들이대기도 하고, 찌그러진 승용차 창문을 통해 충돌 충격으로 앞좌석이 뒤로 밀려나 운전자를 옴짝달싹 못 하게 가둬버린 모습을 보여주기도 한다. 그러고는 몇 발짝 뒤로 물러나 카메라를 180도 돌려 사고 현장에 도착한 경찰관들을 보여준다. 클라이맥스에 이르면 카메라는 마침내 피해자를 꺼내줄 소방관을 향한다. 마지막에는 카메라가 피해자의 병원 침상 근처에 놓인다. 우리는 등 뒤에 베개를 받친 채 비스듬히 일어나 앉은 피해자가 카메라를 정면으로 응시한 채 맥고완에게 목숨을 구해줘 고맙다고 인사하는 모습을 본다.

스탠스를 선택할 때 대단한 과학이 필요한 것은 아니다. 스탠스를 고른다는 게 중요하다. 내러티브에 익숙하지 않은 논픽션 작가들은 종종 스탠스를 무시하고 아무 방향에서나 이야기를 풀어놓는다. 독자를 이야기 속으로 빠져들게 하려면 자신도 모르는 사이 이야기를 바라보는 위치에 서 있게 해야 한다. 마치 자신이 현장에 있는 것처럼 사건을 바라보게 하는 것이 핵심이다. 이것을 달리 표현하면 연속되는 사건이 일어나는 무대, 하나의 일관된 시각 프레임이 있어야 한다는 뜻이다. 영화에서 "점프 컷"이라 부르는 장치는 되도록 피해야 한다. 점프 컷은 내러티브의 연속적인 흐름을 끊고 일관성 없는 사건들을 이어 붙여 보는 사람에게 충격이나 환기를 주기 위해 사용하는 장치이기 때문이다.

톰 홀먼과 나는 「가면 너머의 소년」 첫 장면을 다듬으며 스탠스를 어떻게 할지 한참을 고민했다. 샘 라이트너가 거실 소파에 앉아 있다. 그의 무릎 위에는 고양이가 앉아 있고, 앞 마룻바닥에서는 동생들이 카드놀이를 하고 있다. 카메라는 샘을 정면으로 바라보지만, 프레임 안에 동생 둘이 모두 들어올 만큼 거리가 떨어져 있다.

이때 샘이 일어나 부엌으로 걸어간다. 카메라는 샘을 뒤따르며 천천히 방향을 튼다. 부엌 앞 복도에서 샘이 걸음을 멈춘다. 어둠 속에서 저녁에 먹을 채소를 씻는 엄마를 바라본다. 두 사람은 몇 마디 주고받는다. 이윽고 샘이 환한 부엌 안으로 들어서고 그대로 엄마의 등 뒤를 지나 계단을 한 층 올라간다. 톰의 묘사는 핸드헬드 카메라처럼 인물을 따라다닌다.

톰은 실제로 이 장면을 목격했지만 나는 그렇지 않았다. 나는 여전히 궁금한 게 많았다. "거실에서 부엌을 보면 뭐가 보여?" 톰은 부엌의 아치 모양 입구와 그 안에 놓인 식탁이 보인다고 말했다. 나는 벽에 무엇이 걸려 있는지, 엄마의 모습은 어떤지, 채소는 어떤 것들이 있는지 계속 질문했다. 그러는 사이 이 장면은 좀 더 구체적이고 정돈된 형태를 갖춰갔다. 이런 디테일이 모두 최종 내러티브까지 살아남진 않았다. 하지만 끝까지 살아남은 요소들은 그래야 하는 합당한 이유를 지녔다. 독자로서 우리는 한 집안의 평온한 풍경을 바라보면서 또 한편으로 그곳에 있는 느낌을 받는다.

> 그는 물건 사이를 요리조리 피해 부엌으로 갔다. 엄마가 싱크대 위로 상체를 구부린 채 채소를 씻고 있었다. 샘은 부엌 문턱에 서서 늦은 오후의 어스레한 빛에 몸을 감추었다. 그대로 상추를 씻고 있는 엄마를 잠시 바라보았다. 샘은 "흠, 흠" 하고 목을 가다듬고는 전혀 배가 고프지 않다고 말했다.

스탠스를 이야기하면서 톰과 나는 샘이 환한 부엌으로 들어서는 순간이 소년의 가면에 대해 언급할 절호의 시점임을 깨달았다.

> 소년은 엄마의 등 뒤에서 전등 빛이 눈부시게 쏟아지는 부엌 안으로 슬며시 들어선다. 그러자 그의 얼굴 왼편에 물집처럼 솟아난 혹들이 드러난다. 흉하게 일그러진 자주색 왼쪽 귀가 머리 옆으로 삐죽 튀어나와 있다. 턱은 앞으로 돌출됐다. 시퍼런 실핏줄이 거미줄처럼 얼굴을 뒤덮고, 귀밑부터 턱까지 얼굴 반쪽이 반구 모양으로 부어올라 있다. 왼쪽 눈은 근육이 당겨져 제대로 떠지지 않았고, 입은 뒤틀려 아주 작은 반달을 거꾸로 엎어 놓은 모양이었다. 마치 누군가 소년의 얼굴에 진흙 덩어리를 던졌는데 그 진흙이 떨어지지 않고 그대로 달라붙어 소년의 얼굴을 묻

어버린 것만 같았다.

이 강렬한 광경을 제대로 경험하려면 그 장면으로 들어가 처음으로 샘을 바라봐야 한다. 스탠스를 잘 잡으면 이 장면은 우리 눈앞에서 생생하게 살아 숨 쉴 것이다. 그리고 이것은 앞으로 이어질 2만 단어의 이야기를 끝까지 읽을 수 있는 충분한 동력이 되어준다.

대상과의 거리

일단 시점인물을 선택하고, 1인칭인지 3인칭인지 결정한 뒤 스탠스까지 정하고 나면 한 가지만 남는다. 이야기에 얼마나 가까이 접근할 것인가?

아툴 가완디는 엘리자베스 루크의 침실에서 이야기를 시작해 출산의 고통을 보여주고자 그녀의 머릿속으로 이동했다. 이렇게 함으로써 시점인물의 경험에 우리를 완전히 밀착시켰다. 그런데 사건에서 한 발 물러나면 현실을 개략적으로 정리하는 요소를 더 많이 아울러 다양한 사실이 드러나기도 한다.

거리가 달라지면 내러티브도 달라지고 언어도 달라진다. 거리가 아주 멀면, 즉 사건 현장에서 멀리 떨어져 바라보면 요약 형식의 내러티브가 된다. 거리가 좁혀지면 현장 내러티브로 전환된다. 이런 구분은 어떤 매체든 상관없이 내러티브에서 아주 중요하다. 이것을 이해하지 못하면 내러티브를 쓸 수 없다.

죽음과 생존을 다룬 스릴 넘치는 스토리 중 한 토막을 예로 들어 보겠다. 이 스토리는 신문기사지만 이와 동일한 시점 테크닉을 라디오,

잡지, 팟캐스트, 책의 내러티브에도 적용할 수 있다. 이런 내러티브라면 멋진 영화로도 만들 수 있다. 하지만 어떤 이야기를 상상하든 시점인물 문제는 똑같이 대두된다.

몇 해 전 예보에 없는 기습 폭우가 쏟아져 일리노이주 수원 오리건 남서부 계곡 야생 하천들이 범람했다. 이 상류 하천들은 급류타기를 즐기기에 천혜의 조건을 갖춘 곳이라 뗏목과 카약을 즐기는 이들이 전국에서 모여든다. 그런데 폭우가 쏟아지자 급류는 수마로 돌변했고, 뗏목을 타러 온 사람들은 계곡에 고립되고 말았다. 나와 함께 이 기사를 쓴 기자들은 맥두걸 일행에게 스토리의 초점을 맞추었다. 맥두걸 일행은 큰 문제없이 첫 구간을 타는 데 성공했다.

처음 16킬로미터는 완만한 유속을 타고 순항했다. 급물살 지점 서른네 곳을 지난 뒤 야영을 하기 위해 클론다이크 강에 정박했다.

하지만 맥두걸 일행은 '녹색 장벽'으로 알려진 공포의 급류를 앞두고 있었다. 초록색 이끼로 뒤덮인 절벽 사이를 휘감아 돈다고 해서 '녹색 장벽'이란 별명이 붙은 이 급류는 그곳을 지나는 모든 것을 집어삼킬 듯 물살이 세고 거칠기로 악명 높다. 당시 이 기사를 작성한 J. 토드 포스터와 조녀선 브링크만은 녹색 장벽에서의 사투를 전하기 위해 현장 내러티브로 갈아탔다.

맥두걸과 바이어스는 물살에 노를 꽂아 뗏목을 앞으로 밀어냈다. 뗏목은 미쳐 날뛰는 4.5미터 높이의 급류를 어르고 달래며 조금씩 앞으로 나아갔다. 다시 솟아오르는 물살에 노를 내리꽂을 때였다. 배가 좌우로 요동치더니 뗏목이 뒤집혔고, 그 바람에 바이어스가 튕겨 나가 물에 빠졌다. 뗏목이 뒤집혔지만 맥두걸은 제자리에 붙어 있었다. 그는 뗏목이 다음 물살을 타고 오르는 순간 노를 힘껏 당겨 뗏목을 바로 세웠다. 믿기지 않는 기술이었다.

두 문단 모두 액션을 묘사하고 있다. 하지만 여기에는 근본적인 차이가 있다. 실력 있는 내러티브 작가들은 이 차이점을 절대 놓치지 않는다.

첫 번째 문단을 보며 서른네 번의 급류를 헤치고 나오는 동안 무슨 일이 있었을지 상상해보자. 죽을힘을 다해 노를 젓는 남자들, 거대한 물살을 만날 때마다 위로 붕 떴다가 곤두박질치는 뗏목들, 소용돌이치는 물거품 위로 불룩 솟은 울퉁불퉁한 바위들, 이 바위를 휘감고 도는 물살 소리, 다급한 외침, 엄습하는 공포…. 하지만 토드와 조너선은 이 급류들을 거치는 동안 일어났던 많은 일을 단 한 문장으로 정리했다. 과거의 일을 훤히 알고 있는 역사가처럼 시간과 공간을 건너뛰었다. 그리고는 하늘 높은 곳에서 계곡을 내려다보듯 극적 긴장감을 싹 걷어낸 채 무미건조한 언어로 당시의 이야기를 전한다. 무슨 일이 있었나를 간추려 보고하는 요약 내러티브 내지는 역사 내러티브 스타일의 저널리즘 시점을 취한 것이다.

그러나 맥두걸 일행이 녹색 장벽에 이르는 순간 드라마가 펼쳐진다. 작가는 지상으로 급하강해 사건이 벌어지는 현장으로 독자를 안내한다. 독자는 몇 발자국 떨어진 곳에서 생생한 액션을 지켜본다. 훌륭한 스토리텔러는 바로 여기서 현장 내러티브, 일명 극적 내러티브로 전환한다.

요약 내러티브와 현장 내러티브는 기본적으로 추상화 사다리(도표5)에서 점하는 위치가 다르다. 이 사다리는 작가들에게 유용한 개념을 제공한다. 가장 구체적인 단계에서 위로 올라갈수록 점점 형체가 흐려지며 추상화하는 식이다.

맥두걸이 녹색 장벽에서 물거품 이는 물살에 노를 찔러 넣던 순간을 떠올려보자. 이때 내러티브는 추상화 사다리의 맨 아래 칸에 있다. 여기서 한 칸 올라가면 맥두걸 일행 네 명이 시야에 들어온다. 한 칸 더 올라가면 이 계곡에 떠 있는 22개의 뗏목과 카약이 보이고, 사다리를 한 칸 더 올라가면 일리노이 강에서 급류를 타는 모든 사람이 눈에 들어온다. 어쩌면 이 산에서 다른 모험을 즐기고 있는 사람들이 보일지도 모른다. 사다리를 오르고 또 오르면 인간을 비롯한 모든 생물체를 포함하는 단계에 이른다. 마침내 가장 높은 지점에 도달하면 그야말로 모든 것이 눈에 들어온다.

사다리 맨 아래 칸은 사건 현장에 서 있는 것과 같다. 현장 내러티브라는 표현은 여기에서 온 것이다. 다 보이고 다 들린다. 때로는 냄새까지도 맡을 수 있다. 현장을 바로 앞에서 지켜보고 있으므로 독자는 등장인물과 함께 느끼고 반응한다. 녹색 장벽이 가까워질수록 서서히 맥두걸 일행을 덮쳐오는 두려움을 함께 느끼고, 바이어스의 시체가 떠올랐을 때는 그들이 느낀 공포와 경악을 함께 경험한다. 추상화 사다리의 가장 아래 칸에서는 감정이 솟아난다.

사다리를 오를수록 서술자가 독자에게 보여주는 시간과 공간의 폭은 넓어진다. 거추장스러운 디테일은 생략되고, 이 단계에 포함되는 모든 것은 간략하게 한두 문장으로 요약된다. 요약 내러티브라는 표현은 여기서 나왔다.

사다리를 올라가면 큰 그림은 볼 수 있지만, 구체적인 형체는 볼 수 없다. 한 단계 높아질 때마다 인물과 사물의 개별적인 특징은 점점 사라진다. 맥두걸만 있는 맨 아래 칸에서는 맥두걸의 면면을 보여준다.

만물
모든 생물체
모든 인간
각종 야외 활동을 즐기는 사람들
물길에서 래프팅하는 사람들
일리노이 강에서 래프팅하는 사람들
일리노이 강 급류 구간에서 래프팅하는 사람들
맥두걸 일행
맥두걸

◆도표5 **추상화 사다리**

작가가 잘만 묘사하면 그를 눈앞에 그릴 수도 있다. 하지만 일리노이 강에서 래프팅을 즐기는 모든 사람을 이미지화하긴 어렵다. 야외 활동을 즐기는 사람이 전부 시야에 들어오는 칸에 이르면 모든 인간은 남자거나 여자거나, 키가 작거나 크거나, 뚱뚱하거나 말랐거나, 나이가 많거나 적거나 정도로만 구분된다. 흐릿한 이미지만 파악할 수 있다.

요약 내러티브는 구체성을 내준 대신 다른 가치를 얻는다. 시야가 넓은 위 단계에서 큰 그림을 제시할 수 있다는 것은 다양한 상황에 적용 가능한 지식을 줄 수 있다는 뜻이다. 예를 들어, 강에서 래프팅을 즐기는 사람과 산악 모험을 즐기는 사람은 위험한 스포츠에 끌린다는 공통점이 있다. 래프팅하는 사람들에 대해 알게 된 사실을 근거로 등산이나 스카이다이빙을 즐기는 사람들의 행동을 예측할 수도 있다. 이처럼 사다리 위 칸에는 더욱 포괄적인 의미가 자리한다.

언론 매체의 보도기사는 대부분 사다리의 중간 칸에 위치한다.

예를 들어, 자동차 충돌 사건을 보도하는 뉴스라면 사고 차량과 이 사고로 인해 일어난 일들을 훑는다. 사다리 위 칸으로 더 올라가 자동차 사고율이라든가 자동차의 안전 실태 등 일반론을 도출해내진 않는다. 마찬가지로 사다리 아래로 내려가 사고 현장을 시시각각 서술하지도 않는다. 한마디로 뉴스 보도는 특별히 심오하지도, 특별히 극적이지도 않다.

사다리의 중간 지점에서 세상사를 보도하는 습관이 몸에 배면 현실을 그 외의 다른 시각으로 보기 힘들다. 기자들에게 내러티브를 가르치기 시작했을 때 가장 의아했던 것이 마감 시한을 두고 날마다 글을 쓰는 사람들은 스토리텔러처럼 생각하는 것을 어려워한다는 사실이었다. 왜 그럴까? 나는 기자를 많이 알고 있다. 그들은 맥주잔을 기울이며 혹은 모닥불에 둘러앉아 이야기를 풀어내는 데 일가견이 있는 사람들이다. 아무리 기자라고 한들 침대에 누운 어린아이가 이야기를 들려달라고 할 때 신문을 펼쳐 들고 "리버시티에 사는 남자 두 명이 수요일 23번 고속도로를 주행하던 중 도로 아래로 추락, 나무를 들이받고 즉사했다고 주 경찰이 전했다"라고 할 리가 없지 않은가. 그러면 아이는 "에이, 그게 뭐야! 이야기라고 했잖아!"라며 투덜댈 것이다.

이야기는 경험을 전달하고 뉴스 보도는 아주 많은 양의 정보를 전달한다. 그리고 뉴스는 결과를 강조한다. 23번 고속도로 사고 소식의 요지는 어째서 그런 일이 발생했는가가 아니라 두 명의 사망자가 발생했다는 결과다. 지극히 당연한 선택이다. 오늘날 세상을 살기 위해서는 많은 정보가 필요하다. 핵심만 파악하고 싶은 사람에게 스토리 하나를 통째로 건네주는 건 어리석다. 스토리는 생생한 정보 이상의 것을 제공한다. 지나온 삶을 되살려냄으로써 의미를 뽑아낸다. 스토리는 결과보다 과정을 중시한다. 독자가 당장 요점만 알아야 할 필요가 없거나 스토리의 요소(주인공, 시련, 플롯 전환점의 연속)를 충족하고 있는 사건이라면 내러티브가 더 좋은 선택일 수 있다.

스토리텔러는 23번 고속도로 사고 현장을 보여주기 위해 사고의 경위를 요약하는 문장으로 시작하지 않는다. "암사슴 한 마리가 야트막한 언덕 귀퉁이에서 종종걸음으로 나왔다. 다가오는 불빛을 보더니 화들짝 놀라 고속도로를 쏜살같이 가로질렀다. 마크는 반사적으로 핸들을 오른쪽으로 꺾었다. 픽업트럭 타이어는 젖은 노면을 찢을 듯 거칠게 미끄러졌다"라고 기술하여 구체적인 액션을 배열한다.

스토리텔러는 이런 장면들로 이야기에 살을 붙여나간다. 각 장면이 시작하고 끝날 때마다 커튼이 열리고 닫힌다. 장면 안에서 등장인물의 대화문은 뉴스 보도에 나오는 직접 인용문보다 이야기 형식에 적합하다. 스토리텔러는 시의성이 적절한가, 광범위한 사회문제를 보여주는가 하는 뉴스로서의 가치 대신 아이가 어른으로 성장하는 모습, 장애를 인정하고 받아들이는 과정 등 개인의 모습을 보여주는 극적 가치를 중시한다.

다시 말해 뉴스와 스토리는 질적으로도, 양적으로도 다르다. 그래서 직장생활 내내 한 가지 형식의 글만 써온 저널리스트들이 다른 형식의 글을 쓰는 데 쩔쩔매는 것이다. 스토리를 창작하는 법이 아니라 보도자료를 다듬어 기사 작성하는 법을 배운 사람들은 저널리스트만이 아니다. 비즈니스, 법, 정치, 교육, 군대 등 많은 기관이 정보를 다룬다. 그들은 엄청난 양의 뉴스 보도물을 읽고 쓴다. 그런데 이런 글은 시야를 추상화 사다리의 중간 칸에 가둬버린다. 그렇게 훌륭한 스토리를 쓸 수 있는 잠재력이 꺾이는 것이다.

대부분의 논픽션 작가는 끊임없이 현장 내러티브와 요약 내러티브를 오간다. 그때마다 거리는 가까워졌다가 멀어진다. 그들은 "말하지

요약 내러티브	현장 내러티브
추상적	구체적
공간을 넘나든다	한 장소에서 사건이 펼쳐진다
시간 개념을 무너뜨린다	실시간으로 일어난다
직접 인용문을 사용한다	대화문을 사용한다
주제 위주 구성	장면 위주 구성
전지적 시점	특정 시점
결과를 다룬다	과정을 다룬다
정보 전달	경험 재현

◆ **요약 내러티브와 현장 내러티브 비교**

말고 보여주라"라는 글쓰기 스승들의 지겨운 가르침을 무시한 채 말하기도 하고, 보여주기도 한다.

다음 예시를 보자. 디스커버리 채널의 《극한 고기잡이》(Deadliest Catch)가 수백만 시청자에게 2월 베링해의 살벌한 모습을 소개하기 훨씬 전에 베테랑 기자 핼 번튼은 게잡이 배를 타고 북쪽으로 떠났다. 핼의 임무는 오리건의 원양 어업이 차지하는 경제적 중요성을 보여주는 것이었다. 이 지역 원양어선들은 알래스카 킹크랩 같은 고수익 어종을 찾아 태평양을 누빈다. 핼은 추상화 사다리 위로 올라가 저널리즘 시점을 취하고 그들이 왜 중요한지 설명한다.

오리건 원양 어선들이 조업하는 베링해는 북미 최대의 황금어장이다. 이 때문에 한몫 잡으려고 북쪽으로 향하는 배가 매년 늘어나고 있다. 이 배들이 고용하는 선장과 선원은 줄잡아 300명이다. 어획고는 오리건 근해에서 1년 내내 거둬들이는 수입의 세 배가 넘는다.

하지만 통계가 전부는 아니다.《극한 고기잡이》가 여실히 보여 주었듯 겨울철 베링해는 지구상 그 어느 곳보다 인간에게 혹독하다. 빙하, 바람, 파도와 싸우며 게를 잡는 선상 생활은 무모한 용기, 허리가 끊어질 듯한 노동을 견뎌낼 체력, 모험심에 대한 욕망이 없다면 불가능한 일이다. 핼은 이 점을 잡아내고자 독자를 트레일블레이저라는 이름의 게잡이 배로 데려간다. 그리고 마치 우리 주변에서 실제로 일어나는 일인 양 현장 내러티브로 극적 상황을 그려낸다.

> 배는 요란하게 뒷질을 하는 중이었다. 조타실에 선 웨인 베이커는 집채만 한 파도 너머를 바라보며 넘어지지 않으려고 온몸에 잔뜩 힘을 주었다. 초속 27미터로 불어온 바람이 파도 이랑에 매달린 물보라를 집어삼켰다. 주방에 전화를 걸어 선원들을 호출했다. 한번 더 건져 올릴 시간이다.

좋은 작가들은 이와 똑같은 방법을 사용한다. 추상화 사다리를 오르내리며 거리를 좁히기도 하고 벌리기도 한다. 신문이든, 잡지나 책이든 혹은 지면이 아닌 온라인이든 상관없다.『뉴요커』의 기자 수전 올리언의 박제 대회 취재기는 현장 내러티브로 대상에게 가까이 다가갔다가 요약 내러티브로 전환하며 점점 거리를 벌린다.

> 크라운 플라자 로비의 안내데스크 맞은편에 대기실이 마련되어 있었다. 박제사들이 출품 동물 앞에 서서 몸을 숙인 채 손전등을 비춰보며 누관, 콧구멍 등 문제 부위를 점검했다. … 지난번 세계 대회 이후 보지 못한 사람들과 인사하고 안부를 묻고 … 일 이야기를 나누는지 생소한 단어가 오간다. (중략)

댄 디 노우저°나 소프트터치 덕 디그리서°°가 무엇인지 전혀 모르는 사람들은 박제 대회라는 게 있다고 말하면 매우 놀란다. '박제사'라는 직업에 대해서도 눈이 휘둥그레지긴 마찬가지다. 박제술은 아주 오랫동안 베일에 가려져 있었다. 박제한다는 사람은 여간해선 만나기 어려웠다. 그들은 대개 독학으로 박제 기술을 익혔고, 입소문으로만 명성이 알려졌다.

요약 내러티브와 현장 내러티브는 추상화 단계로만 나뉘지 않는다. 오리건에 닥친 대홍수를 취재한 『노스웨스트 매거진』 기사의 다음 예에서 그 차이를 찾아보자. 첫 번째 글은 1면 톱기사에서 가져왔다.

물에 잠기지 않은 고지대에 사는 사람들도 매출, 근로 시간, 기회에서 발생한 손실을 피해 갈 수는 없을 것으로 보인다. 포틀랜드 퍼스트 인터스테이트 은행의 경제 전문가 빌 코널리는 "어떤 면에서는 우리 모두 피해자다"라고 말했다.

피해 입은 곳이 최고 수위에 달한 수계(水系)의 범위만큼이나 광범위해 재산 피해가 극심하리란 예측이 곳곳에서 사실로 확인되고 있다. 이 지역에서만 벌써 수백 곳의 도로와 수천 채의 주택, 농장, 사업장이 심각한 피해를 입었다.

도로와 고속도로, 교각의 복구 비용은 정부가 대겠지만 주민 수천 명은

● Dan-D-Noser. 박제된 동물의 코에 특유의 색과 질감을 입히기 위해 사용하는 아주 작은 롤러로 표면이 매끄럽지 않고 우둘투둘하다.
●● Soft Touch Duck Degreaser. 오리를 비롯한 조류를 박제할 때 깃털이 산발이 되는 것을 막기 위해 가죽에 남은 기름을 제거하는데, 이때 사용하는 탈지제다.

스스로 비용을 부담해야 한다. 주택과 사업장에 수해 보험을 든 주민은 오리건주에 1만 1,600명, 워싱턴주에 1만 7,400명뿐이다.

이 글은 많은 의미를 담고 있다. 기자는 태평양 북서 연안의 6,000미터 상공을 선회하며 이 글을 쓴 듯하다. 그는 일주일 동안 이 지역에서 일어난 일을 훤히 볼 수 있는 전지적 위치에서 건물 수천 채가 입은 홍수 피해를 정리했다. 직접 인용문도 하나 포함되어 있는데, 그 대화는 현장으로부터 뚝 떼어져 기자의 노트북을 거치며 추상화 사다리의 위 칸으로 옮겨졌다.

이런 요약 내러티브에는 독자가 사건을 피부로 실감하는 데 필요한 구체성이 부족하다. 이 구체성을 제공하기 위해 내러티브 작가 팀은 포틀랜드시를 가로지르는 윌러멧강을 따라 홍수의 역사를 더듬었다. 그들은 윌러멧 강이 시작되는 산골짜기의 수원에서 출발해 컬럼비아강과 합류하는 지점까지 내려오며 범람 원인을 추적했다.[26] 톰 홀먼은 운 좋게도 강어귀에서 홍수로 불어난 물이 윌러멧 본류로 쏟아져 들어오는 지점까지 데려다주겠다는 한 예인선 선장을 만났다. 톰은 전형적인 현장 내러티브를 작성했다.

"내 평생 이런 물난리는 머리털 나고 처음이야."

선장은 말했다. 그는 조타실 유리창 밖 허공을 응시했다.

"세상에 원…. 생전 처음이야."

선장은 되뇌었다.

크리스 사탈리치 선장이 스위치 레버를 젖히자 20미터 정도 되는 세이버운송 예인선의 쌍둥이 엔진에 부르릉 하고 시동이 걸렸다. 사탈리치 선장은 들썩거리는 조타실에서 계기판을 들여다보았다.

선장은 만족스러운 표정으로 액셀 레버를 살짝 밀었고, 예인선은 우아하고 날렵하게 항구를 벗어났다.

조타실에 서 있는 선장만 있을 뿐 여기에는 통계 수치도 없고 일반화도 없다. 독자는 선장이 선 그곳에 함께 있다. 이 글에서 독자들을 몰입시키는 힘은 잘 정리된 정보가 아닌 경험이다. 홍수로 물이 얼마나 불어났는지, 몇백만 달러의 피해가 발생했는지는 몰라도 이런 일을 겪은 기분이 어떨지는 조금이나마 알게 될 것이다.

4장

목소리와 스타일

목소리는 그 작가들을 우리 세상으로 데려온다.

◉ 노먼 심스

메리 로치는 주로 시체, 식인 행위, 죽음을 다룬 글을 쓴다. 가끔은 비위가 강한 편인 나조차 감당하기 힘들 때가 있다. 언젠가는 자동차를 몰고 가을 정취가 완연한 시골길을 지나며 메리의 『인체재활용』 오디오북을 들었다. 인간의 시체가 어떻게 부패하는가에 대한 부분으로 넘어가면서 역겨움을 참을 수 없었다. 당장 CD를 뽑아버리고 싶은 충동이 이는 것을 겨우 억눌렀다. 그렇게 포기하기엔 책이 너무 재밌었다.

　　메리 로치가 누구인가. 티라노사우루스를 "허리를 꼿꼿이 세우고 서 있는 폼이 패션계 명사 같다"라고 표현한다든가, 도너 파티*의 식

---

* 　Donner Party. 1846년, 90명의 서부 개척자들은 제이컵 도너와 조지 도너의 지휘 아래 일리노이주에서 캘리포니아로 떠났다. 도너 일행은 알려지지 않은 지름길로 들어섰다가 고립되고, 급기야 사람을 잡아먹기에 이른다. 결국, 90명 중 45명만 살아남아 캘리포니아에 도착했고, 이후 미국에서 '도너 파티'는 식인 행위의 대명사가 되었다.

인 살인마들이 "세상 어느 요리책에도 나와 있지 않은 음식에 손을 댔다"라며 뜻밖의 순간에 재기 넘치는 익살을 던질 줄 아는 작가다. 사후 세계를 다룬 『스푸크』에서는 어릴 때 어머니의 성경책에서 읽었던 나사로가 무덤에서 일어나 걸어 나오는 장면을 떠올리고는 "미이라처럼 온몸에 삼베 누더기를 돌돌 싸매고, 상반신을 꼿꼿하게 세운 보리스 칼로프* 닮은꼴이 걸어 나왔다"라고 표현했다.

나는 메리가 쓴 글이라면 매체를 가리지 않고 찾아 읽는다. 온라인 잡지 『살롱』에 기고한 「화이트 드림스」라는 칼럼은 남극에서 일하는 사람들의 생활상을 담고 있다.

> 그곳에 살면 흰색을 보는 눈이 발달한다. 미국의 남극 기지에서 생존 훈련 강사로 일하는 빌 매코믹은 지난해 어느 날인가 설상 스쿠터를 타고 맥머도 기지**에서 로스 빙붕***에 있는 교육장으로 가던 중 눈밭에서 하얀 스티로폼 조각을 발견했다. 이것은 올브랜 시리얼 속에서 크기도 모양도 흡사한 휘티 시리얼 한 알을 발견한 격이다. 실로 놀라운 일이다.

책으로 만난 메리도, 직접 만난 메리도 똑같이 재기발랄하다. 반면 존 맥피는 정확하고 신중한 스코틀랜드 남자다. 옷차림새와 행동거지 모두 글 스타일처럼 단정하다. 메리 로치의 글이 흥분에 들떠 재잘

● 초기 할리우드 공포영화의 대표작 《프랑켄슈타인》에서 괴물 역을 맡으면서 스타로 도약했다. 드라큘라 역을 맡았던 벨라 루고시와 함께 공포영화 전문 배우의 양대산맥이 되었다.
●● 미국이 보유한 세계 최대의 남극 기지.
●●● 남극 로스해 남부를 막고 있는 세계 최대의 빙붕으로 남극대륙 탐험의 관문이다.

거리는 느낌이라면 맥피는 자신을 꽁꽁 숨기고 보여주지 않는 느낌이다. 하지만 그는 유쾌한 점심 친구다. 자신의 예리한 관찰기나 진기한 이야기들을 끝도 없이 풀어낸다. 그는 프린스턴에서 태어나 프린스턴 대학을 졸업한 뒤 교수가 되어 프린스턴으로 돌아갔다. 그래서인지 그의 글에선 학자다운 점잖고 해박한 목소리가 느껴진다. 알래스카를 다룬 그의 대표작 『전원』을 무작위로 펼쳐 보면 대체로 다음과 같은 느낌이다.

> 알래스카의 어느 가을 아침, 코가 뾰족한 소형 헬기 한 대가 약속 장소로 가는 길에 페어뱅크스에서 승객 세 명을 태우고 남쪽으로 향했다. 누런 흙탕물이 세차게 흐르는 타나나 강을 건넌 헬기는 검은 전나무로 뒤덮인 저지대를 따라 윙윙 소리를 내며 날아갔다. 일일이 이름을 댈 수 없을 만큼 많은 개울이 그물처럼 펼쳐졌다. 어느덧 지표면이 높아지는가 싶더니 알래스카산맥으로 접어들자 길쭉한 계단형 지형과 들쭉날쭉 배열된 산봉우리가 이어졌다.

말장난도, 우스갯소리도, 시각적 환기도 없다. 늘 그렇듯 맥피의 글은 카펫이 펼쳐지듯 부드러운 전개를 보인다. 화려한 겉치레를 생략하여 주제가 그 윤곽을 오롯이 드러낸다. 헬기는 작고 코가 뾰족하다. 타나나강은 물살이 세고 탁한 흙빛이다. 검푸른 전나무 숲이 우거진 툰드라지대는 이렇다 할 특징 없이 끝없이 이어져 광활하고 공허한 느낌을 자아낸다.

윗글에서 맥피의 목소리는 작가 자신처럼 조용하고 차분하다. 각 문장이 맡은 임무를 우직하게 수행하고, 그런 문장들이 모여 차분하고 질서 있는 내러티브가 전개된다. 문장의 형식도 정확해 문법적으로 한 치의 허점도 없으며, 표현은 단순하지만 품위가 있다. 모든 것이 맥피의 통제하에 있다. 그래서 우리를 황무지로 데려가든, 외딴 오지로 데려가든 불안하지 않다. 그는 우리의 마차 행렬을 인도해주었으면 하는 논픽션계의 게리 쿠퍼 같은 존재다.

지질학이라면 잡지기사 한 꼭지도 읽지 않는 내가 맥피의 지질학책 세 권을 모두 읽은 것은 순전히 이런 이유에서다. 어떤 주제는 작가의 손을 거치며 새로 태어난다. 나에게 맥피는 지질학을 새로 탄생시킨 사람이다.

활자화된 글은 글쓴이의 목소리다. 목소리는 독자의 흥미를 유발하고 붙잡아두는 데 일조하며, 때로는 글의 인상을 좌우한다. 『하퍼스』 편집자 출신 루이스 래펌은 "나는 책을 펼치면 제일 먼저 귀를 기울여 사람의 목소리가 들리는지 살핀다. 이 방법으로 매년 꼭 읽어야 할 책을 가려낸다"라고 말했다.[27]

픽션에서는 글쓴이의 목소리가 매우 중요하다. 커트 보니것*, 이언 플레밍**, 데이비드 포스터 월리스***에 이르는 소설가들은 자신만

- Kurt Vonnegut. 제2차 세계대전 막바지에 징집되어 드레스덴 포로수용소에 갇혀 있는 동안 연합군의 소이탄 공격으로 민간인 13만 명이 몰살당한 인류 최대의 학살극을 겪고 반전(反戰) 작가의 길을 걸었다. 1952년 첫 장편소설 『자동 피아노』를 비롯하여 8편의 소설과 풍자적 산문집 『신의 축복이 있기를, 닥터 키보키언』, 회고록 『나라 없는 사람』을 썼다. 『고양이 요람』, 『제5도살장』으로 이름을 알렸으며 블랙 유머의 대가 마크 트웨인을 계승한 미국 최고의 풍자가로 불린다. 무라카미 하루키, 더글러스 애덤스 등의 작가들에게 지대한 영향을 주었다.
- Ian Fleming. 제2차 세계대전 중 영국 해군정보부에서 근무했고, 그 뒤 신문기자로 냉전 관련 문제를 취재했다. 이 경험을 바탕으로 1953년부터 모두 14편의 007시리즈를 발표했다.
- David Foster Wallace. 재치 넘치는 문체와 독특한 시적 우아함을 지닌 작가다. 데뷔하자마자 평단과 대중의 극찬을 받았다. 『시스템의 빗자루』, 소설집 『오블리비언』, 『고약한 남자와의 짧은 인터뷰』, 『기이한 머리 모양의 여자』 등을 출간했다. 공전의 히트를 기록한 그의 두 번째 장편소설 『한없는 웃음거리』는 『타임』의 '20세기 100대 영문 소설'에 선정되었다.

의 뚜렷한 목소리로 열성 독자층을 대거 거느렸다. 헤밍웨이의 패러디를 양산할 만큼 목소리가 뚜렷하다.

목소리는 논픽션에서도 매우 중요하다. 현실을 살아가는 데 중요한 가르침을 얻게 될 여정에서 독자는 저자가 카리스마와 전문 지식을 갖춘 사람이길 바란다. 하지만 여정이 길어지면 이것만으로는 충분하지 않다. 긴 여행 기간 옆에서 나란히 걸어줄 동행 같은, 사람 냄새 나는 무언가가 필요하다. 니먼 내러티브 프로그램 소장이었던 마크 크레이머는 그것이 바로 작가의 목소리며, 길이가 있는 내러티브에 없어서는 안 될 요소라고 강조한다. 딱딱하고 건조한 뉴스 보도에는 사람의 마음을 잡아끄는 뭔가가 없다. 목소리는 그 사람만의 고유한 표식이다. 크레이머는 "자아를 개입시킨 목소리는 독자에게 커다란 선물이 될 수 있다"라고 말한다. 또, "자아를 허락한다는 것은 온기, 근심, 연민, 아첨, 불완전함 공유 등을 허락하는 것이다. 이것이 빠지면 무미건조하고 사실성 없는 글이 된다"라고 말했다.

그렇다면 '목소리'는 정확히 무엇일까? 이 개념은 지나치게 포괄적이다. 풋내기 기자 시절, 나는 목소리의 정확한 뜻을 알 수 없어 영문학 교수들이 학식을 과시하기 위해 그냥 던지는 의미 없는 개념 중 하나라고 생각하며 무시했다. 그때보다 아는 게 많아진 지금도 여전히 목소리만큼은 명쾌하게 정의하기 어렵다. 내가 내놓을 수 있는 포괄적인 정의는 "글에서 저절로 드러나는 글쓴이의 개성"이다.

팟캐스트 1위의 비결

보고서적인 글쓰기는 목소리를 지우는 글쓰기다. 교사는 "여러 수업 양식에 따른 결과"를 보고하는 글을 쓴다. 사회심리학자는 "반사회적 행위의 예측 변수로서의 인지 부조화와 사회적 소외"를 주제로 논문을 쓴다. 경찰관, 의사, 도시공학자에게는 모두 같은 분야의 종사자들에게 정보를 전달하는 그들 나름의 방식이 있다. 이들의 공통점은 개인적인 목소리는 되도록 지운다는 것이다.

저널리스트도 예외는 아니다. 신문기자들과 일하며 느낀 나의 가장 큰 고민은 어떻게 하면 이들이 긴장을 풀고 글에 자신을 있는 그대로 드러내게 할까였다. 지금까지 그러면 안 된다고 훈련받아 온 이들이다. 저널리즘 교수들(나 역시 예외는 아니었다)은 취재보도론 첫 수업에서 개인의 정체성을 지우는 것부터 가르친다. 개인성을 지운 자리에는 역사와 전통의 규정집이 들어선다. 덕분에 저마다 다른 기자들이 모두 한목소리를 내게 된다.

규정집에서 첫 번째로 금기시하는 것이 1인칭 시점이다. 이 조항대로라면 메리 로치나 존 맥피는 언론계에 발붙일 수 없다. 1인칭 시점 금지는 느슨해지는 추세지만 다른 원칙은 여전히 건재하다. 신문은 사람 냄새를 걷어낸 엄격하고 무미건조한 어조를 지향하고, 저널리스트는 수동태, 격식 어휘, 간접 구문 등의 홍수 속에 자기 목소리를 지운다. "경찰이 남의 집에 몰래 들어가는 불량배를 잡았다"가 아니라 "화요일 오전 보안 경보 소리를 듣고 출동한 경찰관은 웨스트사이드의 한 주택에 침입을 시도하던 용의자 두 명을 체포했다"가 되어야 한다.

뉴스는 늘 새로운 소식을 발 빠르게 전해야 하므로 모든 기사를 긴 내러티브로 작성할 수는 없다. 그렇다고 해서 모든 글에서 사람 냄새를 전부 지워내야 한다는 뜻은 아니다. 『볼티모어 선』의 데이비드 사이먼은 경찰의 현장 급습 소식을 전하며 자기 목소리를 냈다. 1인칭 내러티브 수법을 취하는 팟캐스트들은 뉴스를 개인적인 시점으로 보여줄 때 흡인력이 얼마나 강력해지는지 잘 보여준다. 《시리얼》이 팟캐스트 순위 1위를 독점하다시피 했던 이유는 진행자 사라 쾨니히가 서술자이자 주인공 수사관으로 생생한 분위기를 입혔기 때문이다. 청취자들은 바로 앞에서 보는 듯 그녀의 움직임을 따라가게 된다.

1인칭 시점과 목소리

거침없이 글을 썼던 뉴저널리즘 작가들에게 스토리는 주제에 관한 이야기면서 동시에 자신에 관한 이야기이기도 했다. 헌터 톰프슨의 글은 모두 '헌터 톰프슨 렌즈'를 통과한 것이고, 노먼 메일러●의 모든 논픽션에는 노먼 메일러가 있다. 이렇게 자아가 드러나려면 현실적으로 1인칭 시점이 되어야 한다.

　1인칭 시점이 곧 목소리이고 목소리가 곧 1인칭 시점인 것은 아니다. 뉴저널리즘 전성기에도 게이 탈리스, 톰 울프처럼 자기 목소리를 확실하게 낸 작가들의 시선은 늘 자기 안이 아닌 밖을 향하고 있으며, 자기 느낌이나 생각이 아니라 등장인물의 현실을 담아내고자 했다. 현대의 내러티브 작가들은 민속학자 방식을 선호한다. 즉, 문화인류학자처럼 연구하려는 사회를 찾아가 그곳 일원이 되어 그들의 생활 속에

●　Norman Mailer. 트루먼 커포티, 조앤 디디언, 톰 울프와 더불어 '창작 논픽션', 일명 '뉴저널리즘'의 창시자로 꼽힌다. 퓰리처상을 두 번 수상했다. 제2차 세계대전에 종군했던 경험을 바탕으로 쓴 장편소설 『나자와 사자』가 가장 우수한 전쟁문학 작품 중 하나로 손꼽히며 이름을 세계에 알렸다. 1960년대 베트남전 개입 당시 미국의 반전시위를 기록한 『밤의 군대들』로 퓰리처상(논픽션)을, 소설 『사형집행인의 노래』로 퓰리처상(픽션)을 받았다.

녹아들고 동고동락하며 그들 문화를 관찰하고 기술하는 것이다. 그런데 민속학자와 달리 현대의 내러티브 작가들은 학술적인 성격 대신 자신의 개성적인 목소리를 입히려 한다. 블로거이자 소설가, 각본가, 저널리스트로 다방면의 글을 끊임없이 쓰는 세라 데이비드슨은 "처음 잡지에 글을 쓰기 시작했을 때, 내 이상형은 릴리안 로스였다. 그녀는 '나'라는 단어를 한 번도 쓰지 않았음에도 구심점이 되는 자아가 확실히 존재했다"라고 말한다.[28]

　　'나'의 사용 여부는 글의 목적에 따라 달라진다. 개인적인 감상을 담은 에세이라면 1인칭 시점을 쓰지 않을 수 없다. 반면 에릭 라슨의 『화이트 시티』는 굳이 1인칭 시점을 쓸 필요가 없는 글이다. 트레이시 키더는 필요에 따라 1인칭 시점을 사용하며 주인공의 특징을 부각하는 역할로 자신을 이용했다. 실제로 민속학을 공부했던 테드 코노버는 『정처 없이 떠돌다』를 쓰기 위해 몰래 화물열차에 올라타 이 농장저 농장으로 날품팔이를 다녔고, 『신참』을 쓸 때는 교도관으로 취직했으며, 『코요테』(Coyotes)를 쓰기 위해 불법 이민자 무리에 섞여 국경으로 잠입하기도 했다. 작품들은 주로 1인칭 시점으로 이루어져 있으며, 테드 코노버의 목소리가 명백하게 드러난다. 하지만 엄밀히 말하면 어떤 작품도 코노버에 대한 이야기는 아니다. 이는 모두 코노버가 의도한 바였다. 코노버는 이렇게 설명한다.

> 내 이야기를 쓰는 것이긴 하지만 나에 관한 책이 되는 건 원치 않는다. 세상은 넓다. 이 넓은 세상에는 나란 사람보다 흥미로운 것이 훨씬 많다. 나는 이 중 일부만을 경험해볼 뿐이고, 사람들은 나의 경험을 통해 그 세계를 간접적으로 경험한다. 보통 독자가 감옥에 들어가보는 건 쉽지 않다. 결코 유쾌한 장소가 아니니까. 불법 이민이라고 하면 불편해하

는 사람이 많다. 그 문제에 관해 생각하고 싶어 하지 않으며, 불법 이민자들을 직접 만나보는 것 또한 싫어한다. 따라서 나는 여행 가이드가 되려 한다. 내 목소리를 통해 사람들에게 이런 세계에 들어가볼 기회를 제공하려는 것이다.[29]

페르소나와 작가의 위치

뚜렷한 페르소나가 부여하는 인간미는 에세이가 갖는 매력 중 하나다. 하나의 페르소나를 채택한다는 것은 글쓴이가 글감에 자신만의 독특한 태도를 취해 주제 의식에 개성을 입힌다는 뜻이다. 여기서 개성은 필립 로페이트가 『자전적 에세이 작법』(*The Art of the Personal Essay*)에서 예로 든 것처럼 헨리 루이스 멩켄[•] 식의 "짓궂은 철면피"가 될 수도 있다. 에세이 작가는 자신을 빈둥거리며 여기저기 기웃거리기 좋아하는 사람, 은퇴해서 달리 할 일이 없는 사람 혹은 관찰하고 분석하길 좋아하는 성향을 지닌 데다 시간까지 남아돌아 남 구경하는 게 취미인 사람으로 포장할 수도 있다. 페르소나는 목소리의 필수 요소다. 글에 개성을 입히고 싶다면 그것이 '어떤 종류의 개성'인지 질문을 던져야 한다.

　　아주 당연한 사실이지만 페르소나는 정직해야 한다. 그러나 인간은 다양한 얼굴을 지녔다. 오랜 친구와 맥주를 마시며 잡담을 나누는 '나'와 정장을 차려입어야 하는 칵테일 파티에서 처음 만난 사람과

●　　H. L. Mencken. 미국에서 저널리스트, 수필가, 잡지 편집자, 평론가로 활동했다. 미국의 생활상과 문화를 비판하고 풍자하며 촌철살인의 명언을 많이 남겼다.

인사하는 '나'는 다른 사람이다. 두 사람 모두 정직한 '나'의 모습이지만 우리는 상황에 맞춰 의도적으로 가면을 바꿔 쓴다. 내러티브 작가가 3인칭 시점의 잡지기사 혹은 책에서 취하는 페르소나 역시 상황과 어울려야 한다. 주제와 독자에 따라 얼마든지 다른 얼굴을 보여줄 수 있는 것이다. 톰 울프는 10대 소녀부터 우주비행사까지 자신이 그리는 사회집단을 단적으로 반영하는 페르소나를 취하지만 주제와 상관없이 거기에는 늘 톰 울프의 목소리가 있다.

톰 울프처럼 대부분의 내러티브 작가는 점차 일관된 목소리를 찾아간다. 시간이 흐르면 독자도 그 목소리를 예상할 수 있을 정도가 된다. 작가로서 성장해 여유가 생기고, 자신이 만들어낸 문학적 자아인 페르소나가 편해지면 목소리는 절로 생겨난다. 트레이시 키더가 "아주 서서히 글을 쓰는 목소리를 찾아냈다. 지적이고 공정하며 이성적인 누군가의 목소리였다. 그 목소리는 나의 것이 아니었다. 그보다는 내가 되고 싶은 사람의 것이었다"라고 말한 것처럼 말이다.[30]

키더의 목소리는 현대 내러티브 논픽션의 큰 흐름과 일치한다. 적어도 내게는 그렇게 들린다. 존 맥피의 목소리 역시 "지적이고 공정하며 절제된" 인상을 준다. 메리 로치의 목소리는 들떠 있고 자유분방하며 신나서 재잘거리는 듯하다. 논픽션의 목소리치곤 예외적이라 할 수 있다. 테드 코노버, 존 크라카우어, 리처드 프레스턴, 조너선 하르 모두 절제된 편에 속한다.

작가의 위치는 또 다른 문제다. 무대에서 펼쳐지는 상황이 내러티브라면, 위치는 이야기를 전달하는 작가가 서 있는 곳을 말한다. 어떤 사람은 무대 바로 뒤편에 자리를 잡고 앞에서 펼쳐지는 상황을 궁금해하고, 누군가는 객석 근처에 있다가 가끔 앞으로 나와 무대에서 일어나는 일에 한마디씩 참견한다. 또 누군가는 무대 바로 앞에 서서 자신에게 스포트라이트를 집중시킨 채 무대 위 상황을 논평한다.

『워싱턴 포스트 매거진』의 데이비드 핀켈처럼 평생 신문기자로 살아온 이들은 무대 뒤편에 선 채 사실들이 알아서 스토리를 풀어내도록 둔다. 하지만 이 사실들은 철저히 핀켈의 의도에 따라 배치되기 때문에 그 안에는 핀켈의 생각이 명확하게 녹아 있다. 『워싱턴 포스트 매거진』에 실린 「영재」라는 기사에서 핀켈은 한 여고생에게 초점을 맞추었고, 여성 과학 인재의 부재라는 포괄적인 주제에 대한 자기 생각은 직접 드러내지 않는다. 이 과학 영재 소녀가 몸담은 세계는 과학계 여성들이 위치한 거대한 세계의 축소판이었다. 여성 과학자가 처한 현실은 소녀가 같은 반 남학생 여섯 명과 소통하는 상황에서 그대로 드러난다.

> 동시에 떠드는 통에 시끄러운 토론이 되었다. 그래도 엘리자베스는 신중하게 듣는 쪽을 택했다. 정정이나 하다못해 부연 설명이 필요한 이야기가 튀어나왔지만 끼어들지 않고 참을성 있게 차례를 기다렸다. 이윽고 소리가 끊겼다. 엘리자베스는 이때다 싶어 입을 뻐끔거렸지만 이내 착각이었다는 걸 깨달았다. 틈은 금세 닫혔다. 그녀가 끼어들 자리는 없었다. 이대로 가다간 결국 한마디도 못 한 채 어색한 침묵만 지키게 될 터였다.

핀켈은 사견은 드러내지 않은 채 돌아가는 상황만 전달한다. 그는 기획기사 전문이지 탐사보도˙ 전문기자는 아니다. 따라서 우리가 목

˙ 정부나 고위 관리, 기업의 부정부패를 파헤쳐 폭로함으로써 사실 이면의 진실, 사건의 본질을 추구하는 보도 방식.

격하는 상황이 엘리자베스에게는 일상다반사라는 점을 시사하는 대목에서 약간의 해석을 덧붙인다. 하지만 초점은 시종일관 엘리자베스에게 맞춰져 있다. 핀켈은 뒤로 물러나 눈앞에 보이는 사실을 우리에게 전달할 뿐이다.

애니 딜러드는 「중국인 작가들과의 우연한 조우」에 등장하는 다음 단락에서 무대 앞으로 살짝 걸어 나와 몇 가지 경험에서 얻은 성차별에 대한 보편적인 사실을 지적한다.

> 오늘은 평소에 차를 내는 가정부가 자리를 비운 모양인지 여성 작가 한 명이 차 심부름을 한다. 어디를 가든 여자가 한 명 있다. 그녀는 그 방에 모인 사람들 가운데 두 번째로 서열이 높은 사람일 수도 있고, 모든 중국인이 사랑하는 소설을 쓴 작가일 수도 있다. 그녀는 15분에 걸쳐 차를 접대한다. 오전에만 이런 차 심부름을 서너 차례 한다. 찻잔을 모두 채우고 나면 눈에 잘 띄지 않는 곳에, 때로는 의자다운 의자들 뒤쪽에 처박아둔 작고 딱딱한 의자에 자리를 잡는다.[31]

딜러드는 장면 속으로 거침없이 들어가 자신이 중국 곳곳에서 목격한 사실을 이야기한다. 여기에 노여움을 슬쩍 내비친다. 이것은 절대 소수에 국한된 사례가 아니라고. 언제나 차 심부름을 하는 여자가 한 명은 있다고. 그리고 나는 이 부당한 현실이 못마땅하다고.

핀켈과 딜러드는 서술자로서의 위치를 잡고 나면 하나의 개별 내러티브가 지속하는 동안은 그 자리를 떠나지 않는 편이다. 영화 『흐르는 강물처럼』의 원작 동명 소설을 쓴 시카고 대학교 문학 교수 노먼 매클린은 서술자가 그때그때 필요에 따라 민첩하고 유연하게 액션 전면에 나설 수도, 뒤로 물러날 수도 있음을 유감없이 보여주었다.

매클린이 남긴 유일한 장편 논픽션『젊은이들과 산불』(*Young Men and Fire*)은 20세기 논픽션 고전으로 꼽힌다. 그는 이 작품에서 매우 이례적인 혁신을 시도했다. 이와 똑같은 구조를 가진 작품은 이전에도 이후에도 보지 못했다. 처음에 서술자 매클린은 무대 뒤편에 멀찍이 떨어져 어떤 상황이 벌어지고 있는지 설명한다.

> C-47 수송기는 소방대를 낙하시키기 전에 산불 발생 지점을 몇 차례나 맴돌았다. 정찰대원 얼 쿨리는 비행사와 교신할 수 있도록 헤드폰을 쓴 채 열어놓은 출입구 왼쪽 바닥에 납작 엎드렸다. 소방대장 왜그 닷지는 주변 지형을 보고 이야기할 수 있도록 얼 쿨리와 나란히 출입구 오른편 바닥에 엎드렸다. 그들의 대화는 대원들에게 거의 들리지 않았다.

이후로도 매클린은 1949년에 일어난 만굴치 협곡 산불 현장으로 거듭 돌아간다. 공수부대 출신의 몬태나 소방대원 13명을 몰살시킨 그 현장으로. 그리고 그때마다 기본적인 내러티브에 분석과 해석을 한 겹씩 얹는다. 이에 따라 서술자로서 그의 위치는 조금씩 앞으로 이동하다가 결국에는 완전히 1인칭 시점 서술자로 태세를 전환한다. 결정적 국면이 어디였는지를 3년간 추적 조사한 끝에 마침내 모든 진실을 밝혀낸 매클린은 책 말미에서 조사자료 바로 앞에 자신을 배치한다.

> 3년 동안 두 기관이 조사에 나섰다. 우리는 지난 3년간 만굴치 산불 이야기의 일부가 된 수많은 산길을 밟으며 그들의 뒤를 따라다녔지만, 충분해 보이지 않았다. 전문 소방대원들을 죽음으로, 그것도 화재로 인한 죽음으로 이끈 산길이었음에도 말이다. 얼 쿨리가 수없이 지나간 산길이었다. 그는 파트너와 함께 산불이 난 곳에 맨 먼저 투입되었다. 그는

자신을 따라 낙하할, 하지만 몇 시간 뒤면 만굴치에서 운명을 달리할 대원들의 왼쪽 종아리를 치면서 한 명 한 명에게 착지할 때 조심하라고 당부했다.

나중에 나는 그날 대원들을 만굴치에 내려놓았던 C-47 수송기의 쓸쓸한 말로를 보았다. 하늘을 호령하던 이 커다란 새는 미줄라의 활주로를 한 바퀴 돈 뒤 창공으로 모습을 감추었다. 아프리카의 어느 회사로 팔려갔다고 한다. 이외에도 많은 이야기가 있다. 이야기꾼은 한 번에 한 가지 이야기를 하고 싶어 하지만 늘 온갖 이야기가 한꺼번에 달려든다.

목소리와 스타일은 어떻게 다른가

목소리와 스타일은 누구도 쉽게 구분하지 못하는 개념이다. 굳이 구분하지 않고 혼용하는 평론가도 있고, 둘 중 한 가지 개념만 사용하는 평론가도 있다. 하지만 차이점은 분명히 존재한다. 따라서 구분해 알아두는 것이 좋다.

내 성격은 잠들기 전이나 잠에서 깬 후나 변함이 없다. 하지만 옷은 그날 일정에 따라 달리 선택한다. 야외로 나간다면 청바지에 티셔츠를 집어 들 테고, 사무실로 간다면 좀 더 격식을 갖춘 옷을 걸칠 것이다. 글쓰기도 마찬가지다. 목소리가 글에서 묻어나는 글쓴이의 성격이라면 스타일은 그 성격이 겉으로 표현된 것이다.

소설가 다린 스트라우스는 글을 피막처럼 싸고 있는 "언어적 표층"을 말할 때 이 구분을 사용한다. 허구의 인물이 말하고 생각할 때 그의 욕망과 역사를 드러내는 언어적 특징이 포함된다고 설명한다. 다린 스트라우스는 샌드라 노백의 소설 『프레셔스』(*Precious*)의 한 대목을 예로 든다. 소설 속 주인공인 신문기자는 작은 건물을 하나 발견하고는 "뾰족하게 솟은 오피스타워 사이에 못 보고 지나친 오자(誤字)처럼 숨어 있다"라고 표현했다.

논픽션의 내러티브에도 언어적 표층이 있다. 이 표층은 강력한 서술자가 내러티브를 지휘할 때 서술자의 '자아'를 반영하는 동시에 언제든 무대 위 시점인물을 반영한다. 다시 말해 언어적 표층은 근본적으로 변하지 않으면서 동시에 계속 변화한다. 이런 면에서 예술은 인생의 모방이다. 내 친구 대부분은 그때그때 상황에 맞춰 옷을 바꿔 입지만 각자의 스타일은 어느 정도 정해져 있다.

실생활 말투라고 할 수 있는 구어체의 격식 역시 스타일을 만드는 요소 중 하나다. "한번 해봤다"라고도 하고 "시도했다"라고도 한다. "돈을 쓴다" 혹은 "비용을 지출한다"라고 말할 수 있다. 똑같은 사람을 지칭하는 단어도 불한당, 범죄인, 가해자, 범법자 등 다양하다.

내러티브에서 저자가 선택하는 단어 수준은 스타일을 나타내는 주요 표식이다. 존 크라카우어는 『인투 더 와일드』(*Into the Wild*)의 다음 구절에서 볼 수 있듯 세속적인 주제를 매우 격식 있게 표현한다.

> 이 질문들에 대한 진실한 답변이 산림 관리원들에게 잘 받아들여지지 않을 가능성이 컸다. 맥캔들리스는 이 질문에 대답하려고 노력했다. 헨리 데이비드 소로의 추종자로 소로의 에세이 「시민 불복종」을 복음 삼아 주 정부의 법을 능멸하는 것을 도덕적 의무라 여기기 때문이라고, 즉 더 높은 질서가 정한 법에 응한 것이라고 그 이유를 설명할 수도 있었다.

이와 대조적으로 메리 로치는 시종일관 여자들과 수다를 떨며 네 잔째 와인을 마시는 사람 같다.

내가 태어난 그날 아침의 기분은 기억나지 않는다. 하지만 기분이 썩 좋진 않았을 거란 생각이 든다. 눈에 보이는 것은 죄다 낯설지, 사람들은 날 빤히 쳐다보고 이상한 소리를 내지, 도통 무엇인지 알 수 없는 것들을 내 몸에 입히지. 도대체 시끄럽지 않은 것이 없고, 납득되는 것이 눈곱만큼도 없다.

헌터 톰프슨은 자신의 목소리를 죽이지 않으면서도 극 중 인물들에게 어울릴 법한 말투를 구사하고자 한다. 켄터키 더비* 주간에 루이빌에 당도한 톰프슨은 공항에서 한 익살꾼을 만났다. 그 후 톰프슨은 『월간 스캔런』에 「켄터키 더비의 몰락」이라는 기고문을 실어 당시 만남을 전했는데, 이 글이 많은 화제를 모았다.

냉방 시설이 갖춰진 라운지에서 한 남자를 만났다. 그는 휴스턴에서 왔다고 했다. 뭐라 뭐라 자기 이름을 밝혔지만 "그냥 짐보라고 불러"라고 말했다. 재미 좀 보러 왔노라 했다.

"뭐든 즐길 준비가 돼 있지. 정말이라니까. 자넨 뭘 마실 텐가?"

나는 마르가리타에 얼음을 넣어달라고 주문했지만 남자는 들으려 하지 않았다.

"안 되지 안 돼…. 켄터키 더비에 와서 그런 걸 마시다니. 젊은 친구가 왜 이래?"

그는 바텐더를 향해 씩 웃더니 한쪽 눈을 찡긋했다.

"젠장, 우리가 이 친구 교육 좀 시켜야겠는걸. 위스키 좋은 걸로 주쇼."

● 북미 대륙 최고의 경주마들이 총상금 200만 달러를 놓고 스피드를 겨루는 대회.

나는 어깨를 으쓱했다.

"뭐 그럼…. 얼음에 올드 피츠 더블로 주시죠."

짐보는 허락한다는 듯 고개를 끄덕였다.

"이봐." 그는 자기 얘길 들으라고 내 팔을 툭툭 쳤다.

"여기 켄터키 더비 사람들은 내가 좀 알아. 매년 오잖아. 그런 의미로 내가 알게 된 걸 한 가지 알려주지. 이 동네에선 내가 '패것'˙이라는 인상을 주면 절대 안 돼. 사람들이 보는 데선 절대 안 돼. 어디 걸리기만 해봐. 그 즉시 돌돌 말아 머리를 바닥에 찧고, 돈을 탈탈 털어 가지."

나는 그에게 고맙다고 인사하고 말보로 한 개비를 담배 홀더에 도로 끼워 넣었다.

짐보의 말투는 짐보스럽고, 헌터 톰프슨은 여전히 헌터 톰프슨이다. 노골적인 동성애 비하에 가장 '마초'적인 이미지의 담배를 가장 '여성스러운' 담배 홀더에 넣는 것으로 응수할 때는 특히 헌터 톰프슨답다.

다린 스트라우스의 말에 따르면 문장 형식 역시 언어적 표층을 형성한다. 문장의 앞에 구나 절이 오는 복잡한 문장은 기자들이 애용하는 보고서적 목소리의 가장 뚜렷한 특징이다. 오늘자『뉴욕타임스』를 잠깐 들여다봐도 이런 예를 쉽게 찾을 수 있다.

올버니에서 여전히 난항을 겪는 법안을 살리기 위해 주지사로서 총력을 쏟아붓는 패터슨은 이번 법안이 반드시 통과되도록 상원에 몸담았던

˙ faggot. 남성 동성애자를 비하하는 호칭.

20년 세월 쌓아온 인맥을 적극 이용할 것이라고 말했다.

한편, 많은 사람이 잘 읽힌다고 느끼는 문장은 뛰어난 리듬감을 갖고 있다. 빌 블런델이 쓰는 『월 스트리트 저널』 특집기사들은 주기적으로 뛰어난 운율을 선보인다. "동쪽으로 14킬로미터를 가니 세인트헬렌스산이 하얀 벽처럼 시야를 가로막는다. 움푹 들어간 봉우리가 안개 사이로 빼꼼히 고개를 내밀고 있다."

헤밍웨이가 비유 게임을 즐긴 이유

비유는 스트라우스가 꼽은 언어적 표층의 마지막 요소이자 작가 특유의 목소리를 살려주는 주된 요소다. 이번 장을 시작할 때 메리 로치를 예로 들며 작가의 독특한 목소리가 글에 어떤 식으로 드러나는지 설명했다. 내가 예로 든 글 중 은유법이나 직유법, 인유법이 사용되지 않은 것은 없었다. 비유는 스타일이라는 망토에 멋스러운 수를 놓는 일이다.

은유법, 즉 단순히 A를 B라고 표현하는 것만으로도 꾸밈의 효과를 거둘 수 있다. 에릭 라슨은 『화이트 시티』에서 시카고 세계 박람회장 건설에 참여한 건축가 중 한 명을 소개하며 "헌트는 사나웠다. 험악한 표정이 양복을 입고 있었다"라고 표현했다.

조지 플림프턴은 우아하지만 한 번씩 프로미식축구 같은 의외의 소재에 눈을 돌리곤 한다. 소재는 달라져도 그의 은유법 감각은 여전히 빛을 발한다. 『종이 사자』(*Paper Lion*)의 다음 대목을 살펴보자.

벌써 수비 일부가 스크럼 라인에서 무너져 내리고 있었다. 옆으로 돌아간 머리 때문인지 은색 헬멧을 쓴 모습이 짐승 같은 인상을 풍겼다. 물웅덩이에 모여 물을 마시던 덩치 큰 야생동물 무리가 자신들 쪽으로 다가오는 나를 바라보고 있었다.[32]

에릭 라슨은 은유법뿐 아니라 "처럼, 같이, 인양" 등을 사용하는 직유법의 고수이기도 하다. 그는 『화이트 시티』에서 유명 조경 건축가 프레더릭 옴스테드의 글솜씨를 "그는 확실히 문장가는 아니었다. 보고서 문장은 울타리 말뚝 사이를 통과하는 아침 햇살처럼 제 갈 길로 뿔뿔이 흩어졌다"라고 표현했다. 또한, 그는 미니애폴리스를 "작고 한적하며, 옥수숫대처럼 매력적인 스웨덴, 노르웨이 혈통의 농부를 많이 만날 수 있는 곳"이라고 표현했다.

'처럼' 유의 연결어가 들어가지 않는 비유도 있다. 맥피는 크고 위협적인 붉은꼬리말똥가리가 "갈고리 발톱으로 참치도 낚아챌 수 있을 듯했다"라고 묘사했다. 우연히 발견한 도롱뇽에 대해선 그 색이 "어찌나 선명한 대비를 이루는지 마치 기념품 가게 장식품 같았다"라고 말했다.[33]

이외에도 비유의 종류는 많다. 진정으로 수사를 추구하는 사람은 유명한 인물·사물·사건에 빗대는 인유법("앨프리드 히치콕 체형"), 말장난("제 살을 깎아 돈육 갈기 경쟁"에 돌입한 핫도그 브랜드들), 의인법을 사용한다. 존 맥피는 「조지아 여행」에서 어느 깊은 골짜기를 묘사하며 "방문자의 접근을 쉽게 허락하지 않았다. 북으로는 '서 있는 인디언'이라 불리는 1,670여 미터의 산이 가로막고 서 있다. '서 있는 인디언'은 노스캐롤라이나에 자리 잡은 채 조지아주에 멈춰야 할 곳을 알려주었다"라고 표현했다.[34]

폴라 라로크는 이러한 수사법을 숲길 위에 떨어져 있는 보석에 비유하며 독자는 이 보석에 이끌려 계속 길을 걷는다고 말한다. 꼭 들어맞는 비유다. 다만 떨어뜨려 놓는 보석의 간격이 너무 멀면 안 된다. 독자가 따라오다 놓쳐버리지 않도록 적당한 간격을 두어야 한다. 세 문단에 하나씩이 적당하다.

　　나는 글 쓰는 일을 처음 업으로 삼았을 때 비유법을 가볍게 여겼다. 하지만 헤밍웨이와 피츠제럴드가 오픈카를 타고 스페인 시골 마을을 돌아다니며 비유 게임을 즐겼다는 이야기를 듣고는 생각이 바뀌었다. 한 사람이 길가에 보이는 무언가를 가리키면 다른 사람이 즉시 그 단어를 써 직유 표현을 하나 만들었다고 한다. 실패하면 벌칙으로 스페인산 레드와인을 길게 한 모금 마셔야만 했다. 비유 감각을 기르는 일은 확실히 재미있다.

　　간혹 손가락 사이에서 싹이 나듯 저절로 비유가 튀어나올 때도 있지만, 나는 대부분 초고에서 수사 때문에 깊이 고민하지 않는다. 딱 들어맞는 비유를 찾느라 흐름을 끊고 싶지 않아 우선 초고를 완성하는 데 집중한다. 그러고는 다시 처음으로 돌아가 글을 다듬으며 상투적인 표현은 없는지 신경을 곤두세우고 살핀다. 이때 진부한 표현을 참신한 표현으로 교체한다.

자기만의 목소리 만들기

존 프랭클린은 "자신만의 목소리가 여태 변하지 않았다면 걱정할 문제"라고 말했다. 아직 자신의 목소리를 발견하지 못한 신참 작가들은 목소리나 스타일에 지나치게 집착한다. 하지만 사람이든 글이든 개성은 경험이 늘어나면서 자연스럽게 모양을 갖춰나가기 마련이다.

그중에는 진하고 풍부한 목소리를 타고난 작가, 개성이 뚜렷하지 않아 합창에 어울리는 목소리를 가진 작가가 있는 것 또한 사실이다. 본인의 개성이 반영된 것이겠지만 글쓰기 코치로 오랜 경험을 쌓아온 나는 이왕이면 솔로로 노래할 수 있게 돕는다.

가장 좋은 방법은 모든 글을 큰 소리로 읽는 것이다. 나는 이번 장의 초고를 다 쓰고 나면 맨 처음으로 돌아가 또박또박 힘차게 읽기 시작할 것이다. 흐름을 깨는 부분이 나오기도 하고, 수정할 곳이 나오기도 할 것이다. 대개는 이 과정에서 장황한 수식을 잘라내고 문장을 단순화한다. 수사적인 표현은 몇 가지 보탠다. 좀 더 나다운 느낌이 들도록 어구를 가지치기한다.

자신의 목소리를 드러내는 궁극의 비법은 긴장을 풀고 나다워지는 것이다. 글을 쓴다는 것은 여간 스트레스받는 일이 아니다. 키보드 앞에 앉으면 나도 모르는 새 긴장이 온몸에 파문을 일으킨다. 이를 악물고 어깨를 잔뜩 움츠리고 발로 바닥을 탁탁 치기도 한다. 이럴 때 손가락에서 나오는 어휘는 하나같이 딱딱하고 형식적이다. 취업 면접장에 앉아 있는 것처럼 어색한 냉기가 온몸을 굳힌다.

글쓰기 워크숍을 진행하면서 나는 관례처럼 참가자들이 초고를 중간쯤 작성했을 때 손을 멈추게 한다. "긴장하고 있는 건 아닌지 확인하고 갑시다"라고 말하며 목과 등, 어깨가 굳으면 좋은 글이 나오지 않는다고 이유를 설명한다. 참가자들은 몸을 풀고 다시 글을 쓰는데 그러면 키보드 두드리는 속도가 다소 빨라진다.

이 속도 변화에는 중요한 의미가 담겨 있다. 마음이 편하면 글쓰기가 빨라지고, 글 쓰는 속도가 빠르면 좀 더 자기다워진다. 당연하지 않은가. 단어를 하나하나 걸고넘어지며 초고에서 진을 빼면 글쓴이 고유의 정체성이 사라진 무미건조한 글이 된다. 편안한 친구와 대화할 때처럼 자연스러운 리듬으로 이야기해야 자기 본연의 모습이 드러난다. 물론 글쓰기가 말을 주고받는 대화는 아니지만 원칙은 동일하다. 게다가 글이란 한 번 쓴 뒤 두 번, 세 번 얼마든지 고칠 수 있다.

편안하고 속도감 있게 작업하는 것이 글을 쓰는 훨씬 쉬운 방법이다. 좀 더 나은 표현이 없을까 거듭 고민하며 초고를 힘겹게 완성하는 것은 정신적으로 고통스럽다. 무엇보다 이 고통이 저자의 목소리를 죽여버린다. 목소리가 뚜렷한 사람은 접근 방식이 다르다. 그들은 글 쓰는 과정이 재미있다고 말하곤 한다. 메리 로치에게 내러티브를 만드는 모든 과정은 "사실과 재미를 엮는 과정"이다. 그래서 그녀는 내러티브 작가 지망생에게 "마음 가는 대로 즐기면서 하라"고 조언한다.[35]

솔직히 나는 글을 쓸 때 '재미'라는 단어를 쉽게 떠올릴 수 없다. 내 생각을 쏟아낸 글에 조금이라도 내 모습이 투영되길 바랄 뿐이다. 그래서 글을 쓸 때면 긴장을 풀려고 애쓰며 부드러우면서도 빠른 리듬으로 서서히 글 속에 빠져든다. 그 결과가 꼭 재미로 이어지진 않지만, 고통이 훨씬 덜한 것은 사실이다.

5장

캐릭터

> 작가의 일이란 결국 인간의 캐릭터
> 그리고 인간의 이야기를 그리는 것이다.
> ● 리처드 프레스턴_베스트셀러 작가

훌륭한 내러티브는 인물, 사건, 장면이 중심축을 이룬다. 이 중 가장 중요한 요소가 다른 두 축을 끌고 가는 인물이다. 주인공의 성격, 가치관, 욕망에서 사건이 발생한다. 욕망에 사로잡힌 주인공은 어떤 상황에 놓이게 되는데, 여기서 장면이 나온다. 라요스 에그리는 "각 부분을 하나로 모아줄 힘이 있어야 한다"라고 말한다. "줄기에서 곁가지가 뻗어나오듯 이 힘으로부터 여러 요소가 자라난다. 그 힘은 무한대의 파장을 일으키고, 힘의 원천은 변증법적 자기모순에 사로잡힌 인간 캐릭터다. 최근의 뇌 연구는 에그리가 거의 80여 년 전에 했던 주장을 뒷받침한다. 뇌신경과학자들은 실험 참가자들이 스토리를 만들어낼 때 그들의 뇌 사진을 찍었다. 이 연구 논문의 주저자인 스티븐 브라운은 "아리스토텔레스는 2300년 전 내러티브에서 가장 중요한 면은 플롯이고, 그다음은 캐릭터라고 제시했다"라며 "우리의 뇌 사진을 보면 사람들은 캐릭터 중심으로, 심리적으로 내러티브에 접근한다는 걸 알 수 있다. 그들의 내러티브 중심에는 주인공의 심리 상태가 있다"라고 말했다.

소설에서 강인한 인상을 남긴 인물을 꼽으라면 마크 트웨인의 『허클베리 핀의 모험』 속 용감무쌍한 허클베리 핀, 토니 모리슨의 결연한 주인공 세스, 래리 맥머트리°가 『외로운 비둘기』에 등장시킨 거스 맥크레이가 떠오른다. 캐릭터의 힘에 따라 소설이 살기도 하고, 죽기도 한다. 종이 위에서 생생하게 살아 움직이는 인물들은 오랫동안 진한 여운을 남기고, 세상을 새로운 눈으로 바라보게 하는 소설을 탄생시킨다.

소설과는 대조적으로 논픽션에는 공기 중에 떠도는 유령만 가득하다. 인간의 모습을 하고 있으나 희미한 형체뿐인 그림자요, 환영이다. 당장 아무 신문이나 집어 들고 기사를 읽어보라. 대개 600단어에서 1,200단어로 이루어진 기사에는 한두 명의 인물이 등장하고 그들의 말이 대여섯 번 인용된다. 정해진 공식이나 다름없다. 그나마 사람 냄새를 풍기는 거라곤 이 몇 마디가 전부다. 육신 없는 목소리만으로 주제와 관련된 사실 몇 가지를 무미건조하게 전달할 뿐이다.

내가 사는 곳의 지역 신문에는 스케이팅 선수 두 명이 교향악단과 함께 공연한다는 내용의 피처기사°°가 실렸다. 그 기사는 주인공인 스케이팅 선수들의 말을 여섯 번 인용했다. 한 선수가 "서빙을 해서 생계를 해결하고 있어요"라고 말하고, 다른 한 명은 "템포가 살짝 달라질 것이라고 해요"라고 말한다. 기사는 여자 스케이터의 나이가 서른한 살, 남자는 스물다섯 살이라는 사실을 알려준다. 이게 전부다. 설명이

●   Larry McMurtry. 미국적 정서를 대변해온 미국의 원로 소설가이자 시나리오 작가. 대표작으로는 1986년 퓰리처상을 수상한 소설 『외로운 비둘기』와 시나리오 작품 『애정의 조건』, 2006년 아카데미 각색상을 수상한 『브로크백 마운틴』이 있다.

●●   사실 이면에 숨겨진 이야기나 화젯거리로 흥미와 감동을 주는 다소 긴 길이의 기사.

너무 간결해서 기자가 직접 두 선수를 만났는지, 전화 통화만 한 것인지도 구분되지 않는다.

당신이 아는 누군가를 떠올려보자. 그에게 전화해 여섯 가지 질문을 할 수 있는데, 각 질문에 대한 답을 25단어 내외로 제한한다는 조건이 붙는다면 그 안에 사람다운 면모를 얼마나 담아낼 수 있겠는가?

캐릭터라면 잡지 기자들이 뉴스 기자들보다 더 잘 그려낸다. 그럼에도 잡지에 실리는 많은 글이 여전히 정보 전달에 치중하고 있다. 음식, 와인, 여행처럼 잡지가 잘 담아낼 수 있는 형식의 경우 인물을 부각하면 참 좋을 텐데(그럴 거리가 풍부한 세계 아닌가!) 떠도는 유령 같은 인간미 없는 기사를 내놓는 경우가 허다하다. 대부분 논픽션도 사정은 마찬가지다. 요리책, 여행안내서, 역사서처럼 방대한 정보를 담은 책은 말할 것도 없다. 심지어 최신 시사 이슈를 다룬 책이나 요즘 유행하는 가벼운 스케치기사 역시 인물을 단면적으로 제시한다. 매우 유감스러운 일이다. 독자의 마음을 끌어들이는 중심축은 결국 인물이다. 우리는 다른 사람들을 보며 자신을 발견해 나간다. 우리가 진짜 알고 싶은 것은 인간이 무엇을, 어떻게, 왜 하느냐이다. "스토리는 내적 갈등이지, 외적 갈등이 아니다"라고 리사 크론은 말했다. "플롯이 던져놓은 문제를 주인공이 풀기 위해 내적으로 대처하고, 터득하고, 극복하는 것이 스토리다."

실존 캐릭터의 부상

뉴스 기사의 '누가, 무엇을, 언제, 어디서, 왜'는 현대 내러티브 논픽션에서 '인물, 플롯, 사건의 발생 순서, 장면, 모티브'로 기막히게 바뀌었다. 성공한 내러티브일수록 인물을 운전석에 앉혀 전체 스토리를 조종하게 한다.

대부분 뉴스 기사에 나오는 형체 없는 캐릭터와 「샬럿의 백만 달러」에서 램프먼이 입체적으로 되살려낸 그레그 레이버를 비교해보라. 『버지니아 파일럿』(Virginian Pilot)에 실린 2140만 달러짜리 버지니아 복권 당첨자의 이야기는 독자들에게 49세의 간호사 샬럿 존스를 소개하고, 사실적인 캐릭터를 만드는 근접 디테일을 가지고 그녀를 되살려냈다.

여러 편에 걸쳐 이야기를 읽어나가는 동안 우리는 샬럿이 독신이며, 그녀가 시간이 날 때마다 공짜 경품과 할인 상품을 찾아다녔다는 사실을 알게 된다. 증정품으로 받은 머그컵, 선캡, 바구니 등이 가득한 방 두 칸짜리 집에서 여동생 가족과 함께 살았다는 것, 아주 오래된 폭스바겐 래빗을 몰았다는 것, 양쪽에서 잡아당기면 아코디언처럼 늘어나는 파일에 "이중으로 공들여 색인을 달아" 온갖 쿠폰을 보관하는 지독한 쿠폰 수집가라는 것 또한 알게 된다.

샬럿은 폭스바겐 범퍼에 "행복은 빙고를 외치는 것"이라고 적힌 스티커를 붙이고 다니던 빙고 마니아였다. 그녀는 IORM*의 '토니 탱크 제149호 부족' 회관에서 빙고 게임을 했다. 그녀의 파란색 플라스틱 빙고 가방 안에는 가필드 봉제 인형과 빙고 자석봉, 빙고 색연필, 행운

---

* Improved Order of Red men. 1773년 보스턴 차 사건 이후 발족된 미국의 비밀 독립운동 단체 '자유의 아들들'(The Sons of Liberty)에서 갈라져 나온 분파 중 하나다. 1843년에 지금의 이름으로 개칭했다. 조직의 구조는 '전국-주-지역' 이렇게 3단계로 이루어져 있는데 전국 조직을 '대의회'(Great Council of the United States), 주 단위 조직을 '인디언 보호구역'(Reservation), 지역 조직을 '부족'(Tribe)이라 부른다. 현재는 회원들 간의 친목 도모를 주요 목표로 활동한다.

의 부적이 들어 있다. 그녀는 초등학생 때 처음 빙고 게임을 해 받은 상품 "페달을 밟으면 뚜껑이 열리는 철제 휴지통"을 여전히 기억했다.

샬럿은 복권을 사기 위해 차를 몰고 델라웨어의 트럭 휴게소까지 가는 것을 좋아했으며, 복권이 당첨되면 알래스카를 여행할 수 있으리라 꿈꾸곤 했다. 그녀는 복권을 산 뒤 또 다른 트럭 휴게소에 들러 핀볼 게임을 하고, 친구와 주차장을 한 바퀴 돌며 18륜 트럭을 찾아다니곤 했다. 그녀와 여동생의 가족은 피자, 핫도그, 치즈와 베이컨을 얹어 토스터 오븐에 구운 빵(여동생이 자신 있게 만드는 요리 중 하나다)을 즐겨 먹었다.

지금쯤 머릿속에 그림이 그려질 것이다. 사람은 가치관, 믿음, 행위, 소유한 물건의 총합이다. 생긴 모습, 말하는 방식, 걷는 모양 등으로 타인과 구별된다. 이렇게 누군가를 정의하는 폭넓은 맥락을 짚어야 비로소 그 사람에 대해 알게 된다. 샬럿이 어떤 사람인지 감이 잡히면 돈벼락이 어떻게 그녀를 망가뜨렸는지, 그녀의 세계를 채우던 오랜 인간관계와 소중한 일상이 어떻게 무너져 내렸는지 짐작할 수 있을 것이다.

때로 인물은 스토리를 끌고 가는 동력에 그치지 않고 스토리 자체가 되기도 한다. 트레이시 키더의 『작은 변화를 위한 아름다운 선택 *Mountains beyond Mountains*』은 박애주의 의사 폴 파머에 대한 긴 인물 보고서다. 키더는 '이 남자를 움직이는 힘은 무엇일까'라고 묻는다. 미국에서 남부러울 것 없이 풍족한 삶을 살 수 있는 사람이 왜 제 발로 아이티 같은 지옥의 소굴에 걸어 들어가 가난한 사람들을 위해 일하는 것일까?

키더의 『작은 변화를 위한 아름다운 선택』에서 볼 수 있듯 인물을 탐구하는 내러티브는 러시아의 마트료시카 인형처럼 전개된다. 한 겹씩 벗겨내며 차츰 인물의 내면 깊숙이 접근해간다. 퓰리처상을 두 차례나 수상한 『워싱턴 포스트 매거진』 기자 진 바인가르텐은 「까꿍 패러 독스」(The Peekaboo Paradox)에서 어린이 전문 마술사 '위대한 주키니'를 이러한 기법으로 파헤친다. 기사는 간단한 질문으로 시작한다. 아이들 그리고 부모들은 왜 이 남자에게 빠져들까? 질문의 답이 될 만한 이야 기를 살짝 풀어놓는다.

> 위대한 주키니의 본명은 에릭 크나우스다. … 에릭은 머리가 좋은 사람 이다. 그러나 자기 분석은 아주 싫어한다. 심지어 자신의 손기술을 분석 하는 것조차 꺼린다. 그가 아는 것은 미취학 연령대의 아이들을 직감적 으로 이해한다는 것이다. 그 직감은 오랜 경험에서 나왔다. 어린이 전문 마술사가 되기 전에 그는 워싱턴 일대의 유치원과 보육원에서 10년 넘 게 일했다.

이어서 개인적인 기질이 등장한다.

> 어찌나 자신만만한지 얄미울 법도 하지만 일단 만나면 단번에 호감을 사며, 힘들이지 않고 사람을 매료시킨다. 그의 미소에는 지금 중요한 말 을 하는 게 아니라는 듯한 망설임이 어려 있다. 머리에는 무스를 발라서 홉스의 단짝 친구 캘빈*처럼 뾰족뾰족하게 세웠다. 그의 입에서 나오는 부드러운 "l"는 아이들의 긴장을 풀어주고, 이는 성인에게도 같은 효과 를 나타낸다. 게다가 그는 기가 막힐 정도로 능숙하게 아이들을 다룬다.

● 　빌 워터슨의 네 컷 만화 『캘빈과 홉스』에 나오는 두 주인공. 착한 악동 캘빈과 캘빈의 말하는 호랑이 인형 홉스가 등장한다.

… 한번은 아이들 파티에서 만난 싱글맘과 사귄 적이 있다. 그런데 그는 또다시 그럴 자신이 없다. 두 사람이 헤어졌을 때 누구보다 아이의 상처가 컸기 때문이다.

이런 어린아이같이 순수한 남자에게도 가려진 이면이 있었다. 그는 공과금을 낼 줄 몰랐다. 교통 위반 범칙금 납부 고지서가 수북하게 쌓여 있고, 집 안을 꾸밀 줄도 모른다. 그의 아파트에는 있어야 할 가구가 없다. 집 안이 말 그대로 휑하다.

무심하게 방치된 교통 위반 딱지들은 더 큰 문제를 드러낸다. 한 사회의 어엿한 구성원으로서, 그런대로 성숙하고 적당히 질서가 잡힌 그리고 일말의 도덕의식을 갖춘 구성원으로서 삶을 꾸려나가지 못하는 에릭의 문제를. 잠시 실례를 무릅쓰고 그의 아파트를 한번 살펴보자.

이렇게 내러티브가 진행될수록 위대한 주키니의 숨겨진 모습이 점점 세상에 드러나고, 그의 새로운 모습이 하나씩 드러날 때마다 독자의 흥미는 배가된다. 마침내 우리는 가장 안쪽에 자리 잡은 인형에 다다른다. 아이들에게 사랑받는 이 위대한 마술사야말로 제멋대로인 아이이며, 병적인 도박 습관을 버리지 못해 위태로이 자기파멸의 길을 걷고 있음이 밝혀진다.

욕망

인물의 가장 중요한 요소는 스토리를 움직이는 그의 욕망이다. 샬럿은 할인 상품이나 공짜 경품을 찾아내는 데 집착하는 빙고 마니아다. 위대한 주키니는 성인이 져야 할 책임을 피하려고만 한다. 폴 파머는 세상이 자신을 '인류의 구원자'로 봐주길 바란다.

욕망이 클수록 스토리의 규모도 커진다. 공짜에 대한 샬럿의 집착과 탐욕은 신문 연재기사로 싣기에 적당하다. 에릭 크나우스의 도박 중독은 한 편짜리 굵직한 인물 기삿감으로 알맞다. 자신을 인류의 구원자라 여기는 폴 파머는 한 권의 책으로 내기에 좋다.

커다란 욕망 속에는 스토리의 극적 효과를 증폭시키는 위험 요인이 감추어져 있다. 라요스 에그리는 "핵심 인물은 단지 무언가를 갈망하기만 해선 안 된다. 너무나 지독하게 원한 나머지 그 목표를 이루려는 치열한 싸움에서 주인공이 파괴하거나 파괴당할 정도가 되어야 한다"라고 말했다. 집요하게 모비 딕을 쫓는 아하브가 떠오른다.

욕망이 크면 당연히 욕망의 충족을 가로막는 난관도 크다. 드라마는 반대되는 두 힘이 대등하게 맞설 때만 흥미를 일으킨다. 피터 루비는 "주인공이 어떤 사람인가는 상당 부분 그를 저지하는 힘 또는 반동(反動) 인물에 의해 정의된다. 이상적인 상황은 주인공을 저지하는 힘이 너무나 막강해 누가 이 싸움에서 이길지 책을 덮기 전까지 한시도 마음을 놓지 못하게 하는 것이다"라고 말한다.

좋은 스토리에서는 이 팽팽한 대립을 깨는 것 또한 인물이다. 일반적으로 욕망을 충족하려는 주인공의 노력이 처음부터 잘 풀리지는 않는다. 주인공은 거듭해서 대립 관계에 있는 인물, 즉 반동 인물에게 맞서고 거듭 패배한다. 마침내 스토리는 위기에 도달하는데 에그리의 표현을 빌리면 주인공이 파괴하느냐 파괴되느냐가 결정되는 중요한 지점이다. 이때 주인공은 어떤 통찰을, 자신을 가로막던 장애를 뛰어넘게 해줄 새로운 시각을 얻게 된다. 이렇게 절정, 하강 국면, 대단원을 거쳐 스토리는 막을 내린다.

스토리가 길수록 인물의 성장 폭이 커진다. 달리 말해 글이 길수록 인물, 사건, 장면의 배합에서 인물의 역할이 더 중요해진다는 뜻이다. 이것을 픽션에 대입시키면 장편소설에서는 인물이 스토리를 이끌고, 단편소설에서는 사건이 스토리를 이끈다는 말이 된다. 짤막한 신문 기사에는 인물이 끼어들 여지가 거의 없다. 그러나 1,000단어 길이의 피처기사라면 여지가 생긴다. 「샬럿의 일확천금」처럼 여러 편으로 연재되는 경우라면 인물을 핵심 요소로 삼기에 아주 적당하다. 책 한 권 길이의 논픽션이라면 키더의 『작은 변화를 위한 아름다운 선택』처럼 인물이 전부가 되어도 좋다.

물론 논픽션은 인물을 있는 그대로 보고할 뿐, 창조하지 않는다. 소설처럼 주인공을 변화시키거나 인물을 위기 국면으로 몰아가지 않는다. 현실 세계에서 사람은, 특히 성인은 그렇게 극적으로 변하지 않는다. 바뀐다 해도 변화는 아주 서서히 일어난다.

물론 절대적인 것은 아니다. 술에 절어 살던 사람이 어느 날 술을 끊거나 망나니처럼 살던 사람이 예수를 찾기도 한다. 아무리 완고한 사람이라 할지라도 정신적 외상을 남기는 고통스러운 일(치유하기 어려운 병에 걸리거나 진흙탕 같은 이혼 소송을 벌이거나 야생에서 살아남기 위해 사투를 벌이는 경우 등)을 겪으면 변하기 마련이다. 인생의 자연스러운 통과의례는 그 자체로 변화를 수반한다. 톰 홀먼은 '가면 너머의 소년'이 유년기에서 사춘기로 접어들었다는 점을 포착해 이 절호의 시점을 스토리의 중심에 세웠다.

논픽션 스토리텔러는 주인공의 됨됨이를 자기 마음대로 바꿀 수 없다. 하지만 누구를 주인공으로 삼을지는 선택할 수 있다. 시련을 겪은 뒤 깨달음을 얻은 누군가를 찾아낸다는 것은 가치 있는 무언가를 발견한다는 뜻이다. 운 좋게 그런 사람을 만났다면 샬럿 존스가 다섯 개의 별이 일렬로 늘어선 빙고판을 바라보았을 때처럼 "빙고!"를 외칠 만하다.

입체적인 인물, 단면적인 인물

픽션 이론에서 말하는 잘 그려낸 인물이란 입체적인 인물을 뜻한다. 재닛 버로웨이는 단면적인 인물과 입체적인 인물을 이렇게 구분한다. "단면적인 캐릭터는 고유한 특성이 한 가지밖에 없다. 이 특성을 표출하기 위해 존재할 뿐이어서 다른 면모는 보여주지 못한다. 반면 입체적인 캐릭터는 다면적이며, 변화의 여지를 갖추고 있다."

　　여기서 핵심은 변화다. 샘 라이트너가 입체적 인물인 이유는 반 친구들처럼 평범한 외모를 갖는 게 유일한 소원이던 철부지 소년에서 세상의 편견에 맞서 살아가야만 한다는 사실을 깨닫는 어른스러운 10대로 변하기 때문이다. 존 프랭클린은 "훌륭한 스토리를 보면 시련에서 결말에 이르는 우여곡절을 거치는 동안 인물이 근본적으로 변화한다"라고 말한다.

　　이런 식의 근본적인 변화를 그려낼 수 있는 것은 내러티브뿐이다. 인물은 내러티브 포물선을 따라가는 사건 속에서 서서히 변화한다. 내러티브가 직설적인 보도보다 독자의 흥미를 유발하는 데 효과적인 또 한 가지 이유가 바로 이것이다. 입체감 있는 인물에게는 거부할 수 없는 매력이 있다.

　　스토리에 등장하는 모든 인물이 입체적일 필요는 없다. 대다수는 어떤 지점에서 플롯을 진행하거나 중심인물과 대결 구도를 만들기 위해 존재할 따름이다. 이들은 단면적인 인물로서, E. M. 포스터의 말에 따르면 "표현 방식이나 상황에 대한 반응이 거의 고정되어 있어 단번에 알아볼 수 있다"라고 한다.[36] 인물보다 플롯 비중이 큰 스토리일 경우 단면적인 캐릭터가 주인공 자리를 꿰차기도 한다. 네로 울프*는 매우 입체적인 몸매를 지녔지만, 단면적인 인물이다. 이런 점에서 트래비스 맥기**나 제임스 본드도 다르지 않다.

그럼에도 그들은 독특하기 짝이 없다. 렉스 스타우트가 만들어 낸 네로 울프는 세상사와 담을 쌓은 채 집 안에 틀어박혀 모든 사건을 해결하는 천재다. 존 D. 맥도널드의 트래비스 맥기는 까칠하고 냉담하지만 마음만은 따뜻하다. 이언 플레밍의 제임스 본드는 비서 머니페니에게 짓궂은 농담을 던지고 특별히 주문한 담배만 피우며, 기막히게 완벽한 순간에 잘난 척하는 한마디를 내뱉는다. 이런 그의 세계는 충분히 예상 가능할 만큼 완전히 자리를 잡았다.

예리한 사람의 눈에는 자기만의 색깔을 발산하는 조연이 보이기도 한다. 존 맥피의 인물들은 단면적일 수 있으나 무채색은 아니다. 「파인 배런」***에 나오는 다음 대목을 보자.

나는 바닥이 지저분한 현관을 지나 부엌으로 들어섰다. 그대로 부엌을 통과해 또 다른 방으로 갔다. 상판에 도자를 입힌 테이블과 터질 듯 욕심껏 속을 채운 의자들이 놓인 그 방에서 프레드 브라운이 포크 촙을 먹고 있었다. 흰색 민소매 셔츠에 반바지를 입고 앵클부츠를 신고 있었다.

● 렉스 스타우트의 『요리사가 너무 많다 *Too Many Cooks*』에 나오는 괴짜 탐정.
●● 존 D. 맥도널드의 대표작 『트래비스 맥기』 시리즈에 나오는 탐정.
●●● The Pine Barrens. 척박한 모래 토양으로 키 작은 소나무가 주로 밀집된 식생대.

나를 보더니 호들갑을 떨며 맞아주었다. 무슨 일로 왔는지 묻지도 않고, 의자에 걸쳐놓았던 카키색 바지를 집어 들고는 앉으라고 권했다. 그는 집어 든 바지를 다른 의자에 걸쳐놓았다. 그러고는 아침을 먹는 중이라 미안하다고 양해를 구했다. 원래 술을 거의 입에 대지 않는데 어젯밤에 몇 잔 마시는 바람에 아침이 늦어졌노라 말했다.

"나에게 무슨 문제가 있는지 모르지만, 문제가 있긴 있겠지요. 이제는 술이 받지 않으니."

그는 말을 하며 손에 든 생양파를 얇게 썰었다. 그리고 포크 촙을 한 입 먹을 때마다 양파를 먹었다.

우리는 프레드 브라운에 대해 이 이상 알 필요가 없다. 「파인 배런」은 해설기사인 데다 이 안에서 프레드 브라운이 차지하는 비중은 미미하다. 시련에 직면했을 때 그의 내면에서 일어나는 갈등이나 변화를 굳이 알 필요도 없다. 존 맥피가 의도한 글 안에서 프레드 브라운은 이처럼 제한적이고 단면적인 모습만 보여줘도 충분하다.

그렇지만 본격적인 내러티브에서는 이보다 입체적인 인물이 중심에 있어야 한다. 인간적인 한계와 결점, 모순, 그러면서도 변화할 줄 아는 모습을 지닌 주인공은 독자에게 연민의 감정을 불러일으킨다. 등장인물이 인간의 복합적인 면모를 사실적으로 보여줄 때 비로소 독자가 인지할 수 있는 인류 공통의 보편성을 획득하게 된다. 퓰리처상을 수상한 『뉴욕타임스』 기자 이저벨 윌커슨이 2001년 니먼 내러티브 저널리즘 회의에서 "독자에게 우리가 만들어낸 인물을 완전체로 보여주는 것, 그 인물을 통해 자신을 보고, 그에게 일어나는 일을 걱정할 수밖에 없도록 하는 것이 우리 글 쓰는 사람들의 사명이다"[37] 라고 말한 것도 이런 맥락에서다.

톰 홀먼의 「가면 너머의 소년」은 이러한 생각이 고스란히 구현된 작품이다. 겉으로 보이는 샘 라이트너는 안면 기형을 가진 소년이다. 하지만 톰은 독자들이 그 얼굴 너머에 있는 인물의 지극히 인간적인 면을 봐주길 바랐다. 제목을 '가면 너머의 소년'이라고 붙인 이유도 외모를 걷어낸 뒤에는 전형적인 사춘기 소년이 자리하고 있음을 말하고 싶었기 때문이다. 이런 인물이라면 누구에게든 또래 그룹의 압력에 휩쓸리지 말고 자기 모습을 인정하고 받아들이라는 교훈을 줄 수 있었다. 샘의 안면 기형을 묘사한 뒤 홀먼은 다음과 같이 글을 이어 나간다.

> 하지만 가면 너머에 있는 샘은 오른쪽 눈으로 나를 빤히 바라보고 있다. 지극히 정상적으로 보이는 맑은 눈, 상대방을 꿰뚫을 듯한 깊은 갈색 눈이다. 그 눈을 바라보고 있으면 금방이라도 빨려 들어갈 것 같다. 기형적인 외형 안쪽에 존재하는 평범한 열네 살 남자아이의 세계가 보인다. 그것은 샘이 사는 세상을 보여주는 창이다. 그 창의 맞은편에 있는 내 모습이 보이기도 하고, 한때 아이였던 내 모습을 그 안에서 발견하기도 한다.

톰은 이저벨 윌커슨이 말한 "사명"을 지켰다. 샘이라는 인물을 그의 말, 선택, 행동으로 온전하게 살려냈다. 그가 이 사명을 얼마나 제대로 완수했는지는 기사가 나간 뒤 쇄도한 독자들의 반응이 말해준다. 샘의 반 친구들은 샘의 가면 너머를 보지 못했다며 이제는 달라지겠다는 편지를 보내왔다. 어느 정도 연배가 있는 독자들은 청소년 시절 자신이 겪은 방황과 고뇌를 떠올리며 성장통을 겪은 뒤 깨달은 바를 기꺼이 공유해주었다. 누군가는 인물을 사실적으로 표현한 톰의 글에서 이야기의 보편적 가치를 보았다고 털어놓기도 했다.

1장에서 인용한 독자의 말을 기억하는가? 내러티브의 가치를 보여주는 사례로 인용했던 말이다. "이 기사를 복사해두었다. 여덟 살 된 딸아이가 고등학교에 가면, 그래서 어쩔 수 없이 또래 압력을 겪는 날이 오면 이 글을 꺼내 읽으며 힘을 얻겠다." 빙고!

직접적인 혹은 간접적인 인물 묘사

재닛 버로웨이는 『픽션 쓰기』에서 인물 묘사 기법을 크게 두 가지로 구분한다. 첫째는 헨리 제임스나 그 외의 19세기 작가들처럼 작가가 직접 인물을 설명하며 자신의 존재감을 작품 속에 진하게 드러내는 간접적인 기법이다. 버로웨이는 헨리 제임스가 『여인의 초상』에서 터쳇을 묘사한 대목을 인용한다. "이 아가씨에게는 자기만의 방식이 있었고, 그 덕분에 부드러운 인상을 주겠다는 노력은 늘 수포로 돌아갔다."

작가가 인물을 소심하다거나 대담하다거나, 적극적이라거나 수동적이라고 묘사한다면 간접적인 인물 묘사 방식을 취하는 것이다. 소설에서는 이러한 묘사 방식이 사라진 지 오래되었다. 현대 논픽션에서도 사실에만 충실할 경우에는 매우 부적합한 방식이다.

픽션이든 논픽션이든 오늘날 최고 작가들은 인물이 자신의 성격을 스스로 드러내게끔 한다. 버로웨이는 이것을 직접적인 인물 묘사라고 부른다. 간혹 작가가 자신의 생각을 드러내기도 하지만 대개는 세세한 정보를 취사선택하여 제시하고, 독자가 인물에 대해 필연적으로 그렇게 생각할 수밖에 없도록 유도한다. 그만큼 다분히 의도된 보도가 될 수밖에 없다. 인물의 생김새부터 소지품, 행동, 말투를 수첩에 꼼꼼하게 기록하고, 그 인물을 가장 잘 드러낼 디테일을 선택한다.

독자를 스토리에 빠져들게 하려면 인물이 내러티브 포물선을 따라가는 동안 그의 모습을 떠올릴 수 있을 만한 시각적 디테일을 줘야 한다. 신문의 뉴스 보도에 몰입하기 어려운 이유 중 하나는 얼굴 없이 의견만 이야기하는 사람이 잔뜩 나오기 때문이다. 아이러니하게도 신문 내용 중 가장 뛰어난 묘사는 사회면 귀퉁이에 실리는 단신에 자주 등장한다.

> 성폭행범은 25세에서 30세 사이로, 키 175센티미터에 몸무게가 70킬로그램 정도 되며 밤색 머리를 하고 있다. 그는 밤색 가죽 재킷을 입고 얼굴을 가리는 검은색 오토바이 헬멧을 썼다. 위쪽 앞니는 가지런하지만 그 옆의 어금니들은 들쭉날쭉하고 안으로 밀려 들어가 있다.

눈을 감고 이 남자를 머릿속에 그려보자. 서너 가지 디테일이면 충분하다. 오래전에 톰 울프가 한 말처럼 우리의 머릿속에는 전시장을 가득 채울 정도로 많은 사람의 이미지가 저장되어 있다. 한마디 묘사만으로도 그중 한 장을 단박에 끄집어낼 수 있다. 묘사가 너무 자세하면 오히려 이 과정을 방해한다. 울프는 "세세한 묘사는 본래의 목적을 해치기 쉽다. 이미지를 만들기보다 흩어버리기 때문이다. 만화 정도의 윤곽을 제시하는 것이 좋다"라고 말한다. 다음은 진 바인가르텐*이 자신의 책 『어느 날』(*One Day*)에서 캐런 에머트를 묘사한 대목이다. 그녀의 죽음이 신기원을 이룰 만한 심장이식 수술로 이어지는 이 스토리로 책

을 열었다.

> 캐런은 밝고 명랑했다. 지적인 느낌의 넓적한 얼굴 위로 금발이 깃털처럼 나풀거렸다. (그녀가 일하는 미용실 사장은 캐런에게 어쩌다 떨어진 신체적 특징―다채로운 색조에 풍성한 결을 이루는 금발머리―에 고객들이 터무니없이 후하게 지불한다며 빈정거렸다.) 전통적인 미인상의 얼굴에 다람쥐처럼 아랫니를 살짝 가린 윗니가 귀여움을 더했다.

지나가는 단면적인 인물일지라도 흐름상 언급할 필요가 있다면 우리의 머릿속에 든 전형적인 이미지 중 하나를 끄집어낼 만한 한마디를 짧게 던지는 것이 좋다. 그러면 독자는 즉시 흥미로운 상황에 처한 흥미로운 인물을 떠올리고 미지의 가능성을 품은 사건 속으로 빠져든다. 여기서 출산을 다룬 아툴 가완디의 칼럼을 다시 인용해보자.

> 보스턴의 날씨가 서늘해진 며칠 전이었다. 새벽 5시에 엘리자베스 루크는 옆에서 자고 있던 남편 크리스를 깨웠다. 숱 많은 흑갈색 머리와 대조되는 창백한 피부를 가진 그녀는 임신 41주째였다.
> "진통이 와."
> 그녀가 말했다.

이처럼 짧게 치고 지나가는 묘사에는 또 다른 장점이 있다. 휙 지나가기 때문에 이야기의 흐름이 늘어지지 않는다. 설명식의 긴 묘사는 독자를 이야기에서 벗어나게 한다. 따라서 첫 인물 묘사는 간결해야 한다. 언급할 디테일이 있다면 이야기를 전개하면서 하나씩 펼쳐 놓으면 된다.

모두들 알겠지만, 본격 내러티브라면 인물의 움직임을 보여줘야 한다. 매콜리와 래닝은 초보 작가가 자주 하는 실수 중 하나가 하찮은 동작을 집어넣어 맥락을 흐리고 대화를 깨뜨리는 것이라고 말한다. 예를 들면 "그렇게 힘든 시간을 보내며 연신 담배에 불을 붙이고 코를 문지르고 목을 가다듬었다"라고 쓰는 식이다.

핵심은 어떤 단어도 허투루 쓰여선 안 되며 디테일 하나하나가 이야기를 발전시키고 인물을 형성하는 데 일조해야 한다는 것이다. 그냥 의미 없이 넣은 디테일이 있어선 안 된다.

코를 문지르고 목을 가다듬는 것과 달리 몸짓이나 버릇이 인물의 숨겨진 면모를 드러내기도 한다. 『오레고니언』에서 피처 기사를 썼던 스티브 비븐은 늙수그레한 가구 판매원이 가구에 관심을 보이는 젊은 여인에게 아첨하는 장면을 이렇게 묘사했다.

> "이것저것 보고만 있어요."
>
> 여자는 루에게 말했다.
>
> "사려면 남자친구와 의논해야 해요."
>
> 루는 상심한 표정을 짓는다. 이것은 그의 노인다운 너스레로, 핵심 판매 전략 중 하나다.
>
> "에이미, 남자친구 있어요? 그럼 난 이제 가망이 없잖아요."

루가 상심한 표정을 지었다는 디테일은 지면을 거의 차지하지 않기 때문에 짧은 피처기사에 넣기에도 적당하다. 글쓰기 코칭을 하던 시절, 나는 기자가 간결하고 함축적인 묘사를 해오면 그 대목을 조목조목 짚으며 꼭 칭찬했다. 예를 들자면 TV 쇼를 진행하는 통통한 진행자가 다이어트 규칙을 제대로 지키지 않았다고 실토하며 "미소를 지으며 눈썹을 추켜올렸다"라거나 한때는 컬럼비아강 협곡에서 서핑하던 여인이 평범한 일상으로 추방당한 뒤 수면 위를 부드럽게 미끄러지는 윈드 서퍼들을 유심히 바라보며 "꿈꾸듯 아련한" 목소리로 말했다고 묘사한 대목 등이다. 또 다른 한 기자는 영리하게도 마약중독자가 상담 도중 자리를 박차고 일어나 한 말을 그 여자의 몸짓 안에 직접 인용문으로 녹여냈다. "여자는 팔짱을 끼며 '항상 나만 잘못한 사람 취급받는 거 이젠 지쳤어요'라고 말했다."

사회적 지위를 나타내는 표지들

우리는 자신이 소비하는 것으로 어떤 사람인가를 드러낼 때가 많다. 그렇다 보니 유명 소설가들의 책에는 브랜드가 넘쳐난다. 등장인물은 도요타나 허머를 몰고, 청바지나 아르마니 정장을 입는다. 그들은 사는 집, 가구, 보석 등을 통해 자신이 위치한 계층을 드러낸다. 스티븐 마투린°의 옷에는 늘 주름이 자글자글하고, 아치 굿윈°°은 우유 한 잔을 즐겨 마시며, 제임스 본드는 애스턴 마틴을 몬다.

논픽션 작가를 통틀어 톰 울프만큼 인물의 특성을 드러내는 데 소유물을 잘 활용하는 작가는 없을 것이다. 그는 마돈나의 노래 가사처

° 패트릭 오브라이언의 『오브리-마투린』 소설 시리즈에 등장하는 의사.
°° 『요리사가 너무 많다』에 등장하는 탐정 네로 울프의 조수.

럼 '우리는 물질적인 세상에 살고 있다'라고 주장한다. 다음은 그가 기자 초년생일 때 쓴 기사로, 1964년 롤링스톤즈 콘서트에 몰려든 10대 팬들을 묘사하고 있다.

> 뱅헤어파, 사자갈기파, 벌통헤어파, 비틀즈 헌팅캡파, 각선미 추녀파, 눈썹 화장파, 눈매 화장파, 보송보송 스웨터파, 찌를 듯한 프렌치 브래지어파, 싸구려 가죽파, 청바지파, 스판 청바지파, 참외바지파, 에끌레어 부츠파, 요정 부츠파, 발레리나 슈즈파, 기사 슬리퍼파… 음악아카데미 극장 안에는 이런 수백 명의 사람이 모여 한 떨기 붉은 꽃봉오리들처럼 고개를 까닥거리고 비명을 지르며 방방 솟아오르고 있었다.

현장에 가봐야 그림이 그려질 듯싶다. 하지만 군더더기를 걷어내면 울프가 무슨 이야기를 하려는지 알 수 있다. 우리는 무리를 이루는 사회적 동물이다. 끊임없이 생존의 위협을 받으며 수렵과 채집을 하는 무리였다. 무리 안에서 내 서열이 어디쯤인지를 얼마나 잘 파악하느냐에 따라 진화하거나 퇴보했다. 지금도 우리는 여전히 주변 사람들의 서열을 정하는 데 아까운 시간을 낭비하고 있다. 저들은 우리와 한 무리일까? 우리보다 서열이 높은가? 무엇을 입고, 타고, 얼굴에 바르느냐로 저들의 생각과 행동을 알 수 있을까?

예일대학교에서 미국학 박사학위를 받은 울프는 신분이나 지위를 나타내는 상징들을 동시대 문화를 이해하는 열쇠라고 주장한 바 있다. 『뉴저널리즘』(*The New Journalism*) 서문에서 그는 "사람들이 세상에서 자신의 위치 또는 자신이 생각하는 위치, 희망하는 위치를 표현하는 행동 패턴과 소유물에 대한 기록"에 현대 논픽션의 저력이 있다고 단언했다. "디테일의 기록은 한낱 미사여구가 아니다. 문학의 다른 장치들만큼이나 리얼리즘에 힘을 싣는다."

우리는 두세 가지 디테일만으로도 울프가 말하는 바를 실현할 수 있다. 가령 우리 신문사의 한 기자는 노총각 농부의 헛헛한 일상을 이렇듯 완벽하게 잡아냈다. "2년 동안 데이트 한 번 못 해봤다. 그의 늦은 저녁 메뉴는 패티 한 장을 넣은 햄버거, 포장 용기에 든 으깬 감자, 그린빈이다. 가장 친한 친구는 검은 래브라도레트리버, 콜이다."[38]

말

무엇을 말하는지를 보면 그가 어떤 사람인지 알 수 있다. 대화 역시 별도의 장을 할애해 다뤄야 할 만큼 아주 중요한 내러티브 도구다. 말하는 방식도 그 내용만큼이나, 어쩌면 말하는 내용보다 더 정확하게 그 사람을 드러낸다.

고집이 센지, 투덜이인지, 온순한지, 무뚝뚝한지 왕이 쓰는 말투를 구사하는지, 문명이 닿지 않는 깊은 산골짜기에서 들을 법한 엉터리 문법을 쓰는지, 유난히 울리는 비음으로 위스콘신 북부 출신임을 드러내는지, 모음을 질질 끄는 느린 말투로 루이지애나 사람임을 드러내는지 등 말은 그 자체가 하나의 신분 표식이다. 입을 여는 순간 자신을 특정 사회계층에 연관 짓는 것과 같다. 말투, 억양, 발음 등 어떻게 말하는가는 단연 우리를 가장 잘 드러내는 디테일이다.

사투리 사용을 금기시하는 뉴스 기사에서는 캐릭터가 발 디딜 틈이 없다. 오로지 정보 혹은 개성이라곤 전혀 느낄 수 없는 인용문만이 지면을 장악하고 있다. 목소리도, 감정도, 사람 냄새도 없다. 물론 사람들의 말을 곧이곧대로 옮기길 꺼리는 데는 그만한 이유가 있다. 어법

이 엉망인 촌사람의 말을 글자 그대로 옮겼다가는 많이 배웠다고 잘난 척하는 것처럼 비칠 수 있다. 다른 사람의 말을 자신의 언어로 고쳐 적는 것 또한 자신이 쓰는 언어만이 교양 있는 집단에서 사용되는 언어라고 생각하는 양 비칠 수 있다. 무엇보다 향토색이 진하게 묻어나는 사투리는 밋밋한 일상에 색을 입히고 문화를 더욱 다채롭게 하며 진솔한 정서를 전달한다. 어느 죄수의 처량한 각오를 들어보자.

> "살면서 이렇게 힘든 건 첨이야. 집에를 가질 못 허니…."
> 오리건 주립 교도소에서 마주 앉아 있던 클리프 리커드가 말했다.
> "집에 못 갈 짓은 이제 안 할겨. 여기서 나가기만 해봐."[39]

다행히 우리 편집국에서 이 멋진 인용문을 '만진' 사람은 아무도 없었다. 그 죄수는 다름 아닌 디트로이트 출신의 전설적인 블루스 가수 존 리 후커다.

> "열둘 먹었을 때부터 주구장창 이 블루스가 따라댕기는디…. 내빼부릴 재간이 있나, 죽을라고."[40]

일화

최고의 논픽션 작가는 일화 사용에 고수다. 그럴 수밖에 없는 이유가 있다. 일화, 즉 이야기 속 이야기는 토막 내러티브를 가미해 전체 스토리에 맛을 내고 흥미를 더해 독자를 붙잡아둔다. 더불어 일화는 스토리 전개에서 중요한 전환점 역할을 하기도 하고, 인물에 대한 작가의 태도를 보여주는 매우 설득력 있는 증거가 되기도 한다. 존재 자체를 파고들지 않고 행위만으로 그가 어떤 사람인지를 보여주는 것이다.

존 맥피는 일화를 양념으로 잘 활용하는데, 주로 어떤 인물인지 보여주려는 의도로 사용한다. 두 명의 생물학자와 함께한 「조지아 여행」에서 그는 두 동행 가운데 자연을 완전히 내 집처럼 여기는 여성 생물학자를 다음과 같은 일화로 자연스럽게 그려낸다.

> 한번은 그녀가 인공 호수에 반쯤 잠겨 있는 속이 텅 빈 그루터기 안으로 손을 집어넣는 걸 보았다. 그 안에 물뱀이 산다는 것을 알던 터였다. 그녀는 물에 잠긴 그루터기 안을 더듬거리며 손끝의 감각으로 어느 쪽이 뱀의 머리인지 열심히 찾았다. 그녀는 물이 허벅지 정도까지 오는 곳에 투피스 수영복 차림으로 서 있었다. 그 기백은 흡사 현장 견학을 나온 로저 코넌트[•]를 연상시켰으나 생김새는 전혀 달랐다. 그녀는 날렵하고 유연했으며 햇볕에 그을려 까무잡잡했다. 한 갈래로 묶은 머리를 한쪽 어깨에 늘어뜨린 채 그루터기 안에 담근 손을 조심스럽게 휘저어 뱀을 어루만졌다. 이 뱀이 자신의 친구라고 말하며 샘과 내게 와서 보라고 권했다.
> "착하지, 그래 얌전하게. 나 캐럴이야. 네 머리가 어디 있는지 찾아보는 거야. 자, 거의 다 왔다. 조금만. 아 망할, 이건 꼬리잖아."
> 되돌아가야지 다른 도리가 없었다. 그녀는 방향을 돌려 120센티미터 정도 되는 뱀의 몸통을 다시 더듬어 나갔다. 그녀는 "너 몇 살이나 됐니?"라고 말하며 마침내 물속에서 손을 들어 올렸다. 손에서 TV 전선 같은

• 매사추세츠 세일럼 지역을 개척하고 초대 주지사가 된 영국의 식민지 개척자.

물체가 힘차게 꿈틀거렸다. 그녀는 자신의 친구를 단단히 손에 쥐고 호수에서 나와 바닥에 내려놓았다.

트레이시 키더는『작은 변화를 위한 아름다운 선택』에서 의사 폴 파머가 박애주의적인 성격을 갖게 된 원인을 끈질기게 파고든다. 키더는 이 의로운 의사를 권위를 벗어던진 자유로운 영혼으로, 누가 뭐라 하든 꿋꿋하게 자기 길을 감으로써 낡은 관습에 저항하는 투사로 그린다. 그러고는 아이티의 오지 산골 마을에 파머가 세운 진료소에서 벌어진 다음의 일화로 이 이미지에 쐐기를 박는다.

> 환자들은 올 때마다 미국 돈으로 약 8센트에 해당하는 진료비를 내야 했다. 파머의 진료소에서 일하는 아이티 직원들은 이 원칙을 지켜야 한다고 고집했다. 진료소 원장인 파머는 그들을 말리지 않았다. 대신 (알고 보니 그는 자주 이런 식으로 행동했다) 모든 환자는 8센트를 내야 하되 여자와 아이, 형편이 어려운 사람, 중병을 앓는 사람은 제외한다는 단서를 달아 이 원칙을 간단히 뒤집었다.

인물 묘사의 목적

인간은 한없이 복잡하고 난해한 존재다. 이런 존재를 한 치의 의문 없이 완벽하게 설명할 수 있다고 생각하는 작가는 없다.『작은 변화를 위한 아름다운 선택』은 그 어떤 현대 논픽션 작품보다 철저히 한 인물을 조명한다. 그렇지만 트레이시 키더가 폴 파머라는 인물을 둘러싼 모든 베일을 벗길 수 있으리라고 기대하면 안 된다. 키더도 그것을 바라지 않을 것이다. 파머는 보스턴 레드삭스의 팬일 수 있다. 고소공포증이 있을 수도 있다. 하지만 이런 사실은 그의 박애주의를 드러내는 데 아무런 도움이 되지 않는 불필요한 디테일이다. 진료소에 이르는 험준한 길을 걸을 때마다 그가 어떤 두려움을 떨쳐내야만 한다면 늘 당하기만 하는 약자를 향한 그의 연민을 이야기하는 데 도움이 될 수 있다. 인물의 사명은 이야기를 추진시키는 것이다. 생김새든, 짤막한 일화든, 지닌 물건이든 이야기를 추진시키지 못하면 그것이 아무리 흥미로운들 사족에 지나지 않는다.

인간의 본성을 잘 잡아내는 논픽션 작가는 그것을 제대로 전달하기 위해 인물에 대한 가설을 세운다. 톰 홀먼이 기사를 쓸 때 그와 내가 나눈 대화는 대부분 인물을 통해 사건을 얼마나 설명할 수 있느냐는 것이었다.

- 게으름뱅이 바리스타가 머리를 자르고 양복을 사고, 평범한 일상 세계에 동참하기로 결심한다. 흥미롭다. 게으름뱅이 캐릭터와 양복쟁이 캐릭터는 어떻게 다른가? 이 바리스타가 받아들이고 적응해야 할 변화에는 어떤 것들이 있을까? 이러한 캐릭터 전환이 그의 행동, 외모, 소유물에 어떤 영향을 미칠까?
- 뇌를 다친 남자가 있다. 그는 자신의 예전 정체성을 포기하고 새로운 정체성을 찾아야만 한다. 흥미롭다. 그런데 정체성이 뭐지? 우리는 어떻게 자신의 정체성을 파악하고, 세상에서 자신의 위치를 찾는가?
- 신체가 기형인 소년이 유년기를 뒤로하고 사춘기에 접어들면서 자신의 모습을 받아들이게 된다. 흥미롭다. 인간은 어떤 식으로 내적 성장을 겪으며, 자신의 모습을 있는 그대로 인정하고 받아들일까? 어떻게 불가능한 이상에서 벗어나 앞으로 나아가는가?

따지고 보면 스토리의 목적은 우리에게 성공적인 삶의 비밀을 알려주는 것이다. 어떤 가치관이 실패에 이르게 하는지, 어떤 습관과 시각이 성공 가능성을 높여주는지에 대해 이야기한다. 넘어야 할 시련이 높고 크면 참신한 접근이 필요하기도 하고, 성공과 실패에 대한 정의 자체를 다시 내려야 할 만큼 인식의 전환을 요구하기도 한다. 우리의 통제 범위를 벗어난 결과는 운명이 알아서 할 일이다. 번개가 어디로 칠지, 유성이 어디로 떨어질지, 음주 운전 차량이 누구를 덮칠지 우리는 모른다. 하지만 스토리텔링은 우리가 얼마든지 통제할 수 있는 세계를 다룬다. 우리에게 암호를 풀어낼 의지만 있다면. 그 암호는 인물에게 적혀 있다.

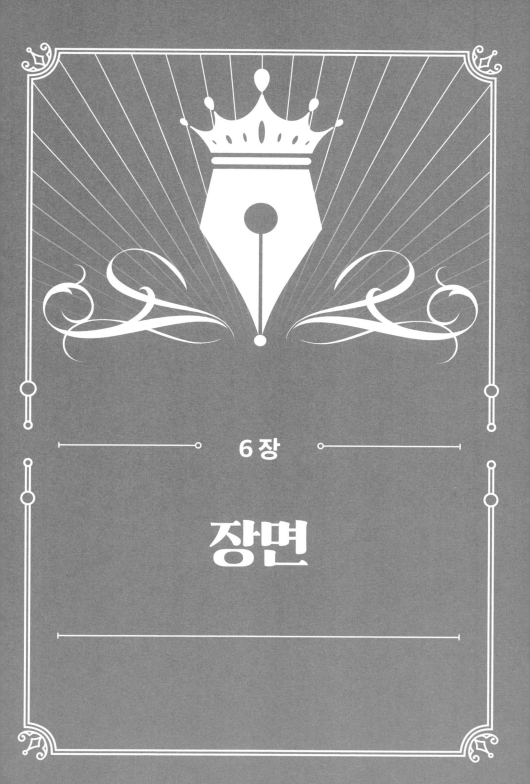

6 장

장면

얼개(발단-상승-위기-절정-하강)가 내러티브의 골조라면
여기에 피와 살을 붙여 생명체로 빚는 것은
장(章)이 아니라 장면이다.

◉ 피터 루비_문학 에이전트

관객이 극장 안으로 걸어 들어가 의자에 앉는다. 잠시 후 객석은 정적
에 휩싸인다. 배우가 무대로 입장해 첫 대사를 한다.

무대에서 어떤 행동을 하고 그것을 지켜보는 인류의 행위는 고
대 그리스, 어쩌면 그보다 더 멀리 선사시대(동굴 속에서 혹은 모닥불 앞
에서)까지 거슬러 올라간다. 우리는 처음부터 스토리를 장면으로 나누
어 받아들이도록 태어났다. 밤에 꿈을 꿀 때도 등장인물이 가상의 무대
를 돌아다닌다. 스토리텔링은 끊김 없이 지속하지 않는다. 그랬던 적이
없다. 커튼이 열리고 닫힐 때마다 에피소드*가 시작되고 끝나며, 이것
이 줄줄이 엮여 한 편의 내러티브가 된다.

현대로 접어들면서 우리는 이전에 없던 매체들에 이 '장면'을 접

●   사건의 작은 한 단위. 연극의 장에 해당한다.

목하기 시작했다. 일찍이 연극이 그랬듯 소설 역시 장면과 장면의 연결로 이루어져 있다. 라디오드라마도 가상의 장면이 이어지고, 영화 역시 마찬가지다. 뉴저널리즘 작가들은 현대 픽션에서 사용되는 기법을 논픽션에 그대로 도입했다. 그러면서 픽션의 기본적인 구성 요소가 그대로 논픽션의 기본 구성 요소가 됐다. 일례로 뉴저널리즘의 기수 톰 울프는 1970년대에 '장면별 구성'을 논픽션의 주요 특징으로 꼽았다.

이 특징은 지금까지도 유효하다. 에릭 라슨은 『화이트 시티』에서 장면을 경제적이고 효과적으로 구성해 딱딱한 역사기록이 될 수도 있었던 글을 생생한 스토리텔링으로 바꿔놓았다. 이 글의 중요한 한 장면을 살펴보자. 1891년 2월 24일 화요일 오후 2시, 시카고 세계 박람회장 디자인 선정 책임을 맡은 위원들이 건축설계업계의 선두주자인 버넘과 루트의 사무실로 들어선다. 그들은 버넘의 사무실로 안내되었다.

> 방 안의 불빛은 은은한 노란색이었다. 벌써 해가 뉘엿거리고 있었다. 바람이 창문을 요란하게 두들겼다. 북쪽 벽에 자리 잡은 벽난로에서는 탁탁 소리를 내며 장작이 타고 있었다. 벽난로에서 뿜어내는 건조한 열풍에 꽁꽁 얼어 있던 살갗이 따끔따끔 간지러웠다.

세 가지 디테일(불빛, 바람, 탁탁거리는 난롯불)은 우리를 단번에 몇십 년 전으로 돌려보낸다. 모두 감각적인 심상이다. 우리는 이 심상들을 매개 삼아 버넘의 사무실로 순간이동 한다. 그리고 등장인물들과 같은 기분을 느끼며 잠시 후 벌어질 일을 숨죽여 기다린다.

논픽션에서도 이야기를 펼쳐놓을 무대를 만들어야 한다. 논픽션을 쓸 때 자신을 극작가라고 생각하는 것도 좋은 방법이다. 이야기를 풀어낼 공간이 생기면 등장인물을 데려온 다음 '탁' 하고 손가락을 튕기면 그들이 살아나 무대를 돌아다닌다. 여기에 플롯이 더해지면 캐릭터, 사건, 장면이라는 스토리텔링 3박자가 완성된다.

여기서 간과해선 안 되는 사실이 한 가지 있다. 장면 자체는 목적이 될 수 없다는 것이다. 이야기의 궁극적인 목표는 사건을 통해 인물을 드러내는 것이다. 사건을 일으키는 인물의 열망과 욕구가 플롯을 이 장면에서 저 장면으로 끌고 간다. 이렇게 장면을 옮길 때마다 각 장면에 담긴 메시지가 모여 전체 스토리의 메시지를 완성한다. 『댈러스 모닝 뉴스』에서 오랫동안 글쓰기 코치를 해온 폴라 라로크는 "장면 설정은 선물의 포장지일 뿐 그 속에 든 선물은 스토리다"라고 비유하기도 했다. 혹은 브로드웨이에서 명성이 높은 조지 사이먼 코프먼의 말처럼 "장면은 흥얼거릴 수 있는 게 아니다."[41]

에릭 라슨은 넌더리가 날 만큼 일기, 신문, 재판 기록을 파고드는 작가다. 이 집요함의 목적은 우리에게 과거를 구경시켜주기 위함이 아니다. 스토리를 들려주려는 것이다. 앞서 예로 든 대니얼 버넘의 사무실 장면을 집어넣은 것도 시카고 세계 박람회가 처음 시작된 지점을 보여주기 위해서였다. 이렇게 장면이 설정되면 필연적으로 사건이 뒤따른다. 시카고 세계 박람회장 디자인 선정 위원들은 버넘의 사무실에서 미국의 내로라하는 건축가들과 마주한다. 꽁꽁 얼어붙은 시카고의 거리에서 막 실내로 들어온 그들은 "시가와 습한 양모 냄새로 방 안을 가득 채운다." 그리고 이제 건축가들이 판을 벌인다.

한 사람씩 앞으로 걸어 나가 도면을 벽에 걸었다. 건축가들 사이에 무슨 일이 있었던 듯했다. 버넘은 어떤 강력한 힘이 방 안에 들어와 있기라도 한 양 그들이 '거의 속삭이듯' 발표했다고 한다.

건물이 하나씩 소개될 때마다 그 아름다움과 정교함은 바로 앞서 발표된 것을 뛰어넘었다. 하나같이 어마어마한 건물이었다. 한마디로 모두 환상적이었으며 지금껏 한 번도 시도된 적 없는 규모였다.

이렇게 마음속에 한 시대를 풍미할 경이로운 걸작 화이트 시티가 완성되었다. 이제 남은 일은 짓는 것뿐이었다. 이 혼신의 역작은 엄청난 수의 사람이 2년 남짓 투입되어 완성되었다. 에릭 라슨에게 박람회장은 무대 안의 무대이자 연쇄살인범 이야기의 무대가 되었다. 화이트 시티에 악마가 있었다면 라슨에게는 내러티브 포물선이 있었던 셈이다. 이 내러티브 포물선 덕분에 그의 책은 『뉴욕타임스』 베스트셀러 1위에 올랐다.

안으로부터 장면 찾기

장면 설정의 힘은 우리를 이야기 속으로 데려가 내러티브 포물선에 오르도록 하는 데 있다. 우리는 작가가 제공하는 디테일을 자신의 경험에 투영한다. 훌륭한 스토리텔링은 이러한 과정에서 우리에게 강렬한 감정을 이끌어낸다. 종이에 적힌 사실은 작가의 것이지만 감정은 우리의 것이다.

이 감정은 현실에서 우리를 덮치곤 하는 사랑, 분노, 두려움, 슬픔 등의 감정만큼이나 강렬하다. 스티븐 핑커는 "이미지는 이성뿐 아니라 감정을 끌어낸다"라며, 이미지는 "강렬하게 구체적"이라고 말했다.[42] 또한 톰 울프의 말에 따르면 대뇌의 생리와 기억회로에도 큰 영향을 미친다.

뇌를 연구하는 사람들이 틀리지 않았다면 인간의 기억은 의미 있는 데이터의 집합으로 이루어져 있다. … 기억 집합은 종종 하나의 완전한 이미지와 하나의 감정이 결합한 것이다. 이야기나 노래 속의 이미지 하나가 복잡한 감정을 와르르 불러내는 경우가 있지 않는가. … 진짜 재능 있는 작가는 독자의 기억을 마음대로 주무른다. 그것이 얼마나 강렬한지 독자의 마음 안에 실제 감정을 떠오르게 하는 세계를 하나 만들어낼 정도다. 사건들은 그저 종이 위에 활자로 나열될 뿐이지만 그곳에 담긴 감정은 진짜다. 그래서 누군가 어떤 책에 "흠뻑 빠져들었다"라거나 "헤어 나올 수 없었다"라고 하는 아주 독특한 감정이 생기는 것이다.

여기서 '헤어 나올 수 없었다'가 중요하다. 『아라비아의 로렌스』, 『닥터 지바고』 등 고전 명작을 연출한 데이비드 린은 영화감독 인생에서 커다란 전기가 되었던 사건은 자기 일이 현실을 재현하는 것이 아니라 관객을 일종의 꿈에 빠져들게 하는 것이라는 깨달음을 얻었을 때라고 말했다. 소설가이자 평론가인 존 가드너 역시 "가공의 꿈"을 창조하는 스토리텔러의 능력에 관해 이야기한 적이 있다.

내러티브가 일종의 꿈이라는 생각은 전반적인 스토리텔링에 대한, 특히 무대 설정에 대한 내 생각을 완전히 바꿔놓았다. 작가의 임무는 복잡한 세상사를 그대로 자세하게 전달하는 것이 아니라는 사실을 깨달은 것이다. 몇 가지 디테일을 신중하게 골라 이미 독자의 머릿속에 있는 기억을 건드리는 것이다. 대실 해밋의 소설 『붉은 수확*Red Harvest*』은 "밤색과 붉은색 방에 책이 아주 많다" 외에는 다른 디테일을 주지 않는다. 하지만 이 문장만으로도 이 방과 이곳에서 일어날 사건을 충분히 상상할 수 있다. 다시 말해, 이 문장만으로도 가공의 꿈속으로 빠져들기에 족하다는 것이다.

이렇게 간결한 장면 설정은 논픽션에도 잘 들어맞는다. 물론 디테일은 정확해야 하지만 그렇다고 모든 것을 일일이 다 언급할 필요는 없다. 여백을 독자가 메울 수 있도록 자극하는 정도면 된다. 같은 신문사에서 함께 일했던 마티 흘리는 서커스단 행렬을 취재한 뒤 자신이 직접 경험한 시끄럽고 복잡한 현실의 단면을 배경으로 내세웠다.

> 살랑거리는 바람결에 전에 없던 술렁거림이 떠다녔다. 모든 차가 멈춰 섰고 쇼핑객, 행인, 아이의 손을 잡은 부모들이 거리로 쏟아져 나왔다. 거대한 괴물들이 일렬로 시가행진을 시작했다.

존 맥피는 비유의 힘을 빌려 대부분 미국인이 자신의 고향에서 한 번쯤 목격했을 난개발을 언급한다. 그리고 이것으로 앵커리지의 무질서한 도시화를 상상하게 한다.

> 미국인이라면 앵커리지의 상황이 별로 낯설지 않다. 이곳 역시 무자비한 개발에 몸살을 앓고 있다. 급기야 여기저기서 실밥이 터지기 시작했다. 그 사이로 샌더스 대령*을 곳곳에 토해낸다.

장면 선정하기

5,000단어 길이의 잡지기사에는 보통 10여 개의 장면이 등장한다. 이

---

* KFC의 창립자. 매장 앞에 서 있는 일명 'KFC 할아버지'의 실제 모델이다.

정도 길이라면 내러티브에서는 서너 개의 장면이면 충분하다. 그렇다면 장면은 어떤 기준으로 골라야 할까?

인생사가 다 그렇듯, 그때그때 다르다. 여기서 그때그때란 어떤 내러티브를 쓰느냐다. 해설 성격의 내러티브라면 매 장면에 글쓴이가 얘기하고 싶은 주제에 대한 다소 포괄적이고, 추상적인 요점이 담긴다. 「조지아 여행」에서 존 맥피가 드러내고자 한 주제 중 하나는 개발이 어떻게 야생동물 서식지를 파괴하는지 보여주는 것이었다. 가령 굴삭기가 습지를 파헤치는 장면을 시발점으로 삼아 자연스럽게 정부 시책과 개발 압력이 어떻게 개구리의 삶을 위협하는지 조명한다.

스토리 내러티브로 가면 장면 선택은 더욱 복잡해진다. 내러티브 곡선에 따라 펼쳐지는 각 장면은 스토리의 단계를 거치며 사건을 추진시켜야 한다. 스토리 내러티브는 자세한 설명, 즉 주인공을 소개하고 사건을 이해하는 데 필요한 배경을 자연스럽게 설명하는 장면으로 시작하는 것이 좋다. 만약 첫 장면에 설명을 넣지 못한다면 두 번째 장면에 넣어야 한다. 그러고 나면 장면들이 플롯 전환점을 하나씩 이동해 스토리의 상승 단계를 통과한다. 위기와 절정 단계는 스토리의 핵심 장면에서 나온다. 하강과 대단원은 한 장면이면 족하다. 『스토리텔링』 저자이자 문학 에이전트인 피터 루비는 "주인공과 그의 시련에 초점이 맞춰진 장면을 골라야 한다"라고 말한다. 그가 말하는 좋은 장면은 다음과 같은 조건을 갖춘다.

- 다음 장면과 인과관계를 이룬다.
- 주인공의 열망과 욕구가 장면을 이끈다.
- 주인공이 원하는 바를 이루기 위해 고군분투하는 모습을 보여준다.
- 스토리 결말에 따라 인물 상황이 변함을 보여준다.

로버트 맥키는 각본가들에게 맨 마지막 요점을 강조한다. 영화의 모든 장면은 주인공의 "가치 요금"(value charge)을 변화시켜야 한다는 것이다. 맥키가 말하는 가치 요금이란 시련 해소라는 최종 목표에 비례해 주인공이 흥하거나 망하는 정도를 뜻한다. 생존 스토리에서는 주인공이 얼음장 같은 물속에 빠질 수 있다. 그의 가치 요금을 뚝 떨어뜨리는 불상사다. 이 정도면 한 장면을 할애할 만하다. 주인공이 덫을 놓아 토끼를 잡고 그것을 먹는다면 그의 가치 요금은 상승한다. 그러므로 이것 역시 한 장면으로 담을 만하다.

"스토리는 전쟁"이라고 했던 멜 맥키의 말을 새겨두도록 하자. 훌륭한 스토리텔링이라면 그 중심에 갈등이 있고, 따라서 좋은 장면 선택의 중심에도 갈등이 있다. 피터 루비는 "장면에 반대급부가 있느냐?"라고 묻는다. 그는 "반대급부를 극복하는 데서 스토리 전개에 가속도가 붙는다. 어떤 장면을 넣고 싶은데, 갈등과 감정이 부족하다면 미련 없이 버려라"라고 말한다.

장면을 살리는 묘사

초보 작가들은 장면 설정이 내러티브 논픽션 형식에 필수적이라는 사실은 잘 알면서도 묘사 디테일이 어떤 목적을 띠어야 하는지는 이해하지 못한다. 한 초년생 기자가 의도치 않게 영미권에서 가장 많이 희화화되는 구절 "폭풍이 치는 어두운 밤이었다"를 패러디한 다음 예가 이를 잘 보여준다.

7월 13일 금요일 이른 새벽, 바람은 부드럽고 하늘은 맑았다. 어둠 사이로 고개를 내민 환한 달빛이 그림자를 길게 드리웠다. 그날 아침 스물여섯 살 여성 노스 포틀랜드의 인생에도 그림자가 드리웠다.

그녀는 성폭행을 당했다.

기자는 아무런 설명도 하지 않았지만, 밝은 달이 성폭행과 모종의 연관을 맺고 있을 수도 있다. 하지만 부드러운 바람이 성폭행과 어떤 연관성이 있는지는 도무지 알 수 없다. 이것은 성폭행에 대한 이야기지 연날리기에 대한 이야기가 아니다. 빌 블런델이 강조했듯 묘사의 요지는 스토리 전개다. 이 말인즉 디테일은 의미가 있어야 한다는 것이다. 글로 스토리텔링 하는 사람들이 영화와 사진으로 스토리텔링 하는 사람들보다 유리한 것 중 하나는 의미 있는 디테일을 선택할 수 있다는 것이다.

사진은 모든 것을 보여주지만 한편으로는 주의를 흩뜨릴 수 있다. 시각으로 보여주는 스토리텔러의 기술이 부족해서가 아니다. 뛰어난 사진작가는 구성과 초점을 이용해 우리의 시선이 중요한 디테일로 향하도록 만든다. 거장이라 불리는 영화감독은 중요한 디테일을 다소 오래 비추는 방식으로 혼란을 돌파한다. 히치콕은 이 방법으로 "전조를 알리는 물체"를 콕 집어 보여주었다. 카메라가 방을 휙 훑고 문진에서 멈췄다면 이 문진이 이야기에서 중요한 의미를 지니리라 짐작하게 된다.

활자를 이용하는 스토리텔러는 화려한 기술을 쓸 필요가 없다. 문진을 언급하기만 하면 이어질 내용에서 문진이 중요한 역할을 하리라는 암시가 된다. 독자는 작가가 "아무도 쏠 생각이 없는 장전된 총을 무대에 놓아선 안 된다"라는 안톤 체호프의 원칙을 따를 것이라 기대한다.[43]

좋은 내러티브는 모두 메시지를 담고 있다. 뛰어난 내러티브 작가라면 누구나 끊임없이 인생의 '작은 진실'을 잡아내고자 한다. 모든 디테일이 장면 만들기에 기여하는 것은 아니지만 최고의 디테일은 사건을 품은 무대를 만들 뿐 아니라 메시지도 전달한다.

최신 뇌 연구를 조사하고, 그것을 바탕으로 『끌리는 이야기는 어떻게 쓰는가』를 펴낸 리사 크론은 감각 디테일을 스토리에 써야 하는 세 가지 이유를 제시했다.

> 1. 플롯과 연관된 원인과 결과 구조에 기여한다.
> 2. 캐릭터에 통찰력을 부여한다.
> 3. 비유법의 하나이다.

데이비드 그랜은 스티브 오시어의 사무실로 걸어 들어간 순간 자신이 한 가지에 미쳐 그것만 쫓아다니는 사람을 만나고 있음을 깨닫는다. 그리고 이러한 사실을 드러내는 시각 증거를 놓치지 않는다.

> 그 후 우리는 대학교에 있는 그의 사무실로 향했다. 그는 원정에 필요한 여러 가지 자료를 그곳에 수집해두었다. 사무실보다는 다락에 가까웠다. 자신도 인정하는 오직 "광적인 집착"을 위한 공간인 듯했다. 대왕오징어, 초대왕오징어, 흰꼴뚜기, 대왕사마귀오징어, 레오파드오징어 그림이 벽에 잔뜩 붙어 있었고 책상 위에도 수북했다. 대부분 직접 스케치한 것이었다. 여기에 오징어 장난감, 오징어 열쇠고리, 오징어 잡지, 오징어 영화, 오징어에 대한 기사 스크랩("호주 근해, 선박 공격하는 날아다니

는 대왕오징어 비상!") 등이 있었다. 바닥에는 오징어가 담긴 유리병이 즐비했는데 알코올에 담아 보존 중인 것이었다. 병 안의 오징어들은 하나같이 유리벽에 눈과 빨판을 착 붙이고 있었다.

트레이시 키더의 「소도시 경찰」은 주인공이 꿈꾸던 직업을 묘사하는 데 모든 디테일을 바친다.

포브스 애비뉴에 살 당시 토미는 침실 옷장 안쪽 벽에 크레용으로 다음과 같이 적어 놓았다.

톰 오코너 1972년 9월 29일
내 꿈은 경찰관이다.
나는 6학년이다.

그룹을 특징 짓는 디테일

추상화 사다리의 가장 아래에서 보는 이미지는 초점이 선명해 독자에게 진짜 스토리를 읽고 있다는 느낌을 준다. 사다리를 서너 단 올라가 어떤 일행이나 마을, 심지어 도시 전체를 보는 것도 우리가 주변을 어떻게 보고 이해하는지를 드러낸다. 게이 탈리스는 뉴욕을 "눈에 띄지 않는 것들의 도시, 주차된 자동차 밑에서 잠을 청하는 고양이들, 세인트패트릭 성당을 엉금엉금 기어오르는 13킬로그램짜리 아르마딜로들, 엠파이어스테이트빌딩 꼭대기를 느릿느릿 기어 다니는 개미들의 도시"라고 묘사한 적이 있다.

트레이시 키더처럼 노련한 논픽션 작가들은 피사체를 바짝 당겨 잡았다가 다시 뒤로 빠지는 거리 조절에 능숙하다. 그는 그룹을 포괄하는 디테일, 즉 그들이 사회에서 어떤 부류에 속하는가를 나타내는 표시들을 이용해 그룹의 특징을 잡는다. 자신의 담당 구역을 익숙한 눈으로 훑는 소도시 경찰관에게 돌아가보자.

토미는 펄래스키 공원 안과 안내소 옆에서 어정거리는 10대 무리를 연신 곁눈질로 훑어보았다. 야구 모자를 챙이 뒤로 가게 돌려쓰고 스케이트보드를 타는 무리, 흘러내릴 듯한 바지를 입고 금색 목걸이를 두른 양아치 패거리, 뾰족한 액세서리를 주렁주렁 달고 너덜너덜한 검은색 옷을 입은 고스족.

공간

무대는 3차원이다. 독자가 스토리에 푹 빠져 등장인물과 함께 호흡하길 바란다면 모든 차원에서 그들이 그곳에 있다는 느낌을 주어야 한다. 마크 크레이머는 "독자가 얼마나 넓고, 크고, 높은지 등의 공간감을 잡을 수 있도록 무대를 그려야 한다. 그래야 감각으로 그곳에 있음을 느낀다"라고 말한다. 데보라 바필드 베리와 켈리 벤헴 프렌치는 완다 터커가 앙골라 수도 르완다로 들어설 때의 장면을 이렇게 묘사했다.

벽돌로 지붕을 눌러 놓은 야트막한 판잣집들이 등 뒤로 뿌옇게 흐려졌다. 그리곤 페인트칠이 벗겨지는 중인 고층 건물이 다가왔다. 녹슨 에어컨이 곳곳에 매달려 있고, 난간에는 색색의 옷가지가 빨랫줄에 걸려 있다. 도시는 사람들로 혼잡하긴 했지만, 걸음을 재촉하는 사람은 없었다. 흰색 교복을 입은 아이들이 학교로 걸음을 옮겼다. 길가에는 기도하는 사람, 아기를 위로 던졌다가 받는 사람, 얌을 굽는 사람, 정류소에서 버스를 기다리는 사람, 벽에 노상방뇨 하는 사람, 머리 땋는 사람, 생선 두릅을 들고 가는 사람들이 있었다.

길을 통과하는 동안 공간감이 생겨난다. 멀리서 다가오는 고층건물, 그 앞으로 발코니에 내걸린 옷가지들이 시야에 들어오고, 바로 뒤로는 판잣집들이 있다. 원근법이 풍부한 장면—눈 덮인 숲으로 나 있는 굽잇길, 내 앞에 길게 뻗어 올라간 계단, 철길—도 마찬가지 효과를 낸다. 이러한 장치들을 잘 포착해 만들려는 장면에 살을 붙여간다. 움직임은 공간으로 쑥 빠져드는 듯한 착각을 더한다. 뒤로 멀어지며 흐려지는 집들, 거리를 지나가는 사람들, 공중으로 튀어 오르는 아기, 벽에 튕기는 오줌 줄기 그리고 이리저리 흔들리는 생선 두릅까지.

트레이시 키더가 폴 파머의 아이티 진료소를 맨 처음 묘사할 때 썼던 기법처럼 원경에서 근경, 즉 무대로 이동하는 것은 내러티브에 동적인 감각을 준다.

나무라곤 없는 누런 황토색 벌판 한가운데 서 있는 샌미 라샌테의 자태는 단연 돋보였다. 산 중턱에 들어앉은 요새처럼 커다란 콘크리트 건물의 반이 초록의 열대식물에 덮여 있었다. 벽 안쪽 세상은 딴판이었다. 중정 한편에 울창한 키다리 나무들이 서 있고, 콘크리트와 석재로 지은 보행로며 벽은 공을 보통 들인 게 아니었다. 이 모든 것이 산비탈에 올라앉아 있었다.

처음에는 원경에서 시작한다. 황토색 풍경 속에 외딴 진료소가 덩그러니 있다. 그런데 곧 카메라가 피사체와의 거리를 급격히 좁히며 진료소 안쪽 녹음이 우거진 세상을 비춘다. 그리고 우리가 만약 샘미 라샌테를 방문한다면 어떤 인상을 받을지 설명한다.

설정 숏

3차원 공간을 재현해내야 할 필요성은 활자 매체에만 있는 것이 아니다. TV 프로그램과 영화를 만드는 스토리텔러들은 설정 숏*, 즉 와이드앵글** 화면에 대해 이야기하곤 한다. 키더의 샘미 라샌테 묘사는 그후 진료소에서 일어나게 될 이야기의 공간적 배경이 된다. 「소도시 경찰」에서는 설정 숏이 더 확대되어 경찰관이 활약하는 무대 전체를 아우른다.

> 매사추세츠 서부의 홀리오크산 정상에서는 코네티컷 강 계곡이 한눈에 훤히 들어온다. 드넓은 개간지와 삼림이 지평선까지 뻗어 있고, 그 한가운데에 아주 오래된 마을 노샘프턴이 자리 잡고 있다. 천혜의 경계가 마을을 둥지처럼 품고 있다.
>
> 동쪽으로는 넓은 강이 옥수수로 뒤덮인 들판을 굽이쳐 흐르고, 북서쪽으로는 저 멀리 버크셔의 구릉 지대가 노샘프턴에 세워진 수많은 첨탑

●   도입부에서 사건이 벌어지는 공간에 대한 기본적인 정보를 제공하는 장면.
●●   카메라의 시선 중 가장 넓은 범위를 보여주는 것.

보다 높이 솟아 있다. 정상에서 보면 노샘프턴은 옥수수밭처럼 완벽한 질서를 갖춘 이상향으로 보인다. 질서 정연하고 그 안에 모든 것이 완비되어 평생을 이곳에서만 보낸다 해도 완전한 충족감을 느낄 것 같다. 그자체로 작지만 완전한 하나의 문명이었다. 일상의 번잡함을 잊고, 인간이 부리는 온갖 얕은 계략에서 적당히 떨어져 바라보면 발치 아래의 마을이 손바닥 안에 살포시 들어온다. 흔들면 눈이 내릴 것처럼.

이 글의 나머지 이야기는 마을 안에서 펼쳐진다. 하지만 키더가 산꼭대기에서 마을을 바라보는 장면(완벽한 설정 숏이다)으로 스토리를 시작했으므로 독자는 계속 이 마을을 주변 전경과 함께 떠올리게 된다. 마을을 둘러싼 풍경은 이 마을에 대한 공간 감각과 아주 밀접한 관계를 맺고, 이 점은 스토리의 초점이 되는 소도시 경찰관을 이해하는 데 지대한 역할을 한다.

질감

나는 포인터 연구소*에서 주최한 워크숍에서 『프로비던스 저널』(*Providence Journal*) 기자 시절에 퓰리처상을 수상한 제럴드 카본의 수업을 들은 적이 있다. 카본은 수업 시간에 우리를 밖으로 불러내 눈에 보이는 장면을 질감으로 표현해보라고 말했다. 그리고 서로 대조되는 것

• Poynter Institute. 『탬파베이 타임스』의 소유주이자 회장인 넬슨 포인터가 1975년에 설립한 비영리 언론학교.

을 찾아보라고 주문했다. 똑같은 것보다는 어긋나는 것이 독자에게 더 강한 인상을 줄 수 있기 때문이다. 나는 탬파베이를 등지고 우리가 방금 나온 화려한 연구소 건물을 바라보았다. 십자 무늬의 붉은 타일 지붕이 파란 하늘 아래 어른거렸다. 건물의 기하학적인 직선을 배경으로 미역 줄기 같은 야자수 잎이 파도처럼 울렁거렸다. 카본이 말하는 의미를 정확하게 알 것 같았다.

　내가 최고로 꼽는 '어긋남'의 예는 오래전에 했던 뉴욕 여행으로 거슬러 올라간다. 루디 줄리아니가 시장이 되어 도시를 재건하기 전이니 '그때가 좋았지'라고 말할 만한 시절은 아니었다. 막대한 부는 범죄, 빈곤, 쇠락과 극명한 대조를 이루었다.

　당시 나는 5번가를 걷다가 티파니 건물 앞에서 걸음을 멈추었다. 그러고는 조그만 유리창으로 20만 달러짜리 다이아몬드 티아라를 우두커니 바라보았다. 유리창은 손때로 지저분했다. 안이 잘 보이지 않아 나는 유리창 아래 길바닥에서 잠을 자고 있던 부랑자 위로 몸을 구부렸다. 완벽하지 않은가!

분위기

요령 좋은 작가는 질감이 살아 있는 공간으로 독자를 둘러쌀 뿐 아니라 분위기도 생생하게 전달한다. 스티븐 핀커는 "분위기는 지금 어느 곳에 있느냐에 달려 있다"라고 지적하며, "버스 터미널 대합실 또는 호숫가 오두막집에 있다고 생각해보라"고 제안한다.

　픽션에서는 토마스 만이 분위기의 명수다. 논픽션에서는 『뉴욕 타임스』 기자 앤서니 샤디드가 필적할 만하다. 샤디드는 먼지 폭풍에 휩싸인 바그다드를 이렇게 묘사했다.

> 폭풍이 불기 시작한 지 이틀째 되는 날, 인구 500만 이상의 도시에는 이라크 사막에서 불어온 먼지가 한 켜 내려앉았다. 새벽녘에 눈을 뜰 수 없을 정도로 누렇던 하늘이 오후가 되자 핏빛으로 변했다. 석양 무렵 짙은 밤갈색을 띠더니 밤에는 괴괴한 오렌지빛으로 바뀌었다. 어쩌다 한 번씩 나타나는 채소 노점의 양파, 토마토, 가지, 오렌지가 언뜻언뜻 도시에 색을 입혔다. 종일 내린 비로 바그다드는 진흙 목욕을 했다.

채소 노점이 주는 질감을 보라. 샤디드는 『최고의 신문기사』(*Best Newspaper Writing*)의 편집자 키스 우즈에게 "그 채소 노점이 먼지에 뒤덮인 도시에서 유일한 색이라는 사실이 불현듯 머리를 스쳤다"라고 말했다. 나는 '채소 노점처럼 사소한 사물이 그 순간 도시의 모습을 표현할 수도 있구나'라는 것을 깨닫고는 자못 놀랐다.

채소 노점처럼 신중하게 선별된 디테일은 분위기를 살리는 데 톡톡한 역할을 한다. 에릭 라슨은 1890년대 시카고의 느낌을 전하기 위해 "걷힐 날 없는 검뿌연 석탄 스모그" 속에서 가스등이 어렴풋한 노란빛을 발한다고 묘사하기도 했다.

이런 유사한 디테일이 모여 수채통 같은 (그래서 화이트 시티의 기적과 더욱 대비되는) 초기 산업화 시절의 시카고를 이미지화한다. 이 스토리텔링에서는 분위기가 핵심 요소로서 메시지를 전달하는 결정적인 역할을 한다. 라슨은 "무슨 일이 일어났는가?"뿐만 아니라 "어떤 느낌이었는가?"도 물을 줄 아는 감각 있는 작가였다.

때로는 배경을 구성하는 디테일이 내러티브에 입체감을 주기도 한다. 특정 시간과 공간을 재현해 독자를 그곳으로 보낸다. 에릭 라슨이 그린 1893년의 시카고도 그렇고, 존 맥피의『전원』에 묘사된 알래스카도 그렇다. 어떤 페이지를 펼쳐도 외딴 마을 이글을 찾아간 외지인의 삶이 펼쳐진다.

> 쿡은 도나에게 돌아가고 싶어 안달이 났다. 브레이크업이 시작된 지 채 일주일도 되지 않아 아직 얼음이 두꺼웠지만, 그는 카누를 빌려 개들을 데리고 강으로 갔다. 상류로 조금 올라가면 나오는 나루터에서 잔잔한 회오리바람을 탈 수도 있었으나 그러려면 개들을 데리고 마을을 통과해야만 했다. 쿡은 괜한 소란을 일으키고 싶지 않았다. 이글에서는 개에게 목줄을 채워 통나무집 옆 말뚝에 매어놓는다. 줄에 묶여 있지 않은 쿡의 개들이 뛰어다니다 싸움을 걸거나 묶인 녀석들의 화를 돋워 길길이 날뛰게 할 수도 있었다. 그래서 쿡은 자기 소유의 땅에 자리 잡은 오두막을 기지로 삼기로 했다. 그리고 개들을 데리고 숲을 지나 마을 바로 아래 강까지 내려갔다.

위 대목에서 알래스카 내륙이 살짝 등장한다. 알래스카인에게 '브레이크업'은 큰 강의 얼음이 녹기 시작하는 시기를 뜻한다. 워낙 중요한 절기라 브레이크업 날짜를 예상하는 행사가 크게 열릴 정도다. 통나무집 밖에 묶여 있는 개들, 오두막, 카누…. 이런 디테일 하나하나가 모여서 알래스카를 독특하고 특별한 곳으로 만든다. 그리고 이것이 누적되어 평론가가 말하는 배경 설정이 이뤄지는 것이다.

배경 설정은 내러티브가 펼쳐지는 장소의 비중이 큰 장르에서 특히 중요하다. 장소가 아주 중요할 경우 배경 설명이 주야장천 이어지기도 하고, 심지어 배경이 등장인물이라도 되는 양 무대 앞으로 나서기도 한다.

로빈 코디는 배경의 특색을 강하게 드러내는 이미지, 소리, 냄새로 태평양 북서부의 우림 지역을 누구보다 잘 잡아냈다. 그는 『노스웨스트 매거진』 기사 「쇼」에서 키가 큰 대형목 벌목사업을 하는 소규모 자영 벌목업자들을 다루며 배경과 밀착된 스토리를 풀어낸다. 그 기사의 한 대목을 보자.

> 날카로운 "삐" 소리(베어낸 나무에 밧줄을 맨 뒤 이제 끌어내려도 된다고 보내는 신호다)가 통나무 착지점에서 윙윙거리는 디젤엔진 소리를 찢어놓는다. 통나무 운반 케이블이 느슨해지더니 밧줄이 골짜기 바닥으로 툭 떨어진다. 한참 아래쪽에서 마치 장난감 병사처럼 보이는 세 인부가 쪼르르 달려가 또 다른 통나무에 밧줄을 건다. 통나무에 밧줄을 거는 작업은 위험하다. 경사가 가파른 비탈에서는 더더욱 그렇다. 45도 경사의 비탈진 곳에 열십자로 누운 통나무를 밧줄에 걸어 다시 이동 케이블에 건다고 생각해보라. 옻나무, 쐐기풀, 말벌은 아무것도 아니다. 진짜 최악은 케이블이 뚝 하고 끊어지거나 통나무 중 하나가 엉뚱한 곳으로 가는 경우다.
>
> 이들은 밧줄을 연결한 뒤 부리나케 물러나 끌어당기는 쪽에 삐 소리를 두 번 울린다. 그러면 이동 케이블이 팽팽해지면서 육중한 통나무를 들어 올리는데 이때 쩍쩍 마른 가지 부서지는 소리가 나며, 통나무가 빙그르르 돌 때마다 먼지와 등걸이 떨어져 나온다.
>
> 트럭들이 부지런히 들어왔다가 나가고 인부들은 높이 쌓인 통나무를 트

럭에 싣는다. 머리 위 케이블도 찌뿌둥한 아침 하늘 아래 부지런히 춤을 춘다. 막 베어낸 통나무, 톡 쏘는 전나무, 독미나리와 트럭의 배기가스 냄새가 뒤섞여 공기 중에 떠다닌다. 저 아래 계곡에서 인부들의 강렬한 삐 소리가 울리고, 옆 산마루에선 윙 하는 전기톱 소리가 들려온다.

이 분야의 인기 작가인 로빈의 비결 중 하나는 뛰어난 배경 설정에 있다. 그는 전체 풍경 속에서 지리적으로 중요한 디테일을 뽑아낼 때 한 치의 실수도 하지 않는다. 이곳 북서부 출신이라면 누구나 인정할 정도로 정확하다. 나는 소규모 벌목업자를 다룬 프로그램을 익히 봐왔기에 로빈이 사실적인 배경을 완벽하게 그려냈다고 장담할 수 있다.

생생하게 장면 살리기

묘사는 지극히 사실적으로 보이는 장면을 만들어내는 것이 관건이다. 생생한 디테일은 살아 있는 장면을 만드는 가장 중요한 요소다. 공간감, 질감, 분위기도 중요하지만, 장면을 완성하는 것은 내러티브 속 인물들의 눈을 통해 독자가 그 장면을 바라보고 있다는 환상을 주는 것이다. 현대 논픽션은 시점인물들을 통해 스토리를 풀어야 하며, 이것은 무대 설정을 비롯한 다른 요소에도 해당한다고 톰 울프는 강조한다. 트레이시 키더가 스케이트보드를 타는 무리, 양아치 무리, 고스 무리를 묘사할 때 그것은 작가의 눈이 아니라 스토리의 주인공, 톰 오코너의 눈에 비친 장면이었다. 데보라 바필드 베리와 켈리 벤햄 프렌치는 자신들의 1619년 주인공이 마침내 아프리카의 고향 땅에 발을 딛던 장면을 묘사할 때도 같은 수법을 사용했다.

완다 터커는 비행기 밖으로 걸음을 내디뎠다. 잔뜩 흐려서 활주로와 하나가 된 회색빛 하늘이 그녀를 맞았다. 그녀는 숨을 들이마시고, 밀짚으로 엮은 손잡이가 달린 새로 산 가방을 고쳐 잡고는 한 걸음 한 걸음 철제 계단을 내려갔다.

버지니아를 출발한 지 40시간 만이었다. 61년이 걸렸다.

그 드넓고, 칠흑 같은 바다 위를 날아 나지막한 양철 지붕들이 그녀의 시야에 가까워지면서 그녀는 이곳에 무엇을 하러 왔는지 현실을 자각하기 시작했다.

비행기가 쉬익거렸다. 주변에 보이는 얼굴들은 그녀처럼 갈색이었지만, 그들의 말은 알아들을 수 없었다.

이러한 묘사가 진정성을 얻는 이유는 스토리의 흐름 속에 매끄럽게 녹아 있기 때문이다. 우리는 시점인물의 움직임을 따라가며 그가 보는 세상을 본다. 객석에 가만히 앉아 바라보는 것이 아니라 다른 인물들과 함께 걸으며, 차를 타고 움직이며 장면들을 바라본다. 트레이시 키더는 산골짜기에 자리 잡은 폴 파머의 진료소로 가는 길을 묘사하며 덜컥거리고 휘청거리는 움직임, 시점인물의 시야에 들어온 장면 등을 언급한다.

산 밑자락에 펼쳐진 컬데삭 분지 반대편 길은 바짝 마른 강바닥으로 변해버렸다. 절벽 길을 엉금엉금 올라가던 트럭이 한쪽으로 기우뚱하더니 굴러떨어지기 시작했다. 절벽 너머 아래에는 뼈만 앙상하게 남은 트럭이 만든 주검들이 널브러져 있었다. 그때부터 다들 말이 없어졌다. 앞좌석에 타고 있는, 그렇게 친절하고 수다스럽던 아이티인들조차 입을 다물었다.

장면 구축

톰 울프가 뉴저널리즘의 가장 기본기라고 꼽았던 '장면별 구축' 기법은 내러티브의 유무를 구분 짓는 가장 큰 차이점이기도 하다. 말하자면 스토리와 리포트를 구분 짓는 특징이다.

우리는 주제에 따라 리포트를 구성한다. 형식을 좀 갖춘다고 하면 숫자나 로마자를 사용한 개요를 따른다. 뉴스 기사는 거의 다 이 패턴을 거친다. 우리 신문에 전형적인 서부 사기꾼에 대한 기사가 실린 적이 있다. 이 인물은 소의 수를 부풀려 대규모 목축사업을 벌이는 양 허풍을 쳐 순진한 투자자들을 꼬드겨 합자회사를 세우고, 이를 이용해 투자자들을 탈세에 가담시켰다. 실제 보유한 소는 10여 마리뿐이었지만 이 소들을 여러 우리에 옮겨다 놓는 수법으로 마치 엄청난 수의 소를 보유한 듯한 인상을 줬다. 이 사건은 다음과 같은 개요를 따랐다.

I. 법정 일화

    1. 사기꾼의 전력

    2. 형의 선고

II. 사기의 모의

    1. 정직한 목장주로 살던 시절

    2. 유한합자회사

III. 가짜 소

    1. 소 우리 돌려 채우기

    2. 회계장부 조작하기

IV. 피해자

    1. 앤더슨가

    2. 맥코이가

V. 결과

    1. 합의

이런 설명 형식의 논픽션과는 다르게 내러티브 논픽션은 (스토리텔링 위주로) 신중하게 선별된 장면과 장면으로 이루어진다. 내가 가장 좋아하는 내러티브 기사 중 하나는 민물 잡어 낚시를 취재한 배리 뉴먼의 「낚시꾼」이다. 영국의 이 이색 스포츠는 주로 선술집에서 작당모의가 이루어진다. 이들이 노리는 물고기는 오래된 수로나 물이 고인 연못, 멀쩡한 송어라면 즉시 둥둥 떠오를 물웅덩이에서나 잡힐 법한 잡어다. 확실히 고상한 스포츠는 아니다.

배리의 장면 설정은 서술자가 케빈 아셔스트의 집 앞에 차를 세우는 순간부터 시작된다. 가장 먼저 우리의 시선을 끄는 것은 앞마당에서 썩어가고 있는 양의 사체다. 이쯤 되면 독자는 민물 잡어 낚시가 트위드 재킷을 입은 신사가 우아하게 대나무로 만든 플라이 낚싯대를 강물에 던지는 스포츠가 아니라는 사실 정도는 눈치챈다. 사실 아셔스트는 구더기 농장을 하고 있다. 구더기는 잡어가 가장 좋아하는 미끼다.

여기서부터 배리의 내러티브는 전형적인 민물 잡어 낚시 체험담 형식을 따른다. 「낚시꾼」은 해설 내러티브이기 때문에 장면마다 주제에 대한 작가의 짤막한 설명이 덧붙는다. 배리는 양의 사체를 언급하며 민물 잡어 낚시가 무엇이고, 어떤 식으로 하는 것인지 설명한다. 서술자가 차를 마시러 아셔스트의 집 안으로 들어서면 구더기 양식을 하는 이 집 주인에 대해 더 많은 사실을 알게 된다. 먼저 아셔스트의 이력과 민물 잡어 낚시에 대한 그의 승부욕이 소개된다. 그는 민물 잡어 낚시 챔피언이었다.

이 지역의 선술집으로 자리를 옮기면 제비뽑기로 각 참가자의 낚시 장소가 정해진다는 사실을 알게 된다. 다음 장면에서 우리는 아셔스트를 따라 그가 제비뽑기에서 뽑은 낚시 장소인 수로로 이동하고, 그곳에서 그의 낚시 전략을 듣는다. 그런 다음 다시 선술집으로 돌아가 아셔스트가 또다시 1등을 거머쥐었음을 알게 된다. 마지막으로 아셔스트의 집으로 이동해 잠자리에 든 뒤에도 다음 대회에서 어떻게 실력을 발전시킬지 걱정하는 아셔스트의 모습을 보여주며 이야기를 끝맺는다. 배리의 장면 구성을 간단히 정리하면 아래와 같다.

> 장면 1: 구더기 농장
>> a. 마당에 있는 양의 사체
>> b. 농가 안에서 차 한 잔
> 장면 2: 선술집
> 장면 3: 수로
> 장면 4: 선술집
> 장면 5: 아셔스트의 침실

신출내기 내러티브 작가들은 에피소드식 장면 구성에 적응하는 데 어려움을 느낀다. 배리 뉴먼의 「낚시꾼」 속 각 장면은 시간과 공간이 서로 떨어져 있다. 한 장면이 끝나면 다음 장면이 다른 시간, 다른 장소에서 이어진다. 대부분의 활자 내러티브에서는 서체의 종류나 배치를 이용해 전체 구조를 이루는 하위 단위를 구분한다. 이런 식의 장면 구분은 별문제가 되지 않는다. 독자는 무대의 커튼이 열리고 닫히는 것, 특히 영화의 주요 특징인 극적 장면 전환에 익숙해져 있기 때문이다. 팟캐스트 방송은 에피소드 사이에 가장 극적인 장면 전환이 일어나지만, 에피소드 도중에 "한편 그 시각 목장에서는"과 같은 내레이터의 오디오 신호로 시간이나 장소 변화를 알리기도 한다.

스토리를 '장면별 에피소드가 연속된 시리즈'라고 생각하는 데 익숙해지면 자연히 장면을 구성하는 일이 내러티브 기획의 첫 단계가 된다. 이것만큼 작가에게 스토리에 대한 명확한 그림을 주는 것은 없다. 스토리가 머릿속에 명확하게 잡혀 있으면 취재하고 집필하는 일 역시 간단해진다.

나는 신문·잡지 기자들의 장편 내러티브 집필을 지도하면서 취재 여건이 만만치 않고 마감에 쫓길 때 이 과정이 얼마나 큰 도움이 되는지를 절감했다. 우리는 2000년대 초반에 아버지의 날을 맞아 낚시를 나갔다 전복 사고를 당한 타키투호 사건에 관해 내러티브 기사를 쓴 적이 있다. 이 사건은 훌륭한 내러티브가 될 만한 모든 요소를 갖추고 있었다. 일반 독자를 대상으로 하는 유력 잡지나 온라인 매체에 실어도 좋고, TV 다큐멘터리나 팟캐스트로 만들어도 좋은 소재였다.

타키투호는 오리건주 틸라무크만의 작은 어촌 가리발디에서 선박 전세업을 하는 회사의 배였다. 2003년 6월 14일 태평양으로 바다낚시를 나가려는 17명의 낚시꾼이 이 마을에 나타났다. 그러나 그날은 바닷물의 높이가 낮고, 해안경비대에서 파고가 높아 자칫 포구의 모래톱에 걸려 사고가 날 수 있으니 조심하라고 어선 선장들에게 주의를 준 상황이었다.

전세 어선 선장들은 대부분 출항을 취소했다. 하지만 타키투호를 포함한 네 척의 배는 모래톱 안쪽에 모여 이제나저제나 바다로 나갈 기회를 노렸다. 세 척은 거대한 파도를 뚫고 무사히 바다로 나갔다. 타키투호 선장도 엔진을 최대로 가동하고 소용돌이치는 물살로 뛰어들었다. 그러나 배는 물마루 사이의 둥근 골에 빠졌고, 좌우로 흔들리다 7미터가 넘는 파도에 측면을 강타당했다.

타키투호는 그대로 옆으로 구르고 굴렀다. 격렬한 요동에 갑판원, 선장, 낚시꾼 몇 명이 바닷속으로 떨어졌고, 나머지 사람들은 선실에 갇혀버렸다. 선실에 갇힌 이들은 닫힌 창문과 해치를 통해 탈출을 시도했다. 갑판원과 낚시꾼 몇 명은 헤엄을 쳐 해변에 이르렀다. 선장은 물속에서 죽었고 낚시꾼 한 명은 끝내 선실을 빠져나오지 못했으며, 나머지는 망망대해에서 익사했다. 만신창이가 된 타키투호 선체는 거센 파도에 떠밀리다 결국 해변으로 휩쓸려 왔다. 구조대가 출동해 생존자들을 돌보고, 모두 여덟 구의 시신을 거두었다.

『오레고니언』은 이 참사를 주요 뉴스로 다뤘다. 사고 이튿날인 6월 15일 일요일자 1면 톱기사로 시작해 그다음 주 내내 후속 소식을 전했다. 화요일쯤 되자 우리는 이 사건을 내러티브로 재구성해보면 어떨까 생각이 미쳤다. 독자에게 선박 전세회사 사무실부터 선착장, 포구의 모래톱, 해변에 이르기까지 사건을 현장감 있게 전해줄 수 있는 형식은 내러티브뿐이었다. 꼬리에 꼬리를 무는 장면으로 이 사건을 재현한다면 단순한 사실 나열만으로는 결코 줄 수 없는 생생한 감정을 전달할 수 있을 듯했다. 그리고 내러티브가 일으키는 극적 파급력이 이번 참변에 일조한 잘못된 정책을 재고하도록 압력을 넣을 수도 있었다. 위험한 모래톱을 방치한 정부의 실책, 이런 모래톱을 통과할 때 구명조끼 착용을 자율에 맡긴 규정, 해안경비대의 경고를 선장 재량에 따라 무시할 수 있도록 한 정책 등은 재검토해야 마땅했다.

수요일에 나는 여섯 명의 기자를 회의실로 불러 모았다. 이 중 절반은 전복 사고를 취재했던 속보팀 기자로, 내러티브 구성에 유용하게 쓰일 정보를 많이 알고 있었다. 나는 플립차트를 걸어 놓고 기자들이 제안한 23가지 소스를 받아 적은 뒤 각 소스에 기자를 붙였다. 그러고는 이 종이를 차트에서 뜯어내 벽에 붙이고 플립차트에 내러티브 포물선을 그렸다. 우리는 사건을 순서대로 하나씩 포물선 위에 표시했다. 오전 6시에 선착장에 모여 배에 올랐다. 그들이 기다리는 사이 다른 배 세 척이 포구를 빠져나갔다. 오전 7시에 모래톱 통과를 시도했다. 배가 전복되고 생존을 위한 처절한 사투가 시작됐다. 오전 9시 20분경 모든 사태가 종료됐다.

그런 다음 우리는 중요 장면을 이야기했다. 등장인물들의 관점에서 스토리를 가장 잘 전달할 수 있도록 도와줄 에피소드를 고르는 과정이었다. 우리는 아홉 개의 에피소드를 뽑았고, 이것을 기차처럼 연결한 네모 칸 안에 적어 넣었다. 이로써 스토리의 전체 구조를 잡는 데 필요한 모든 것이 갖춰졌다. 포물선과 중요 장면들을 합치면 도표6과 같은 그림이 나온다.

스토리는 선착장에서 시작된다. 스토리를 이해하는 데 필요한 배경 설명이 이 장면에 들어간다. 선장, 갑판원, 주요 낚시꾼 몇몇을 소개하고 배의 생김새와 포구, 모래톱을 묘사한다. 모래톱의 위험성도 언급할 수 있다.

다음 장면으로 넘어가면 어선 함교에 대한 설명이 이어진다. 선장이 모래톱 안쪽의 대기 구역에서 바다로 진입할 시점을 노리며 서 있던 곳이자 그가 치명적 결정을 내린 바로 그곳이다. 그런 다음 우리는 바다를 향한 질주와 뒤이은 전복, 물에 잠긴 선실 속 아비규환, 단 하나뿐인 구명보트를 묘사한다. 그러고는 바다로 떨어진 이들의 몸부림을 자세하게 그린다.

하강 국면은 몰려든 사람들이 바다로 뛰어들어 시신과 생존자들을 물 밖으로 끌어내는 해변 장면에서 시작한다. 해안경비대 구조대원들의 시각에서 바라본 장면이 여기서 등장한다. 그들은 헬리콥터를 타

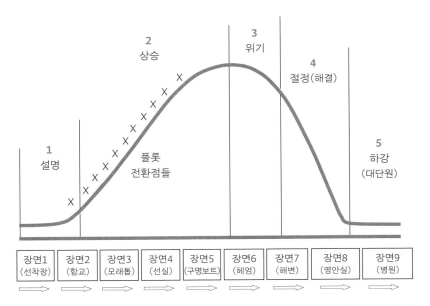

◆도표6 **타키투호의 전복: 장면 구성과 내러티브 포물선**

고 사고 현장에 도착해 일부 생존자를 물에서 구해냈다. 생존자들이 당시의 경험을 이야기하는 병원에서 스토리는 끝을 맺는다.

　　나는 장면을 적어 넣은 네모 칸 밑에 각 장면을 어떻게 마무리할 것인지 간단히 메모했다. 손에 땀을 쥐게 하면서도 다음 장면에 나올 극적 사건에 대한 복선이 돼야 했다. 갑판원이 닻을 올리고 선착장에서 배를 밀어낸다. 선장이 스로틀 레버를 당겨 엔진 출력을 높이자 배가 모래톱 쪽으로 빠르게 움직인다. 갑판원이 집채만 한 파도가 다가오는 것을 보고 소리친다.

　　그때 이 갑판원은 뭐라고 소리쳤을까? 여기에 대해선 다들 아무런 생각도 하지 않았다. 나는 플립차트에 어림짐작으로 "지금이에요!"라고 적었다. 그러나 실화 내러티브에서는 추측이 허용되지 않는다. 따라서 이 내용은 갑판원을 인터뷰했던 기자가 확인해야 했다. 기자가 실제 갑판원에게 물어본 결과 괴물 같은 파도가 덮치기 직전 그녀가 내뱉은 말은 "이런 젠장!"인 것으로 밝혀졌다. 더없이 적절한 한마디였기에 나는 최종 스토리에 이 말을 집어넣었다.

　별것 아닌 것 같지만 이 일화는 전체 스토리의 장면 구성을 잡고, 각 장면에 대해 계획을 세우는 과정이 왜 필요한가를 보여준다. 이 과정을 거치고 나면 정확한 목적을 지닌 질문을 던지거나 스토리의 결정적인 순간에 집중해 이후 취재 방향을 잡을 수 있게 된다.

　실제로 원고는 미셸 콜과 케이티 멀둔 두 명이 맡아 쓰기로 했다. 다시 플립차트를 훑으며 장면을 반으로 나누고, 두 사람이 절반씩 담당했다. 그러면 이제 나머지 기자들이 그때그때 입수한 정보를 해당 원고 작성자에게 넘겨주면 된다. 그 자리에 모인 여섯 명의 기자는 과연 어떤 기사가 나올지 궁금해하며 플립차트의 내용을 메모하고 회의실을 떠났다. 내러티브를 완성하기 위해 어떤 식으로 인터뷰할 것인지 머릿속이 복잡할 터였다. 그들에게 주어진 시간은 단 이틀이었다. 내가 원고를 검토할 시간도 필요한 데다 첫째 주 주말판 원고 마감은 금요일 자정이었기 때문이다.

　다시 취재를 나간 이들은 극적인 장면 설정에 도움이 될 만한 수확을 거뒀다. 우선 포구에서 일어난 사건을 처음부터 끝까지 목격한 가리발디의 목사 부부를 찾았다. 그들의 집은 포구가 한눈에 들어오는 언덕 위에 자리 잡고 있었다. 타키투호 선주는 방파제에서 배가 전복되는 장면을 목격했다. 해변에서 벌어진 구조 활동을 동영상으로 찍어 둔 프리랜스 사진가도 있었다. 그는 이 영상을 우리에게 팔고 싶다는 뜻을 내비쳤다. 우리가 접촉한 모든 목격자는 물론 병원에 입원해 있던 피해자들까지 기꺼이 취재에 응했다.

　이렇게 새로운 정보가 수집되면서 스토리 구성에 다소 변동이 생겼다. 선주에게서 사고 당일 새벽 5시의 선박 전세회사 사무실을 첫 장면으로 삼아야 하는 좋은 소재가 나왔다. 그래서 우리는 선착장을 장면 2로 옮겼다. 목사 부부가 들려준 이야기는 매우 흥미진진했다. 따라서 이들이 등장하는 장면에서는 이 부부를 시점인물로 삼았다. 하지만 대체로는 처음 구성을 따랐다. 우리가 마감 시한 내에 넘긴 원고는 신문 1면을 모두 채우고 2, 3면의 A섹션까지 이어졌다. 이 장대한 길이의 내러티브 기사에는 훌륭한 사진과 사건의 흐름을 정리한 컬러 삽화가 삽입되었다. 이틀에 걸쳐 기자 여섯 명, 사진가, 사진 편집자, 삽화가, 스토리 편집자의 노력이 합해진 결과 무려 7,000단어 길이의 훌륭한 내러티브가 탄생했다.

이는 단지 운이 좋았기 때문이 아니다. 우리는 치밀하고 신중하게 각 장면을 배열하고 설정했다. 그리고 늘 그렇듯 운은 준비된 자에게 찾아온다.

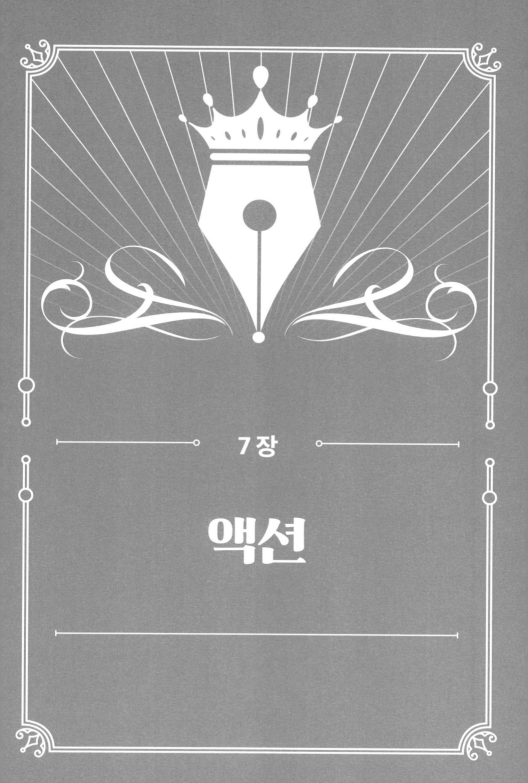

7장

액션

스토리텔링은 움직이지 않는 생명체가 아니다. 영화다.

◉ 테드 체니_논픽션 연구가

극장에서 영화를 보고 있다고 상상해보자. 가슴을 졸이며 보는 액션 영화는 평론가가 '위기'라고 부르는 지점에 다다른다. 우리 주인공이 새빨간 스포츠카를 몰고 굉음을 내며 오르막길을 오른다. 단숨에 언덕 위 교차로를 통과하더니 순간 차가 공중으로 붕 떠올라 바닥에 털썩 떨어진다. 뒤를 이어 끈질기게 주인공을 쫓는 악당의 검은색 SUV가 언덕을 오른다. 타이어는 빽빽 신음을 내고, 경적은 요란스레 울어댄다. 악당은 쓰레기 수거 트럭 옆구리를 들이받고 만다. 유리 파편이 사방으로 튀고, 금속 부딪히는 소리가 날카롭게 울린다. 뒤따라오던 두 번째 악당은 불길에 휩싸인 SUV를 그대로 지나쳐 자욱한 연기를 뚫고 지나간다. 저 멀리 모퉁이를 도는 빨간 스포츠카를 보고는 액셀을 밟는다. 어떤 장면인지 눈에 선할 것이다.

　그럼 이번에는 조용한 집으로 돌아와 프린터에 전원을 켜고 오늘 써둔 원고 다섯 장을 출력해보자. 출력된 원고를 집어 들어보라. 깃털처럼 가볍지 않은가? 손가락 사이에서 힘없이 팔랑거린다. 그것을 책상 위에 펼쳐놓는다. 다섯 장의 종이가 아무런 미동 없이 그저 누워 있다. 아무 색깔도 없고, 소리도 없다. 아무것도 하지 않는다.

활자는 모든 매체를 통틀어 감각적인 부분이 가장 적다. 라디오는 사람 목소리와 음악으로 듣는 이의 귀를 채운다. TV와 영화는 액션 넘치는 장면으로 우리를 데려간다. 온라인 그래픽은 이리저리 움직인다. 키울 수도, 줄일 수도 있으며 총천연색을 발산한다. 팟캐스트는 스토리 속에 살아 숨 쉬는 캐릭터들의 목소리로 극에 입체감을 준다. 그런데 활자는 움직임도 소리도 없다. 좀체 꼼지락거릴 생각을 하지 않는 이 꼬불거리는 문자들을 스크린 위의 추격 장면에 버금가는 무언가로 바꾸고 싶다면, 당신은 적성에 맞는 일을 찾아낸 것이다. 손으로 만져질 듯 살아 움직이는 인물을 재현한다는 것은 최고난도 기술이다. 그럼에도 반드시 터득해야 할 기술이다. 따지고 보면 액션이 곧 스토리이기 때문이다.

다행히 활자로 이야기를 풀어내는 사람들은 수백 년에 걸쳐 활자 매체에 우리 예상을 뛰어넘는 강력한 힘을 싣는 기술을 개발해왔다. 이 기술을 터득하면 팔랑거리는 종이 위에서도 얼마든지 생동감 넘치는 생명체를 만들어낼 수 있다.

내러티브 오프닝

액션은 스토리가 출발점을 벗어나자마자 시작되어야 한다. 내러티브 첫 단계에서부터 뭔가가 일어나야 한다는 말이다. 처음으로 내러티브 논픽션을 하나의 장르로 연구한 테드 체니는 "드라마 요소가 강한 논픽션 오프닝에는 … 생명력이 있다. 살아 움직이며, 어디론가 가는 힘이 있다"라고 말했다.

그런데 어디로 간다는 것일까? 막연한 액션은 의미가 없다. 독자들이 기대하는 오프닝은 다음 장을 넘기지 않을 수 없을 만큼 흥미진진한 전개가 꼬리에 꼬리를 물고 이어지는 것이다.

스토리 이론상 내러티브 포물선은 주인공이 시련에 휘말릴 때 상승을 시작한다. 이때부터 주인공은 그동안 누려왔던 안정된 삶에서 내동댕이쳐져 되돌릴 수 없는 변화의 소용돌이에 휩싸인다. 리사 크론이 주인공을 처음부터 평탄한 궤도에 올려놓고 시작하는 작가들에게 가능한 한 빨리 "안락의자를 치우고 불길 속으로 내던지라"라고 재촉하는 이유도 여기에 있다. "스토리는 점점 고조되는 아슬아슬한 모험과 같다. 주인공이 자신이 원하는 목표에 어울리는 사람인지를 보여주는 게 작가의 목표다."

극작법에 대한 명저를 남긴 라요스 에그리는 "극은 첫 대사를 내뱉는 것과 동시에 시작된다"라며 가장 이상적인 "공격 개시점*"으로 아래의 경우를 꼽았다.

- 정확히 갈등이 위기로 치닫는다.
- 최소한 한 명의 인물이 인생에서 중대한 전환을 맞는다.
- 갈등을 초래하는 결정을 내린다.

극장 문이 닫히고 막이 오르면 관객은 적어도 중간 휴식 시간

● 　작가가 액션을 시작하는 지점.

까지는 꼼짝없이 극을 봐야 한다. 극작가에게는 관객의 흥미를 붙잡아 둘 시간적 여유가 조금은 있는 셈이다. 반면 신문, 책, 잡지에 실린 내러티브 기사를 읽는 독자는 극을 보는 관객과 비교할 수 없을 만큼 자유롭다. 잠시라도 지루함을 느끼면 바로 다른 곳으로 눈을 돌린다. 대중적인 활자 매체는 처음 몇 줄에서 독자의 시선을 사로잡아야 한다. 고개를 돌려 쳐다볼 정도로 흥미를 자극해야 한다. 말하자면 내러티브의 '훅'이 있어야 한다. 불타는 차에서 한 여성을 구한 경찰관 이야기를 기억하는가? 스튜어트 톰린슨이 쓴 그 스토리는 다음과 같이 시작했다.

> 픽업트럭이 시속 129킬로미터로 쌩하니 지나갔다. 포틀랜드 보충경찰관 제이슨 맥고완은 사우스이스트 142번가에 세워둔 순찰차 안에서 그 트럭이 급선회해 주행하는 차들 사이로 끼어들었다가 나오는 것을 목격했다.

트럭 운전자는 마약 복용과 불법 운전으로 이미 여러 건의 전과를 가진 사람이었다. 트럭은 마주 오는 차선으로 뛰어들더니 승용차 한 대를 무참히 들이받았다. 그 충격으로 승용차를 운전하던 젊은 여성의 몸이 차에 끼어버렸고, 설상가상 차에는 불까지 붙었다. 맥고완은 트럭 운전자를 붙잡은 다음 불길을 잡으려 안간힘을 썼다. 그동안 여자의 목숨은 거듭 위태로운 지경에 놓이고, 아슬아슬하게 고비를 넘겼다. 마침내 소방대원들이 현장에 도착해 여자를 차에서 꺼냈다. 이 에피소드는 영웅도 있고 해피엔딩도 있는, 작지만 완벽한 내러티브다. 시민을 구하기 위해 몸을 사리지 않은 공무원의 선행이 널리 알려지자 독자들은 신문사로 감사 편지를 보내왔다.

"픽업트럭이 시속 129킬로미터로 쌩하니 지나갔다"가 주는 강렬한 인상을 뛰어넘어야 한다고 생각하는가? 대개는 이런 압박을 느낄 필요가 없다. 독자의 흥미를 끄는 수법에는 여러 가지가 있다. 수많은 스토리텔러가 사용해온 방법 중 하나가 다음에 무슨 일이 일어날지 궁금증을 자극해 독자를 안달 나게 하는 것이다.

한 의사가 낙하산을 타고 내려오다 오리건 해안 절벽의 커다란 삼나무에 걸렸다. 의사는 삼나무 가지에 위태롭게 매달렸다. 조금만 잘못 움직이면 천 길 낭떠러지로 떨어질 판이었다. 구조대가 도착했지만, 장비가 의사에게 닿지 않았다. 그때 누군가가 나무를 잘 타기로 유명한 전직 벌목꾼을 떠올렸다. 그들은 즉시 연락을 취했다. 래리 빙엄의 스토리는 수화기 저편에서 벌목꾼이 전화를 받으며 시작된다.

> 남편 통화를 옆에서 듣고 있던 베키 사리는 궁금해서 견딜 수가 없었다.
> "누가 나무에 걸렸대?"
> "누구냐고?"
> "뭐 하다가?"

나는 저 질문들에 대한 답이 궁금해서 몇 줄 더 읽어봤다. 이 벌목꾼이 사고 현장에 도착했는지, 나무에 쉽게 올라갔는지, 겁에 질린 의사에게 로프를 채웠는지, 무사히 의사를 구해냈는지…. 알고 싶어 좀이 쑤셔 다음 장을 넘길 수밖에 없었다.

이렇게 스튜어트와 빙엄의 오프닝은 훅으로서 손색이 없다. 마감 시한에 쫓기며 썼다는 점을 고려한다면 더없이 훌륭하다. 하지만 이 두 기사를 봐주고 지도했던 나로서는 주인공 시점에서 시작하는 게 좋지 않았을까 하는 아쉬움이 남는다. 핵심 인물 관점에서 이야기를 시작하면 독자는 그 장면 속으로 들어가 주인공에게 닥친 난관들을 자신이 직접 경험하는 것처럼 느낀다.

액션과 시점의 중요성을 염두에 둘 때 내러티브 오프닝으로 가장 일반적인 형식은 "아무개(주인공)가 무엇을 했다"(주로 과거시제)이다. 스튜어트는 "제이슨 맥고완은 픽업트럭이 시속 129킬로미터로 쌩하니 지나가는 것을 보았다"라고 했고, 래리 빙엄의 경우라면 나무를 잘 타는 벌목꾼이 사고 현장에 도착해 삼나무 가지에 위태롭게 걸려 있는 의사를 휘둥그런 눈으로 바라보는 장면으로 시작했을 것이다.

이야기를 시작하는 방법에는 수천 가지가 있고, "주인공이 무엇을 했다"로 스토리를 여는 것이 항상 최선이라고 할 순 없다. 하지만 이 방식이 다양한 상황에 기막히게 잘 들어맞는 것도 사실이다. 『오레고니언』 기자 조 로즈가 쓴 야간 순찰 이야기 중 하나는 흥미를 불러일으키는 액션과 핵심 인물 시점, 이 둘을 모두 드러낸 문장으로 시작한다.

배경은 대학생과 도심에 거주하는 힙스터*가 주 고객인 24시간 도넛 가게 '부두'다. 이 가게에는 '성스러운 도넛'으로 통하는 커다란 스티로폼 도넛 모형이 벽에 걸려 있다. 도둑이 이것을 들고 도주하면서 액션이 시작된다. 가게에 모여 있던 심야의 단골 고객들은 영화 『프랑켄슈타인』에 나오는 소작농들처럼 도심의 거리를 누비며 이 도둑을 추격한다. 그들은 마침내 성스러운 도넛을 가게에 돌려주고 도둑을 경찰에게 인도한다. 조 로즈는 "프라이어 제이는 부두 도넛의 주방에서 와장창하는 소리를 들었지만, 등 너머에서 대학생들이 한밤의 질주를 벌이고 있는 줄은 몰랐다"로 스토리를 시작한다.

모든 내러티브를 요란하고 격렬한 액션으로 시작할 필요는 없

---

* 대중적인 흐름을 따르지 않고 자신만의 고유한 패션과 음악 문화를 추구하는 부류.

다. 잔잔한 스토리에는 잔잔한 오프닝이 적절하다. 다만 무슨 일인가가 일어나고 있다는 것을 보여줄 액션은 필요하다. 『필라델피아 인콰이어러』지의 과학 저자 돈 드레이크는 에이즈라는 끔찍한 질병을 과학계가 최초로 인정한 사건을 재현하며, 이 역사적인 회의장에 핵심 과학자가 당도하는 모습을 매우 담담하게 그려 냈다. "그 면역학자는 미국 질병 통제 센터와 마주 보고 있는 작은 호텔의 어둑한 라운지로 들어와 마티니를 주문했다"라는 문장으로 시작한다. 헤로인 과다복용으로 죽어가는 아버지를 지켜본 어린 소년의 가슴 아픈 사연을 쓰기 위해 데이브 호건은 우연히 소년을 발견한 한 행인의 시선으로 이야기를 시작한다. "월요일 밤 미션 씨어터 앤드 펍에서 사람들이 무더기로 쏟아져 나오는데 노스웨스트 포틀랜드 인도에 여덟 살짜리 사내아이가 혼자 서 있었다. 소년의 얼굴에는 말라버린 눈물 자국이 길게 나 있었다." 2001년 톰 홀먼에게 특집기사 부문 퓰리처상을 안겨 준 3부작 내러티브의 첫 장면은 조용히 주인공을 소개하는 것으로 시작한다. "소년은 거실 소파에 앉아서 창백한 손으로 멍하니 고양이를 쓰다듬었다."

지속적 운동성

스토리는 심장박동처럼 끊임없는 운동성을 띠어야 한다. 내러티브는 시간이라는 줄에 에피소드를 알알이 꿰는 일이기 때문이다. 물론 가끔은 정지 버튼을 누르고 뭔가를 설명해야 한다. 아주 가끔은 방금 일어난 일이 초래할 심리적 파장을 이리저리 추측해야 할 때도 있다. 하지만 이전에 기자들이 "배꼽 들여다보기"라고 비꼬았던 철학적 의미 파헤치기를 인내심 있게 들어줄 독자는 많지 않다. 일단 이야기가 시작됐다면 계속 굴러가야 한다.

물론 모든 내러티브가 액션 영화일 수는 없다. 계속되는 추격 장면은 관객을 가슴 뛰는 사춘기 시절로 돌아가게 하지만 이보다 진지한 영화는 덜 노골적인 액션의 범주에 의존한다. 심지어 아무 일도 일어나지 않는 것 같은 로맨스 영화조차도 차곡차곡 액션을 쌓아 올린다. 기본 개념서, 예를 들어 대구라든가 소금, 빨간색 같은 특정 주제를 탐구하는 내러티브 에세이도 역동성이 있어야 성공한다.

이러한 개념서로 성공한 저자 중 한 명이 죽음에 몰두한 메리 로치다. 그녀는 사체에 대한 1인칭 시점의 개념서 『인체 재활용Stiff』과 사후 세계를 다룬 『스푸크』로 베스트셀러 순위에 올랐다. 로치가 많은 독자를 사로잡을 수 있었던 이유는 스토리를 가만히 두지 않았기 때문이다. 역동성은 거의 모든 글을 살려낸다. 『스푸크』한 대목을 살펴보자. 로치는 인도인 의사와 함께 환생한 혼령에 씌었다는 남자를 만나러 한 마을을 찾아간다. 로치는 상전 노릇 하기 좋아하는 의사의 성격을 희극적 효과를 내는 데 사용한다. 그녀는 마을로 가는 차에 함께 탔을 때 이점을 놓치지 않는다. 그러는 와중에도 내러티브는 계속 굴러간다.

> 인도인 의사가 다른 차도 아닌 바로 이 차를 가장 좋아하는 이유는 운전 기사 때문이다.
> "순종적인 친구예요."
> 라왓 박사는 출발하는 차 안에서 나에게 말했다.
> "나는 대체로 순종적인 사람을 좋아하지요."

차가 출발하는 게 대단한 액션은 아니지만 그럼에도 스토리를 앞으로 굴러가게 한다. 다음에 어떻게 될 것인지를 말해주니까.

지미 브레슬린은 "뉴스는 동사다"라고 말했다. 좀처럼 감정을 드러내지 않는 이 칼럼니스트가 하고자 한 말은 뉴스도 스토리처럼 액션에 의존한다는 것 아니었을까? 어제 나무에 올라간 고양이가 아직도 그곳에서 오도 가도 못 하고 있다고 해보자. 이 사건 어디에 뉴스가 있겠는가? 소방대원들이 사다리 트럭을 타고 와 귀여운 고양이를 나무 꼭대기에서 구해냈다면 이제 뉴스거리가 된다.

브레슬린의 말은 언어적인 측면을 지적한 것이기도 하다. 동사는 액션을 의미한다. 게다가 스토리를 계속 움직이려면 좋은 동사가 많이 필요하다. 간단한 이치다. 하지만 많은 내러티브 작가 지망생이 불분명한 동사, 느슨한 문장으로 이 효과를 반감시키곤 한다. 동사를 쓸 줄 모르는 작가는 극적이어야 할 사건을 하품이 나오는 기록으로 만든다. 부상을 입은 한 병사가 겪은 기나긴 고통의 시간을 담담히 기록한 기자는 병사의 몸을 만신창이로 만든 사건을 이렇게 묘사했다.

> 번쩍하고 커다란 굉음이 난 데 이어 먼지와 잔해로 된 버섯구름이 일었다. 차량 행렬을 겨냥한 노변 폭탄이 선두에 있던 험비(다목적 군용 차량)를 갈기갈기 찢어놓은 것이었다.

기자는 모든 재료를 구비하고는 행위성이 약한 동사, 문장을 만들기 위한 의미 없는 형식어들, 불필요한 완료시제를 사용해 그 효과를 반감시켜 버렸다. 액션을 재현하는 기본 지침 몇 가지를 지켰더라면 다음과 같은 글이 나오지 않았을까.

노변 폭탄이 번쩍하고 터진 순간 선두에 있던 험비가 갈기갈기 찢어졌다. 먼지와 잔해가 구름처럼 일었다.

여러 해 전에 나는 헤이스택 예술 프로그램에서 한 주짜리 내러티브 워크숍 강연을 하곤 했다. 오리건 해안의 아름다운 소도시에서 진행된 이 워크숍에서 나는 프로그램에 참가한 성인 학생들에게 수십 년 전 이 마을을 강타한 해일을 주제로 글을 쓰게 했다. 어느 해 여름에는 컬럼비아강의 위험한 모래톱에서 일어난 침몰사고와 해안경비대의 끔찍한 구조 실패를 취재하고 기사로 작성하게 했다. 실제 있었던 사건을 스토리로 꾸미면서 스토리 이론과 시점, 인물 설정, 배경 구성에 대해 배우는 과정이었다. 이때 학생들은 역동적인 내러티브를 쓰는 핵심 요령도 함께 배웠는데, 이 책의 짝꿍인 『낱말 짓기』에서 다뤘던 종류의 내용이었다.[44] 요령 중 하나는 동사를 제대로 고르는 것이다.

헤이스택에서 내 강의를 들었던 얀 볼즈는 프로그램을 마치고 오리건 중부의 작은 신문사에 취직했다. 그녀는 초심자라 하더라도 도구를 제대로 사용할 줄만 알면 흥미진진한 스토리를 쓸 수 있음을 증명했다. 얀은 전형적인 기사라면 첫 문장을 "어제 오후 레드먼드 주민 네 명을 태운 승용차 한 대가 도로를 미끄러지면서 크루커드강으로 추락했다. 이 사고로 열두 살 소녀가 중태에 빠졌다"로 시작했을 소재를 만났다. 그녀는 이 소재를 붙들고 있다 한 달 뒤 내러티브로 내놓았다. 얀 볼즈의 글은 이렇게 시작한다.

밤색 포드 LTD가 *붕 거리고* 부지런히 폴리나를 향해 달리는 동안 어깨까지 오는 위노나 드미트리크 그레이엄의 머리카락이 연신 그녀의 얼굴을 찰싹 *때렸다.*

"누가 「더 셰이크」 좀 꽂아 봐."

타시나 히크먼이 뒷자리에서 *소리쳤다*. 위노나는 *조용히 웃었다*. 열두 살 난 딸아이가 닐 맥코이의 새 앨범을 얼마나 좋아하는지 모른다. 하지만 계기판의 시계를 *흘겨본* 뒤 그녀의 얼굴에서 웃음기가 사라졌다.[45]

훌륭하다! 얀은 '찰싹 때리다', '붕 거리다', '흘겨보다' 등의 동사를 넣어 우리를 동적인 장면 속으로 안내한다. 그러고는 대개 그렇듯 잠시 속도를 늦추고 등장인물들이 왜 그 고속도로를 타고 서둘러 레드먼드에서 폴리나로 가고 있는지 배경을 설명한다.

오후 12시 20분이었다. 열네 살인 그녀의 아들 티제이 그리고 가족처럼 지내는 열여덟 살 타이슨 리디가 폴리나 로데오에서 황소를 탈 예정이다. 그들은 지각할 것 같았다.

설명할 때는 어쩔 수 없이 액션이 가장 약한 연결동사°를 쓴다. 위 예문에서 얀은 가장 일반적인 연결동사 be동사 종류를 사용했다. 하지만 액션에서 벗어날 때는 한두 단락 이상을 결코 넘기지 않았다. 위노나와 그녀의 동승자가 누구인지, 왜 그들이 고속도로를 타고 있으며, 그들 주변의 풍경은 어떠한지 설명하자마자 우리를 액션의 한복판으로 되돌려놓는다. 얀은 위노나가 커브 길을 돌면서 도로 한가운데 서 있는 픽업트럭을 발견하고는 브레이크를 세게 밟았다고 묘사한다. 그리고

° 구체적인 행위를 나타내지 않고 단지 주어와 보어를 연결하는 역할을 한다. 대표적으로 be동사가 있다.

이어서 무슨 일이 일어났는지를 동사를 이용해 생생하게 전달한다.

차가 왼쪽으로 기울자 욕설과 함께 놀이기구 탈 때 터지는 외마디 비명이 차 안에 난무했다. 차는 도롯가의 자갈밭을 들이받고는 오른쪽 뒤로 격렬하게 휘청거렸다. 자갈과 흙먼지가 열린 창문으로 날아들었다.

"기울다", "난무하다", "쏠리다", "날아들다"와 같은 동사는 동적인 힘이 느껴지는 낱말들로 난폭한 돌발 사태에 잘 들어맞는다. 연결 동사와 달리 움직임을 나타내는 동사들로, 이런저런 설명이 끝나고 이야기가 다시 진행되었다는 뜻이다.

위 인용 대목에 나오는 차는 결국 강에 빠진다. 위노나와 아이들은 탈출해서 무사히 강가에 다다랐지만, 타시나는 물속에 갇힌 채 기절했다. 구조대가 그녀를 끄집어내 강가에 눕혔을 때 그녀는 죽은 듯 미동이 없었다. 입술이 시퍼렇고, 피부는 창백했다. 이때 고라니 사냥꾼이 액션이 강한 동사 세례 속에 등장한다. (그는 브레이크를 "박살낼 듯 밟고", 차를 나몰라라 "내팽개치고", 타시나의 목을 "안정화한다".)

소녀는 일반적으로 뇌 손상이 일어나기 시작하는 시점을 지났다. 그런데 심폐소생술을 실시하자 두어 번 거친 숨을 내뱉었다. 구급대원들은 서둘러 소녀를 병원으로 옮겼다. 어쩌면 차가운 물이 그녀의 신진대사 속도를 늦춰서 의식이 서서히 돌아왔던 건지도 모른다. 남의 일에 먼저 나서서 심폐소생술과 신속한 대처를 해준 공공심 투철한 시민의 소중함을 확인한 사건이었다. 얀의 내러티브는 사고로부터 한 달이 지나서 완결되었다. 회복 후 병원에서 퇴원한 타시나는 위노나와 함께 사고 현장을 다시 찾았고, 죽음 문턱까지 갔던 그날을 돌이키며 감정이 북받쳐 오른다.

시간 표시 장치

내러티브는 액션의 연속이다. 독자는 항상 언제 무슨 일이 일어나고 있는지 명쾌하게 이해할 수 있어야 한다. 그런데 플래시백, 플래시포워드, 2중·3중의 내러티브 라인 등 글을 직선적인 순차 전개에서 벗어나게 하는 장치들은 우리를 혼란스럽게 만든다. 아주 오래전 독자에게 이런 불만을 들은 뒤로 나는 최종 시안에서만큼은 스토리의 전개 순서가 분명하게 드러나도록 한다.

대개는 은근슬쩍 시간을 알린다. 예를 들어, 여름에서 가을로 훌쩍 넘어가 장면이 새로 시작될 때 나무의 색깔을 언급하는 식이다. 혹은 등장인물이 건물에서 걸어 나올 때 하늘에 해가 어디쯤 떠 있는지 살짝 언급해 시간을 알리기도 한다.

하지만 내러티브에 따라서 이 정도로는 부족한 때가 있다. 물살이 거친 일리노이강에서 일어난 급류타기 사고를 재구성했던 『오레고니언』 기자들은 매우 구체적인 시간뿐 아니라, 사건이 지금 어디까지 전개된 것인지 알려줄 장치가 필요했다. 게다가 같은 계곡에서 급류를 타는 여러 일행이 내러티브 사이사이에 끼어든다. 초당 몇 입방피트(cfs, 수량(水量)을 나타내는 단위)로 표시되는 물의 양이 걷잡을 수 없이 불어나면서 사태는 심각한 지경에 이른다. 우리는 한참 고민한 끝에 새로운 장면이 시작될 때마다 다음과 같이 장소, 시간, 수량 등의 기본 정보를 머리말에 제시하기로 했다.

- 마이애미 모래톱, 3월 21일 토요일 오전 9시, 수량 2,002cfs.
- 클론다이크 크리크, 3월 22일 일요일 오전 6시, 수량 6,020cfs.
- 녹색 장벽, 3월 22일 일요일 정오, 수량 10,177cfs.

- 데드맨 모래톱(마이애미 모래톱 출발 지점에서 하류로 20킬로미터 떨어진 지점), 3월 23일 월요일 오후 12시 45분, 수량 15,684cfs.

속도

―

트로이 전쟁에 관한 이야기를 호메로스에게 직접 듣고 있다고 상상해 보자. 그는 고향에서 출발한 그리스 연합군이 트로이의 성벽을 향해 이 동하는 장면을 담담하게 들려준다. 트로이에 당도하기 전 에게해를 건 널 때 무슨 일이 있었는지 시시콜콜한 디테일은 생략한다. 진짜 액션을 파고들 수 있는 전쟁터로 우리를 데려가고 싶어서다.

　　스토리는 여행과 같다. 여행은 지루할 때도, 이루 말할 수 없이 즐거울 때도 있다. 고속도로를 타고 시속 이렇다 할 특징 없는 평야를 종일 달리면 지겨워 미칠 지경이 될 것이다. 그런데 시골길을 굽이굽이 돌며 수시로 차를 세우고 예스러운 마을을 둘러본다면 아주 만족스러 운 하루가 될 것이다. 글을 쓸 때도 마찬가지다. 스토리를 살릴 만한 흥 미로운 대목을 많이 넣어 독자가 그 부분을 빠르게 읽도록 만들고 싶다 는 욕심이 든다. 피터 루비는 "각 장면은 클라이맥스가 있어야 한다. 속 도는 내러티브가 이 클라이맥스에서 다음 클라이맥스로 얼마나 빨리 이동하느냐는 뜻이기도 하다"라고 말한다. 네이선 브랜스포드*는 "속도 를 정하는 것은 갈등의 순간들 사이의 시간"이라고 표현했다.[46]

　　엘모어 레너드는 스스로가 애용했듯이 좋은 속도감이 주는 이점

―

* 『소설작법』(*How to Write a Novel*), 『야곱 원더바』(*Jacob Wonderbar*) 시리즈 저자

에 중심을 뒀다. 그리고 이런 유명한 말도 남겼다. "사람들이 건너뛰는 부분을 되도록 빼려고 한다." 내러티브의 결정적인 지점, 즉 아무도 건너뛰지 않는 부분에 다다르면 속도를 늦춰야 한다. 그래서 호메로스는 그리스 연합군이 트로이에 당도하자 독자에게 드라마를 음미할 시간을 준다. 아킬레스의 몸이 앞으로 쏟아지며 최후의 일격을 당하는 순간 우리는 장면 속에 완전히 몰입된다. 호메로스는 속도를 늦추고, 격정에 찬 목소리로 모든 디테일을 잡아낸다. "스토리텔러가 이야기 속 인물과 장면에 얼마나 바짝 내러티브의 카메라를 들이대느냐에 따라 강렬함이 정해진다"라고 존 프랭클린은 말한다.

호메로스는 요약에서 장면 내러티브로 옮겨갔을 뿐이지만 전개 속도에 변화를 줌으로써 더욱 강하게 독자의 흥미를 끌어당긴다. 속도 조절은 스토리텔러의 가장 강력한 내러티브 기법 중 하나다.

요령이 좋은 작가는 삶의 속도와 스토리의 속도를 반전시킨다. 인생이 따분할 때는 괴로울 정도로 시간이 느리게 흐르지만, 정말 즐거울 때는 화살처럼 쏜살같이 지나간다. 『세인트피터즈버그 타임스』기자 시절 퓰리처상을 받은 톰 프렌치는 스토리를 쓸 때 이런 현실의 속도감을 정반대로 뒤집으려 노력한다고 말한다. "역설적이게도 지루한 부분일수록 속도를 높여야 하고, 시간이 빠르게 지나가는 듯 느껴지는 재밌는 부분에서는 속도를 떨어뜨려야 한다. 그래야 독자가 그 장면을 제대로 느끼고, 이해하고, 그 속에 몰입할 수 있기 때문이다." 영화에도 많은 관심을 가진 톰은 종종 영화 용어들을 활자 내러티브 기법에 적용한다. 그래서 그는 장면 내러티브로의 전환(동반되는 속도 둔화도)을 '줌인'이라 부르곤 한다.

그렇다면 속도는 어떻게 늦추는 걸까? 톰은 지면을 더 많이 할애한다고 말한다. "문장의 수를 늘리되, 그 길이는 짧아야 한다. 문단도 더 짧게 나누어 여백을 이용한다. 평소라면 그냥 건너뛰었겠지만, 장면 속에 자연스럽게 여백이 생기는 것을 발견한다."[47]

톰은 장면 내러티브에 힘을 싣는 방법 중 하나로 중요한 대목이 임박했을 때 질질 끌면서 "어쩔 수 없이 기다려야 할 때의 감질"을 느끼게 하는 것이라고 귀띔한다. 이 방법은 내러티브에서 흔히 사용되지만 곧장 본론으로 들어가는 것을 철칙으로 여기는 기자들의 생리와는 완전히 반대된다.

톰의 글은 이 방법의 교과서적 예를 보여준다. 2007년 니먼 내러티브 저널리즘 회의에서 그는 사산된 아이들의 옷을 지어주는 한 간호사의 이야기 「린지 로즈를 위한 가운」을 발표했다. 루아 베네시타리가 죽은 아이의 장례식을 준비하는 동안 스토리의 감정은 점점 고조된다.[48]

화요일 오후, 루아는 스피트카 씨 가족의 아이를 보육실 뒤편으로 데려왔다. 그녀는 무엇을 해야 할지 잘 알고 있었다.

먼저 그녀는 이 병동에 있는 다른 엄마들이 보지 못하도록 창문 앞 스크린을 내렸다. 그리고 아이의 키와 몸무게를 쟀다. 이 여아의 몸무게는 1.9킬로그램, 키는 43센티미터였다. 루아는 아기의 자그마한 발을 잡고 잉크를 묻혔다. 아이의 발은 두 장의 문서에 발자국을 남겼다. 한 장은 병원 보관용이었고, 한 장은 부모에게 줄 것이었다. 루아는 싱크대에 분홍색 대야를 놓고 따뜻한 물을 받았다. 그리고는 잠깐 밖으로 나와 세례식에 증인을 서줄 간호사가 없는지 물었다.

루아는 장성한 아이들을 둔 나이 지긋한 여자 간호사 한 명이 지켜보는 가운데 얼굴을 제외한 아이의 온몸을 따뜻한 물에 담갔다.

"성부와 성자와 성령의 이름으로 너에게 세례를 주노라."

루아는 아이의 이마에 물을 살짝 떨어뜨리며 말했다.

다른 간호사가 홀린 듯 아이를 바라보았다. 얼마나 예쁜 아이인지 보고 또 보았다.

"정말 예쁜 아기예요." 그녀는 말했다.

장면이 계속 이어지며 근접 관찰한 디테일을 하나둘 풀어놓는다. 루아는 조심스럽게 아이를 씻긴다. 그녀는 자신의 아이들을 떠올리고, 아이가 어른으로 성장하는 모습을 떠올린다. 이 사산아에게는 오지 않을 순간들을. 그녀는 기도했다. 그리고….

루아는 존슨즈 베이비 샴푸로 아이의 머리와 몸을 씻겼다. 그런 다음 수건으로 물기를 닦고, 발과 등에 존슨즈 베이비 오일을 발라주었다. 아이 가족이 아이를 안을 때 이 두 향이(이 향을 맡을 때 연상되는 모든 것도 함께) 그들에게 전해지길 바랐다.

루아는 아기를 품에 안고 선반 쪽으로 걸어가 분홍색 띠를 두른 가운을 집었다.

해설

해설(독자의 이해를 돕기 위해 제공하는 배경 정보)은 내러티브의 적이다. 액션을 둔화시키고 독자를 이야기 밖으로 끄집어내며, 조금 전까지 그들이 빠져 있던 무아지경을 산산조각 낸다.

하지만 어떤 스토리든 해설이 필요하다. 스토리는 동기를 중심으로 돌아간다. 그리고 독자는 왜 등장인물들이 이런저런 행동을 하는

지 그 이유를 알아야만 한다. 따라서 액션을 초월해 관련 배경 정보를 스토리 안에 넣어야 한다. 『월스트리트 저널』기자 빌 블런델이 도시에서 살아가는 대다수 독자에게 카우보이의 실상을 보여주고자 진짜 목장을 찾아갔을 때 그는 쥐꼬리만 한 급료를 받으면서 그들이 왜 그토록 무자비하고, 맥 빠지는 일을 하려 하는지 설명하지 않을 수 없었다.

> 그렇지만 이 카우보이는 드넓은 평원에서 자신이 점 하나에 불과하다는 사실을 잘 안다. 자기 일이 보잘것없다는 것도, 자신에게는 이 땅을 통제할 힘이 전혀 없다는 것도. 이곳 래프터일레븐 목장이든 또 다른 목장이든 이곳에서는 자연만이 유일한 통치자다. 그래서 카우보이는 자연이 가져다주는 위험과 시련 앞에서 겸허히 고개를 숙이고, 자연이 베푸는 선물에 감사하는 법을 터득하게 된다.
> 커다란 수컷 영양 한 마리가 버둥거리며 울타리 밑을 빠져나가더니 발굽을 힘차게 구르며 평야를 질주한다.
> "저런 멋진 그림도 있고요." 카우보이가 중얼거렸다.

혹은 어떠한 일이 이루어지기까지 얼마나 어려운 과정을 거쳐야 하는지 독자가 헤아릴 수 있도록 설명을 넣어야 할 때도 있다. 메리 로치가 내러티브 사이에 배경 설명을 어떻게 끼워 넣었는지 살펴보자.

> 나는 첫 번째 칼날을 들어 올렸다.
> "잠깐만요."
> 아다모비치가 말했다.
> "아주 중요한 것을 잊고 있었어요."
> 투검에서 '가장 중요한 것'이란 거리 재기를 말한다. 공중에서 180도 회

전하는 하프 스핀 던지기는 목표물에서 2.4미터, 풀 스핀의 경우 3.7미터 떨어져야 한다. 단 몇 센티미터라도 멀리 서면 칼이 회전하면서 방향이 엇나가 과녁을 비스듬히 치고 바닥으로 떨어진다. 이렇게 정확함을 요하는 기술이기 때문에 투검 묘기는 달리면서 할 수 있는 것도, 충동적으로 할 수 있는 것도 아니다. 다짜고짜 칼을 던져 목표물을 명중시키는 것은 오로지 영화에서만 가능한 일이다. (……)

아다모비치는 "원숭이는 눈으로 보고 그대로 따라 한다"라고 말하더니 칼 다섯 자루를 연속으로 흑점에 꽂았다. 그러고 나서 나에게 칼을 건네주었지만, 그런 일은 다시 일어나지 않았다.

이처럼 어느 정도의 설명이 꼭 필요한 경우에는 어떻게 해야 해설 삽입으로 인한 피해를 조금이라도 줄일 수 있을까?

첫째, 꼭 필요한 것 외에는 넣지 않는다. "모든 설명은 최소한으로 줄여야 한다"라는 것이 블런델의 원칙이다. "몇 시냐고 묻는 사람에게 시계 만드는 법을 이야기하진 않는다. 지금 상황이 어떻게 돌아가고 있는지 시시콜콜 설명하는 것은 재미없다. 필요하더라도 빨리 해치우고 본론으로 돌아가야 한다. 중요한 것은 스토리를 계속 진행하는 것이다."

자기도 모르게 설명을 늘어놓고 있다면 잠시 일어나서 머리를 식히고 "지금 이 상황을 이해하는 데 정말로 이런 해설이 필요할까?"라는 질문을 떠올려보자. 필요치 않다면 설명하고 싶은 유혹을 떨쳐야 한다. 극적인 목적을 띠는 해설만이 꼭 필요한 해설이다. 이때 해설은 독자가 주인공이 왜 시련을 극복해야 하는지에 공감할 수 있도록 만드는 장치로 기능하기도 하며, 주인공이 얼마나 큰 난관에 부딪힌 것인지 설명함으로써 극의 분위기를 고조시킬 수 있다.

하지만 얼른 본론으로 돌아와야 한다. 너무 멀리 가선 안 된다. 빌 블런델은 옆길로 새 설명이나 여담을 써야 할 때는 절대 두 문단을 넘기지 않는 것을 철칙으로 삼는다.

『노스웨스트 매거진』에서 편집을 할 때 스파이크 워커가 베링해 게잡이에 관한 기사를 내게 가져왔다. 훗날 이 기사는 온 국민의 관심을 위험천만한 게잡이로 향하게 했다. 잡지 한 꼭지 길이였던 내러티브 기사가 책으로 나오기에 이르렀고, 디스커버리 채널은 이 책에서 착안해 리얼리티 시리즈 『가장 위험한 고기잡이』를 제작해 방영했다.

스파이크가 내게 처음 보여준 스토리는 알래스카에 위치한 윌리스 토머스만에서 배를 버리고 우여곡절 끝에 살아남은 한 젊은 어부에게 초점이 맞춰져 있었다. 집채만 한 파도와 굶주린 북극곰들, 아찔한 헬기 구조 등 액션이 쉴 새 없이 터져 나오는 이야기였다. 하지만 당시 독자들은 게잡이 어선이 지구상 가장 위험한 바다에서 어떻게 게를 낚는지에 대해 아는 바가 거의 없었다. 그래서 스파이크는 큰 액션 줄기에서 벗어나 설명을 해야 했고, 그는 구명복의 중요성을 아래와 같이 설명했다.

몸을 구부려 조리실로 들어선 선원 몇은 그곳이 파손된 것을 보고는 앞다투어 빠져나왔다. 독은 창백해진 얼굴로 윌리스를 바라보았다.

"우린 구명복을 입을 거야. 이대론 배에서 도저히 못 버텨."

구역질 같은 역한 두려움이 끼쳐왔다. 윌리스는 구명복이 없었다. 구명복 없이는 얼음장 같은 물에서 살아남을 수 없다. 고깃배를 탄 지 얼마 되지 않아 한 번도 입어본 적은 없지만, 그는 구명복이 어떻게 생명을 지켜주고 어떻게 물에 뜨는지 잘 알고 있었다. 플로리다에서 야생 생존 훈련 강사로 일했던 그는 차디찬 바다에서 배를 버려야만 할 때 선원들의 생명을 앗아가는 것은 익사 사고가 아니라 저체온증이라는 사실을 알고 있었다.

구명복은 다이버의 잠수복과 비슷하게 생겼지만, 몸에 완전히 밀착되지 않는다는 점에서 다르다. 장화와 옷 위에 신속하게 덧입을 수 있도록 하기 위해서다. 앞에 있는 지퍼를 끝까지 올리고 얼굴만 남긴 채 머리를 완전히 감싸는 후드를 쓰면 차가운 물이 안으로 들어가지 못한다. 행여 안으로 물이 샌다면 체온이 떨어져 목숨을 잃고 만다.

구명보트다! 윌리스는 생각했다. 배가 가라앉는다면 구명보트가 유일한 희망이 될 것이다. 그는 손전등을 움켜쥐고 뒤쪽 갑판 위를 달렸다.

스토리 흐름에서 굳이 벗어날 필요가 없을 때도 있다. 액션을 서술하는 문장 사이에 종속절이나 수식어구, 동격어구 등을 통해 설명을 끼워 넣는 것이다. 주절은 액션을 묘사하는 용도로 남겨 둔다.

다음은 이라크에서 중상을 입은 한 군인 이야기에 등장하는 대목이다. 'that's how', 'to be'처럼 의미가 약한 동사의 용언 구성으로 설명을 끼워넣어 액션을 끊고 있다.

이렇게(That's how) 2005년 11월 28일 샌도벌 상등병은 한낮의 태양이 내리쬐는 이라크의 북부 황량한 구릉지대로 오게 되었다(came to be). 그는 험비에 탑재된 50구경 기관총을 조종했다.

장면 자체는 정적이지 않다. 한번 그려보자. 샌도벌 상등병이 기관총을 붙잡고 있다. 그는 구릉지대를 눈으로 훑고, 이때 험비는 앞으로 굴러간다. 물론 없는 이야기를 지어내선 안 되지만 험비가 지도상 이 지점에 도달해야 하므로 움직이는 것으로 묘사하는 것이 더 안전할 것이다. 이 점을 수정하면 다음과 같은 문장이 된다.

> 2005년 11월 28일 샌도벌 상등병은 50구경 기관총이 탑재된 험비를 조
> 정하며 이라크 북부의 황량한 구릉지대로 진입했다.

노련한 작가는 독자가 알아채지 못하게 은근슬쩍 배경 설명을 집어넣는다. 미국 남부에 대한 사랑이 남다른 기자이자 칼럼니스트인 레타 그림슬리 존슨은 『멤피스 커머셜 어필』(*Memphis Commercial Appeal*) 에서 이 기술을 유감없이 발휘했다.

> 여자들은 데이크론* 소재 정장을 입고 어색한 미소를 지었다. 미시시피
> 의 햇볕에 얼룩덜룩해진 팔에는 에나멜가죽 가방이 들려 있었다.

이 문장이 얼마나 많은 사실을 담고 있는지 보자. 미소가 어색하다는 것은 여자들 마음이 편치 않다는 것을 의미한다. 얼룩덜룩한 팔은 이들의 나이가 지긋함을 암시한다. 정장을 입었다는 것은 이들이 격식 있는 자리에 와 있음을 드러내지만, 데이크론과 에나멜가죽은 이들이 노동자 계층임을 시사한다. 또한, 미시시피의 햇볕은 이들이 사는 곳이 어디인지를 말해준다. 아무리 교묘하게 설명을 끼워 넣는다고 해도 스토리 흐름에서 빠져나와 길게 설명해야만 할 때가 있다. 이럴 때는 잠시 쉬어 가는 것뿐임을 주지시킴으로써 피해를 최소화할 수 있다.

메리 로치의 글로 돌아가 그녀가 액션이 가득한 장면에서 어떻

• 듀폰의 폴리에스터계 합성섬유 상표명.

게 해설을 삽입했는지 살펴보자. 그녀는 칼을 위로 들어 올려 던질 자세를 취한다. 그 순간 교관이 그녀를 제지한다. 이때 약간의 스릴이 조성된다. 메리는 하던 이야기를 잠시 내려놓고 독자에게 투검술의 성공 비법을 대놓고 알려준다. 그리고 교관의 액션이 재개된다. 교관은 칼날을 던져 과녁에 꽂는다. 빌 블런델은 이것을 샌드위치 기법이라고 부른다. 액션은 빵에 해당하고, 설명은 속에 해당한다. 이 두 가지가 어우러져 완전한 맛을 내는 것이다.

이런 '샌드위치'가 일정하게 반복되면 독자도 훈련이 되어 이야기가 옆길로 새도 산만하다고 느끼지 않는다. 독자는 액션이 잠시 끊겼을 뿐 곧 재개된다는 것을 금세 알아차린다. 블런델은 설명 바로 뒤에 특히 기억에 남는 액션을 배치해 이러한 기대를 강화한다. 계속해서 읽어나가게끔 유도하는 작은 보상 같은 것이다. 버둥거리며 울타리 밑을 빠져나간 수컷 영양이 발굽을 힘차게 구르며 평야를 질주한다고 했던 장면을 기억하는가?

1인칭 시점 액션

다른 작가들과 달리 기존 인쇄 매체 기자들의 발목을 잡는 암묵적 규칙 중 하나는 그들의 말에 권위가 없다는 것이다. 경찰서 출입기자는 차량 절도범을 잡은 경찰관이 조서를 꾸밀 때 그 곁을 얼쩡거릴 수 있다. 그러나 그는 "화요일, 경찰은 22세 청년이 차량 절도로 체포되어 기소되었다고 전했다"라고 기자의 본분에 충실한 기사를 쓸 수밖에 없다. 이튿날 아침 토네이도가 마을을 휩쓸고 지나가는 것을 봤다고 해도 기자는 자신의 눈을 믿어선 안 된다. 목격자를 찾아야 한다. 사우스웨스트 시더 스트리트 2376에 사는 일레인 보저는 "회오리가 일면서 주변의 모든 것을 빨아들였어요"라고 말했다. "점점 다가오는 것을 보고 지하실로 냅다 달려갔죠"라는 식으로 말이다.

기자 자신이 직접 보고 들은 것을 쓰지 않으면 기사에 객관적인 인상을 더한다. 글에서 자신의 존재를 지우고 철저히 사실만을 다루는 관찰자가 되기 때문이다. 그들의 생각은 무의미하다. 의견은 다른 사람들이 낼 수 있는 것이다.

자기 목소리를 낼 수 없기에 수동태가 남용되기도 한다. 다른 한편으로 이것은 책임에서 벗어나는 아주 편리한 방법이기도 하다. 워터게이트 사건이 터졌을 때 리처드 닉슨 대통령은 어떻게든 책임에서 벗어나고자 "실수가 저질러졌습니다"라는 옹색한 말을 내뱉었다. 이와 비슷한 맥락으로 기자는 보도에서 자신을 지운다. 자신이 무언가를 봤다고 인정하진 않지만, 무언가가 보일 수 있다고 하는 것은 괜찮다.

> 국가 공인 마취 전문 간호사가 스티버슨의 머리 바로 옆에 앉아 호흡과 맥박, 혈압 등을 꼼꼼히 확인하는 모습이 카메라에서 나오는 은은한 불빛에 보였다.

제3자를 통한 간접적인 동작 묘사는 시의회 회의 보도에 알맞다. 하지만 내러티브 논픽션에서는 모든 내용을 제3자를 통해 걸러냄으로써 획득되는 무심함을 피해야 한다. 절대다수의 내러티브에서 스토리텔러의 목표는 독자를 장면 속으로 데려가 사건을 눈앞에서 목격하는 양 경험하게 하는 것이다.

에릭 라슨의 『화이트 시티』에서 시카고 시민들이 세계 박람회 개최지로 시카고가 선정됐음을 알게 된 순간은 스토리의 중대 국면을 이룬다.『시카고 트리뷴』사무실에 도착한 이 전보는 시카고에 굉장히 의미가 깊었다. 시카고가 세계 일류 도시가 되었다는 공식적인 인정과 같았기 때문이다. 라슨은 소식을 듣기 위해 몰려든 인파를 묘사함으로써 이 사건이 가진 의미를 전하고자 했다. 그는 당시 신문에 실렸던 목격담을 찾아냈다. 기사 원문을 인용할 수도 있었지만 그렇게 하지 않고, 독자를 곧장 그 풍경 속으로 데려가 그들이 직접 현장을 목격하고 있는 것처럼 묘사한다.

트리뷴 타워 바깥은 침묵에 휩싸였다. 구름같이 몰려든 사람들은 그 뉴스를 이해하기 위해 잠시 시간을 가져야 했다. 그중 수염을 길게 기른 남자가 가장 먼저 반응을 보였다. 그는 시카고가 세계 박람회 개최지로 선정되는 날까지 수염을 밀지 않겠다고 선언한 사람이었다. 남자는 근처에 있던 유니언 트러스트 컴퍼니 은행 계단을 올랐다. 계단을 끝까지 올라간 남자가 발악하듯 소리를 질렀다. 이 광경을 지켜본 어떤 사람은 마치 로켓이 발사되는 소리 같았다고 말했다. 그러자 인파 속에서 몇 명이 화답하듯 소리를 질렀다. 그리고 곧이어 2,000여 명의 성인 남녀와 몇몇 아이들(대부분 전보와 호외를 전하는 소년들이었다)이 거리가 떠나갈 듯 환호성을 질렀다. 호외를 뿌리는 소년들은 거리를 달려나갔고, 전보를 전달하는 소년들은 포스탈 텔레그래프사와 웨스턴 유니언 사무실로 전력 질주하거나 포프 '안전' 자전거를 부리나케 집어 탔다.

8장

대화

대화는 말이 아니라 액션이다. 사람이 서로에게 하는 행위다.

　◉ 돈 머리_글쓰기 코치

1960년대 미국 문학계에 등장한 뉴저널리즘은 내러티브 논픽션에 일대 전기를 가져왔다. 조앤 디디언, 게이 탈리스, 트루먼 커포티, 노먼 메일러를 필두로 한 뉴저널리즘 작가는 소설에서 사용하는 세련된 장치들을 거침없이 가져다 썼다. 그 가운데 하나가 플롯과 캐릭터를 발전시키는 데 꼭 필요한 대화였다. 다만 뉴저널리즘 작가는 가상의 인물이 가상의 장면에서 나누는 대화 대신 세상으로 들어가 실제 사람들이 일상에서 주고받는 언어를 그대로 사용했다. 톰 울프는 『뉴저널리즘』 서문인 「피처 게임」에서 새로운 경향의 논픽션을 이루는 필수 요소를 나열했는데 그중 하나가 대화라고 말했다. 그는 "대화는 어떠한 단일 장치보다 독자를 끌어들이는 확실한 힘을 지니고 있다"라고 썼다.

　물론 구세대 저널리스트 역시 수 세기 동안 실존 인물들이 사용하는 실재 언어를 썼지만 대개 인터뷰 때 나온 말을 해설 기사에 삽입하는 직접 인용 형식을 취했다. 한 기자는 일본군의 진주만 공격을 보도하며 "우리는 수개월 동안 조금씩 전쟁에 다가갔다. 그리고 마침내 도달했다. 우리는 미 연합군으로서 전쟁에 맞서야만 한다"라는 찰스 린드버그의 말을 그대로 인용했다. 게이 탈리스는 브로드웨이 연출가 조슈아 로건과 여배우 클라우디아 맥닐의 말다툼을 실제 대화 그대로 옮기기도 했다.

> "클라우디아!" 로건이 소리쳤다.
> "남자 배우에게 할 복수를 나한테 하진 말라고."
> "그러죠, 로건 감독님."
> 클라우디아는 나긋하지만 비아냥거리는 투로 대답했다.
> "클라우디아, 이제 그만하라니까."
> "그러죠, 로건 감독님."
> "'그러죠, 로건 감독님'이라는 말도 그만하고."
> "그러죠, 로건 감독님."
> "무례한 것도 정도가 있어야지."
> "그러죠, 로건 감독님."

정통적인 해설보도에 익숙한 원로 작가나 기자들에게는 직접 인용문에서 대화문으로 바꾸는 것이 난관이었다. 틀이 짜여 있는 신문의 피처기사는 사이사이에 들어간 연결어를 빼면 직접 인용문의 연속이라 해도 무방하다. 전통적인 스타일의 기사를 쓰는 기자들에게 직접 인용은 정보 수집부터 기사 작성까지 글을 쓰는 모든 과정에 뿌리 깊게 배여 있는 습관이다. 경기가 끝나면 스포츠기자는 선수들의 말을 따기 위해 라커룸으로 향하고, 피처기자는 마지막 문장으로 사용할 짧고 강력한 한마디를 줍기 위해 혈안이 되어 돌아다닌다.

오늘 아침 우리 신문사의 조간을 집어 들고 메트로 섹션을 훑어보았다. 1면에 실린 여섯 편의 기사 처음 다섯 문단 내에 직접 인용문이 모두 하나씩 들어 있었다. 어느 술집 주인은 위생 상태가 불량하다는 고발에 맞서 싸우겠다고 말했다("우리가 위반했다는 요소를 하나하나 반박해줄 것이다"). 어떤 조직은 해변 정화 활동을 시작할 것이라고 강조했다("총 583킬로미터에 달하는 해변을 접근 가능한 곳 위주로 구석구석 청소할 예정입니다"). 한 항공 장구 관리사는 숲에서 발견된 낙하산이 악명 높은 항공기 탈취범의 것인지 알아낼 수 있다고 말했다("내가 접었어요. 내가 조립했고요. 그러니 내가 보면 알겠죠").

이 인용문 중 쓸데없이 들어간 것은 하나도 없다. 직접 인용이 유용하다는 것은 부인할 수 없다. 적절히 사용하면 내용에 권위를 실어줄 수도 있고 다른 사람 생각을 엿보게 하며, 목소리에 색을 입히기도 한다. 이 책에도 직접 인용문이 수시로 등장한다. 그중 대부분은 해당 주제에 전문성을 살려줄 글쓰기 전문가들의 책이나 발언에서 가져온 것이다.

잡지와 책의 경우 작가의 개성 있는 목소리가 강하게 드러나는, 권위적인 내러티브 스타일을 취한다. 그래서 직접 인용이나 대화문이 많이 들어가지 않는다. 잡지와 책에는 낚시 포인트를 찾는 법, 배나무 가지치기하는 법을 가르쳐주는 등의 설명하고 요약하는 식의 내러티브가 많다. 저자의 목소리 외에 다른 사람의 목소리는 전혀 들어가지 않고, 이것이 전혀 문제가 되지도 않는다. 내가 키우는 배나무가 멋지지 않아 고민이라면 원예 고수가 가르쳐 주는 가지치기 비법만 열심히 들으면 되지 않겠는가. 하지만 진짜 스토리를 들려주고 싶다면 독자에게 등장인물이 주고받는 대화를 들려주어야 한다.

요즘 팟캐스트의 인기 비결 중 하나는 등장인물의 실제 대화를 들을 수 있다는 점이다. 취재자가 빈틈없이 움직여서 실제 인물들의 대화를 녹취할 수 있다면 이야기 속에서 생생하게 들려줄 수 있다. 지면 매체의 경우 실제 대화의 분위기를 담기가 어렵긴 하지만 고수들은 멋지게 해내기도 한다.

존 맥피의 「조지아 여행」에서 두 생물학자가 자연 하천 수로화 공사 현장에 들른 장면을 예로 들어보자. 2장에서 설명한 맥피의 나선형 그림에 표시된 장면이다. 두 학자는 굴삭기 기사와 대화를 시도한다. 중요한 야생생물 서식지가 파괴되고 있는 현장을 지켜보면서도 현지 주민인 남자에게 정보를 얻으려고 그의 비위를 맞추며 아첨한다.

> "안녕하세요?" 캐럴은 인사를 건넸다.
>
> "사진 찍는 거요?" 남자가 말했다.
>
> "네. 좀 찍고 있어요. 하천 개구리의 분포 범위와 서식지를 알아보는 중이거든요. 흙을 퍼내다 개구리 좀 못 보셨어요?
>
> "봤수다." 남자가 말했다.
>
> "그것도 아주 많이."
>
> "장비 다루는 솜씨가 보통이 아니시네요."
>
> 캐럴의 말이 떨어지자마자 남자가 자세를 고쳐 앉았다.
>
> "방금 하신 그런 기술은 아무나 못 하는 거 아녜요?"
>
> 캐럴은 계속 말을 붙였다.
>
> "그건 무게가 얼마나 돼요?"
>
> "82톤이오."
>
> "82톤이나요?"
>
> "82톤."
>
> "대단하네요! 하루에 파내는 깊이가 어느 정도 되나요?"

"152미터."

"열흘에 1.6킬로미터네요."

샘이 믿기지 않는다는 듯 고개를 흔들었다.

"그보다 더 파는 날도 가끔 있고."

"이 근처 사세요?"

"집은 백슬리 쪽이고, 일감 따라 가라는 데로 갑니다.

"아, 죄송해요. 말씀하시는데."

"전혀. 사진 마음껏 찍으슈."

"감사합니다. 그런데 기사님 성함이 뭐라고 하셨죠?"

"챕이오. 챕 코지."

맥피는 대화 속에 액션("남자가 자세를 고쳐 앉았다")을 섞어 넣음으로써 우리가 그곳에서 대화 장면을 지켜보고 있으며, 챕이 하는 말을 직접 듣고 있다는 느낌을 강화한다. 맥피는 하천 수로화, 토양보존청, 수로화 공사의 전통적인 근거, 그로 인한 생태계의 피해, 점점 거세지는 반대 등에 관해 이야기한 뒤 서둘러 액션으로 돌아온다.

코지는 진흙을 여섯 번 퍼 올린 뒤 몇 미터 뒤로 이동했다.

물론 대화 자체는 목적이 될 수 없다. 대화의 진짜 역할은 따로 있다. 주인공이 난관에 부딪혀 고전을 면치 못하는 상황에서 사건이 진전될 수 있도록 돕는다. 인물 중 한 명이 입고 있는 옷이라든가 주변 사물을 언급하는 식으로 장면 묘사에 일조하기도 한다.

반면, 배경 정보를 제시하는 데는 영 소질이 없는 게 대화인지라 노련한 픽션 작가라면 절대 독자들이 이미 알고 있는 사실을 등장인물이 말하게 하지 않는다.

> "이봐, 제크. 조랑말들 말이야, 지난겨울 넬리가 아프기 전에 자네가 지은 축사로 데려갈 생각이야?"
> "그게, 행크. 비키 양 보러 가는 길에 데려다 놓으면 되겠다 싶더라구. 기억할랑가 모르겠네. 지난주에 자네 고향 위치토 근교 술집에서 함께 봤던 훤칠한 금발 여인 말이야."

현실 세계에서는 이처럼 티 나게 부자연스러운 대화를 나누지 않는다. 현실 속 인간은 대화에 참여한 모든 사람이 이미 알고 있는 내용을 굳이 말하지 않는다. 물론 유용한 배경 정보를 입 밖으로 꺼낼 때가 없진 않지만, 되도록 언급하지 않는 것이 좋다. 설명은 서술자가 된 작가가 맡고, 대화는 대화대로 가장 잘하는 일을 하는 것이 좋다.

간접 화법은 또 다르다. 이 경우 서술자인 작가가 일종의 방백처럼 배경 정보를 슬쩍 얹으면서 대화 참여자들이 하는 말을 다른 표현으로 풀어 옮길 수 있다. 리처드 프레스턴은 『핫존』에서 이 방법을 반복적으로 사용한다.

> 그 직후 조 매코믹이 일어나 한마디 했다. 그의 발언은 지금까지도 논란거리로 남아 있다. 육군에서 이야기하는 버전이 있고, 다른 버전이 하나 더 있다. 육군 버전에 따르면 매코믹은 피터 예를링 쪽으로 몸을 돌린 채 대강 이렇게 말했다고 한다. "정말 감사합니다, 피터. 덕분에 경계 태세를 취할 수 있게 됐습니다. 이제 전문가가 여기 왔으니 이 문제를 우리에게 넘기면 됩니다. 해를 자초하기 전에요. 우리는 애틀랜타에 매우 우수한 감염 억제 시설을 갖추고 있습니다. 갖고 계신 자료와 바이러스

샘플은 전부 우리가 가져가도록 하지요. 이제부터는 우리가 맡아서 해결하도록 하겠습니다."

육군 관계자들은 매코믹이 자신이 유일한 에볼라 전문가라는 인상을 주려 한다는 느낌을 받았다. 그래서 그가 에볼라 사태를 진두지휘하며 육군의 바이러스 샘플을 차지할 속셈이라고 생각했다. C. J. 피터스 대령은 매코믹의 말을 들으며 씩씩거렸다. 들으면 들을수록 점점 화가 치밀어 올랐다.

누군가의 말을 들으면 그 사람의 됨됨이나 성격을 알 수 있는 것처럼 대화의 주된 역할은 뭐니 뭐니 해도 인물 구축이다. 트레이시 키더는 좁디좁은 동네에서 경찰관으로 일하는 주인공의 일상은 물론이고 친구, 지인과 주고받는 대화를 통해 주인공의 성격을 드러낸다.

그는 매일 저녁 근무를 나오면 아는 얼굴에 안부 인사를 건넨다. 또 오랜 친구나 친구의 부모가 차를 타고 지나가면 경적을 울리고, 고향으로 내려와 지역신문 기자로 일하는 옛 동창에게 손을 흔든다. … 시청을 나서는 시장에게는 "안녕하세요, 시장님!"이라고 큰 소리로 인사한다. 저녁 근무 시간을 대부분 이렇게 보낸다. 좋아하는 변호사가 마침 저 앞에 보이자 순찰차에 달린 확성기를 켜고 그를 불렀다. 그 바람에 커다란 목소리가 건물에 부딪혀 메아리쳤다.

"찰리! 다시 남자 옷 입은 것을 보니 멋진데요!"

그러곤 방향을 틀어 옆 골목길로 들어선다. 술 취해 비틀거리는 사람을 큰 소리로 불러 세운다.

"아니, 캠벨! 이제 어리석은 짓은 그만하겠다고 나한테 약속했잖아요. 곧장 집으로 가서 주무세요!"

대화의 힘은 인물이 하는 말에서만 나오지 않는다. 대화는 어떤 장면을 배경으로 이루어지기 마련이다. 그래서 그 장면에서 일어나는 다른 액션 역시 의미를 만들어낸다. 우리가 어떤 장면을 지켜보며 대화 그 이상의 것을 기록하려는 이유도 바로 여기에 있다. 「조지아 여행」에서 굴삭기 기사가 언제 자세를 고쳐 앉았는지 기억하는가? 『작은 변화를 위한 아름다운 선택』에서 키더가 어떤 식으로 폴 파머의 상기된 얼굴을 언급하며 이 인물의 성격을 드러냈는지 눈치챘는가? 마음 따뜻하고, 인정 많은 파머는 아이티인 친구와 잡담을 나누다 자신을 인정해주는 말을 듣고는 어쩔 줄 몰라 한다.

> "그 사람들도 어쩔 수 없이 개를 줄에 묶어둔 거예요. 선생님이 아픈 사람들 보러 늦게까지 돌아다니시잖아요."
> 티 오파가 말했다.
> "저는 닭이나 돼지를 한 마리 드리려고요."
> 연한 주근깨가 박힌 허여멀건 피부가 목 아래부터 이마까지 순식간에 벌게진다.
> "이미 많이 줬어. 더는 안 돼!"
> 티 오파가 지긋이 미소 짓는다.
> "저 오늘 밤은 잘 잘 겁니다."
> "알았어, 이 친구야."
> 파머가 말한다.

1인칭 시점으로 내러티브 논픽션을 쓰면 작가는 이야기 속에 인물로 등장해 다른 등장인물과 대화를 나눈다. 이것은 직접 인용문으로 처리하는 전통적인 인터뷰와는 다르다. 현실에서 나누는 자연스러운 대화로, 스토리 전개나 인물 구축에 기여한다. 대화 속에 작가 본인의 말과 행위가 포함된다는 사실 또한 인터뷰와 다른 점이다. 다른 인물의 반응은 작가의 대사를 훨씬 의미 있게 하는 전후 상황에서 나타난다. 『워싱턴 포스트 매거진』의 기자 진 바인가르텐은 도박 중독에 빠진 어린이 마술사를 다룬 「까꿍 패러독스」에서 이 방법을 사용했다. 둘의 대화에서 주인공인 마술사의 성격은 물론 작가인 바인가르텐과 주인공의 관계가 어떻게 변하는지도 엿볼 수 있다.

> 주 경찰관을 휙 지나친 순간 그들은 유료 고속도로를 타고 시속 129킬로미터로 달리고 있었다. 경찰차가 불빛을 번쩍거리며 다음 휴게소까지 따라왔다. 경찰관이 내 운전면허증을 조회하는 동안 에릭이 조용히 말했다.
>
> "내가 운전했다면 정말 큰일 났을 겁니다."
>
> 나는 안도의 미소를 지었다.
>
> "그러게요. 법정 출두일이 11월 21일이잖아요."
>
> "그걸 어떻게 알았어요?"
>
> "경찰 기록을 다 훑어봤죠."
>
> 내가 대답했다. 잠시 무거운 침묵이 흘렀다.
>
> "그럼 내가 택시 기사랑 얘기하는 거 정말 좋아한다고 했을 때 안 믿었겠네요?"
>
> 우리 뒤쪽으로 6미터가량 떨어져 있던 경찰은 방금 과속 단속에 걸린 두 남자가 왜 갑자기 폭소를 터뜨리는지 의아했을 것이다.

내적 독백

영화는 격렬하고 왁자한 액션을 세밀하고 생생하게 보여줄 수 있다. 그렇다고 영화감독이 유리한 카드를 모두 쥐고 있는 것은 아니다. 활자에도 강력한 이점이 있다. 영화는 외부의 관찰자에게 보이는 외적 현실만 다루지만 활자는 눈에 보이지 않는 인간의 정신세계를 탐험할 수 있다.

단순한 사건의 나열과 스토리의 차이점을 기억하는가? 조지프 콘래드, 재닛 버로웨이를 비롯한 많은 작가가 지적했듯이 내러티브 자체는 스토리가 되지 못한다. 내러티브에 모티브(동기)가 결합해야만 플롯이 된다. 인물의 심리 상태는 플롯을 진전시키며, 액션을 설명하는 데 꼭 필요한 요소다.

다음 글에서 트레이시 키더는 독자를 데리고 소도시 경찰관의 순찰 구역을 이곳저곳 도는 동안 주인공이 뭔가를 보고 옛 기억을 떠올릴 때 그의 머릿속을 보여준다.

> 그는 차를 몰고 구산업지대인 베이 스테이트를 가로지르다 예전에 클린 보어 공장이 있었던 곳을 지나게 되었다. 여름날 저녁이었지만 그의 마음에는 눈이 내렸다. 공장 앞문에서 시작해 밀강 제방으로 눈 위에 난 발자국을 따라갔던 기억이 되살아났다. 그땐 완전 초짜 경찰관이었다. 날이 어둑해질 무렵 저만치 앞에 그 빈집털이범이 있었다.

흡인력이 있긴 하지만 신문기자들은 이런 식의 서술을 '독심술'이냐며 미심쩍게 여긴다. 기자로 살면서 억측은 피하고 검증 가능한 사실만 파고들도록 단련되었기 때문이다. 내적 독백을 우려스럽게 바라보는 건 어쩌면 당연하다. 이에 대한 게이 탈리스의 대답을 들어보자.

탈리스는 미국의 보나노 범죄 조직을 다룬『네 아버지를 공경하라』(*Honor Thy Father*)를 출간한 뒤 순회 저자 강연회를 가졌다. 이 책에는 내적 독백이 상당히 많이 등장한다. 어느 날 아침 재판에 출석하기 위해 맨해튼으로 가는 조직의 수장 조 보나노의 심경이 드러나는 대목이 있다. 이 부분을 두고 저자 강연회에서 사회자가 그 순간 보나노가 무슨 생각을 했는지 어떻게 알 수 있었느냐고 물었다. 그러자 탈리스가 덤덤하게 대답했다.

"보나노에게 물어봤거든요."

이 업계에서 가장 깐깐하게 원칙에 입각한 글을 쓴다고 소문난『워싱턴 포스트 매거진』의 기자 월트 해링턴은 "무슨 생각을 하는지 직접 얘기해주지 않는 한" 그 사람의 생각을 말하지 않는 것이 자신의 철칙이라고 말했다.[49]

대부분 사람은 몇 년 전은커녕 10분 전에 무슨 생각을 했는지도 잘 기억하지 못한다. 좀 더 멋진 사람으로 보이고 싶어 기억에 윤색을 가하기도 한다. 심리학자들은 '선택적 기억'이라는 것이 있음을 증명한 바도 있다. 내적 독백은 본질적으로 무작정 믿을 것이 못 된다.

이러한 기억의 왜곡을 줄이는 방법이 몇 가지 있다. 첫 번째는 해당 사건이 일어난 뒤 기억이 흐려지기 전에 인터뷰하는 것이다. 톰 홀먼은 신생아실 간호사들이 많은 입원아가 죽음을 맞는 제3기 신생아 병동에서 일하며 겪는 심적 압박을 연작 스토리로 다루었는데, 여기서 내적 독백을 아주 많이 사용했다. 하지만 그는 사건이 일어나는 그 순간 현장에서 알아낸 '생각들'만 다루었다. 칸막이로 가려진 곳에서 한 젊은 부부가 죽어가는 아이를 품에 안고 있는 동안 간호사는 그 너머에 서서 기다렸고, 이때 톰은 간호사의 곁에 서 있었다. 그는 간호사에게 지금 무슨 생각이 드느냐고 물었다. 당시 간호사의 대답은 기억의 왜곡을 거치지 않은 '진짜' 생각이다.

취재원의 기억에 내적 일관성과 논리적 개연성이 있는지 따져볼 수도 있다. 과학자들이 '액면타당도°'라고 부르는 검사는 동일 사건의 목격자(혹은 대화 참여자)를 다수 인터뷰함으로써 하나의 목격담을 다각도로 바라보고 평가할 수 있다.

이외에도 문서 기록과 대조하는 방법이 있다. 예를 들어, 취재원이 그날 비가 내려 기분이 우울했다고 말한다면 실제로 비가 왔는지 기상청 기록을 확인할 수 있다. 만약 취재원의 정보를 확신할 수 없다면 표현을 바꾸거나 풀어 쓰는 것이 좋다. 작가가 사건을 직접 재구성할 때는 극적인 흥미가 고조되는 순간에 일어난 사건만을 다루어야 한다. 당시 경험이 매우 강렬해 기억이 생생하게 되살아나기 때문이다. 사실 이런 순간은 실제 삶에선 매우 드물게 나타난다.

논리적으로 따지는 작가라면 내적 독백을 넣는 경우 어디까지 허용할 것이냐를 놓고 의견이 갈릴 수 있다. 하지만 어떠한 사실을 어떻게 알게 됐는지 독자에게 출처를 밝혀야 한다는 점에는 대부분 동의할 것이다. 신생아실의 간호사들에 대해 쓴 글에서 톰 홀먼은 취재원의 기억을 바탕으로 내적 독백을 구성했다고 밝혔다. 좀 더 오래된 기억이나 대화를 전달할 때는 "그는 … 라고 생각한 기억이 났다"라든가 "그의 기억으론…"이라든가 "나중에 떠올린 바로는…" 등의 표현을 덧붙일 수 있다.

● 심리검사 개발자나 전문가가 아니라 피험자, 즉 비전문가가 검사 문항이 검사 용도에 얼마나 적절한지를 판단하는 조사.

대화의 재구성

재구성된 대화는 특히 의심을 살 수밖에 없다. 내러티브 작가가 깐깐한 원칙주의자라면 오래전의 대화를 기억해내어 인용 부호 안에 넣는 것을 지극히 경계할 것이다. 이런 위험이 있음에도 나는 재구성된 독백을 기꺼이 쓰는 편이다. 단, 그 독백 안에는 평생 잊히지 않을 사건을 경험했을 때 그 인물이 하고 있던 생각이 담겨 있어야 한다.

TV 영화 《포로》(Captive)로 각색되기도 했던 「지옥으로의 여행」(A Ride through Hell)을 기억하는가? 반스 엘리스는 오리건에 살던 한 부부의 납치 사건을 다룬 이 스토리에 재구성된 대화와 내적 독백을 꽤 많이 삽입했다.

그 사건은 부부에게 결코 지워지지 않을 경험이다. 그들은 절체절명의 순간 자신들이 무슨 말을 하고 무슨 생각을 했는지를 우리가 지난주에 슈퍼마켓에 가서 무엇을 샀는지보다 훨씬 선명하게 기억할 것이다. 이 부부(폴 플런크과 캐시 플런크)는 경찰의 추적을 받던 두 괴한이 오리건 해안에 자리 잡은 자신들의 모텔에 나타났을 때 정신을 바짝 차리고 경계 태세를 취했다. 침입자들은 권총을 꺼내 위협하며 돈을 요구했다. 플런크 부부가 금전등록기를 열어 100달러가 채 안 되는 돈을 꺼내 놓자 불같이 화를 냈다. 캐시 플런크는 그다음에 무슨 일이 일어났는지를 기억하고 있었다.

"위층에 돈이 더 있을지도 몰라요."

캐시는 그들이 살고 있는 위층 방에 놓인 상자가 생각나 말했다. 돈을 충분히 주면 그것을 갖고 떠나리라 생각했다.

워낙 짧고 간단한 말이라, 캐시는 정확하게 기억하고 있었을 것이다. 당시 그녀가 했다는 생각도 정황상 이치에 맞는다. 마찬가지 이유로 괴한 한 명에게 몇 차례나 성폭행을 당한 뒤 무슨 생각을 했는지에 대한 그녀의 기억도 정확하다고 봐야 할 것이다.

'여기 어디에 이 사람의 화를 자극하는 거라도 있나?'
캐시는 무시무시한 공포를 떨쳐내기 위해 최대한 객관적으로 생각하려 애썼다. 눈앞의 남자는 분노와 적개심으로 들끓고 있었다.

살아남기 위해 그녀가 생각해낸 전략 역시 완벽히 납득할 수 있다. 프로스트라는 젊은 괴한은 정신적으로 나약하고 애정에 굶주린 듯 보였다. 감정적인 유대가 생기면 상대방에게 감정을 이입해 폭력성이 누그러질 수도 있었다.

'프로스트와 어떻게든 좀 가까워져서… 얘기가 통한다면 우리에게 유리할지도 몰라.' 그녀는 생각했다.

재구성은 철저히 사실에 근거해야 한다고 주장하는 사람들도 있지만, 나는 강렬한 순간에 나온 단편적인 대화 조각이나 내적 독백까지 의심하고 회의하지 않는다. 타키투호의 여자 갑판원이 집채만 한 파도가 배의 옆구리를 강타하는 순간 "이런 젠장!"이라고 소리쳤던 것을 기억하는가? 그 파도로 인해 배는 가라앉고 승객 절반이 사망했다. 나는 그 순간 그녀가 정확히 그렇게 말했을 것이라고 확신한다. 그런 상황이었다면 나라도 그렇게 했을 테니까.

9장

주제

내러티브는 우리 안의 깊은 심연으로 들어가는
뒷문 같은 것이다.

◉ 아이라 글래스_방송 진행자

그 사고를 겪기 전까지 게리 월은 미국 굴지의 보험회사 블루크로스의
보험조사관으로 일했다. 해군 복무 시절에는 세계 곳곳을 누볐고 예쁜
여자들과 데이트를 즐겼으며 급류를 타러 강으로 나가기도 했다. 그러
다 불의의 교통사고를 당해 뇌를 크게 다치고 말았다. 일주일 만에 혼
수상태에서 깨어났지만 두 달 동안 말을 하지 못했다. 침이나 음식을
삼키는 법도, 방광을 조절하는 법도 잊어버렸다. 의자에 앉으면 자꾸
바닥으로 미끄러졌고 포크, 칫솔, 신발 같은 일상적인 물건을 알아보지
못했다.

   톰 홀먼은 인생을 다시 처음부터 시작한 게리 월의 힘겨운 싸움
을 18개월 동안 지켜보았다. 게리가 블루크로스에서 실직하던 날도, 뇌
상 재활 프로그램에 연락하던 때도 톰은 그 자리에 있었다. 해야 할 일
을 잊지 않기 위해 집 안 곳곳에 붙여놓은 포스트잇이 줄어들고, 마침
내 전부 필요 없어지는 날까지 모든 과정을 지켜보았다. 게리가 유통

업체 타겟에 창고 관리자로 취직하고, 다시 데이트를 시작하고, 새로운 친구들을 사귀는 모습도 보았다. 그 1년 반 동안 나는 톰과 정기적으로 만나 내러티브 논픽션의 가장 근본적인 문제에 관해 이야기를 나누었다. 이 모든 것이 어떤 의미가 있느냐는 것이었다.

나는 글쓰기 코칭을 하며 논픽션을 쓰는 기자, 작가들과도 비슷한 대화를 나눴다. 이는 단연코 내 업무 중 흥미로운 부분이었다. 힘든 시간을 이겨낸 사람들의 삶에서 어떤 교훈을 얻을 수 있을까 고민하는 것보다 더 보람된 일이 있을까. 테드 체니는 『창의적 논픽션 쓰기』(*Writing Creative Nonfiction*)에서 "단순히 사실을 전달하는 게 아니라 사람들이 주제를 더욱 깊이 있게 이해할 수 있도록 사실을 전달한다"라고 말했다.

그렇다면 게리 월의 힘겨운 싸움이 말하려는 바는 무엇일까? 취재를 시작한 지 얼마 지나지 않았을 때 톰은 게리를 컴퓨터에 비유했다. 우리는 이 표현을 계속해서 되새김질했다. 톰은 뇌상이 게리의 하드디스크를 삭제해버렸다고 말했다. 사고 이전의 게리는 완전히 사라진 것이다. 남은 시간을 조금이라도 의미 있게 살고자 한다면 완전히 새 인생을 만들어야 했다.

하지만 어떻게? 그보다 정체성이란 도대체 무엇일까? 이 질문은 사실 모든 독자에게 중요한 의미를 갖는다. 이 답을 찾으면 거의 모든 잠재적 독자에게 유용한 인생 교훈, 우리가 통상적으로 "보편 진리"라고 부르는 것에 가까워질 것이다.

재능 있는 스토리텔러는 일반적인 뉴스 보도를 뛰어넘는 작품을 만들기 위해 보편 진리를 꼭 찾아야 하는 것을 안다. 데보라 바필드 베리와 켈리 벤햄 프렌치는 「멀고 먼 고향길」(The Long Road Home)의 주제를 잡아나갈 때 이것을 따랐고, '너트 그래프'*를 별도로 두는 『월스트리트저널』의 오랜 전통을 따라 이 문단에 그 내용을 넣었다. 칩 스캔런은 인터뷰에서 너트 그래프를 어떤 의도로 넣었는지 물었다. 프렌치는 완다 터커라는 사람의 아프리아 여행 이야기가 어떤 보편적 진리를 갖는지 그 접점을 다루고자 했다고 설명했다. "앙골라가 완다에게 어떤 의미인지 있는 그대로 보여주고, 그녀의 이야기가 왜 중요한지 얘기해야 했어요. 이 이야기는 그녀 한 사람 이야기가 아니라, 넓게는 미국의 이야기라는 메시지를 드러내고 싶었죠. 추상화 사다리의 맨 꼭대기에서 제대로 정곡을 건드려야 하는 부분이 여기였어요."

톰과 나는 정곡을 제대로 건드렸을까? 톰은 컴퓨터에 비유된 게리 윌의 삶에서 거의 모든 독자의 마음을 울릴 보편적인 의미를 찾는 데 주효했다.

유전자를 제외하고는 우리 모두 텅 빈 하드디스크 같은 상태로 인생을 시작한다. 세상을 살면서 우리는 자신이 어떤 사람인지, 어디에 사는지, 무엇을 하는지 정의하며 세상에 단 하나뿐인 자아를 형성해나간다. 자아 형성은 어떤 식으로 이루어지기에 우리의 결핍을 채우고, 우리에게 즐거움과 성취감을 주는 것일까?

톰과 이야기를 나누면서 나는 철학자 조지 허버트 미드의 거울 자아 이론이 떠올랐다. 거울 자아란 다른 사람에게 비친 자신의 모습을 보고 자기 자신이 어떤 사람인지 인식한다는 개념이다. 주변 사람들이 나를 불쌍하다고 여기면 나도 자신을 불쌍하다고 생각하는 식이다.

---

* nut graf. 기사의 서두(대체로 두 번째 문단)에서 한 문단을 할애하여 앞으로 읽게 될 기사의 내용과 의도를 간략히 밝히는 문단.

게리는 희미하게나마 이것을 알고 있는 듯했다. 그가 창고 관리직에 지원했을 때 그의 치료사는 면접에 함께 가주겠다고 말했다. 하지만 그는 혼자 가겠다며 거절했다. 그는 면접관이 자신의 장애 때문이 아니라 장애가 있음에도 채용하길 바랐던 것이다.

톰과 나는 이 문제를 더욱 깊이 파고들었다. 우리는 게리가 새로운 자아를 만들기 위해 의도적으로 연기를 하고 있다는 결론을 내렸다. 그는 새로운 세상에 다다르기 위해 몇 번씩이나 두려움과 불안을 이겨냈다. 처음으로 여자에게 데이트를 신청했을 때는 너무나 두렵고 떨렸다. 하지만 그는 결국 해냈다. 시간이 나면 고객 문의에 대처할 수 있도록 상품목록을 들여다보았다. 고객과의 소통 역시 세상으로 나가는, 용기가 필요한 일이었다. 새로운 친구들도 만났다. 하루하루 새로운 거울을 가져다 놓고 거울 자아를 비추었다.

톰과 나는 의견을 나누며 게리의 내러티브를 사건의 나열 이상으로 끌어올릴 얼개를 잡아 나갔다. 그러자 뉴스 보도에서는 찾아볼 수 없는 요소가 튀어나왔다. 이것이 빠진 사실에는 의미도, 감정도, 영감도 없다. 그것은 바로 주제였다. 스티븐 핑커는 "당신의 스토리가 인간의 본성에 대해 보여주는 바가 주제"라고 말했다.[50]

주제문

완성된 스토리에서 사건 동선(소설에서는 '플롯'이라고 부른다)은 주제를 위해 존재한다. 독자에게 시간을 투자해 읽길 잘했다는 만족감을 주는 것도 결국은 이 주제다. 스토리 과학자들은 그 속에 담긴 교훈이 생존에 보탬이 되기 때문에 우리가 스토리에 그토록 끌리는 것이라고 주장한다. 그래서 우리 뇌가 내장된 스토리 회로를 진화시킨다는 것이다.

주제는 취재와 집필의 방향을 잡아주기도 한다. 따라서 우리는 게리 윌에 대한 이야기를 시작하며 바로 주제 찾기에 들어갔다. 그리고 마침내 "행동이 정체성을 만든다"를 주제로 정했다.

이 주제문은 톰의 취재에 길잡이가 되었다. 몸이 회복될수록 자신을 바깥세상으로 떠미는 게리의 결연한 의지는 커져 갔고, 톰은 이 사실에 초점을 맞추었다. 게리가 자신을 세상과 단절시키는 벽을 허물고자 교회에서 열리는 독신자 무도회에 갔을 때 톰은 이것이 중심 주제가 되어야 한다는 사실을 깨달았다. 게리에게는 그곳에 가야 할 특별한 이유가 있었다. 나는 톰에게 사진기자를 데려가라고 당부했다.

스토리가 점점 모양새를 갖춰나가고, 텍스트는 기회가 날 때마다 주제를 반영했다. 글의 전체 분위기를 잡아주는 리드문*은 사고 이후 게리 윌의 황량한 삶을 클로즈업했다.

> 침대 하나, 서랍장 하나, 머리맡의 전등. 침실은 하루 30달러짜리 모텔처럼 삭막하기 그지없었다.

그리고 이 방의 주인이 이전까지의 삶을 삭제 당했다는 사실을 여실히 드러냈다.

> 사람의 온기가 느껴지는 것이라곤 급류를 타러 클랙커머스 강에 갔을 때 찍은 사진 한 장뿐. 사진 속의 그는 노를 붙잡고 웃으며 남자 셋과 여

---

* 글의 첫머리에 오는 요약 글로 본문에 들어가기 전에 글의 분위기를 잡아준다.

자 둘 사이에 서 있다. 이 사진을 간직하고 있는 이유는 사라져 버린 삶과의 마지막 연결고리이기 때문이다.

톰은 신문과 잡지 스토리텔링에서 중요하게 생각되는 지점에서 정체성 상실 모티프를 다시 각인시켰다. 스토리가 시작되는 첫 펼침면이 끝나고 페이지를 넘기기 전 마지막 문장이 바로 그 지점이다. 게리는 아침에 눈을 뜬 뒤 침대에 누워 간밤에 꿈을 꾸었는지 기억을 더듬었다. 역시 꾸지 않았다.

그가 죽은 그날 이후 6년 동안 그는 단 한 번도 꿈을 꾸지 않았다.

첫 펼침면의 마지막을 장식한 낱말은 '죽었다'였다. 이 말을 끝으로 이야기는 다음 페이지로 넘어간다. 게리는 침대에서 일어나 집 안 여기저기 붙어 있는 60장의 포스트잇을 보며 할 일을 처리하고, 블루크로스로 가기 위해 출근 준비를 한다. 스토리 첫머리에 실린 캐스린 스콧 오슬러의 사진 속에서 게리는 포스트잇이 붙어 있는 욕실 거울로 자신의 모습을 들여다보거나 식탁에 웅크리고 앉아 있다. 역시나 식탁에도 기억을 떠올리기 위한 메모가 잔뜩 붙어 있다. 정체성 상실 모티프는 계속된다.

그러나 그를 두렵게 하는 것은 원래의 자기 모습을 잃어버렸다는 사실이다. 유머 감각도 없어졌다. 대화할 때 발휘하던 예리한 감각과 제스처도 없어졌다. 자신을 게리 월로 만들어 주던 것이 모두 사라져버렸음을 깨달았다. 친구들도 더 이상 전화하지 않았다. 그들이 알고 있던 남자는 더 이상 거기에 없었다.

게리가 새로운 삶을 시작하자 톰은 우리의 행동 하나하나가 정체성을 규정한다는 핵심 주제를 공략한다. 치료사는 게리에게 말했다.

"당신은 뇌상을 입었지만 얼마든지 살아갈 수 있어요. 대부분 사람과 다른 삶이겠지만 그 역시 삶입니다. 어떤 삶을 찾을지 결정하는 건 당신에게 달려 있어요."

게리는 어머니와 저녁을 먹는다. 이 자리에서 어머니는 스물아홉 살 때 학대를 일삼던 남편과 이혼하고 네 명의 자식을 홀로 키우며 병원에서 일한 이야기를 들려준다.

그로부터 11년이 지난 지금 그녀는 40명의 직원을 거느린 부책임자가 되어 있었다.
"다시 시작하는 거라면 내가 잘 안다."
그녀는 아들에게 말했다.
"게리, 지레 겁먹고 포기할 거 없어. 열심히 노력해. 처음에는 잘 안 되겠지. 그럼 다시 하는 거야. 넌 해내고 말 거야. 너는 내가 안다. 내 아들이니까."

게리는 뇌상을 입은 또 다른 남자와 친해진다. 그리고 두 사람은 함께할 수 있는 일들을 적극적으로 찾아 나선다. 게리는 운동클럽에서 말을 걸어온 여자에게 데이트를 신청한다("이 다이앤 포스터라는 여자는 게리 안의 뭔가를, 죽었다고 생각한 뭔가를 깨어나게 했다"). 취업하기 위해 직업 훈련을 받고, 타겟에 지원해 면접을 보고 채용된다("그렇게 새 삶이 시작되었다"). 그는 독신자 무도회에 갔다가 수전이라는 여자를 만난다.

수전은 게리에게 과거가 없다는 점을 마음에 들어 했다("여자는 게리에게 당신은 과거가 없다고 말했다. 그는 그렇다고, 새 인생을 살고 있다고 순순히 인정했다").

게리는 타겟에서 일을 제법 잘해냈다. 그 결과 급여가 인상되고, 마흔 살이 되었을 때 다시 급여가 오른다. 그해 어머니는 게리의 생일 파티를 열어주고 수전을 비롯한 게리의 새로운 친구들을 초대한다. 그러다 불쑥 게리에게 실연의 아픔이 찾아온다. 수전이 새 남자친구를 만나 떠나버린 것이다. 이 일로 게리는 한 단계 더 성숙한다.

> 그는 아파트에 홀로 앉아 자신이 무엇을 잘못했는지 돌이켜보았다. 되돌릴 수 있다면 되돌려놓고 싶었다. 그런데 이내 그런 것은 없다는 걸 깨달았다. 그는 새 인생을 찾으려고 노력했다. 그리고 찾아냈다. 그는 인생에는 희망과 실망이, 꿈과 현실이, 기쁨과 아픔이 가득하다는 것을 다시 알게 되었다.
> 그런 게 인생이었다. 그러니 그런 채로 살아가야 했다.

스토리의 마지막 부분에 독신자 무도회에 가기 위해 옷을 차려입는 게리가 나온다. 그는 몸에 샤워 콜로뉴를 듬뿍 뿌린다. 사람의 앞날은 알 수 없는 법. 무도회에서 누굴 만날지 모를 일이다. 문을 나서면서 불을 끄는 게리. 집 안에는 이제 포스트잇이 없다. 문 앞에 붙어 있는 딱 한 장만 빼고.

거기엔 "믿어라. 의심하지 마라"라고 적혀 있었다.

주제는 작가의 투영

문학적 주제는 작가 개인의 가치관, 즉 인간사의 원인과 결과에 대한 지극히 사적인 이해에서 나올 수밖에 없다. 극작법의 대가 라요스 에그리는 드라마 전체를 떠받치는 기초가 된다고 해서 주제를 '전제'라고 불렀다. 에그리의 시각으로 보면 전제는 외부 세계 어딘가에 떠다니는 것이 아니라 우리 안에 있는 것이다. 그가 "전제를 찾겠다고 돌아다니는 것은 어리석은 짓이다"라고 말한 이유가 여기에 있다. "전제는 자신의 신념에서 나온다." 노라 에프론은 "모든 스토리텔링은 로르샤흐•다"라고 말하기도 했다.[51]

　　톰과 나는 게리 월의 스토리뿐 아니라 다른 여러 스토리의 주제를 두고 이야기를 나누었다. 우리의 대화는 결국 세상에 대한, 세상이 어떻게 돌아가느냐에 대한 각자의 생각을 더듬고 파헤치는 것이었다. 우리의 팀워크가 좋았던 이유는 세상을 바라보는 기본적인 시각이 비슷했기 때문이다. 우리는 자기 운명의 주인은 바로 자신이라고, 모든 건 자유의지에 달려 있다고 믿는다. 그렇기에 자력으로 사람들의 인정을 받아냈다면 공은 모두 그 사람에게 돌아가야 한다. 인간은 본연의 자아를 직시하고 받아들일 줄 알아야 하며, 탐욕과 시기심을 잠시 접어두고 다른 사람에게 마음을 열어야 한다. 위험이 따르더라도 도전해야 한다. 되든 안 되든 일단 도전해보면 성공에 대한 기준이 달라질 수는

• 스위스의 정신과 의사 헤르만 로르샤흐(Hermann Rorschach)는 심리검사법의 하나로 '투사에 의한 인격 검사법'을 창안했다. 종이에 잉크를 떨어뜨려 반으로 접은 좌우대칭형 그림 10장을 순서대로 보여주고 무엇으로 보이는지 물은 뒤 그 대답을 바탕으로 어떤 성향의 사람인지 추정한다.

있어도 결국에는 성공하는 경우가 많다.

지극히 감상적이며 진부한 이야기다. 하지만 그러면 어떤가. 수천 년 동안 축적된 인간의 경험에서 나온 비법인데 닳고 닳지 않을 도리가 없다. 뻔하고, 심지어 식상하기까지 하다. 진정한 환원주의자인 윌라 캐더가 이런 유명한 말을 남겼다. "세상에 스토리는 두세 가지가 전부다. 이 두세 가지가 마치 처음 있는 이야기인 양 치열하게 되풀이될 뿐이다."[52]

학계 전문가들도 동의한다. 코네티컷 대학교 영어비교문학 교수인 패트릭 콤은 스토리 내러티브의 3분의 2에 해당하는 세 가지 전형은 대체로 세 가지 기본 주제를 다룬다고 한다. 권력 다툼, 연애, 음식이 그것이다. 더 많이 꼽는 전문가들도 있지만, 여전히 한 손에 꼽을 수 있는 정도다. "많은 세계문학 학자들이 스토리의 중심 주제는 몇 가지에 불과하다는 점을 주목한 바 있다"라고 조너선 갓셜은 『스토리텔링 애니멀』(*The Storytelling Animal*)에서 언급했다. 그는 성관계, 사랑, 죽음에 대한 두려움, 인생의 난관들, 권력욕을 꼽았다. 더 많이 꼽기도 하는데, 『댈러스 타임스 헤럴드』의 전(前) 글쓰기 코치 폴라 라로크는 거의 다섯 배나 많은 주제를 열거했다. "주제나 액션이 분명한 몇 가지 전형을 꼽아보면 탐색, 추적, 여정, 추구, 포획, 구조, 탈출, 사랑, 금지된 사랑, 짝사랑, 모험, 수수께끼, 미스터리, 희생, 발견, 유혹, 정체성 상실 또는 회복, 변신, 쇄신, 자아 찾기, 나락으로의 추락, 환생, 부활 등이 있다."

"정체성 상실 또는 회복"이라는 측면에서 보면 게리 월의 대화는 그렇게 독창적이라고 볼 수 없다. 하지만 누구이 말했듯, 주제의 독창성은 그다지 중요하지 않다. 존 프랭클린의 말을 빌리자면, 문장에서 클리셰가 발견되는 것은 부끄러운 일이지만 주제가 되면 핵심 요소로 변화한다. "신기하게도 클리셰는 개념으로 다뤄지면 항구불변의 진실로 탈바꿈한다."

독자들에게 닿는다는 것은 주인공과 그들의 삶을 연결하는 접점을 찾는 것을 의미한다. 내 동료 기자였던 더그 바인더는 아내가 죽은 뒤 새로운 사랑을 찾은 남자의 이야기를 쓴 적이 있다. 그때 꽤 많은 독자가 그에게 감사 편지를 보냈는데, 대개 이런 내용이었다. "너무도 큰 감동을 받았습니다. 제 얘기를 하는 것 같아서 공감 가는 부분이 많았습니다. 독자와의 공감대를 만드는 일은 훌륭한 작가만 할 수 있는 일이 아닌가 합니다."

주인공의 삶이 독자에게 낯설거나 동떨어진 듯 보인다면 어떻게든 접점을 찾아서 보여줘야만 한다.『샬럿 업저버』(Charlotte Observer) 기자 토미 톰린슨은 대다수 사람이 난해하다고 여길 문제를 푸는 수학자의 이야기를 쓴 적이 있다. 토미는 고심 끝에 이 수학자의 집념에서 보편적 교훈을 찾아냈다. "그는 거대한 수의 세계에서 불가사의를 푸는 일이 일상의 문제를 푸는 것과 크게 다르지 않다는 걸 압니다. 문제를 잘게 쪼개서 봐야 해요. 그 상태로 한동안 방치했다가 새로운 눈으로 다시 보는 거죠. 중요한 것은 본능이 시키는 대로 하는 겁니다."

생각해보면 모든 주제는 교훈을 품고 있다. 독자, 관객, 청취자를 맨 먼저 스토리로 끌어들이는 부가가치인 셈이다. 교훈이 클수록 부가가치도 커진다. 진정 훌륭한 교훈은 위대한 문학작품이 그렇듯 시간이 흘러도 그 가치가 변하지 않는다.

폴라 라로크는 저서에서 스토리 주제의 교훈적인 면을 다루었다. "전형적인 스토리들을 보면 동화에서,『이솝우화』,『보바리 부인』, 영화《성공의 달콤한 향기》에 이르기까지 기본적으로 도덕적이고 교훈적인 이야기들이다. 현대 예술로 오면 스토리는 보편적인 패턴을 보다 정교하고 섬세하게 연장시킨다. 명분, 의미, 이성, 이치를 추구한다." 그리고는 이렇게 덧붙였다. "인류도 그렇지 않은가."

　　모든 인간성이 주제가 된다면, 모든 인간—유명인뿐 아니라—은 스토리텔링 대상이 될 수 있다. 실제로 내러티브 논픽션이 기존 저널리즘과 구분되는 주요 특징 중 하나는 유력자, 실력자, 대중의 영웅이 아니라 평범한 삶의 난관에 직면하는 보통 사람들 이야기라는 점이다. 스티브 와인버그는 논픽션 내러티브의 부상에 대한 『컬럼비아 저널리즘 리뷰』 기고에서 "지금 저널리즘 트렌드의 핵심은 보통 사람들에 대한 집중이다. 이 사람들을 택하는 기자들의 할 일은 평범함에서 비범함을 찾아내는 것이다. 이 점을 빼면 '평범한 사람들'이다." 와인버그는 계속해서 역사가 윌 듀란트의 말을 인용했다. 내러티브 논픽션 작가들이 모이는 자리에서 자주 인용되는 명언이다.

　　　문명은 둑이 있는 강이다. 이 강은 때로 살인하고 훔치고 소리 지르는 사람들, 역사가들이 주로 기록하는 행위를 하는 사람들의 피로 넘실댄다. 한편 둑에서는 소리 소문도 없이 사람들이 집을 짓고, 사랑을 나누고, 아이를 기르고, 노래하고, 시를 쓰고, 조각상도 깎는다. 문명의 이야기는 둑에서 일어나는 이야기이다. 역사가들이 염세주의자가 되는 이유는 강둑을 보지 못하기 때문이다.

주제 찾기

나는 소설이라 하더라도 주제는 결국 자신에게서 나온다고 생각한다. 먼저 흥미로운 인물을 내세우고, 그럴싸한 시련을 던져 평온함을 뒤흔들면 이야기가 굴러가기 시작한다. 이때 인물이 시련을 어떻게 극복하느냐는 세상 이치에 대한 작가의 생각에서 나온다.

논픽션 작가는 주제를 반드시 자신에게서 찾아야 한다. 세상은 끊임없이 이런저런 사실을 우리 앞에 던져 놓는다. 논픽션 전문가라면 그런 사실들이 무슨 의미를 담고 있는지 다만 일부라도 이해해야 한다. 존 프랭클린은 2001년도 니먼 내러티브 저널리즘 회의에서 이 '의미'가 무엇을 뜻하는지에 대해 이렇게 설명했다. "이야기의 형체 그리고 그 형체가 말하는 바라고 생각합니다. 그건 작가가 어디서 가져오는 게 아닙니다. 작가가 이야기 안에서 발견하고 뽑아내는 그 무엇이죠."[53]

'그 무엇'을 찾아내는 영업 비밀 몇 가지를 소개하겠다. 우선 톰 프렌치는 제목을 짓기 위해 머리를 싸매고 고민할 때면 주제에 집중한다고 한다. "나는 늘 장 제목, 소제목은 물론 전체 제목을 뽑으려고 고민한다. 그렇게 하면 스토리 요지가 무엇인지, 구조와 힘이 무엇인지로 모든 생각이 수렴된다"라고 말했다.

『오레고니언』에 있을 당시 나는 취재기자, 편집기자와 함께 제목과 부제를 뽑았다. 이렇게 제목이 잡히면 주제를 정조준하는 데 도움이 되었다. 우리는 "행동이 정체성을 만든다"는 주제를 중심으로 게리 월 이야기를 구성했다. 예전 인생을 송두리째 잃고 다시 걸음마부터 시작해야 했지만 적극 실천하며 살고 있는 게리 월은 이 점을 명확히 보여주는 산증인이었다. 여기서 「분실된 삶, 다시 찾다」라는 제목이 나왔다. 우리는 부제로 "새로운 나를 만들려면 먼저 새로운 세상을 만들어야 한다"를 붙였다.

톰 프렌치라면 곧장 제목 찾기에 돌입하겠지만 나는 홀먼과 내가 따른 순서가 좋다. 우리는 먼저 주제문을 뽑고, 이것을 이용해 제목과 스토리 윤곽을 잡았다. 이것은 우리만 선호하는 방식이 아니다. 존 프랭클린, 라요스 에그리, 빌 블런델, 로버트 맥키 같은 글쓰기 대가들도 주제문에 대해 비슷하게 이야기한다. 주제문이 스토리의 대략적인 형태를 잡아준다는 점을 역설하기도 한다. 맥키는 "진정한 주제는 낱말이 아니라 문장"이라고 말했다. "스토리의 의미가 담겨 있는, 더는 줄여지지 않는 명쾌하고 정돈된 한 문장이다."

문장에는 당연히 동사가 들어가야 한다. 동사는 효과적인 주제문을 쓰는 열쇠다. 프랭클린은 어떻게든 능동사를 찾으려 한다. 나는 여기서 한 발 더 나아가 목적어를 필요로 하는 타동사를 찾는다. 목적어가 '무엇'에 대한 대답이므로 문장을 타동사를 기준으로 짜면 인과관계가 확연해진다. 이 인과관계는 독자에게 세상이 어떻게 돌아가며, 그들이 세상에 어떤 영향을 끼칠 수 있는지를 말해 주는 주제의 핵심이된다. "행동이 정체성을 만든다"는 바로 이런 의도에서 나온 것이다.

앞에서도 말했듯 라요스 에그리는 주제를 '전제'라고 말했다. 전제라고 칭한 그의 논리를 보면 좋은 주제문이 내러티브의 윤곽을 잡는데 어떻게 도움이 되는지 알 수 있다. 그의 말에 따르면 "좋은 전제는세 가지로 이루어져 있다. 각 요소는 좋은 희곡에 필수 불가결하다. '검약은 낭비를 부른다'를 예로 들어보자. 이 전제의 첫 번째 단어는 인물(검약하는 인물)을 드러낸다. 두 번째 단어 '낭비'는 극의 결말을 암시하고, 세 번째 단어 '부른다'는 갈등을 나타낸다."

이처럼 주제문에는 스토리 구조가 들어 있다. 따라서 취재 방향을 잡고 제목을 찾는 데 도움을 주며, 글의 길이를 줄여야 할 때 무엇을 버리고 살려야 할지의 기준이 된다. 이렇게 저렇게 따지면 주제는 취재와 원고 작성의 모든 과정에 관여한다.

주제문은 이토록 중요하다. 그래서 나는 어떤 원고가 됐든 늘 똑같은 단어를 가장 먼저 적는다. 컴퓨터 화면에 새 문서를 열고 '주제'라고 입력한다. 그 뒤에 쌍점(:)을 찍고 그대로 잠시 앉아 내가 하려는 말을 적확하게 담아낼 '명사―동사―명사'의 문장구조를 고민한다. 이 글을 쓰고 있는 지금이라면 "주제: 스토리는 삶에서 의미를 짜낸다"를 첫 문장으로 쓸 것이다.

일단 주제문을 잡은 후에는 주제를 발전시켜나가는 동안 길잡이가 되어줄 간단한 개요를 잡는다. 이야기의 소재에 대한 개요가 될 수도 있고, 장면에 대한 개요가 될 수도 있다. 그러고 나면 저자로서 여정에 오른다. 목적지를 알고 있으니 막막하진 않다. 나는 목적지에 도달한 뒤 맨 처음 적었던 주제문과 개요를 지운다.

주제문은 만병통치약과 같아서 저자와 편집자가 일할 때도 도움이 된다. 둘이 머리를 맞대고 주제문 하나를 뽑아내면 둘 사이에는 공감대가 형성된다. 그리고 이것이 어떤 결정을 내릴 때마다 합의된 기준으로 작용한다. 스토리 코칭을 할 때 나는 시작 단계에서 일찌감치 주제문을 만들어보라고 제안한다. 그런 다음 주제문을 함께 다듬고, 마침내 우리 두 사람의 가치관이 배합된 문장을 만들어낸다.

홀먼과 나는 게리 월의 이야기를 쓸 때 이런 방식으로 일했다. 물론 일은 거의 대부분 홀먼이 했다. 하지만 저자와 편집자로서 우리가 협력했던 방식이 최종 결과물에 좋은 영향을 미쳤다고 생각한다. 우리 방식이 틀리지 않았는지 「분실된 삶, 다시 찾다」(A Life Lost and Found)는 우리 주 안팎의 기획보도 부문에서 상을 휩쓸었다. 신문, 잡지, 책에 실린 최고의 논픽션을 엄선한 『논픽션 걸작선집』(Literary Nonfiction)에 트레이시 키더, 존 맥피, 톰 울프의 작품과 함께 실리기도 했다. 또한, 1998년 퓰리처상 기획보도 부문 최종 결선에 오른 후보작 세 편 가운데 하나가 되었다.

10장

취재

소설이든 영화든 논픽션이든, 모든 스토리텔링에서
취재의 역할이 제대로 이해되지 못하고 있다.

◉톰 울프_특파원 출신 논픽션 작가

아주 오래전 조그만 신문사에서 경찰서 출입기자로 일한 적이 있다. 매일 아침이면 뉴스 편집실에 들러 사회 2부 편집팀장*에게 인사하고 두어 블록을 걸어 경찰서로 출근했다. "새로운 소식 좀 있어요?" 서에 들어서자마자 내근 경사에게 묻는다. 그러면 경사는 보도자료함을 가리키며 대꾸한다. "저기 있는 게 다야." 나는 보도자료를 죽 훑어본 뒤, 간밤의 사건사고 일지를 빠르게 훑고 간단히 메모한다. 그 길로 카운티 교도소로 가 같은 과정을 반복하고 경찰서와 소방서를 서너 곳 더 들른다. 그런 뒤에야 타자기를 두드리러 편집실로 돌아오곤 했다. 운이 좋은 날은 출입처 한 곳에서 스트레이트 기사(사실 위주의 짧막한 기사로 그 시절 가장 흔한 기사 형식이었다) 다섯 건을 건지기도 했다.

* 신문 발행 지역에서 발생하는 뉴스의 담당자.

톰 프렌치의 「천국의 남쪽」이 나온 것이 그로부터 10년 뒤다. 『세인트피터즈버그 타임스』에 다니던 시절에 처음 쓴 굵직한 내러티브 기사로 이른바 '업계 관행'을 바꿔 놓는 데 일조했다. 현대 공교육의 문제점을 깊이 있게 이해하고 싶었던 톰은 최우수 모범생부터 잠재적 자퇴생까지 각 학생군을 대표하는 고등학생 여섯 명을 장기간 추적 조사했다. 취재에서 원고 작성까지 꼬박 1년이 걸렸다.

당시만 해도 공식 출입처 목록에 따라 담당 구역을 돌며 틀에 박힌 취재를 하던 수습기자들은 내러티브 형식의 기사를 쓰는 것에 난감해했다. 「천국의 남쪽」이 모습을 드러내자 톰의 담당 편집기자는 (다들 놀라움을 금치 못했다는 소식을 듣고) 톰에게 '내부 저자 설명회'를 갖도록 했다. 말하자면 신문사의 각 부서를 돌아다니며 스토리기사 하나를 쓰는 데 왜 그토록 많은 시간이 걸렸는지 해명하는 자리였다. 이런 반응은 『오레고니언』에서도 마찬가지였다. 내러티브 형식의 기사가 신문 지면에 오르기 시작했을 때 완고한 중진 기자들은 이렇게 수군거렸다. "이 소설 나부랭이는 뭐야?" "취재는 다 어디로 간 거야?"

그들 눈앞에 펼쳐진 것은 기존 뉴스 취재의 피상적인 사실 수집을 뛰어넘는 보도 형식이었다. 보도자료를 읽고, 통계 수치를 알아보고, 전문가 의견을 듣고, 무슨 무슨 회의에 참석하는 등의 취재는 현실 그대로의 삶을 탐구하는 내러티브 기사와 비교하면 실제 여행이 아닌 사전 답사 같은 것이다.

내러티브 형식의 보도는 전통적인 사건사고 보도와 확연히 다르다. 그저 죽치고 앉아 지켜보고 생각하는 데만 하염없이 긴 시간을 보낼 수도 있다. 가만히 마주 보고 앉아 인터뷰하는 기존의 정보 수집 방법이 통하지 않는 경우가 많다. 내러티브 기사는 사회현상, 문화적 가치관, 개인의 정체성 같은 문제를 들여다본다. 『오레고니언』에서 실험적으로 내러티브 기사를 싣기 시작했을 때, 취재 매뉴얼은 전통적인 방식과 매우 달랐다. 이 때문에 내러티브 기사를 인정하지 않는 기자가 많았다. 하지만 내러티브 기사의 취재는 쉽게 타협하지 않는 냉철함을 지니고 있다. 지금 역시 마찬가지다.

『뉴욕타임스』의 기자 스티븐 홈스는 퓰리처 수상작 「미국의 인종」 연재를 마친 뒤 이렇게 말했다. "취재는 훌륭한 저널리즘의 열쇠다. 어떤 종류의 저널리즘인지는 상관없다."[54]

잠입

현장에서 지켜보기, 귀담아듣기, 냄새 맡고 피부로 느끼기. 이것이 잠입 취재다. 내러티브 논픽션을 쓸 때마다 매번 잠입 취재를 해야 하는 건 아니지만 이것이 내러티브 논픽션의 대표적인 특징인 것은 사실이다. 노먼 심스는 존 맥피가 「조지아 여행」을 쓰기 위해 생물학자들과 1,800킬로미터에 달하는 고속도로 여행을 떠났었다는 사실을 알게 되었다. 맥피는 이렇게 말했다. "많은 것을 알아야 하거든요. 아주 조금만 쓴다 하더라도요."

잠입 취재에서 테드 코노버를 따라갈 사람이 있을까. 『신참』에서 『화이트아웃』, 『코요테』, 『정처 없이 떠돌다』, 『로드』까지, 그는 매번 새로운 세계에 완벽하게 녹아든다. 그곳에 본연의 테드 코노버는 없다. 『신참』 때는 1년 가까이 싱싱 교도소 교도관으로 일하며 교도소를 순찰하고, 다른 교도관들과 어울렸다. 그곳 죄수와 직원들은 테드를 교도관으로 알았다. 그는 교도소 직원으로서 논픽션 작가라면 접근이 불가능했을 세계를 자유로이 활보했다. 코노버는 "인내심이 가장 많이 필요하다"라며, "이 방식의 관건은 '모른 채' 지낼 수 있느냐에 있거든요"라고 말했다.

이런 취재 방식은 세계의 다양한 문화권을 비교 기술하는 문화기술지학의 연구 방식이기도 하다. 테드 코노버는 애머스트에서 문화기술지학을 공부했고, 화물열차에 무임승차해 떠돌던 시절을 졸업 논문으로 제출했다. 그 당시의 경험을 책으로 옮긴 것이 『정처 없이 떠돌다』이다. 하지만 내러티브 기자는 미크로네시아인이나 마오리인을 기술하는 대신 우리 사회의 하위문화권으로 잠입해 동시대인의 다른 삶을 알아볼 시간도, 기술도 없는 우리에게 그들의 이야기를 발 빠르게 전한다.

문화기술지학자와 잠입 취재를 하는 기자 사이에는 커다란 차이점이 있다. 노먼 심스는 『문학적인 저널리스트』에서 그 차이를 이렇게 정리했다. "문학 저널리스트는 인류학이나 사회학을 연구하는 사람들처럼 문화적 이해를 하나의 목표로 삼는다. 하지만 극적 상황이 알아서 이야기하도록 놔둔다는 점에서 학자와 다르다." 톰 홀먼은 게리 월의 이야기에서 단 한 번도 대놓고 "행동이 정체성을 만든다"라고 말하지 않았다. 말로는 하지 않았지만, 스토리 속에 녹여냈다. 삶의 흐름 속에서 저절로 배어 나오는 메시지는 연단에서 큰 소리로 발표하는 것보다 훨씬 강한 힘을 지닌다.

『워싱턴 포스트』에서 기자 생활을 시작한 베테랑 내러티브 기자 신시아 고니는 잠입 취재 요령을 몇 가지 개발했다. 지금은 버클리 캘리포니아 주립 대학교 언론대학원에서 강의하는 그녀는 취재할 때 '취재원이 된 기분이 어떤지' 같은 질문을 던지고, 그들 삶에서 가장 흥미롭거나 의외인 면을 찾고자 한다. 그녀는 다음과 같은 방법으로 질문에 대한 답을 찾는다고 말한다.

1. 그들이 마시는 공기를 마신다.
2. 묵묵히 지켜보며 그들 주변을 맴돈다.
3. 그들의 일상적인 업무 리듬을 파악한다.
4. 그들만의 언어를 익힌다.
5. 그들이 주로 보는 책자, 지침서, 전문 출판물을 읽는다.
6. 그들이 믿고 따르는 해당 분야의 권위자를 찾아본다.

『뉴요커』에 실린 고니의 최근 기고문 「닭고기 수프 공화국」은 『영혼을 위한 닭고기 수프』의 폭발적 인기를 등에 업고 연작이 줄을 잇던 현상을 들여다본다. 원작에서 파생된 책이 250여 권에 달하고, 총수익이 무려 1억 1,000만 달러를 넘어섰다. 고니는 출판사 경영진을 인터뷰했을 뿐 아니라 산타 바버라에 있는 이 출판사 사무실을 어슬렁거리며 접객 직원이 새로운 '닭고기 수프' 책 제안서를 열어 보는 걸 목격하기도 했다. 고니는 이런 취재 방식을 신입 기자가 첫 피처기사를 쓸 때 경찰과 함께 돌아다니며 동행 취재하는 관례에 비유했다. 안타깝게도 이런 동행 취재는 상투적인 기사로 이어지고, 그나마 취재 기간도 하룻밤에 그친다. 고니는 그 횟수가 더 많아져야 한다고 목소리를 높인다. "경찰 동행 취재는 다양한 현장에서 더 많이 이뤄져야 합니다."[55]

어떤 하위문화에 몰입해 보내는 시간이 조금도 아깝지 않은 이유는 외부인의 출입이 통제된 담벼락 안의 세상을 볼 수 있기 때문이다. 누구든 낯선 사람을 만나면 경계하고 방어벽을 세운다. 하지만 눈에 익으면 신뢰 또는 무관심이 생겨난다. '벽에 붙은 파리' 기술은 이런 이치를 바탕으로 한다. 충분히 친숙해진 후에는 그다지 신경 쓰이지 않는 배경의 일부가 된다. 그러면 잠입 취재 대상은 긴장을 풀고 평소 모습으로 돌아간다.

물론 벽에 붙은 파리라도 카메라팀을 달고 다니거나 마이크를 들이대면 눈에 띄지 않을 도리가 없다. 다큐멘터리 영화와 팟캐스트는 바지 뒷주머니에 수첩을 꽂고 다니며 작성하는 인쇄 매체의 세세함을 따라갈 수 없다. 그럼에도 진득하게 자리를 지키면 커다란 TV 카메라라고 할지라도 배경 속으로 녹아들게 된다. 1971년 PBS에서 방영된 《어느 미국 가족》은 라우드 가(家)의 해체를 다큐멘터리로 기록해 상당한 반향을 일으켰다. 당시 촬영팀은 라우드 가족을 그림자처럼 쫓으며 300시간 분량을 촬영했고, 이것은 1시간 길이 12회분으로 방송되었다. 촬영팀이 라우드 가족 일상으로 점점 스며들어 가자 가족들은 순간순간 카메라의 존재를 잊었다. 한 번은 아내 팻이 남편 빌에게 이혼을 요구하는 장면이 고스란히 카메라에 담겼다.

이 프로그램을 비판하는 사람들은 카메라의 존재가 라우드 가족이 연기하도록 부추겼다고, 카메라가 없었다면 하지 않았을 행동을 하게 했다고 주장했다. 물론 인쇄 매체 취재기자들도 똑같은 비난을 받았다. 결국, 기자의 상주가 미칠 수 있는 영향을 최소화할 수 있는 것은 기자의 양심밖에 없다. 《어느 미국 가족》은 마침내 『TV 가이드』가 꼽은 "역대 최고의 TV 프로그램 톱50" 순위에 올랐고, 좋든 싫든 미국 방송사상 최초의 리얼리티 TV쇼로 자리매김하고 있다.

한 번씩 제기되는 논란과 상관없이 잠입 취재가 기존의 취재 방식으로는 드러나지 않는 숨겨진 진실을 한 꺼풀 더 보여준다는 것에는 의심의 여지가 없다. 때로는 잠입 취재가 대상에게 접근할 수 있는 유일한 방법일 때도 있다. 테드 코노버는 『뉴요커』로부터 교도관 얘기를 써달라는 청탁을 받고 기존 방식대로 취재를 시도했지만, 관계 당국은 그에게 필요한 접근을 허용하지 않았다. 결국, 교도관으로 취직해 1년간 잠입 취재를 한 결과, 일반적인 방식으로는 결코 수면 위로 떠오르지 않았을 교도소 생활과 문제점들을 내부인의 시각으로 적나라하게 드러낸『신참』이 출간될 수 있었다. 톰 프렌치 역시 1년간 고등학교 잠입 취재를 한 뒤 현대 교육의 문제점을 제대로 파악하게 됐다. 학교 이사회 회의, 학부모 간담회 혹은 교사, 행정관, 학생들과의 틀에 박힌 인터뷰로는 결코 알 수 없었을 것이다.

인터뷰조차 할 수 없는 경우도 있다. 1965년에 게이 탈리스는 프랭크 시나트라를 만나기 위해 캘리포니아로 향했다. 그런데 시나트라는 코감기에 걸렸다며 인터뷰를 거부했다. 탈리스는 때를 기다리며 이런저런 정보를 수집했다. 시나트라 측근들과 이야기를 나누었고, 그가 가는 곳을 그림자처럼 따라다녔다. 그렇게 탈리스는 벽에 붙은 파리처럼 배경의 일부가 되어 예민한 대중음악의 아이콘이 하나의 산업이 되었을 때 벌어지는 현상을 묵묵히 지켜보았다. 그의 주변에는 늘 가수를 비롯한 음악인, 음반 산업의 큰손, 제2의 시나트라를 꿈꾸는 무리, 한몫 챙길 것 없나 기웃거리는 무리가 들끓고 있었다. 이 스토리는 전체적인 분위기를 잡아주는 흥미로운 에피소드로 시작한다.

한 손에는 버번 잔을 들고, 다른 손에는 담배를 든 프랭크 시나트라가 어두운 술집 구석 두 명의 금발 미녀 사이에 서 있었다. 금발의 미녀들은 그가 무슨 말이든 하길 기다렸지만 그는 아무 말도 하지 않았다. 그날 저녁 내내 그는 몇 마디 하지 않았다. 베벌리힐스의 고급 사교 클럽에 와 있는 지금 그는 더욱 굳게 입을 닫은 채 담배 연기 자욱한 어둠을 뚫고 바 건너편의 넓은 실내를 응시하고 있었다. 10여 명의 젊은 커플이 좁은 테이블에 바짝 붙어 앉거나 스테레오에서 터져 나오는 요란한 포크 록 리듬에 맞추어 몸을 흔들고 있었다. 시나트라의 친구로 보이는 남자 넷과 마찬가지로 두 금발 미녀는 침묵을 지키는 그에게 억지로 말을 시키는 건 화를 자초하는 일이라는 사실을 알고 있었다. 시나트라는 생일을 한 달 앞둔 11월 첫 주가 되면 종종 이런 기분이 되곤 했다.

「프랭크 시나트라가 감기에 걸렸다」(Frank Sinatra Has a Cold)는 뉴저널리즘 초기를 장식하는 걸작이다. 이 글이 실린 『에스콰이어』는 지금까지도 이것을 최고의 스토리로 꼽는다. 시나트라는 좀처럼 대중 앞에 모습을 드러내지 않는 인물로 유명했다. 탈리스는 세렝게티를 자유롭게 활보하는 사자처럼 무방비로 노출된 시나트라의 자연스러운 면면을 독자에게 보여주었다. 이 모든 것은 불세출의 스타가 인터뷰를 '거절했기에' 가능한 일이었다.

접근

무턱대고 문을 노크하고는 일면식도 없는 사람의 집 안으로 들어가 벽에 붙은 파리의 관찰자 시점을 취할 수는 없다. 어떤 식으로든 대화를 잘 풀어 문 안으로 들어가야 한다. 내러티브 기사를 잘 쓰기로 이름난 기자들은 비협조적인 취재원을 무너뜨릴 나름의 기술을 개발해 사용한다. 이들은 취재원을 무장해제하는 공통되는 성격적 특징을 보인다.

내러티브 기사를 위한 취재는 자신감 넘치고 저돌적인, 직구를 던지는 듯한 전형적인 취재 유형을 거부한다. 내가 아는 최고의 내러티브 작가들은 약속이나 한 듯 부드럽고 깍듯하며 위압감이라곤 찾아볼 수 없는 사람들이다. 톰 홀먼은 소년처럼 천진난만하고 호기심이 왕성하다. 리치 리드는 바닥을 알 수 없는 진지함을 발산하고, 앤 세이커는 전염성 강한 열정을 뿜어낸다.

이들은 취재원이 털어놓는 이야기에 진심으로 흥미를 느낀다. 유명인에게 쏟아지는 스포트라이트를 보통 사람에게 비추어 그들에게 특별한 사람이 된 듯한 기분을 느끼게 하지만 이 역시 진심에서 우러난 행동이다. 대화할 때는 상대방의 눈을 바라보고 한 마디라도 놓칠세라 몸을 앞으로 기울인다. 고개를 끄덕거리고, 취재원의 감정 상태에 따라 표정도 달라진다. 인기 내러티브 작가가 취재원을 대하는 태도에는 놀라운 공통점이 있다.

- 트루먼 커포티: 무엇보다 기자는 자신이 일반적으로 상상할 수 있는 범위를 초월하는 유형의 사람들, 즉 자신과는 사고방식이나 정신세계가 다른 사람들, 기자와 취재원이 아니었더라면 절대 마주하지 않았을 사람들과도 공감할 수 있어야 한다.[56]
- 레인 드그레고리: 눈과 귀를 열 때는 고상한 척하지 말고, 한 번도 들어본 적 없는 미지의 얘기라는 걸 인정해야 한다. 솔직한 놀라움으로 다른 세상을 목격할 수 있어야 비로소 이야기가 모습을 드러낸다.[57]
- 리언 대시: 인터뷰하는 동안 상대방을 멋대로 단정 짓는 듯한 기색을 보이거나 질문에 그런 뉘앙스를 띠면 취재원은 마음을 닫는다.[58]
- 테드 코노버: 나는 딴지 걸지 않고, 열심히 듣는 쪽이다. … 대개는 선생님 말씀을 듣는 학생 입장에 서려고 노력한다. '제가 별로 아는 게 없는데 많이 가르쳐주세요'라는 식이다.[59]
- 리처드 벤 크레이머: 사람들은 기본적으로 자기 이야기를 하고 싶어 한다. 그런 사람에게 다가가 당신의 이야기를 듣고 싶다고 하는데 누가 거부하겠는가. 배우자나 애인은 그들의 이야기를 지겨워한 지 벌써 오래다. 그런데 정말로 궁금하다며 털북숭이 남자가 찾아온 것이다. 지금까지 이 대단한 사람에 대해 이야기할 기회가 한 번도 없었다. 마

침내 그 이야기를 세상에 들려줄 때가 온 것이다. 어찌 기분이 좋지 않을까.[60]

- 메리 로치: 어떤 대상에게 진심으로 매료되면 신기한 일이 벌어진다.[61]

그렇다고 훌륭한 내러티브 기자나 작가들이 귀가 얇고 사람을 잘 믿는 유형이라는 말은 아니다. 타인의 삶에 불쑥 끼어드는 것은 차분한 확신과 고집스러운 강단이 필요한 일이다. 한 번 실패하면 몇 번이고 다시 시도해야 한다. 톰 프렌치는 "무식할 정도로 고지식해야 하죠"라고 말했다.[62]

설득의 기술도 도움이 된다. 내가 『오레고니언』에 있을 때 우리는 대형 사건이 터지면 구체적인 사건 추이를 시간순으로 정리해 하나의 스토리로 재구성한 기사를 내보내곤 했다. 이런 기사는 희생자가 발생한 사건이나 재난인 경우가 대부분이다. TV 뉴스팀을 대동한 취재기자들은 사고 현장으로 달려가 반쯤 정신이 나간 채 몸을 덜덜 떨고 있는 생존자들에게 거침없이 질문 공세를 퍼붓는다.

나는 이럴 경우 생존자들에게 다가가 "지금 당신의 말 한마디가 올바른 역사를 알릴 중대한 역할을 한다"라는 일종의 책임감을 심어주라고 조언한다. 대형 사고에 휘말린 당사자가 되어 뉴스를 지켜본 사람이라면 초기 보도가 얼마나 얄팍하고 오류투성이인지 잘 안다. 그래서 역사에 남을 기록을 바로잡고 싶어 하는 생존자가 의외로 많다. 사건을 처음부터 끝까지 되살려낼 내러티브 기자로서 생존자에게 진심을 다해 이제부터 당신이 들려줄 중요한 이야기를 주의 깊게 듣고 싶다는 메시지를 전달해야 한다. 어떻게 그런 일이 일어날 수 있었는지, 당신은 왜 그런 선택을 했는지를 세상 사람들이 비로소 알게 될 것이라고, 그래서 후손들에게 정확하고 완벽한 기록을 물려주게 될 것이라고 말이다.

취재기자가 내러티브 작가 특유의 겸손함과 진실함을 발휘해 다가가기만 한다면 이런 설득은 예외 없이 효력을 발휘할 것이다. 톰 울프는 취재할 때 가져야 하는 '하염없이 겸손한 자세'를 과장을 섞어 다음과 같이 풍자한다.

> 기자는 대답해주리라 기대할 하등의 권리가 없는 질문을 던지는 등 누군가의 프라이버시에 자신이 당연한 권리를 가진 듯 시작한다. 하지만 이내 자신을 한없이 낮춘다. 무슨 정보가 안 떨어지나, 무슨 일이 안 일어나나 오매불망 기다리며, 원하는 것을 얻어낼 때까지 쫓겨나지 않기만 바란다. 기자는 상황에 따라 완전히 다른 사람이 된다. 환심을 사려고 듣기 좋은 소리를 하고, 모든 일을 다 해줄 것처럼 알랑거리기도 한다. 필요하다 싶으면 무엇이든 할 기세다. '스토리'에 대한 지극한 일념 하나로 조롱, 모욕, 심지어 폭행도 참는다. 굴욕스러운 구걸 행위다.

그렇다. 나 역시 그랬다. 취재기자라는 옷을 입으면 다른 사람이 된다. 취재하지 않을 때는 생각할 수도 없는 질문을 던지고 행동을 한다. 하지만 이것이 연기는 아니다. 이런 게임에 흥미를 느껴 자연스럽게 '조용한 외부 관찰자' 역할에 빠져드는 것이다. 기자들은 대개 중산층 혹은 서민층 출신이다. 어찌어찌 좋은 교육을 받았기 때문에 타고난 문화적·정서적 배경에 분석력이 더해져 평범한 것에서 의미를 찾아낼 수 있게 된 것이다. 우리는 성장 과정에서 사회 계층을 넘나들며 부두 노동자, 철공 노동자, 관료, 대학교 학장 등 다양한 부류의 사람들과 대화하는 법을 익혔다.

자기성찰적 내러티브를 많이 쓰는 작가 중 한 명인 노라 에프론은 에세이집『파트너 없는 광란의 파티』(*Wallflower at the Orgy*)의 머리말에서 이러한 인물 유형을 정확히 잡아냈다. 에프론은 기자란 변두리에 있을 때 가장 마음이 편한 사람들로, 멀찍이 서서 다른 사람들의 인생을 지켜본다고 말했다. "나는 늘 끝내주게 근사한 파티에 와 있다. 나를 빼고 모두 즐거운 시간을 보낸다. 그들은 웃고 떠들고 먹고 마시며 뒷방에 숨어 사랑을 나눈다. 나는 한편에 서서 그 모든 것을 기록한다."

관찰 및 재구성 내러티브

직접 목격을 뛰어넘을 만한 것은 없다. 독자에게 내 두 눈으로 직접 봤다고 말할 수 있다면 법정에서도 인정받을 만한 신뢰성을 확보하는 것이다. 잠입 취재에서 탄생하는 관찰 내러티브는 그 자체로 권위와 신빙성을 확보한다. 추측만 내놓으면 작가에 대한 신뢰도는 자연히 떨어진다. "내 말 들어. 내가 거기 있었어. 그렇게 된 일이야"라는 자세를 취해야 믿음이 간다.

하지만 잠입 취재에는 커다란 위험이 따른다. 잘 팔리지도 않을 책 한 권 쓰자고 1년 이상 공을 들여야 한다. 잡지기사로 쓰인다면 한 달을 들여 최저임금에 해당하는 고료를 받는다. 신문의 경우 굵직한 소재를 추적하기로 결정되면 귀중한 인력 하나가 몇 주에 걸쳐 투입된다. 그 결과가 독자의 반향을 불러일으킨다는 보장도 없다. 노먼 심스의 말처럼 (문학적 글쓰기를 하는) 내러티브 기자들은 시간을 두고 도박을 하는 셈이다.

스토리의 필수 요소(공감을 불러일으키는 주인공, 시련, 상승 국면, 절정, 대단원)가 전부 필요한 내러티브의 경우 위험은 더욱 커진다. 현실 세계는 완벽하게 짜인 스토리처럼 돌아가지 않는다. 몇 달씩 추적 취재한 운동선수가 결승전을 코앞에 두고 시합을 기권해버릴 수도 있다. 모든 시련을 초월하는 사랑의 위대한 힘을 보여주려 했는데 배신과 실망으로 끝나버릴 수도 있다. 범퍼 스티커 문구처럼 "엿 같은 일은 언제든지 일어난다."

설령 그렇더라도 둘러 갈 길은 있다. 나는 몇 주 동안 준비한 스토리를 버리자고 결정할 때 어깨를 축 늘어뜨린 채 실의에 빠지는 기자들을 심심찮게 위로하곤 했다. 하지만 모든 스토리는 보편타당한 주제는 아닐지라도 인생에 대한 무언가를 이야기한다. 막상 취재를 진행하다 보면 처음 생각했던 주제와 달라지는 경우도 얼마든지 있다.

톰 홀먼과 나는 샘 라이트너의 이야기를 쓸 때 남들과 비슷한 외모를 갖기 위해서라면 누구라도 샘처럼 위험한 수술을 감행하리라고 생각했다. 샘은 수술 도중 목숨을 잃을 뻔했지만 그 수술이 그의 외모를 바꾸지는 못했다. 그래서 톰과 나는 다른 교훈을 찾아 헤맸다. 그러던 중 우리는 최악의 상황을 직시하고 받아들이는 샘의 모습에서 우리가 애초에 생각했던 것보다 훨씬 강력한 무언가를 발견했다.

관찰 취재에 수반되는 이러한 예측 불허의 변수는 정반대 전략(목격자 인터뷰와 자료 조사, 액션 흐름 추적을 바탕으로 한 사건 재구성)을 취하면 어떤 점이 유리한지를 역으로 알려준다. 종착점을 알고, 그곳에서부터 되짚어나가기 때문에 노력이 수포로 돌아갈 일이 없다. 애초에 스토리만 제대로 고르면 된다.

앞서 설명한 바 있는 「녹색 장벽」을 써보자고 처음 결정했을 때는 이미 사건의 전모가 드러난 뒤였다. 연일 속보가 나오는 터라 우리는 일리노이 강에서 급류타기를 하던 몇 명이 기습적으로 내린 폭우로 발이 묶여 있다 무사히 구조되었으며, 그중 몇 명은 유명을 달리했다는 사실을 알고 있었다. 생존자들도 만날 수 있었다. 처음부터 드라마에 필요한 모든 요소가 충족되어 있었던 것이다.

철저하게 자료를 조사하면 수십 년 전에 일어난 사건도 놀라울 정도로 생생하게 재현할 수 있다. G. 웨인 밀러의 『심장의 왕』(*King of Hearts*)은 반세기 전 월턴 릴헤이가 사상 최초로 개심술을 시도할 당시의 상황을 바로 어제 일처럼 생생하고 세밀하게 옮겨 놓는다.

> 잠이 든 그레고리의 가운을 벗겼다. 뜨거운 불빛 아래 알몸이 드러났다. 어찌나 작고 가녀린지 베개보다도, 웬만한 실험용 개보다도 작았다. 그러니 그 심장은 얼마나 자그마할까. 혈관은 실처럼 가늘 것이다.
> "다 준비됐나요?"
> 릴헤이가 말했다. 모두들 준비가 돼 있었다.
> 릴헤이는 외과용 비누로 그레고리의 가슴을 닦았다. 메스를 집어 들고 왼쪽에서 오른쪽으로 가슴 바로 아래를 절개했다.
> 2호실 발코니에서 수술을 지켜보던 사람들이 상체를 앞으로 내밀었다. 수술실 안에서는 인턴들과 레지던트들이 의자를 딛고 올라섰다.
> 릴헤이는 갈비뼈를 연결하는 흉골을 자르고, 견인기로 그레고리의 심장으로 통할 창을 냈다.
> 폐 사이로 자두빛을 띤 작은 심장이 드러났다. 심상치 않은 소리가 났다. 손을 대보니 비정상적인 진동이 느껴졌다.

이토록 디테일에 집착하지 않았다면 웨인 밀러는 없었을 것이다. 41쪽에 달하는 출처와 참고 문헌 목록은 그가 얼마나 끈질기고 폭넓게 자료를 조사했는지 보여준다. 어린 그레고리 글라이든의 수술을 다루기 위해 이 소년의 담당 간호사 중 두 명을 찾아내 그들이 그레고리의 입원 기간 내내 꼼꼼하고 자세하게 일지를 기록해두었다는 사실을 알아냈다.

밀러는 운 좋게 살아 있는 목격자들을 만날 수 있었으나 에릭 라슨은 살아 있는 기억 저편의 대상들을 찾아 헤매야 했다. 편지, 신문보도, 법원 기록, 일기, 회고록, 개인적인 메모 등을 닥치는 대로 뒤진 끝에 1893년에 열린 시카고 세계 박람회를 그 자리에 있었던 것처럼 생생하게 재현해냈다. 그는 "허투루 볼 자료는 하나도 없다"라고 말했다.

라슨은 『아이작의 폭풍』(*Isaac's Storm*, 1900년 갤버스턴을 휩쓴 살인적인 허리케인을 다루었다)을 쓸 때 건축 자재, 난로의 위치 등이 표시된 갤버스턴 보험 지도를 찾아냈다. 라슨의 말에 따르면 1890년에서 1900년 사이의 런던처럼 사람들의 증언을 바탕으로 특정 장소가 묘사된 데이터베이스를 찾아볼 수 있었다고 한다. 나도 얼마 전 콘스탄티누스대제가 통치하던 서기 320년 6월 21일의 로마를 재현하기 위해 대학과 구글 어스 협력단이 만든 비슷한 데이터베이스를 접해본 적이 있다.

현대 기술이 과거의 기록을 되살려준 덕분에 취재만 잘하면 마치 그곳에 있었던 듯 사실적인 내러티브를 엮어낼 수 있게 되었다. 핸드폰과 감시카메라는 몇 년 전까지만 해도 놓쳐버렸을 장면을 포착한다. 고성능 카메라가 광범위하게 보급됨으로써 우연히 지나가던 구경꾼이 극적인 사건을 상세하게 기록하는 경우도 비일비재하다. 타키투호가 틸라무크만 모래톱에서 침몰했을 때 우리 취재팀은 한 프리랜서 TV 기자로부터 구조와 수색 작업 촬영 영상을 입수할 수 있었다.

컬럼비아강 모래톱에서 일어난 시킹호 침몰 사고를 내러티브 수업 과제로 냈을 때 학생들은 당시의 귀중한 문서를 다수 찾아냈다. 해안경비대 보고서에는 시킹호와 경비대 초소가 주고받은 무선 교신 내용이 토씨 하나까지 고스란히 기록돼 있었는가 하면, 교통안전위원회

조사 기록에는 20건이나 되는 목격자 증언이 남아 있었다. 하지만 진짜 보물은 따로 있었다.

시킹호 사고가 있던 날, 해안경비대는 모래톱에서 신형 모터 구명보트를 시험 운행 중이었다. 그때 마침 한 대원이 밀려오는 파도를 헤치고 달리는 구명보트를 촬영하고 있었다. 그는 해안경비정이 시킹호에 견인로프를 묶은 이후의 상황을 모두 카메라에 담았다. 성난 바다에서 허우적거리는 시킹호에 방패막이 역할을 하던 소형 쾌속정, 해안경비대의 구조대원들을 갑판에 내려놓는 헬리콥터, 심상치 않은 움직임을 보이더니 순식간에 물속으로 사라져버린 시킹호까지. 그러고는 배에 남아 있던 낚시꾼 한 명과 젊고 용감한 해안경비대원 한 명이 목숨을 잃었다.

인터뷰하기

내러티브를 쓰기 위해 밀착 몰입 취재를 한다 해도 인터뷰는 여전히 필요하다. 톰 홀먼은 「가면 너머의 소년」에 딱 알맞은 정도의 몰입 취재를 했지만, 소년의 친구, 부모, 교사, 간호사, 의사를 만나 인터뷰도 진행했다. 회진을 돌거나 서류를 들여다보는 의사를 졸졸 따라다니며 일거수일투족을 지켜보는 것이 무슨 의미가 있을까? 의사가 주인공인 환자를 치료할 때만 지켜보면 된다. 질환과 치료에 대한 전반적인 정보는 인터뷰를 통해 얻어야 한다.

내러티브 기사 작성을 위한 인터뷰는 전통적인 뉴스 보도 인터뷰와는 다소 차이가 있다. 톰이라면 취재를 막 시작했을 때 샘 라이트너의 질환, 의료 기록, 예후에 대해 상당히 개념적인 수준의 질문을 던졌을 것이다. 하지만 직접 보지 못한 실화 내러티브를 구축하기 위해 하는 인터뷰는 전혀 다르다.

나는 신문기자 초년생 시절 이런 인터뷰가 얼마나 어려운 것인지 깨달았다. 그때 나는 『로스앤젤레스 타임스』의 역사를 다룬 『정보 제국』(*The Information Empire*) 관련 자료를 조사하고 있었다. 스토리에 나오는 주요 인물이 여전히 상당수 생존해 있었기에 그들을 충분히 인터뷰할 수 있었다. 멋모르던 시절이라 인간의 허술한 기억력에 경악을 금치 못했다. 중대한 사건을 아주 어렴풋이 기억하는가 하면 아예 기억하지 못하기도 했다. 심지어 똑같은 사실을 완전히 다르게 기억하기도 했다. 대개는 자신에게 유리하거나 자신이 기여한 부분은 부풀리고 다른 사람의 공은 축소했다. 승리로 1,000명의 부모가 살아남았다면 패배로 단 한 명의 아이가 부모를 잃었다는 식이었다.

문제는 나에게도 있었다. 당시 나는 인터뷰를 할 줄 몰랐다. 내가 던진 질문은 설득력 있는 내러티브를 쓰는 데 필요한 생생한 디테일과 신빙성 있는 증거를 끌어내지 못했다. 그때 이후 배운 것이 몇 가지 있다.

첫째, 취재원에게 내가 무엇을 하려 하는지 명확하게 알리는 것이 좋다. 취재원이 생생한 디테일은 없고 인용할 만한 인상적인 문구를 주로 싣는 전형적인 언론 인터뷰에 익숙한 대중적인 인물일 경우엔 더더욱 그래야 한다. 전형적인 기사를 쓰려는 게 아니므로 본 것, 들은 것, 느낀 것을 모두 실제 있었던 그대로 되살려내려 한다고 분명히 밝혀야 한다. 취재원에게 당신이 겪은 일을 영화처럼 연속된 장면으로 떠올려보라고, 각 장면을 채우는 디테일을 묘사해달라고 요청할 수도 있다.

니먼 내러티브 프로그램 소장을 역임한 마크 크레이머는 취재원에게 솔직하게 도움을 청한다. "어떤 장면을 꼭 넣어야 하는데 내가 목격하지 못했고, 그래서 인터뷰에서 끄집어낼 수밖에 없다면 나는 취재원에게 이렇게 말한다. '앞으로 15분 동안 우리의 대화는 힘든 노동이 될 것입니다. 외람되지만 우리 둘 다 목수라고 생각해주세요. 함께 일한다는 생각으로 임해주시길 부탁드립니다. 저는 지금 분해된 조각들을 하나로 조립해야 하거든요.' 이렇게 이야기하면 취재원은 내가 메모하는 동안 처량 맞게 신세 한탄을 늘어놓지 않는다. 한배를 탄 조력자가 되어 함께 장면을 만들려고 한다. 나와 함께 스토리를 만드는 사람이 되는 것이다."

구체적인 사실을 떠올릴 때는 한 가지 기억이 또 다른 기억을 불러내기도 한다. 그래서 취재원에게 결정적인 사건이 발생했을 때 어디에 있었고, 무슨 일을 하고 있었는지 상기시켜 주는 것이 꽤 도움이 된다. "근무 일지를 보면 그날 아침 시청에서 회의에 참석했더군요. 학장이 그날 오후 사임했을 때 당신은 아마도 차를 몰고 학교로 복귀하고 있었을 겁니다. 사임 소식을 처음 들었을 때 기억나세요? 자동차에서 라디오로 들었나요? 그때 어디쯤 계셨나요? 그런데 차종은 뭐였나요? 색깔은요?"

인터뷰하든 조용히 지켜보든 반드시 해야 할 일은 취재원과 사전에 협의하는 것이다. 언론사의 전통적인 기본 규칙은 책, 다큐멘터리, 블로그 등 매체에 상관없이 통용된다. 취재원과 기자가 일단 기본 규칙에 합의하면 재협의를 하기 전까지는 반드시 지켜야 한다. 표준적인 기본 규칙은 다음과 같다.

- 보도: 아무런 제약 없이 대화 내용을 있는 그대로 사용할 수 있다.
- 배경 정보: 취재원이 준 정보를 스토리 전개를 위해 보도하거나 공개할 수는 있지만, 그 출처로 취재원을 밝힐 수 없으며, 익명으로도 밝힐

수 없다.

- 익명 보도: 취재원이 준 정보를 보도하거나 공개할 수는 있지만, 상호 합의할 수 있는 익명의 출처로 명시해야 한다. 가령 "대통령의 측근 소식통은…"처럼 대략적인 출처로 표기할 때는 이런 표현을 사용하는 데 대한 취재원의 동의가 있어야 한다.

- 비보도: 보도한다는 전제 아래 제3의 다른 출처에서 입수하지 않는 한, 취재원이 준 정보를 보도하거나 공개할 수 없고, 그 출처도 밝혀선 안 된다.

물론 이것이 절대 불변의 원칙은 아니다. 언제든 다시 논의할 수 있고, 얼마든지 변경할 수도 있다. 취재원이 자신의 집 중 어떤 방은 언급하지 말라거나 사진을 찍지 말라고 요구할 수 있다. 혹은 진흙탕 싸움 같은 이혼에 대해선 아무것도 묻지 말아 달라고 할 수도 있다. 이 조건을 수용할지 거절할지, 이 문제가 얼마나 중요할지는 작가의 판단에 달려 있다. 이야기의 핵심적인 진실을 왜곡해야 수용 가능한 요구일 수도 있다. 하지만 일단 합의했다면 추후에 다시 논의하기 전까지는 이를 성실하게 지켜야 한다.

익명 보도나 비보도 사항을 막상 스토리로 보고 나면 한결 느슨해지는 취재원도 있다. 그래서 나는 넣지 말아 달라는 내용을 넣은 가원고를 만들어 보여준다. "제가 보기엔 그렇게 해로울 것 같지 않아요. 정말로 빼면 좋겠어요?"라고 다시 물으면 대부분 마음을 바꾼다.

공개 조사에 익숙한 정치인 같은 취재원은 정례화된 규정을 웬만큼 알고 있고, 그래서 그 규정대로 지켜주길 바란다. 하지만 내러티브 논픽션에 주로 등장하는 사람들은 그렇지 못하니 필자 쪽에서 자세하고 꼼꼼하게 설명하고 적절히 상기시켜야 한다.

가장 중요한 점은 '비보도'라고 특별히 합의하지 않은 내용은 모두 보도된다는 사실이다. 일반적으로 사적인 영역이라 생각되는 부분도 예외 없다. 한번은 내가 화장실에서 볼일을 보고 있을 때 취재원이 내 옆 소변기에서 볼일을 보며 민감한 정보를 이야기하기 시작했다. 내가 마지못해 "신문에 나가도 되는 거죠?"라고 묻자 그는 못 들은 걸로 해달라며 얼른 화제를 바꿨다.

인터뷰를 어떻게 하느냐에 비하면 중요한 문제가 아닐지도 모르지만, 내러티브 기자들은 일 이야기를 할 때면 녹음 방법이라든가 받아쓰기, 인터뷰 장소 등이 이러저러해야 한다는 언론계의 오랜 고집들을 풀어놓는다. 그게 그렇게 중요한지 나는 잘 모르겠다. 관찰자로서 그들을 지켜보는 내내 녹음기를 켜놓을 필요가 있는지 의아하다. 수십 시간에 달하는 녹음 파일에서 건질 만한 것은 거의 없기 때문이다.

인터뷰할 때나 열띤 대화가 오가는 순간에는 녹음하는 것이 당연하다. 아주 오래전에 녹음테이프가 엉켜서 인터뷰 녹음 내용을 통째로 날려버린 경험을 한 뒤로 나는 만일에 대비해 반드시 메모한다. 요즘 나오는 디지털 녹음기는 훨씬 믿을 만하지만 그래도 메모하는 게 좋다는 생각은 쉽게 바뀌지 않는다. 어찌 됐든 녹음기가 취재원의 말과 행동을 바꿔버리는 일종의 하이젠베르크 효과를 발동할 것이라는 기우만큼은 붙들어 맬 수 있으니. 녹음기가 취재원의 말과 행동에 영향을 준다면 내러티브 팟캐스트는 전부 신뢰할 수 없을 것이다. 현대의 오디오 녹음기 중에는 조용하고 눈에 잘 띄지 않는 것이 많다. 그래서 취재원은 벽에 붙은 파리처럼 있는 듯 없는 듯한 관찰자에게 익숙해지듯, 이런 기기들에 금방 익숙해진다. 그리고 스마트폰은 곳곳에서 흔하게 보이는 물건이라 배경에 잘 녹아든다. 어느 틈엔가 기자도, 녹음기도 잊어버린다.

그럼에도 많은 내러티브 기자가 취재원과 함께 있을 때는 되도록 녹음기와 노트를 감추려 애쓴다. 게이 탈리스는 특별히 흥미로운 말이 나올 때만 간간이 노트를 펼치고, 주로 취재원이 자리를 비울 때 메모한다. 테드 코노버를 비롯한 많은 작가처럼 취재를 다 마친 뒤에야 인터뷰 내용을 제대로 정리한다.

코노버는『신참』을 쓸 때 실제 교도소에서 잠입 취재를 하고 있던 터라 취재 수첩을 마음대로 꺼내 놓을 수가 없었다. 하지만 운 좋게도 교도관은 수감자의 규칙 위반 사항 등을 수시로 메모해야 했기 때문에 작은 수첩을 늘 가슴 주머니에 지니고 다녔다. 교도소에서 일어나는 극적인 순간들을 메모하고 있어도 누구 하나 수상쩍게 바라보지 않았던 것이다.

통화 내용을 녹음하는 경우 상대방에게 녹음하고 있음을 반드시 알려야 한다. 어떤 상황에서든 그것이 마땅한 도리다. 쌍방 동의를 법으로 규정한 주에서 통화 내용을 몰래 녹음하는 것은 엄연한 불법이다. 그래서 애플은 아이폰에 녹음 앱을 허용하지 않는다. 물론 이 제약을 빠져나가는 녹음 앱이 있기도 하고, 안드로이드 기반 기기는 통화 내용을 녹음하기가 쉽다. 하지만 쌍방 동의를 요구하는 주에서는 여전히 법적 제약이 적용된다.

많은 기자는 대면 인터뷰가 가장 좋고, 편안한 자리가 취재원의 긴장을 풀어주는 데 도움이 된다고 말한다. 나는 뉴스 인터뷰라 할지라도 취재원과 책상 앞에 마주 앉는 것은 피하려 한다. 리처드 벤 크레이머는 거실에서 하는 인터뷰를 좋아하지 않는다. 거실에 앉으면 꼭 팔짱을 끼게 된다는 것이 그 이유다. 대신 부엌 식탁으로 자리를 옮겨도 되느냐고 묻는다. 좋은 생각이다. 내 경험상 맥주 한 잔을 곁들이는 것도 나쁘지 않다.

인물, 장면, 액션, 주제

기자들이 와서 글쓰기 코칭을 청하면 나는 항상 그들의 작업 패턴을 알아본다. 어떻게 자료를 정리하고 내러티브 구조를 찾아내고 초고를 쓰는지 묻는다. 취재 노트만큼 그들이 일하는 방식을 적나라하게 드러내는 것도 없다. 초짜의 노트는 아무리 넘겨도 직접 인용문만 잔뜩 적혀 있다.

인용문만 가득한 취재 노트에서는 기존의 뉴스 기사에 적합한 무미건조한 글이 나올 게 뻔하다. 이런 노트로는 내러티브 기사를 작성할 수 없다. 인물 구축, 장면 설정, 액션 묘사, 주제 발전에 필요한 원재료가 없는데 무슨 수로 실화를 이야기할 수 있겠는가? 내러티브, 하다못해 피처기사를 쓰는 기자의 취재 노트라면 모름지기 시각적인 디테일, 일화, 액션 흐름(발생 순서)은 물론 냄새까지 담겨 있어야 한다. 취재하는 자신에 대한 기록(어떤 질문을 던졌고 그때 어떤 느낌이 들었는지, 관찰하는 동안 자기 내면에서 어떤 반응이 일어났는지 등)이 담겨 있다면 더 바랄 게 없다. 원고를 작성할 때 모두 필요한 재료다.

취재를 진행하는 동안 이런 메모는 조금씩 커다란 주제가 투영된 이야기로 변화한다. 시점인물의 세계에 푹 빠져 함께 호흡하며 그 의미를 열심히 생각하기 때문이다. 신시아 고니는 취재 초기 단계에서 보고 들은 것들을 되는대로 죽 적는다. 그리고 특별히 의미 있다고 생각되는 제한된 디테일 범주에만 주력한다.[63]

인물이 스토리의 동력인 만큼 취재 노트에는 신체적 특징, 표정, 제스처, 목소리 톤, 그 밖의 모든 직접적 인물 묘사가 넘쳐나야 한다. 이런 것은 대화를 나눌 때 관찰해 기록하는 것이 좋다. 의미를 전달에 있어 비언어적 신호가 언어보다 효과적일 때가 많다. 인터뷰할 때 기자들이 사용하는 전형적인 방법은 별로 궁금하지 않은 질문을 던지는 것이다. 취재원이 열심히 대답하는 동안 외모와 옷차림 등에 대한 세부적인 사항을 적는다.

앞에서 이야기했듯이 스토리는 누군가가 무언가를 욕망할 때 시작된다. 따라서 스토리 내러티브를 위한 취재는 동기에 초점을 두어야 한다. 존 프랭클린은 스토리 스케일이 큰 경우 몇 시간씩 이어지는 '심리 인터뷰'를 진행한다. 처음에는 유년기에 대해 질문하여 유전적, 행동적 동기를 찾는다. 그런 다음 주인공의 인생을 더듬어 올라가며 중대결정을 내린 순간, 그런 선택을 했던 요인들을 집중적으로 다룬다.

내러티브 기사를 쓰기 위한 취재는 대부분 이렇게까지 치밀하지 않다. 다만, 아주 단순한 이야기가 아니라면 정보 수집 방향을 잡아줄 '성격 가설'이 필요하다.

게이 탈리스가 「미스터 배드 뉴스」에서 조명한 『뉴욕타임스』의 부고 전문기자 휘트먼은 조용하고, 차분하고, 이지적이면서도 낭만적인 구석을 지닌 사람이다. 탈리스는 휘트먼의 담배 파이프, 나비넥타이, 아침에 마시는 차 한 잔 등 그의 성격이 투영된 디테일에 집중했다. 트레이시 키더는 의료 구호에 헌신적인 의사 폴 파머가 사실은 경쟁심도 많고 야망도 큰 사람인데 어째서 일반적인 미국인에게서 나타나는 부와 안정을 향한 욕망이 보이지 않는지 그 이유를 찾기 위해 과거를 파고들었다. 그리고 순탄치 못한 파머의 유년기(습지에 정박한 낡은 보트에서 산 적도 있다)를 통해 감춰진 세계를 드러냈다.

디테일은 가설을 만들고, 가설은 다시 더 많은 디테일 수집의 단서가 된다. 취재원이 정리벽이 있는 사람이라고 판단되면 양말 서랍장을 열어봐도 되는지 묻는다. 양말이 모두 돌돌 말린 채 색깔별로 열 맞춰 정리되어 있다면 가설에 논거가 생기는 셈이다.

이렇게 가설을 세우고 관찰하기를 반복하다 보면 어떤 시각적 디테일 혹은 액션을 골라잡아야 할지 방향이 잡힌다. 트루먼 커포티는 논픽션을 쓸 때는 "시각 디테일을 보는 좋은 식견이 필요한데 이런 면에서 작가는 일종의 '텍스트 사진가', 그것도 아주 까다롭게 이미지를 고르는 사진가가 되어야 한다"라고 말했다.[64]

우리는 보통 친구와 동료가 중요시하는 가치 혹은 내가 중요시하는 가치가 내가 합류하고 싶은 무리에서도 중요하게 받아들여지길 바란다. 따라서 동기를 알아내려면 사회적 계층 지수를 살펴보는 것이 좋다. 톰 울프는 사회적 계층 지수가 인물에 대해 많은 것을 알려준다고 말한다. 프리우스를 모는가, 허머를 모는가? 차고 진열장에 크로스컨트리용 스키가 있는가, 활강용 스키가 있는가? 버번을 마시는가, 스카치를 마시는가? 와인인가, 맥주인가?

현실 속 성격이 표출된 일화만큼 인물을 잘 드러내는 것도 없다. 존 맥피의 글에 등장한 생물학자 캐럴을 기억하는가? 그녀는 물에 잠긴 빈 그루터기 안을 손으로 더듬어 샘이라는 뱀을 꺼냈다.

함께 일한 기자 중에는 매번 훌륭한 일화를 낚는 이가 있는가 하면, 대단치는 않아도 뜻깊은 일화를 건지겠다는 바람이 작살로 대왕고래를 잡겠다는 바람처럼 턱없이 느껴지는 사람도 있다. 『창의적 인터뷰』의 저자인 켄 메츨러는 이런 차이가 나는 이유에 대해 힌트를 준다. "이야기를 얻으려면 이야기를 해야 한다."

바로 이것이다! 누군가가 비행기가 연착돼 엉망진창이 된 여행에 대해 이야기하면 우리는 비슷한 일화(가방을 잃어버렸다거나 갈아탈 비행기를 놓쳤다거나)를 이야기함으로써 동병상련을 나눈다. 펌프에 마중물을 부어 물을 끌어 올리는 원리처럼 먼저 자기 자신이나 주인공에 대해 이야기한 뒤 이제 당신의 이야기를 하나 들려달라고 부탁하는 것이다. "제가 아는 X는 결벽주의자예요. 그가 양말 서랍장을 보여줬는데 양말이 모두 돌돌 말려서 색깔별로 정리되어 있더라고요! 그는 사무실에서도 똑같을 거예요. 장담해요."

아무리 사소하고 특별할 것 없는 개인적인 이야기라 해도 디테일을 신중하게 선별하면 강력한 효력을 낸다. 톰 프렌치는 "작고 소소한 순간의 힘과 중요성을 믿지 않으면 안 된다"라고 조언한다. "신문기자는 중대한 순간에 강해지도록 훈련받는다. 그런데 이 일을 오래 하면 할수록 아무 일도 일어나지 않는 듯 보이는 순간이 정말 중요하다는 것을 깨닫는다. 정말 중요한 일은 바로 내 앞에서 일어나고 있다. 좀 더 주의 깊게 살펴보기만 하면 된다."

독자는 이야기에 설득력이 있고, 시각적이고 청각적인 디테일과 개인사를 이루는 사실들을 아무 생각 없이 던져놓은 게 아니라고 느끼면 작가가 엄선한 디테일을 주의 깊게 살펴본다. 메리 로치는 "티파니 스테인드글라스 창과 같다"라고 말한다. "딱 하나뿐일지라도 일단 창틀에 넣고 나면 정말로 빛이 난다."[65]

보석은 원석의 질보다 세팅의 질이 중요하다. 세팅의 질은 취재 과정 동안 작가가 하는 생각의 질을 반영한다. '이것은 무엇을 의미할까?' 끊임없이 자문한다. '그녀는 왜 그랬을까?', '누구도 피해 갈 수 없는 이 난관이 이야기하는 것은 무엇일까?'

계속 질문하다 보면 계속 발견하게 된다. 물론 결과물이 기대한 것이 아닐 수도 있다. 존 프랭클린은 "만반의 준비를 한 과학자가 자신이 찾던 것을 발견할 가능성은 지극히 낮다"라고 말하면서 "하지만 뭔가를 발견하리란 것은 확실하다. 능력 있는 작가가 짤막한 실화를 취재할 때도 마찬가지다"라고 지적했다.

스토리를 보는 안목

세상사를 보편적인 스토리 요소들로 나눌 줄 알게 되면 그때부터는 어디서든 스토리가 보인다. 갈등다운 갈등을 찾으면 훌륭한 스토리를 발견할 가능성이 높아진다. 좋은 주인공감을 알아본다면 독자를 사로잡는 포인트를 찾을 가능성도 높아진다.

켄 퍼슨은 평범한 욕망을 가진 인물을 찾아내려고 노력하며 안목을 길렀다. "초점을 완전히 좁혀서 이 사람은 무엇을 원하는가, 그가 그것을 해낼 것인가만 보려고 해요. 그가 시합에서 이길 것인가? 상을 거머쥘 것인가? 기절하지 않고 무사히 연설을 끝낼 것인가?"[66]

톰 홀먼은 시련에 집중했다. 난관에 직면한 사람을 발견하면 바짝 붙어 다니며 끝내는 시련을 극복해낼 주인공을 찾았다고 스스로 주문을 걸었다. 거대 로펌에 다니던 젊은 변호사가 고액 연봉을 버리고 주 검찰청의 박봉 직을 택했을 때 톰은 그의 일거수일투족에 주목하기 시작했다. 이 정도 변화라면 인간 조건에 대해 시사하는 바가 있어 보였다. 발달 장애를 가진 청년이 어머니 집에서 독립해 혼자 살게 되었을 때도 톰은 이 대담한 도전이 어떤 결말을 맞이할지 밀착 취재했다.

모든 시련이 해결로 귀결되는 것은 아니지만, 해결은 모두 시련에서 나온다. 그래서 존 프랭클린은 거꾸로 해결에서 스토리를 찾아보라고 제안한다. 우리 앞에 놓인 신문이나 뉴스 웹사이트를 보면 해결이 널려 있다. "뉴스 기사는 대부분 시작이 빠진 결말"이다. 자동차 사고 보도는 한 피해자가 살아남기 위해 벌인 용기 있는 액션을 감추고 있을지도 모른다.

두 차례나 퓰리처상을 수상한 프랭클린은 이런 영예를 누릴 수 있었던 이유를 세상을 스토리 요소로 비추어 보았기 때문이라고 말했다. "내 눈에는 어떤 것이 스토리이고 어떤 것이 스토리가 아닌지 보여요. 덕분에 좋은 스토리감을 금방 집어낼 수 있지요."

이 뛰어난 논픽션 스토리텔러는 좋은 이야기는 곳곳에 널려 있다는 사실을 깨달았다. 열흘간 밀림을 헤매다 구조된 어느 여인의 이야기, 인생을 덮친 트라우마를 마침내 뛰어넘었다는 깨달음, 살인범을 추적하는 한 경찰의 집요하고도 기나긴 이야기, 세상에 나오자마자 하늘로 떠나는 아이들을 보는 신생아실 간호사들의 비애, 강박에 사로잡힌 과학자, 이제는 아무도 찾지 않는 미식축구 선수…. 거의 모든 소재가 훌륭한 스토리감이 될 수 있다. 거기서 찾는 게 무엇인지만 알고 있다면 말이다.

11장

스토리 내러티브

> 스토리는 모두 똑같은 것 같지만
> 저마다 다르다는 점에서 눈송이를 닮았다.
>
> ● 존 프랭클린_퓰리처상 두 차례 수상

훌륭한 장인은 자신이 늘 사용하는 도구를 아주 잘 안다. 훌륭한 논픽션 작가 역시 그렇다. 처음 내러티브를 잡을 때 냉철한 시선으로 소재를 바라보며 가장 기본적인 질문을 던진다. "지금 어떤 종류의 내러티브를 쓰려 하는가? 그러려면 어떤 도구가 필요한가?" 골라잡을 것은 많다.

스토리 내러티브는 우리가 '스토리' 하면 떠올리는 '주인공—시련—해결' 모델에 가장 가깝다. 하지만 이 기본 모델은 종류가 많다. 이 모델을 벗어나면 작업 방식이 달라진다. 해설 내러티브는 대부분 주인공처럼 아주 기본적인 구성 요소가 없다. 내러티브 에세이는 서술자가 곧 주인공이다. 틱톡*은 예외 없이 사건을 재구성한다. 소품문은 순전

---

*   사건을 시간대별로 구성해 추이를 따라가는 기사 형식.

히 관찰에 의존한다.

　　이런 형식들은 모두 논픽션 작가에게 풍부한 가능성을 제공한다. 이제부터 이것들을 하나씩 살펴보기로 하겠다. 우선 단편과 중장편 스토리 내러티브를 보자.

단편 스토리 내러티브

"부자는 우리와 다르다." 피츠제럴드가 말했다. 그러자 헤밍웨이가 "맞아. 돈이 더 많지"라고 대꾸했다.

　　내러티브도 마찬가지다. 단편과 장편은 글자 수가 다르다. 말할 필요도 없는 이 차이는 생각보다 크다. 글자 수가 제한되면 쓸 수 있는 스토리 종류도 제한된다. 논픽션에서 스토리 길이 차이는 단편소설과 장편소설의 차이와 같다. 인물의 복잡한 내면을 탐색하기에 단편은 지면이 부족하다. 그래서 장편소설은 인물을, 단편소설은 상황을 그린다는 픽션 원칙이 논픽션에도 그대로 적용된다.

　　이런 이유로 단편 논픽션은 액션이 주가 된다. 1장에서 예로 든 스튜어트 톰린슨의 스토리는 800단어가 채 안 되며, 그나마도 경찰관이 목격한 사고와 그 이후에 일어난 액션이 대부분을 차지한다. 우리는 피해자의 성격이 어떤지 전혀 모른다. 이 피해자는 마지막 문단에 이르러서야 겨우 한마디 할 뿐이다. 그렇다고 사고를 목격하고, 사고를 일으킨 운전자를 체포하고, 화재를 진압하려고 필사적으로 노력한 제이슨 맥고완에 대해 잘 아는 것도 아니다.

　　단편 내러티브는 장면을 한두 개 넣는 데 그친다. 내 경험상 일련의 액션을 담은 장면을 하나 만드는 데는 최소한 500여 단어가 필요하다. 800단어에 달하는 스튜어트의 스토리는 끄트머리에 짤막한 병원 에피소드가 붙었을 뿐 기본적으로 한 장면이다. 3,000단어 길이의 잡지 내러티브에는 대체로 여섯 개의 장면이 들어간다. 네 편짜리 신문 연재물이나 잡지의 특집 스토리에는 30개까지도 들어간다. 팟캐스트 한 편은 1시간에 10개 정도의 장면을 소화할 수 있으며, 단행본의 경우는 200~300개까지도 넣을 수 있다.

또, 단편 내러티브는 서둘러 본론으로 들어가고 다소 느닷없이 끝난다. 내러티브 포물선을 보면 상승과 하강 곡선이 가파르다. 나는 기자들에게 시작하자마자 바로 액션을 넣어 속도감 있게 진행해야 한다고 강조한다. 스튜어트는 "픽업트럭이 시속 129킬로미터로 쌩하니 지나갔다"로 스토리를 시작하고, 생존자가 이야기하는 병원 장면으로 간결하게 끝냈다.

가파르긴 하지만 내러티브 포물선에 꼭 들어가야 할 요소(발단, 액션의 상승, 위기, 절정, 해결/대단원)는 다 들어간다. 물론 단편도 주제가 있지만, 좀 더 문학적인 중장편 내러티브에 비해 깊이와 섬세한 결은 부족하다. 액션으로 가득 찬 스튜어트의 스토리가 우리에게 전하는 메시지는 "결단력 있는 액션이 생명을 구한다" 정도가 아닐까.

그럼에도 긍정적인 결과를 보여주는, 인생에 관한 진실 중 하나는 성공한 삶에 대해 이야기한다. 대담무쌍함과 영광스러움이 뚝뚝 묻어나는 장중한 대서사극(내가 가장 좋아하는 장르 중 하나다)이 전혀 예상치 못한 곳에서 불쑥 튀어나오기도 한다. 훌륭한 내러티브는 우리 주변 도처에 숨어 있음을 새삼 확인한다.

『오레고니언』의 클래식 음악 비평가 데이비드 스터블러는 오리건교향악단의 토요일 밤 공연을 본 뒤 세르게이 라흐마니노프의 피아노 협주곡 3번을 훌륭하게 연주한 캐나다인 피아니스트 루이 로르티를 호평하는 평론을 썼다. "라흐 3번"으로 통하는 이 곡은 "피아니스트의 무덤"이라는 별명 그대로 결코 만만한 곡이 아니었다. 지독하리만치 난해한 음이 정신없이 몰아쳐 클래식에서 가장 어려운 피아노 연주곡으로 꼽힌다. 로르티의 공연은 3일간 예정되어 있었고, 두 번의 공연이 남아 있었다.

그런데 일요일 저녁, 데이비드는 교향악단 매니저에게 전화를 받았다. 한창 공연 중일 시각이었다. 로르티가 손을 다쳐서 그날 밤 라흐 3번을 연주하지 못하게 되었으며 월요일에도 공연을 하지 않을 것이란 소식이었다.

이는 스토리 전개상 난데없이 혜성 하나가 날아와 행성을 안정된 궤도 밖으로 이탈시킨 사건이었다. 내러티브 기사로 퓰리처상 최종 후보에 올랐던 데이비드는 드라마의 조짐을 감지했다. 데이비드는 자신의 담당 편집기자인 더그 페리와 함께 나를 찾아왔다. 내러티브 포물선이 완성되려면 멀었지만 더그와 나는 얼른 스토리 초고를 쓰라고 재촉했다. 집필을 빨리 시작할수록 우리 뇌가 스토리를 가공할 시간도 많아진다. 우선 데이비드는 일요일 공연을 성공시킬 긴급 대책에 주목했다. 다음 날 써온 초고는 이렇게 시작했다.

> 오리건교향악단의 일요일 공연을 90분 남겨둔 시각, 모든 오케스트라 매니저가 두려워 마지않는 전화가 한 통 걸려 왔다. 공연의 꽃이자 주인공인 독주자 루이 로르티가 손을 다쳐 그날 밤 연주를 할 수 없다는 것이었다.

그때부터 남은 공연을 살리기 위해 한바탕 난리가 났다. 공연은 저녁 7시 30분으로 예정돼 있었다.

이 정신없는 분투는 소소하지만, 그런대로 드라마를 연출한다. 생활·문화면 톱으로 내보내도 손색없을 만한 박력을 내러티브 피처기사에 실어줄 것이다. 공연 30분 전, 오리건교향악단 지휘자 카를로스 칼마와 단장, 예술감독이 옹기종기 서서 대책을 논의했다. 공연하기 위해 하나둘 모여들기 시작한 단원들도 대화에 참여했다. 데이비드는 이 장면을 매니저와 단원들을 인터뷰해 재구성했다.

단원들이 최근에 연주한 적 있는 곡들을 대안으로 제시하기 시작했다. 바그너의 《유령선》* 서곡, 대포 소리를 뺀 차이콥스키의 《1812년 서곡》, 베토벤 《교향곡 5번》.
그런데 문제는 위층의 교향악단 서고에 악보가 있어야 한다는 것이었다. 서고에는 교향곡 악보가 총 100곡 소장되어 있었다. 또한, 공연 후반부를 채울 수 있을 만큼 긴 곡이어야 했다. 누군가 관객에게 서너 개의 추천곡을 받자고 제안했지만, 이야기는 더 진전되지 않았다.
차이콥스키 《교향곡 4번》이 언급되자 다들 고개를 끄덕였다. 그들은 비장하며 악상 변화가 많은 이 곡을 꽤 자주 연주했다. 바로 얼마 전인 5월에는 최소한의 리허설(둥글게 모여서 각자의 파트를 머릿속으로 연주했다)만 갖고 연주한 적이 있었다.

• '방황하는 네덜란드인'이라는 제목으로 잘못 알려져 있다.

악보 담당자는 중간 휴식 시간에 단원들에게 악보를 나눠 주었다. 이후 벼락이 치는 듯 시종일관 힘차고 웅장한 차이콥스키 4번 교향곡이 대극장을 울렸고, 기립박수가 터져 나왔다. 즉흥 연주는 성공이었다. 단장은 라흐 3번을 듣지 못한 데 대한 관객의 항의에 대처할 마음 준비도 한 상태였지만 일부만 실망감을 표현했을 뿐 환불을 요청한 사람은 한 명도 없었다.

나와 더그는 데이비드와 함께 그가 써온 초고를 다듬기 시작했다. 900단어 정도 되는 짧은 글이었다. 데이비드는 기사를 일지 형식으로("오후 7:30, 무대 위", "오후 8시, 교향악단 사무실") 전개했다. 이렇게 하니 위기에 빠진 공연을 살리기 위한 시간적 촉박함이 더욱 강조되어 대체할 곡을 고르고 급조된 후반부 공연을 무사히 성사시킬 때의 극적 긴장감을 조성하는 데 효과적이었다. 결말에서 로르티의 말을 직접 인용하고 그의 손 상태를 전함으로써 다친 피아니스트에게 맞췄던 처음의 초점을 유지했다. 이리하여 본격 내러티브라기보다는 뉴스 스타일의 피처기사에 가까운 글이 탄생했다.

> "정말 이런 일만큼은 일어나지 않기를 바랐는데…."
> 그는 못내 아쉬움을 감추지 못했다.
> "나란 사람은 뭐든 그냥 넘어가지 못하나 봐요. 음을 빼놓고 치지 않을까 걱정했더니. 그랬다면 완전히 재앙이었겠죠. 어느 게 더 나았을지 고를 수가 없네요. 시간이 얼마 남지 않았을 때는 마음이 시키는 대로 해야 하죠."
> 로르티는 전문의와 상담하기 위해 월요일에 비행기를 타고 캘리포니아 오클랜드로 떠났다.
> "솔직히 정말 걱정입니다. 앞으로 남은 공연은 생각하지 않으려고요."

그런데 초고의 중간쯤에 드라마를 증폭시킬 놀라운 정보가 도사리고 있었다. 오리건 교향악단의 예술감독 찰스 캘머는 라흐 3번을 듣겠다는 일념으로 공연장을 찾았던 관객들의 아쉬움을 어떻게든 달래주고 싶었다. 난해하기로 악명 높은 곡을 최고의 피아니스트가 어떻게 요리하는지 보고 싶은 마음에 먼 거리를 마다하지 않고 찾아온 사람도 있었다. 로르티가 공연을 취소한 뒤로 캘머는 손에서 전화기를 놓지 않고 로르티를 대신해 남은 월요일 공연에 설 피아니스트를 백방으로 수소문했다.

더그와 내가 슬슬 부추기자 데이비드는 이야기보따리를 더 풀었다. 클래식 문외한인 우리는 그제야 캘머의 바람이 얼마나 야무진 것인지 알게 되었다. 데이비드처럼 박식한 음악 평론가가 이곳에 있다는 것을 신문사는 행운으로 여겨야 했다. 피아노 공연 분야 학위만 무려 세 개를 보유한 데이비드는 자신 역시 라흐 3번에 도전했지만 정복하지 못했다고 말했다. 데이비드의 경험은 이 곡에 대한 해설과 캘머의 시도에 대한 논평에 권위를 실어주었다.

라흐 3번을 연주할 수 있는 피아니스트는 손가락으로 꼽을 정도다. 그래서 보통은 1, 2년 전에 공연을 예약해야 한다. 일요일 공연이 끝난 뒤 데이비드는 피아니스트 찾는 일이 어떻게 진행되고 있는지 알아보기 위해 캘머 그리고 오케스트라 매니저와 계속 연락을 주고받았다. 월요일 오전까지도 수소문은 계속됐다. 데이비드의 눈엔 가망이 없어 보였다. 그는 '당장 오늘 밤 라흐 3번을 연주할 사람을 찾는다니 운이 좋길 바라야지'라는 생각이 들었다고 말했다.

그러나 캘머는 희망을 버리지 않았다. 그리고 월요일 오전 10시, 마침내 찾아냈다. 야코프 카스만. 밴 클라이번 국제 피아노 콩쿨에서 은메달을 수상한 러시아 피아니스트였다. 마침 앨라배마 주립 대학교에서 학생을 가르치고 있었다. 라흐 3번을 연주해봤고, 시간도 낼 수 있었다. 버밍햄에서 출발해 포틀랜드까지 오는 경유 노선 비행기에는 딱 한 좌석이 남아 있었다.

조난 생존기에 버금가는 흥미진진한 드라마는 이제부터 시작이었다. 카스만은 포틀랜드에 와본 적도, 지휘자 카를로스 칼마를 만나본 적도 없었다. 리허설 없이 라흐 3번을 연주해 본 적도 없었다. 무엇보다 지난 다섯 달 동안 이 곡을 한 번도 친 적이 없었다. 월요일 저녁 7시, 마침내 비행기가 포틀랜드에 도착했다. 운이 좋으면 공연 시작 몇 분 전에 공연장에 도착할 것이었다.

그날 월요일 아침까지도 나는 라흐 3번에 대해 전혀 알지 못했다. 그런데 이야기를 듣다보니 매우 흥미로웠다. 일이 잘 풀린다면 기막힌 스토리가 나올 게 틀림없었다. 수요일자 신문의 가장 좋은 자리에 들어갈 수 있을 것이라고 확신했다. 데이비드는 카스만을 찾아낸 장면을 재구성하기 위해 추가 취재에 들어갔다. 월요일 밤 공연에도 참석했고, 화요일에는 내러티브를 마무리하기 위해 더그, 나와 함께 2차 회의를 가졌다.

1차 스토리 회의가 끝난 뒤 데이비드는 추가 취재를 하고 전체 스토리를 재차 수정했다. 시작 부분은 초고를 그대로 유지하되 예술감독 캘머가 공연장 근처 레스토랑에서 통화하던 장면에는 디테일을 덧입혔다.

그제야 비로소 내러티브 꼴을 갖추었다. 데이비드는 라흐 3번을 차이콥스키 교향곡 4번으로 허둥지둥 대체한 장면을 다시 썼다. 클라이맥스는 아직이었다. 마지막 공연까지 몇 시간이 남아 있었지만 모든 조각은 이미 제자리를 찾은 상태였다.

월요일 아침, 카스만은 미니애폴리스를 경유하는 비행기에 올랐다. 비행기는 공연 시작 1시간 전인 7시에 도착할 예정이었다. 캘머는 카스만을 공항에서 공연장으로 곧장 이동시킬 계획이었다. 공연장에서 연미복으로 갈아입고, 지휘자와 간단히 라흐 3번을 맞춰보게 될 것이다. 카스만은 공연 시작 몇 분 전에야 비로소 피아노를 만져보게 된다.

그날 저녁 데이비드는 포틀랜드의 슈니처 대극장 안으로 들어섰다. 이탈리아 로코코 양식으로 지어진 슈니처 대극장의 수용 규모는 약 2,800석이다. 데이비드는 발코니 L열에 자리 잡았다. 그의 옆에는 헨리 웰치라는 포틀랜드 사람이 앉았다. 그는 새크라멘토로 출장을 갔다가 일요일 공연을 보려고 출장 도중에 포틀랜드로 돌아온 사람이었다. 라흐 3번은 그가 가장 좋아하는 곡이었기에 로르티의 부상 소식은 그를 낙담에 빠뜨리기에 충분했다. 월요일 공연에 다른 피아니스트가 나와 라흐 3번을 연주한다는 소식을 듣고 부랴부랴 보러 온 것이었다.

카스만이 탄 비행기는 제시간에 도착했다. 캘머는 서둘러 카스만을 공연장으로 데려왔다. 카스만에게 주어진 연습 시간은 7분이었다. 그 뒤 지휘자 카를로스 칼마와 만나 템포와 악상 변화 지점을 확인했다. 8시 정각이 되자 칼마는 무대로 걸어 나가 라흐 3번이 연주될 것이라고 말했다. 웰치가 열광적으로 박수를 쳤다. 카스만이 커튼 뒤편에서 걸어 나왔다. "아주 인상적인 광경이었어요." 데이비드가 기억을 떠올렸다. "걸어 나온 사람은 체구가 작은 러시아 남자였어요. 얼굴에 웃음기가 전혀 없었죠. 그 자리에서 도망치고 싶은 듯한 표정이었어요."

카스만이 연주를 하기 위해 두 손을 들어 올렸다. 이어 폭발적인 카리스마와 테크닉으로 라흐 3번을 믿기지 않을 만큼 훌륭하게 연주해 냈다.

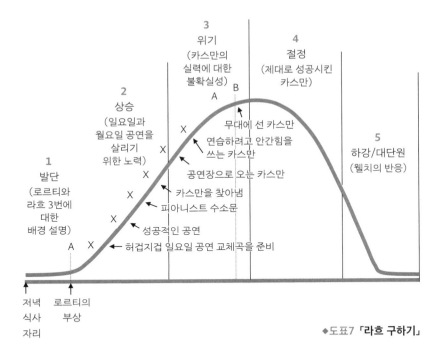

4
절정
(제대로 성공시킨
카스만)

2
상승
(일요일과
월요일 공연을
살리기
위한 노력)

B
A
무대에 선 카스만

X
연습하려고 안간힘을
쓰는 카스만

X
공연장으로 오는 카스만

1
발단
(로르티와
라흐 3번에
대한
배경 설명)

5
하강/대단원
(웰치의 반응)

X
카스만을 찾아냄

X
피아니스트 수소문

X
성공적인 공연

A X
허겁지겁 일요일 공연 교체곡을 준비

저녁
식사
자리

로르티의
부상

◆도표7 「라흐 구하기」

다음 날 아침 나는 데이비드, 더그와 함께 2차 회의를 가졌다. 우리는 처음부터 내러티브를 되짚어가며 내러티브 포물선과 플롯 전환점을 놓고 이야기했다. 데이비드는 차이콥스키 교향곡 4번을 연주하며 일요일 밤 공연을 살리려고 안간힘 쓰던 부분을 넣어야 할지도 미심쩍어했다. 라흐 3번 독주자 찾기에 집중하는 것이 더 좋지 않겠느냐고 물었다. 우리는 고민했다. 나는 좋은 내러티브에는 오르내리는 긴장감이 필요한데, 차이콥스키 에피소드가 이것을 제공한다고 주장했다. 게다가 일요일 관객 중에는 라흐 3번의 열성 팬이 유난히 많았다. 따라서이 점이 월요일 공연의 중요성과 그 성패에 더욱 무게감을 실어줄 것이었다. 게다가 차이콥스키 공연은 그 자체로 상당히 괜찮은 드라마를 제공했다. 신입 단원 여덟 명은 오리건 교향악단에서 한 번도 차이콥스키를 연주해본 적이 없었다. 나는 이야기를 하며 노트에 내러티브 포물선을 그렸다. 그것이 도표7이다.

　나는 데이비드에게 도입부를 더 다듬어보라고 말했다. 그리하여 윌리엄 라이버그 단장이 우아한 분위기의 레스토랑에서 피아니스트가 다쳐서 연주를 할 수 없게 되었다는 소식을 처음 듣는 장면이 나왔다. 나는 극적 효과를 높이기 위해 이 운명적인 전화 내용을 질질 끌다 알려줘야 한다고 제안했다. 회의를 마치고 데이비드는 원고를 쓰러 갔다. 그가 세 번째 수정 원고를 들고 왔을 때 도입부는 이렇게 수정되었다.

　　일요일 저녁 6시, 오리건 교향악단 단장 윌리엄 라이버그는 세계적인 음악가들의 공연 이력을 관리하는 셸디 크레이머와 함께 리넨 테이블보가 깔린 사우스파크의 레스토랑에 앉아 있었다. 슈니처 대극장에서 한 블록 떨어진 곳이었다.
　　라이버그와 크레이머가 해산물 스튜와 모로코식 치킨을 막 주문했을 때 크레이머의 전화가 울렸다. 크레이머가 벌떡 일어서더니 설명할 새도 없이 레스토랑을 뛰쳐나갔다.

　이번 수정 원고에는 헨리 웰치도 등장했다. 일요일 공연을 보려고 그가 얼마나 무리했는지, 로르티의 라흐 3번 공연이 차이콥스키 4번으로 대체되었을 때 얼마나 절망했는지 등의 내용이었다. 보충 취재를 하면서 도박 같은 카스만의 공연을 앞두고 긴장감을 한층 끌어올릴 만한 디테일이 드러났다. 카스만은 밴 클라이번 콩쿨 우승이라는 빛나는 이력을 세계 일류 무대에 오를 수 있는 카드로 써먹어본 적이 없었다. 이런 그에게 오리건 공연은 중요한 무대가 될 것이었다. 이 사실은 이번 공연에 실린 무게를 더해주었다.

카스만으로부터 하겠다는 말이 떨어지자마자 오리건 교향악단 홍보팀은 후원자 1만 명에게 이메일을 보내고, 월요일 공연을 예매한 1,000명에게 전화를 걸고, 라디오 방송국 다섯 곳, TV 방송국 네 곳, 지역신문사 그리고 당연히 단원들에게도 보도자료를 발송했다.

공연이 끝난 뒤 데이비드는 카스만을 잠깐 인터뷰할 수 있었다. 그는 이 자리에서 남동부 끝에서 북서부 끝까지 미 대륙을 대각선으로 질러 온 그의 여정에 대해 들었고, 거기서 이런저런 디테일을 건졌다. 출발 직전, 그는 아내가 정신없이 짐을 싸는 동안 치킨과 파스타를 씹는 둥 마는 둥 허겁지겁 먹어치웠다. 앞으로 10시간 동안은 아무것도 먹지 못할 터였다. 긴 비행시간 동안 라흐 3번을 머릿속으로 연습해보려 했지만 기억이 나지 않아 포기했다.

무엇보다 이번 원고에는 결말이 있었다. 그것도 우리 세 사람이 모두 바라던 결말이었다. 모두의 예상을 뒤엎고 카스만은 처음부터 끝까지 자신감 넘치는 연주로 청중을 압도했다. 관객은 열렬한 환호로 화답했다.

더그와 나는 세 번째 수정안이 폭넓은 독자층의 공감을 이끌어낼 요소를 모두 갖추었다는 데 동의했다. 우리는 내일자 신문에 실릴 기사함에 원고를 올려놓았다. 오후에 열릴 편집 회의 때 통과시킬 자신이 있었다. 이제 남은 것은 최종 교정과 교열, 디자인이었다.

더그와 데이비드가 내 사무실로 왔다. 나는 컴퓨터 앞에 앉아 키보드 위에 손을 올렸다. 두 사람은 의자를 가져와 내 뒤에 앉았다. 늘 하던 대로 나는 원고를 소리 내어 읽었다. 그리고 더 고칠 데가 없을지 의견을 나누었다. 구조는 탄탄했다. 마지막으로 글을 다듬어 드라마와 클라이맥스를 극대화하는 일만 남았다.

데이비드는 지금도 원고가 잘 풀린 결정적인 순간들을 기억하고 있다. '두렵다'(dread)는 정말 기막힌 표현이라고 내가 말했다. 한 단어지만 어감이 강하고, 많은 감정이 함축돼 있다. '죽어 있다'(dead)와도 어감이 비슷하다. 어떻게든 첫 문장을 이 단어로 끝맺을 방법을 찾아야 했다. 우리는 단어를 요리조리 배치해본 뒤 이런 문장을 만들어냈다. "일요일 오후 6시, 모든 교향악단 단장이 두려워할 소식을 담은 전화가 걸려왔다."

그렇게 원고 전체를 훑으며 여기저기 살짝 손을 보았다. 나는 데이비드에게 글에서 그의 목소리가 들려야 한다고 강조했다. 그는 음악 평론가 이상의 조예를 갖춘 스토리텔러였다. 그 자신이 실력 있는 피아니스트로, 라흐 3번을 잘 알고 있었다. 나처럼 무지한 독자에게 이 망할 곡이 얼마나 어려운지 이해시키기에 충분했다.

최종 교정을 진행하면서 라흐 3번에 대한 배경 정보를 덧붙여 악명에 대한 근거를 더욱 명확하게 제시했다. 우리는 이 곡에 '음악계의 괴물'이라는 별명을 붙였다. 데이비드는 이 곡이 영화《샤인》의 실제 모델인 호주의 천재 음악가 데이비드 헬프갓을 광기로 몰았다고 설명했다. 우리는 그 난해함에 집중하며 "이 곡을 끝까지 완벽하게 연주할 수 있을 만큼 큰 손과 강한 정신력을 지닌 피아니스트는 세상에 많지 않다"라고 덧붙였다.

우리는 라흐 3번의 열성 팬인 헨리 웰치를 어떻게 활용하는 것이 좋을지 고민했다. 세 번째 수정 원고에서 웰치는 딱 한 번 등장했다. 라흐 3번을 유독 좋아하는 사람들, 일요일 공연이 취소되었을 때 그들이 느꼈을 실망감을 표현하기 위해서였다. 하지만 네 번째 수정 원고에서는 웰치의 분량이 대폭 늘어났다. 카스만이 무대에 오르기 전 분위기를 잡는 데도 웰치라는 인물을 십분 활용했다. 기대보다는 우려와 회의로 분위기를 몰아가며 긴장감을 끌어올렸다.

오후 8시, 웰치는 2,354명의 관객 중 한 명으로 발코니석 L열에 앉아 이마에 흐르는 땀을 훔치고 있었다. 그날 오후 근무 중인 그에게 친구가 전화를 걸어와 교향악단이 피아노 독주자를 찾아냈다고 말했다. 그러나 웰치는 그 소식을 듣고도 그리 기뻐하지 않았다. 카스만이라니. 들어본 적 없는 이름이다. 그는 라흐를 잘 안다. 그럼에도 그는 부리나케 포틀랜드로 돌아와 샤워를 하고 옷을 갈아입었다.

무엇보다 웰치는 독자에게 짜릿한 전율을 일으킬 액션을 취해 결말에 특별한 색을 덧입혔다. 보편성이 아닌 개별성의 힘으로 절정에 다다른 긴장감을 해소하는 장면이었다.

칼마가 지휘봉을 올리자 단원들이 입장했다. 카스만은 지휘자에게 시선을 고정한 채 건반에 손을 올려놓았다.
이후 일어난 일은 감히 설명할 수 없다.
카스만은 첫 음부터 유려하게 곡에 올라타더니 쉴 새 없이 몰아치는 코드를 풍만한 음색으로 연주했다. 이따금 장난기 어린 재기까지 부렸다. 맹렬하게 질주하는 몇 곳에서 두어 번 음을 놓치긴 했지만, 결코 완성도를 해칠 정도는 아니었다. 곡이 극히 난해함에도 그의 연주는 음계를 초월해 자신이 하는 이야기를 즐기는 스토리텔러처럼 천연덕스러움과 여유로움을 풍겼다.
천둥이 치듯 격렬한 마지막 코드에서 카스만은 벌떡 일어섰다. 웰치가 발바닥에 용수철을 단 듯 튕겨 일어나 환호성을 질렀다. 주변에 앉아 있던 관객들도 일제히 일어나 갈채를 보냈다.

우리는 원고를 카피데스크에 보냈다. 곧 「라흐 구출을 위한 24시간의 레이스」라는 멋진 표제가 붙어서 돌아왔다. 디자이너는 메트로 섹션 맨 앞에 단장과 지휘자의 얼굴 사진을 넣고, 이어지는 다음 면에는 피아노 앞에 앉은 카스만의 사진을 배치했다. 인쇄기는 자정부터 돌기 시작할 것이고 내일 새벽이면 신문 35만 부가 문 앞으로, 신문 가판대로, 자동판매기로 향할 것이었다.[67]

목요일에 반응이 들어오기 시작했다. "오늘 아침에는 굉장한 소식이 실렸네요!" 한 구독자가 소감을 전했다. "정말 넋을 놓고 읽었습니다." 또 다른 독자는 전화를 걸어와 데이비드가 구사한 점강법 결말 때문에 마지막까지 긴장의 끈을 놓을 수 없었다고 말했다. 누군가는 "어디로 튈지 모르는 이야기"라고 했고, 또 다른 누군가는 기자의 필력에 감탄을 보낸다고도 했다. 호평은 편집주간을 비롯해 신문사 내부에서도 들려왔다.

데이비드는 지긋한 미소를 머금고 모든 찬사를 기꺼이 받아들이며 즐겼다. 자신의 이야기를 즐기는 스토리텔러의 천연덕스러움, 여유로움이 카스만 못지않았다.

장편 스토리 내러티브

잔잔한 파문을 일으킨 데이비드의 단편 스토리는 1,200단어를 넘지 않았다. 신문의 피처기사나 잡지의 양면 기사, 팟캐스트 에피소드 하나 정도 길이였다. 온라인 피처기사나 방송, 멀티미디어 형식으로 제작해도 괜찮을 내용이었다. 어떤 매체가 되었든 길이가 아주 짧기 때문에 액션에 집중하고 상대적으로 인물이나 배경 묘사에는 소홀할 수밖에 없다. 데이비드의 스토리를 읽고 우리는 야코프 카스만이 어떤 사람인지 알 수 없다. 장장 8시간 동안 비행기를 타고 날아와 모든 피아니스트가 두려워하는 곡을 연습도 없이 바로 무대에서 연주할 정도로 배포가 큰 사람이라는 정도만 알 수 있을 뿐이다.

하지만 날개를 펼칠 공간이 충분하다면 이 공식은 달라진다. 물론 스토리 내러티브인 데다 내러티브 포물선을 그리는 것이 액션인 만큼 중심 역할은 여전히 액션이 담당할 것이다. 그렇지만 길이가 늘어나면 스토리텔러는 장면에 생생한 그림을 입힐 수도, 사실적인 인물을 표현할 수도 있게 된다. 특히나 스토리텔러가 줄리 설리번처럼 재능을 지닌 사람이라면. 줄리는 아일랜드 이민자의 후손으로, 천부적 이야기꾼인 집안 어른들 사이에서 자랐다. 그녀의 기억 속에 있는 아버지와 삼촌들은 질세라 앞다투어 이야기를 지어냈다. 그녀는 "시합하듯 이야기를 짓는" 어른들 밑에서 늘 이야기를 들으며 컸다고 한다.

줄리는 몬태나주 남서부의 광산 도시 뷰트에서 태어나 몬태나주립대학교에서 언론학을 전공했다. 몬태나와 알래스카의 중소 신문사에서 일하다 워싱턴주 스포캔에 있는 『스폭스먼 리뷰』에 입사했다. 당시만 해도 내러티브 이론을 전혀 몰랐던 줄리는 순전히 본능에 의존해 훌륭한 마무리 액션과 절정으로 치닫는 결말의, 사람에 초점을 맞춘 스토리를 썼다. 그녀는 "내러티브가 없으면 사람들 이야기를 제대로 담아낼 수 없어요. 인생에서 일어나는 일을 그려 낼 다른 방법이 없잖아요"라고 말한다.

그녀는 스토리 감각뿐 아니라 어휘 감각까지 겸비하고 있다. 그녀의 내러티브에 묻어나는 서정성은 전국적인 주목을 끌었다. 스포캔 기자 시절 단편 피처기사로 권위 있는 전미 편집인 협회상을 수상한 바 있다.

1999년에 『오레고니언』으로 옮겨 온 뒤 2000년에 그녀는 인구조사 취재를 맡게 되었다. 이 과정에서 줄리는 미국 이민귀화국의 무능 때문에 고통당하는 이민자의 사정을 알게 되었다. 리치 리드가 합류해 실상을 파헤치면서 이 일은 나에게까지 왔다. 급기야 어맨다 베넷 편집장은 신문사 최고의 탐사보도 기자들로 구성된 팀을 꾸리도록 했다. 그렇게 탄생한 기획 연재물은 2001년 미 언론계 최고의 영예인 퓰리처상 공공보도 부문 금메달을 수상하기에 이른다.

이 일을 계기로 줄리는 탐사보도팀과 가까워졌다. 2003년 이 탐사보도팀은 오리건 중부의 웜스프링스 인디언 보호구역에 주목했다. 제보를 받고 자세히 알아보던 탐사보도팀은 보호구역에 사는 어린이와 청소년의 사망률과 관련해 경악할 만한 통계자료를 찾아냈다. 탐사보도팀은 미국 내의 다른 지역보다 웜스프링스에서 월등히 많은 아이가 죽어가고 있음을 사실에 근거해 기록할 충분한 열정을 지니고 있었다. 하지만 독자가 이 참담한 인재의 원인을 폐부 깊숙이 공감할 수 있도록 내러티브로 풀어내려면 스토리에 인간미를 입혀줄 줄리 같은 사람이 필요했다.

줄리는 두 차례나 올해의 신문 사진기자로 선정되었던 롭 핀치와 팀을 이루었다. 두 사람은 넉 달 동안 수차례 고속도로를 달리고, 2시간 넘게 험한 산길을 걸어 웜스프링스를 찾아갔다. 외부인에 대한 경계심이 강한 그곳 사람들은 그들을 안으로 들이지 않았다.

"정말 죽을 맛이었어요." 줄리는 적개심으로 꽁꽁 닫힌 문 앞에서 번번이 퇴짜를 맞고 돌아서던 당시를 떠올렸다. 마침내 누군가가 보호구역의 외진 구석에 사는 한 노인을 찾아가보라고 귀띔해주었다. 사고와 자살, 살해로 일곱 명의 자식을 잃었다고 했다. 줄리와 롭은 차를 타고 심나쇼라는 촌락으로 이동해 체슬리 야틴의 집 문을 두드렸다. 두 사람을 본 야틴은 "흰둥이들하고는 말 안 섞어"라고 말하고는 문을 쾅 닫았다. 절대 빈손으로 돌아오지 않기로 유명한 줄리는 물러나지 않고 다시 문을 두드렸다. 체슬리 야틴이 다시 문을 열자 줄리가 선수를 쳤다. "야틴 씨, 아이들을 잃으셨다고 들었습니다. 그 이야기를 하고 싶습니다."

그렇게 베일에 가려져 있던 보호구역의 깊숙한 내부로 발을 들여놓게 되었다. 체슬리 야틴은 웜스프링스의 재판소, 학교, 사회복지센터, 교도소를 돌아볼 수 있게 해주었다. 그리고 무엇보다 자신의 치부인 가족을 만나게 해주었다. 그는 중심인물이었고 내러티브 포물선의 중요한 역할이었으며, 『오레고니언』이 마침내 「아이들이 죽는 곳」이란 표제를 달고 연재물로 게시한 세상을 보여준 창이었다. 줄리가 찾던 모든 요소를 완벽하게 갖추고 있었다.

길이가 제법 되는 내러티브가 나오겠다는 판단이 서자 담당 편집자는 그녀를 내게 보냈다. 그렇게 시작된 우리의 협업은 내가 『오레고니언』을 그만둘 때까지 지속되었고, 우리 둘 모두에게 보람된 시간을 선사했다. 나는 우선 그때까지 알아낸 사실을 놓고 줄리와 오랜 시간 이야기를 나누며 일반적인 내러티브 요소에 야틴 일가의 특수한 상황과 웜스프링스 문화를 대입시켰다. 스토리는 인물 구축과 배경 설정, 구조, 시점, 주제 면에서 기본적인 문제점을 하나씩 안고 있었다.

첫 번째 문제는 시점이었다. 줄리는 체슬리 야틴이라는 인물에 완전히 빠져 있었다. 아무리 봐도 중심 시점 인물로 그만한 사람이 눈에 들어오지 않는 듯했다. 야틴은 웜스프링스의 인디언들이 전통적인 생활 방식을 따르던 때에 태어났다. 그러나 얼마 지나지 않아 기숙학교라는 곳에 강제로 입학해 가족과 떨어져 지내야 했다. 결국, 이 기숙학교는 원주민 문화를 무너뜨리고, 보호구역을 병들게 한 갖가지 문제의

스토리 내러티브

온상이 되었다. 한때 인디언 전사였고, 위생병으로 한국전쟁에 참전해 훈장을 받기도 했던 야틴은 현재 성실하고 책임감 있는 가장으로서 자식들이 남기고 떠난 손주들을 힘겹게 돌보고 있었다. 그는 여전히 조상들이 추던 춤을 추고 생활 곳곳에서 옛것을 고집하며 살고 있다. 야틴을 본 어느 백인 아이의 말처럼 그는 '진정한 인디언'이었다. 편집자인 내가 볼 때 그가 주인공이 되어야 하는 이유는 무엇보다 줄리가 인간적으로 그를 좋아하기 때문이었다. 그렇다면 독자의 공감을 얻을 만한 인물이 나올 것이었다.

그러나 체슬리 야틴은 주인공으로서 치명적인 단점을 지니고 있었다. 이상적인 주인공이라면 자신의 운명을 적극적으로 개척해야 한다. 인생에 교훈을 주는 스토리가 되려면 시련에 부딪힌 주인공이 액션의 상승 국면을 거치며 엎치락뒤치락 몸부림을 치다 기어이 자신의 힘으로 시련을 극복해야 한다. 그런데 이 이야기에서 야틴은 수동적인 피해자에 가까웠다. 자식을 거의 다 잃고, 온 집 안을 망아지처럼 뛰어다니는 손주들을 상대하느라 정신이 없다. 줄리와 롭의 취재 내용을 살펴보면 야틴은 이 시련을 극복할 만한 어떤 일도 하지 않았다. 해설 내러티브의 밋밋한 액션 흐름에는 어울리겠지만 스토리 내러티브의 굴곡진 액션 흐름을 뽑아낼 인물로는 역부족이었다. 우리에겐 의미 있는 변화를 일으킬 인물이 필요했다.

줄리가 그의 집을 처음 찾아갔던 그 주 주말 체슬리 야틴은 포틀랜드에서 입주식 알코올중독 치료를 받고 있던 딸을 보러 외출했다. 줄리와 롭은 야틴과 동행했다. "쾌활하고 마음도 넓고, 따뜻한 사람이었어요. 인용할 만한 말도 많이 했어요. 한편으론 가망이 보이지 않는 알코올중독자였고, 또 한편으론 아이들을 끔찍이 사랑하는 엄마였죠. 그녀를 지켜보는 가족은 끊임없이 감정의 양극단을 오갑니다. 한없이 기쁠 때도 있지만, 정말 죽이고 싶을 만큼 미울 때도 있어요." 줄리는 기억을 떠올렸다.

　　말하자면 도로시는 밋밋한 캐릭터가 아니었다. 줄리가 생생하게 살아 숨 쉬는 인간을 그려내는 데 필요한 깊이와 복잡함을 갖추고 있었다. 게다가 「아이들이 죽는 곳」이 이야기하고자 한 바로 그 문제를 그녀 자체가 말해 주고 있었다. 술을 끊고 아이들과 재결합할 수만 있다면 변화를 일으킬 가능성도 지닌 인물이었다.

　　이야기를 나누다 보니 줄리는 어느 사이엔가 내러티브를 지탱에 그치는 것이 아니라 글 전체를 하나로 묶어줄 강력한 주제를 붙잡은 듯했다. 그녀는 이미 결론을 내리고 있었다. 웜스프링스의 문제는 아메리칸 원주민을 다수의 문화에 흡수시키려는 시도가 원주민 고유의 사회통제 시스템을 말살했고, 그 빈자리를 다른 시스템이 대신 채우지 못했다는 데 있었다.

　　웜스프링스 인디언 부족들은 대대로 풍부한 어류가 서식하는 컬럼비아강을 중심으로 살아왔다. 19세기에 그들은 그 땅에서 쫓겨나 지금의 보호구역이 있는 고원 사막지대로 강제 이주당했다. 미국 정부는 이곳에 전통과 가치관이 다른 세 부족을 모아 놓았다. 그리고 20세기의 전반기, 백인이 세운 기숙학교에서 야틴과 같은 아이들을 강제로 데려다가 기숙사에 집어넣고 모국어를 쓰지 못하게 했다. 이 바람에 여러 세대로 이루어진 대가족 기반의 사회구조가 파탄 나고 말았다. 야틴 세대는 어른들에게 전통적인 방식으로 아이 기르는 법을 배우지 못했다. 예전에는 어른들이 본을 보이면 아이들이 그것을 따라 했다. 그때는 아이들을 현혹하는 요소도, 아이들이 고를 별다른 선택지도 없었기 때문에 딱히 훈육이랄 것이 필요하지 않았다. 다른 선택지를 알지 못한 채 주변 어른들의 책임감 있는 행동을 그대로 따를 뿐이었다. 그런데 현대로 오면서 훈육을 받지 못하고 자란 아이들이 술과 마약 등의 유혹에 노출되며 미쳐 날뛰기 시작했던 것이다.

야틴이 잃은 일곱 명의 자식은 인디언 사회에 닥친 재난의 희생자들이었다. 목숨을 부지하긴 했지만 만신창이가 된 도로시 역시 마찬가지다. 장구한 세월을 이겨온 컬럼비아 중부 인디언 문화가 이들 세대에서 끊어져 버렸다. 웜스프링스의 부족들이 온전한 사회를 유지하며 계속 살아남으려면 이 끊어진 고리를 복구해야 했다.

줄리와 내가 내러티브 제목으로 골랐던 '부서진 연결고리'는 바로 이 핵심 주제를 표현한 것이다. 우리가 고른 주인공도 이를 잘 반영하고 있었다. 누군가가 끊어진 고리를 이어 붙인다면 그것은 도로시 세대여야 했다. 야틴 세대는 이미 역사의 뒤편으로 물러나 있었다. 다음 세대(도로시 세대)에게 남은 일은 그들 없이 자라고 있는 아이들을 악의 구렁텅이에 빠지지 않도록 구원하는 것이었다. 이제 그들이 나설 차례였다.

도로시에겐 기회가 있었다. 몇 년 만에 처음으로 술을 끊었고, 알코올중독 치료 프로그램 졸업을 앞두고 있었다. 도로시가 무사히 졸업한다면 법원 명령으로 생이별한, 심나쇼에서 할아버지와 살고 있는 아이들을 다시 데려올 수 있었다. 그렇게만 된다면 도로시는 자신의 힘으로 시련을 극복하고, 줄리는 내러티브 포물선을 얻게 될 것이었다.

우리는 도로시가 시련을 극복하길 바라며 그녀를 중심인물로 설정했다. 도박이었다. 그녀가 다시 술독에 빠진다면 아이들을 영영 잃을 것이고, 줄리와 나는 존 프랭클린이 말한 '건설적인 결말'을 얻지 못하게 될 터였다. 비극, 즉 주인공이 시련 앞에서 무너지는 스토리도 얼마든지 쓸 수는 있다. 하지만 아메리칸 원주민의 비극이 한 편 더 나온들 무슨 교훈을 줄 수 있을까. 우리가 보고 싶은 것은 아리스토텔레스가

'희극'이라고 부른 것, 즉 주인공이 시련을 이겨내는 스토리다.

이제 도로시의 스토리가 되었으니 도로시로 시작해야 했다. 그런데 어디서부터 시작한단 말인가? 포틀랜드의 치료 프로그램 입소는 발단이라기보다는 상승 단계였다. 이 사건 앞에 무슨 일이 있었는가? 어떤 사건이 있었기에 도로시가 술에 찌든 방탕한 과거를 뒤로 하기로 결심했는가? 줄리는 웜스프링스를 다시 찾아 도로시의 마지막 흔적을 더듬었다. 줄리는 그녀와 롭이 나타나기 몇 주 전, 도로시가 인생의 밑바닥을 헤맬 때 함께 있었던 부족민들을 인터뷰했다.

처음에 줄리는 취재하면서 사건을 재현하는 데 치중했다. 도로시가 알코올중독 치료 프로그램에 들어가기 전 최악으로 치닫던 모습을 지켜본 사람들을 만나고, 야틴 일가에 대한 배경 정보를 수집했다. 그러다 점점 취재가 관찰로 옮겨갔다.

줄리는 야틴과 도로시 주변을 맴돌며 그들을 주의 깊게 지켜보고 메모했다. 이 모든 시간이 지난 뒤 줄리에겐 아일랜드인의 행운이 다시 한번 찾아왔다. 도로시가 60일간의 치료를 마치고 무사히 졸업한 것이다. 도로시는 사회 복귀를 준비하는 쉼터로 들어갔고, 상담사들의 주선을 받아 아들 세실과 함께 살 수 있게 되었다. 포틀랜드에서의 새 생활에 적응할 수 있도록 세실을 살뜰히 보살피는 도로시에게서 엄마의 모습이 보이기 시작했다.

치료를 잘 이겨낸 덕분에 도로시는 각각 열두 살과 열네 살인 두 아이의 임시 양육권도 얻게 되었다. 그리고 보호구역으로 돌아와 부족의 법정에 섰다. 그녀에게 발부된 여섯 건의 미집행 체포영장은 기각되었다. 그녀는 부족 축제에 참여했지만 다행히 술의 유혹을 뿌리쳤다. 그런데 이번엔 어린 딸의 음주 문제와 맞닥뜨렸다. 도로시는 자신이 겪은 악몽이 딸에게 대물림될까 봐 두려워 딸을 다그쳤다. 줄리와 롭이 목격한 이 사건은 아름다운 곡선을 그려 온 내러티브 포물선의 위기 구간에 해당한다.

도로시는 딸을 데리고 포틀랜드로 돌아왔다. 아이들은 건강하고 꿋꿋하게 잘 자랐고, 법원은 도로시에게 완전한 법적 양육권을 허락했다. 도로시는 수시로 심나쇼에 다녀가며 아버지와 함께 사는 맏아들을 돌봤다. 그렇게 도로시는 아메리칸 원주민의 전통을 잇는 고리로서 자신의 자리를 되찾았다.

나는 줄리에게 주제문을 만들어보라고 말했다. 스토리를 쓰며 주제문을 만들어 본 적이 없던 터라 '주어—타동사—목적어' 형태는 아니었지만 그녀의 주제문에는 앞으로 쓰게 될 스토리의 방향을 잡아 줄 핵심 아이디어가 담겨 있었다. 그녀가 쓴 주제문은 "아이들의 삶에서 가장 중요한 사람은 부모다. 웜스프링스에서는 그런 부모 세대가 실종됐다"였다. 그 후에 줄리는 다음과 같은 장면 개요를 작성했다.

> **장면 1**   **다섯 아이의 미혼모 도로시, 바닥을 치다.**
> - 심나쇼 롱하우스[억새 혹은 나무로 지은 아메리카, 인도네시아 원주민의 대가족용 전통 가옥]에서 열린 부족장 가족 파티에 들이닥치다.
> - 차를 몰고 아이들이 방치되어 있는 집을 그냥 지나치다.
> - 아버지의 손에 이끌려 포틀랜드의 치료 센터에 들어가다.

> **장면 2**   **술이 도로시의 아이들을 고아로 만들다.**
> - 아버지 체슬리 야틴의 집에 남아 있는 도로시의 아이들.
> - 아이들이 음주 운전을 하고 싸움을 벌이다.
> - 할아버지 야틴, 점점 지쳐 가다.

`장면 3` **"내 이름은 도로시예요. 난 알코올중독자입니다."**

- 자기반성과 희망을 안고 알코올중독 치료 프로그램(NARA)를 졸업하다.

`장면 4` **재결합**

- 술을 끊고 달라진 도로시, 아들 세실과 다시 살다.
- 할아버지와 아들은 여전히 도로시를 믿지 못한다.

`장면 5` **집에 남겨진 아이들이 비틀거리다.**

- 엄마와 사는 세실은 문제없이 잘 자라는 반면 집에 남은 아이들은 철창에 갇힌다.
- 손주의 면회를 가던 할아버지, 딸이 겪은 일이 반복될까 괴로워한다.

`장면 6` **실종된 세대의 문제는 그 이전 세대에서 비롯된다.**

- 체슬리 야틴은 강제로 기숙학교에 들어가 가족과 떨어져 살아야 했고, 언어마저 박탈당했다.
- 도망치듯 미군에 입대해 위생병으로 한국전쟁에 참전한다.
- 외상후 스트레스 장애와 술이 그의 첫 번째 결혼을 박살내다.

`장면 7` **술이 없는, 단란한 두 번째 결혼에서 도로시가 태어나다.**

- 도로시의 엄마가 당뇨로 요절하면서 가족이 와해되기 시작하다.
- 아들 넷과 딸 하나가 사고로 죽음을 맞다.

`장면 8` **천덕꾸러기 도로시, 거리를 떠돌다.**

- 코카인에 중독된 아기, 아멜리오를 출산하다.
- 아버지와 부족원들이 이 아기를 구해내다.

- 도로시, 책임과 법을 피해 달아나다.

장면 9 술을 끊은 도로시가 새 삶을 시작하러 돌아오다.
- 웜스프링스로 돌아와 감옥에 갈 각오로 법정에 출두하다.
- 체포영장이 기각되다.
- 아이들의 임시 양육권을 되찾다.

장면 10 보호구역에 복귀한 뒤 절주 결심이 흔들리다.
- 위험천만한 재회.
- 존경받는 아버지에게 망신을 주다.
- 도로시, 자신을 지키기 위해 보호구역에서 도망치다.

장면 11 도로시, 처음으로 엄마 노릇을 하다.
- 엄마 곁에서 자라며 달라지는 아이들.
- 웜스프링스의 양부모 집에서 건강하게 자라는 아멜리오.
- 도로시, 완전한 법적 양육권을 얻다.

장면 12 도로시가 돌아오다.
- 보호구역에 있어도 집은 더 이상 알코올에 노출된 곳이 아니다.

이 개요에서 스토리를 쓸 때 가이드가 되어줄 완벽한 내러티브 포물선이 도출되었다(도표8).

장면 개요와 내러티브 포물선을 손에 쥔 줄리는 집필에 들어갔다. 사전 작업을 이렇듯 꼼꼼하게 진행한 것은 사진기자 롭에게도 유리하게 작용했다. 주제, 장면 개요, 내러티브 포물선은 그가 웜스프링스

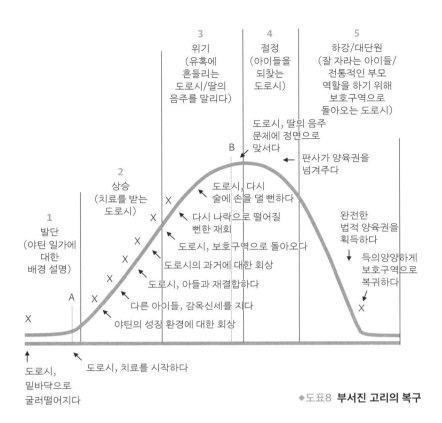

◆도표8 **부서진 고리의 복구**

와 포틀랜드를 오가며 찍은 수백 장의 이미지를 취사선택하는 데 기준이 되었다. 최종적으로 들어간 20장의 사진은 보호구역에서 함께 술을 마시던 친구와 재회한 위험천만한 밤부터 아이들과의 재결합 순간까지 내러티브의 중요 지점들을 빠짐없이 담고 있었다. 철저한 취재를 바탕으로 탄생한 첫 번째 장면은 내러티브 포물선을 본격적으로 가동시키는 에피소드를 재현했다.

도로시 야틴은 심나쇼 롱하우스에서 새어 나오는 불빛을 보고는 흐느적거리며 그쪽으로 걸어갔다. 웜스프링스 보호구역의 울퉁불퉁한 비탈에는 세이지가 듬성듬성 피어 있었다. 그리고 비탈은 어둠이 내린 지평선까지 뻗어 있었다.

11월 말의 쌀쌀한 날씨 탓에 도로시의 손은 꽁꽁 얼어붙었다. 감각이 없는 손으로 문을 열고 휘청거리며 안으로 들어간 기억이 난다.

2002년 추수감사절 주말을 맞아 함께 저녁을 먹으려고 모인 부족장과 그의 가족들이 일제히 고개를 들었다.

줄리는 그날 밤 롱하우스에서 술에 취한 도로시를 집으로 데려간 여인을 수소문했다. 그녀는 사회복지사였다. 그녀는 당시의 상황을 기록으로 남기기 위해 도로시의 사진을 찍어두었고, 덕분에 줄리는 도로시의 캐릭터를 잡는 데 매우 중요한 자료를 구할 수 있었다. 사진에는 비틀거리며 롱하우스로 들어오던 도로시의 모습이 찍혀 있었다.

도로시의 길고 검은 머리 사이로 멍들고 부은 얼굴이 보였다. 퉁퉁 부은 왼쪽 눈 위에는 시퍼런 멍이 동그랗게 나 있었다. 멋쩍은 듯 살며시 웃자 윗입술의 찢어진 상처가 드러났다. 도로시에게서 달착지근한 맥주 냄새가 났다.

어떤 스토리든 도입부에는 어느 정도 설명이 들어갈 수밖에 없다. 줄리는 액션이 진행되는 중간중간 야틴 일가에 대한 배경 설명을 슬쩍 흘려 넣어 독자가 갈등을 이해할 수 있도록 필요한 정보를 제공했다. 650단어 길이의 이 에피소드는 야틴이 술에서 깬 도로시를 차에 태우고 포틀랜드의 알코올중독 치료 센터로 가는 장면으로 끝이 난다.

도로시가 힘겹게 차에 올라탔다. 야틴은 U.S. 26번 도로로 들어섰다. 그는 심나쇼가 있는 북쪽으로 가지 않고 남동쪽으로 차를 돌려 마드라스로 향했다. 그레이하운드 버스 정류장에 차를 세운 그는 동전 한 닢까지 탈탈 털어 도로시에게 주었다. 그는 말했다.

"포틀랜드로 가, 도로시. 가서 치료받아. 더는 이 짓 못 하겠다."

이 정도면 액션의 흐름이 충분히 나왔기 때문에 잠시 숨을 돌리고 배경 설명을 넣어도 된다. 독자의 흥미를 붙잡은 이상 웜스프링스에 사는 아메리칸 원주민 부족들과 보호구역의 역사 그리고 야틴 일가에 대한 장황한 설명을 넣어도 무리가 없다. 줄리는 이 기회를 이용해 주제문을 다소 길게 설명했다. 이것으로 독자는 이어질 내용을 쉽게 이해하게 될 것이다.

아메리칸 원주민 사회에서는 늘 구성원 모두가 육아를 함께했다. 이 분담 체제에서 도로시 같은 부모는 핵심적인 역할을 담당했다. 지금 야틴 일가에는 보호구역 내의 다른 가족처럼 부모의 자리가 비어 있다. 500세대 동안 이어져 내려온 컬럼비아 중부 인디언들의 명맥이 끊긴 것이다.

줄리는 스토리의 요지를 말끔하게 정리하고, 이어질 극적 갈등을 예고하는 문장으로 도입부를 매듭짓는다.

부족의 할머니들은 아이는 귀한 존재라고 가르쳤다. 조물주가 주신 선물이라고. 이 아이들을 함부로 다루면 조물주가 다시 데려간다고 했다.

내러티브 포물선은 줄리가 처음 잡았던 장면 개요와 놀라울 정도로 일치했다. 장면 3은 도로시를 태운 버스가 포틀랜드에 도착하는 것으로 시작한다. 도로시의 발길은 스키드로드로 향한다. 그곳에서 다시 폭음하고 타이레놀 한 병을 통째로 삼켜 자살을 시도한다. 결국, 응급실에 실려 가 7일간 해독 치료를 받은 뒤 알코올중독 치료 프로그램에 들어간다. 이곳이 주인공이 시련을 만나는 '플롯 전환점 A'다. 도로시가 술을 끊고, 다시 엄마의 자리로 돌아가 끊어진 부족의 명맥을 잇기 위한 힘겨운 싸움을 시작했으니 이곳을 시련이 시작된 시작점으로 보는 것이다. 내러티브 포물선의 첫 단계(발단)가 이렇게 끝난다.

최고라 평가받는 스토리는 예외 없이 2단계(액션의 상승)에서 오르내리는 굴곡을 그린다. 다음 단계인 '위기'에서도 마찬가지다. 스토리 구조에 대한 장에서 설명했던 '상승'과 '위기' 단계의 굴곡을 기억하는가? 도로시의 스토리는 이 패턴과 일치한다(도표9 참조).

첫 번째 하강 지점은 도로시의 두 아이, 열두 살 첼시와 열네 살 소니가 술을 마시고 소란을 일으켜 감옥에 갇혔을 때다. 줄리는 내러티브가 진행되는 내내 한결같이 성글지만 강렬한 디테일로 장면을 묘사한다. 장면 6은 보호구역에 대한 설정 숏으로 시작한다.

웜스프링스에 카펫처럼 봄이 펼쳐졌다. 참새귀리와 비터브러시[북미 서부에서 자생하는 장미과의 관목 식물. 작은 연노랑 꽃을 피운다]가 완연한 초록빛으로 바뀌었다.

그리고는 카메라를 바짝 당겨 교도소 내부를 비춘다. 절제된 디테일로 차갑고 삭막한 곳에 갇혀 있는 아이들의 모습을 포착한다.

두 아이는 4.5미터 높이의 콘크리트 담장으로 둘러싸인 비좁은 교도소

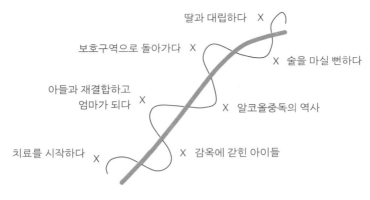

딸과 대립하다 X

보호구역으로 돌아가다 X

X 술을 마실 뻔하다

아들과 재결합하고
엄마가 되다 X

X 알코올중독의 역사

치료를 시작하다 X

X 감옥에 갇힌 아이들

◆도표9 **도로시 야틴의 롤러코스터 절주 여정**

마당에서만 겨우 만날 수 있었다. 고개를 들면 오리건 중부의 푸르디푸
른 하늘 한 조각뿐, 그 외에는 아무것도 보이지 않았다.

그리고 곧바로 상승이 이어진다. 도로시는 절주 약속을 잘 지켜
내며 막내 세실과 포틀랜드에서 함께 살아간다.

도로시에게 무슨 일인가 일어나고 있었다. 부모 역할에 대한 수업을 듣
고, 상담을 받고, 알코올중독자들의 12단계 모임에도 나갔다. 4월이 끝
나갈 무렵 도로시는 모범적인 생활 태도를 인정받아 미혼모 쉼터인 웨
스트셀터 2층에 아파트를 하나 빌릴 수 있는 자격을 얻었다. 그녀는 이
곳에서 최장 2년까지 살 수 있었다.

2003년 봄, 처음으로 세실의 엄마가 모습을 드러내고 있었다. 세실의
수업을 참관하러 학교에 가고, 세실이 버스에서 내릴 시간이면 골목 모
퉁이까지 마중을 나왔다. 도로시는 세실이 로이드센터에서 처음으로 스
케이트를 타던 모습을 조마조마한 마음으로 지켜보기도 했다.

희망적인 전개는 숨 돌릴 틈을 준다. 줄리는 이 틈을 이용해 두 번째 배경 설명을 집어넣는다. 이번에는 과거로 돌아가 마약과 술에 절어 있던 도로시의 이전 생활 모습을 보여준다.

과거 회상이 끝나고 줄리는 다시 커다란 액션 줄기로 돌아온다. 여기서 또 하나의 상승 국면이 전개된다. 로버트 맥키의 표현을 빌리면 "가치 전하"가 양극, 즉 긍정적인 방향으로 크게 선회하는 것이다. 상승 액션은 도로시가 보호구역으로 돌아오고 미집행 영장 문제를 해결하고, 아이들에 대한 임시 양육권을 얻으며 일단락된다.

그리고 스토리는 위기 단계로 이동한다. 아이들을 데리고 부족 축제에 참석한 도로시는 돌연 극도의 정신적 적막감에 사로잡힌다. 결국, 도로시는 친구와 함께 차를 몰고 술을 사러 나간다. 친구가 술 마시는 모습을 본 도로시는 알코올중독의 깊은 나락으로 몸을 던지기 직전에 가까스로 정신을 차린다. 그리고 바로 이날 끔찍했던 자신의 과거가 열두 살짜리 딸에게서 반복되고 있음을 목격하고 술 취한 딸을 다그친다. 여기가 바로 스토리 이론가가 말하는 주인공이 통찰에 이르는 지점이다. 이 통찰은 세상에 대한 주인공의 생각을 근본적으로 바꿔놓으며 스토리를 다음 단계인 클라이맥스로 이동시킨다.

정확한 타이밍에 클라이맥스가 도래한다. 부족 재판장이 도로시에게 아이들의 양육권을 허락하면서 끊어졌던 부족의 명맥이 다시 이어진다. 스토리는 남은 문제들을 마무리하는 대단원, 혹은 하강 액션 국면으로 진입한다. 도로시는 포틀랜드로 되돌아오고 책임감 있는 엄마로서 알코올을 극복하고 새 생활을 이어간다. 법원은 도로시에게 완전한 법적 양육권을 부여한다. 보호구역을 찾은 도로시는 오래전에 버려뒀던 엄마 노릇을 해낸다.

야틴은 지난 몇 년간 도로시의 일을 대신해왔다. 누군가가 그 자리를 메우기 전에는 부족원 누구도 뒤로 물러나 편안히 쉴 수 없으리라.

주말에 도로시는 첼시와 함께 집 안을 청소했다. 바닥을 쓸고 설거지를 하고 아버지를 위해 요리를 했다. 그런 다음 첼시의 단짝 친구를 만나러 갔다. 외딴집에서 할머니와 함께 생활하는 여자아이였다. 도로시와 첼시는 그 집에서도 설거지를 하고 청소를 했다. 그리고 여자아이와 함께 심나쇼로 나와 저녁 시간을 보냈다.

자정 무렵 도로시는 아버지의 의자에 앉아 꾸벅꾸벅 졸았다. TV 불빛을 받은 아이들의 얼굴이 그녀 주변에서 편하게 웃고 있었다.

할아버지는 일찌감치 방에 들어가 잠을 자고 있었다.

줄리의 내러티브 포물선은 이렇게 끝난다. 포물선을 오르내리는 동안 줄리는 삶의 통찰이 담긴 주제, 인상 깊은 배경 설정, 깊이 있는 인물 구축, 극적인 액션 흐름이 있는 완벽한 스토리를 빚어냈다. 이 글은 탐사보도사에 한 획을 그은 프로젝트이기도 했다. 줄리의 스토리와 롭의 사진은 연재 첫날 특별면의 4분의 3에 가까운 분량을 차지했다. 그들은 방대한 사실과 통계 수치를 동원해 설득력 있게 주장을 펼쳤다. 하지만 무엇보다 도로시 야틴의 내러티브는 위대한 스토리텔링이 가진 힘을 유감없이 발휘했다. 공식적인 기록을 인간적인 언어로 생생하게 되살려낸 것이다. 그리고 스토리는 경험을 포착해 의미를 부여했다.[68]

12장

해설 내러티브

옆길로 샐 수 있는 용기가 필요하다.

◉ 존 맥피_해설 내러티브 논픽션 작가

리치 리드가 내 사무실로 들어와 의자에 털썩 앉더니 인상을 구겼다. 그가 인상을 구기는 건 아주 드문 일이었다. 그는 1년 내내 화창한 날씨 같은 사람이었다. 『오레고니언』 국제경제부 취재기자로 세계 곳곳을 누벼온 그는 웬만한 불상사에는 눈썹 하나 까딱하지 않았다. 자카르타에서 유혈 소요 사태의 한가운데 있을 때도, 아프가니스탄에서 목숨을 건 탈주를 감행할 때도, 오지의 공항에서 연착된 비행기를 기약 없이 기다릴 때도 낙천적인 성격을 잃지 않았다.

기자로서의 수완도 뛰어났다. 오랫동안 『오레고니언』 도쿄 지국을 지휘했고, 방콕에 주재하며 교통 전쟁을 치르기도 했다. 다람살라에서 달라이 라마를 인터뷰했고, 철의 장벽을 넘어 평양에 입성하기도 했다. 중국은 동네 슈퍼마켓 들여다보듯 훤히 알고 있었다.

그는 얼마 전까지 태국에 있었다. 통화 가치가 추락하면서 태국 경제는 휘청거렸다. 방콕의 메르세데스 대리점에서는 위풍당당한 자태의 고급차들에 연일 가격 인하 공고를 붙였지만 좀처럼 차를 팔지 못했다. 늘어나던 태국 중산층 인구는 경제 거품이 꺼지자 고급차 시장에서 빠르게 빠져나갔다. 리치는 곧 무언가 큰일이 터질 것이란 예감에 사로잡혔다.

그가 오리건 본사로 복귀한 것은 경제 위기가 경제 기적을 일으킨 아시아 국가들로 들불처럼 번져갈 때였다. 싱가포르 통화가 추락했고 인도네시아는 혼란에 빠졌으며, 경제 대국 일본조차 비틀거릴 정도였다. 우리 신문사는 다른 신문사와 마찬가지로 이 우울한 소식을 조금씩 꾸준히 내보냈다. 하지만 머나먼 이국땅에 닥친 어려움과 그것이 미칠 불확실한 여파를 열심히 떠들어봤자 미국 독자에겐 강 건너 불구경일 뿐이었다.

그 무렵 리치가 이런 이야기를 했다. "아시아에 닥친 경제 위기 기사를 계속 다루곤 있지만, 우리 독자들은 사실 그곳에서 무슨 일이 일어나고 있는지, 왜 우리가 이 상황에 주목해야 하는지 전혀 몰라요." 그는 미국 독자의 관심을 끌 아이디어가 있다고 말했다.

그는 경제부에 가서 자신이 구상하는 기사 내용을 담담히 설명했다. 이미 해외 취재 건을 진행하던 선임 편집자는 또 다른 기사를 쓰기 위해 비용을 지출해야 할지 선뜻 결정하지 못했다. 리치는 그 후로 두 번 더 퇴짜를 맞았다. 그는 마지막으로 한 번만 더 설득해보고 그래도 통과되지 않으면 깨끗이 포기하기로 마음먹었다. 그런데 마지막에 승인이 떨어졌고, 그 길로 리치는 나를 찾아왔다.

리치는 자신이 생각하는 그림을 설명했다. 이곳 미국 북서부에서 나오는 어떤 상품을 아시아의 최종 목적지까지 따라가보고 싶다고 했다. 이 경로를 따라가다 보면 오리건과 환태평양 지역이 어떻게 서로 연결돼 있는지 이야기할 수 있고, 인도네시아에서 일어난 변화가 어떻게 오리건 경제에 영향을 미치는지도 설명할 수 있다고 말했다. 지구 저편에 있는 시장의 변화가 어떻게 미국 북서부 소도시의 평온한 일상을 흔들어놓는지 독자에게 보여줄 수 있다는 것이었다.

그렇지만 어떤 상품이 좋을까? 리치는 몇 가지 상품을 놓고 고민한 끝에 아주 특별한 것을 낙점했다. 이 상품은 막대한 양이 환태평양 지역으로 흘러 들어가 점점 늘어나는 그 지역 중산층에게 소비되고 있었다. 중산층이라 하면 이번 경제 위기를 가장 뼈저리게 실감하는 계층이었다. 오리건에서는 이 상품을 독점적으로 생산하고 있었다. 누구나 알고 있고 고도의 기술이 필요치 않으며, 전혀 위협적이지 않고 복잡하지도 않은 상품이었다. 그러면서도 미국 북서부와 아시아의 경제 위기를 연관 지을 만한 상품. 그것은 다름 아닌 맥도널드의 냉동 프렌치프라이였다!

리치는 미국 북서부 산지에서 출발한 프렌치프라이가 아시아의 맥도널드 점포에 닿기까지 경로를 따라가면서 어떻게 무역 거래가 환태평양 지역 경제를 하나의 공동운명체로 엮고 있는지 설명하고 싶다고 했다.

그때 내 머리에 번득 떠오른 것이 해설 내러티브였다. 리치가 말한 것이 바로 전형적인 해설 내러티브였던 것이다. 내가 좋아하는 작가 존 맥피는 지질학에서부터 알래스카, 야구에 이르기까지 무엇이 됐든 이 형식으로 독자에게 설명하기를 좋아한다. 나는 리치에게 해설 내러티브에 대해 자세히 설명했다. 지금껏 이런 형식을 시도해본 적이 없는 리치는 내 말을 주의 깊게 들었다.

맥피는 잡지기사와 단행본에서도 이 형식을 즐겨 사용한다. 과학과 의학 분야에서는 단행본 길이의 해설 내러티브가 흔한 편이다. 개심술이 어떻게 시작되었는지를 보여주는 G. 웨인 밀러의 『심장의 왕』은 해설 내러티브다. 마이클 폴란의 『잡식동물 분투기Omnivore's Dilemma』도 마찬가지다. 다큐멘터리 작가도 팟캐스트 진행자들처럼 이 형식을 사용한다. 언제든 내레이터가 진행 중인 내러티브에 끼어들어 해설을 제공한다. 사회적 이슈를 파헤치는 《슈퍼사이즈 미》 같은 다큐멘터리 영화나 《최전선》, 《노바》 같은 TV 시리즈에도 제격이다.

나는 리치에게 해설 내러티브를 효과적으로 사용하려면 경로만 밟아선 안 된다고 말했다. 사람이나 사물의 자취를 따라가야 한다. 해설 내러티브는 즉물적인 구체성을 요구한다. 독자가 구체적인 시간, 구체적인 장소를 머릿속에 그릴 수 있어야 한다. 따라서 프렌치프라이를 선택했다면 특정 프렌치프라이를 추적해야 한다. 어느 농장, 어느 밭에서 자란 감자로 한정해 그 감자를 따라가며 가공 공장에서 운송 화물선으로, 맥도널드 점포로, 그 점포를 찾은 최종 소비자의 손으로 이동해야 한다.

리치는 이날 우리가 나눈 긴 대화 중 이 대목만큼은 지금까지도 생생하게 기억하고 있다. 해외 특파원이었던 그는 파급력이 큰 굵직한 주제나 커다란 흐름, 광범위한 현상을 다룬 분석기사를 주로 써온 터였다. 때로는 환태평양 전역에 걸친 수백만 명의 삶과 관련된 묵직한 주제를 다루었다. 그런데 난데없이 별난 편집자가 나타나 모래 한 알 속 우주를 그려보라고 말한다. 프렌치프라이 한 상자가 일으키는 경제 쓰나미를 그려보라고 주문하는 것이다.

첫 번째 회의를 마치고 1시간 뒤 우리는 편집실 앞 엘리베이터에서 다시 만나 점심을 먹으러 나섰다. 어슬렁어슬렁 걸어 포틀랜드 주립 대학교 학생 식당으로 향했다. 줄을 서서 샌드위치를 받아 들고는 야외 테이블에 앉았다.

"이렇게 하는 거야." 내가 말문을 열었다. "액션을 죽 따라가며 설명을 하고 싶은 거잖아. 그러려면 우선 밀착해서 관찰해야 해. 사실에 충실한, 구체적인 디테일과 액션이 많아야 하니까. 일반적으로는 한 사람을 따라가겠지. 하지만 그게 무생물이 되지 말란 법은 없어. 배 한 척, 총 한 자루, 석탄 한 상자도 얼마든지 될 수 있어. 단, 그게 멈춰 있으면 안 돼. 계속 움직여야 해. 그러면 반드시 이런저런 인물들을 스치게 돼 있어. 이렇게 해서 이야기에 사람 냄새를 불어넣는 거지. 여기서 중요한 건 액션이야. 내러티브를 구축하는 스토리 라인을 만드는 게 액션이니까. 프렌치프라이의 면면을 끄집어내 보여주기에 적절한 장소로 자넬 이끄는 것도 이거야."

학생들이 듣고 나는 가운데 우리는 샌드위치를 먹었다. 나는 이야기를 계속 이어 갔다.

"자네가 다루려는 프렌치프라이도 이런 접근법이 잘 맞아. 자, 프렌치프라이가 먼 길을 떠날 거야. 여행하면서 자네가 가보고자 했던 곳들을 거치겠지. 그렇다고 이게 스토리 내러티브가 되면 안 돼. 여기엔 시련에 맞서 엎치락뒤치락 싸우는 '주인공'이 없거든. 프렌치프라이의 여정은 단순히 중심축이야. 이야기의 얼개. 주인공이 없으니 상승 액션, 절정, 해결로 이루어진 내러티브 포물선을 그리지 않아. 그저 A 지점에서 Z지점으로 밋밋한 평행선을 이동할 뿐이지. 독자가 흥미진진한 내러티브를 읽어나갈 때처럼 이 밋밋한 내러티브를 기꺼이 계속 읽고 싶게 만들어야 하는데, 극적 긴장감이 없으니 숨을 죽이고 지켜볼 일이 없어. 감당하기 힘든 난관과 싸우는 주인공의 처절한 몸부림에 연민을 보내며 마음 졸일 일도 없어. 솔직히 프렌치프라이 한 상자가 앞으로 어떻게 될지 간절히 알고 싶어 하는 사람이 있을까? 독자의 흥미를 붙잡아둘 뭔가 다른 게 있어야 한다는 거야."

이에 대한 해답은 현대 해설 내러티브만의 독특한 구조에 있다.

작가가 마치 진짜 이야기, 다시 말해 주인공, 시련, 대단원을 갖춘 이야기를 쓰고 있는 양 액션을 따라가는 것이다. 맥피가 쓴 한 내러티브를 보면 육군 공병대 장교가 배를 타고 아차팔라야 강을 내려가면서 루이지애나 홍수 통제 시설을 조사한다. 그다음 맥피는 잠시 주제에 대한 설명을 집어넣는데, 이때 독자가 지금까지 이 내러티브에서 목격한 것에 깊이와 의미를 부여하는 배경지식이 소개된다. 이것을 업계 용어로 '여담'(digression)이라고 한다. 말 그대로 여담이지만 해설 내러티브에 빠져선 안 될 요소다. 맥피가 책상 머리맡에 적어 둔 문구는 매우 유명하다. "옆길로 샐 수 있는 용기가 필요하다."

───────────

해설 내러티브의 이 두 가지 임무(액션과 설명)를 돕는 구조적인 요소가 둘 있다. 우선 액션 줄기, 즉 스토리 라인은 전체 형태를 잡아주고 시간과 공간에 따라 내러티브를 이동시킨다. 새로운 곳을 탐험하고, 새 사람을 소개하고, 다음에 무슨 일이 일어날지 가벼운 극적 긴장을 조성함으로써 독자의 흥미를 사로잡는다.

여담은 체계적인 혹은 실용적인 설명을 제공함으로써 더욱 커다란 맥락 안에서 액션을 바라보게 한다. 액션은 추상화 사다리 아래쪽 칸에서 일어난다. 이곳은 감정이 지배한다. 설명은 사다리 위쪽 칸에서 일어나며 이곳은 의미가 지배한다.

순전히 활자로만 된 해설 내러티브는 여담이 복잡한 내용일수록, 액션 장면이 구체적일수록 이 두 가지를 깔끔하게 분리한다. 대개는 서체를 바꿔 두 섹션을 구분한다. 원고 상태일 때는 간격을 두고 별 세 개를 중앙 정렬로 늘어놓는다.

***

출판물에서는 새로운 섹션이 시작되는 지점에 커다란 대문자를 쓰거나 소제목을 넣거나 아래와 같이 불릿 기호 하나를 중앙 정렬로 넣는다.

■

오디오나 비디오 다큐멘터리, 정보성 콘텐츠를 제공하는 팟캐스트에서 장면이 바뀌면 이는 대개 여담이 나온다는 신호다. 서술자(내레이터)가 화면에 나타나거나 오디오 트랙에 끼어들 여담이 시작되었음을 알린다.

어떤 식으로 예고되든 여담은 지금 일어나고 있는 스토리 라인, 즉 니먼 내러티브 프로그램의 소장 마크 크레이머가 "지금 움직이는 것"이라고 부른 것과는 명백히 분리된다. 앞서 언급한 존 맥피의 글에서 전형적인 여담 한 대목을 살펴보자. 맥피의 『자연의 통제』(*Control of Nature*)에 수록된 이 내러티브는 맥피와 육군 쪽 안내자를 태운 미시시피호가 모래톱에 부딪히면서 말 그대로 멈춰 버린다.

> 선체의 뼈대가 묵직하게 몸서리를 치더니 미시시피호는 아차팔라야 강에 발이 묶였다. 미 육군 공병대의 중부 기함이 좌초된 것이다.

그러더니 맥피는 용감하게 이야기 옆길로 샌다. 액션이 흥미진진하게 전개되고 있던 참에 그는 미시시피 삼각주의 홍수 통제 역사를 더듬는다.

1963년 가동에 들어간 올드리버[미시시피강의 별명]의 홍수 통제 시설은 10년 동안 그 능력을 제대로 과시할 기회를 갖지 못했다. 1950년대와 1960년대에 미시시피 계곡은 안전했다. 인간으로 말하면 한 세대가 재난이라고 할 만한 홍수를 한 번도 겪지 않고 지나갔다.

옆길로 잘 새는 한 가지 비결은 극적 긴장감이 느슨해지지 않도록 적절한 순간에 빠져나오는 데 있다. 지금 전개 중인 상황이 어떻게 될지 예측하기 어려운 시점에 잠시 호흡을 틀어쥐고 서스펜스를 만들어내면 독자는 다음 전개를 보려고 자리를 뜨지 못한다. 마크 크레이머의 말처럼 "여담을 할 절호의 타이밍은 액션이 한창 일어나고 있을 때지 액션과 액션 사이가 아니다. 그래야 다시 액션으로 돌아가더라도 독자가 여전히 흥미를 느끼고, 호흡이 끊어지기 전의 상황을 더 잘 기억한다." 맥피는 우리의 발목을 잠시 모래톱에 붙잡아둔다.

『뉴요커』 기고가 데이비드 그랜은 대왕오징어를 산 채로 잡고 말겠다는 한 뉴질랜드인의 손에 독자를 맡긴다. 그의 계획은 소형 어선을 타고 바다로 나가 대왕오징어의 새끼를 잡는 것이었다. 그랜은 이 원정에 합류했다.

지난 몇 달간 그는 오징어의 이동 패턴을 연구하고, 바닷물의 흐름과 온도를 위성 사진으로 판독하며 고심을 거듭한 끝에 오늘의 목적지를 집어냈다. 그의 계획은 과거에 새끼 대왕오징어를 발견했던 남쪽으로 가는 것이다. 그런데 출발하기 직전에 그가 계획을 변경했다. "북쪽으로 갑니다." 트럭에 오르며 그는 한마디 덧붙였다. "미리 경고하는데, 우리가 갈 경로로 태풍이 오고 있답니다."

조그만 고깃배로 태풍을 지나간다? 이 얘기는 잠시 미뤄두자. 이 상황은 마크 크레이머가 학문적 냉철함으로 '높은 감정적 유의성'*이라 부른 것을 품고 있다. 그는 "감정적 유의성이 높을수록 여담이 길어진다"라고 했다. 그래서 나는 데이비드 그랜이 바다 괴물의 역사와 바다 괴물의 대표로 대왕오징어가 지목된 연유를 설명하는 것을 잠자코 들었다.

> 뱃사람들은 바다로 나가기만 하면 괴물에 대한 이야기를 가지고 돌아왔다. 성경에도 '바다에 사는 용'에 대한 이야기가 나온다. 로마시대의 백과사전 『박물지』에도 거대한 '원통형' 생물체를 언급한 대목이 있다.

이와 반대로 극적 긴장감이 덜한 시점에 여담을 넣을 때는 되도록 짧게 끝내야 한다. 맥피는 바지선, 열차 등 화물 운송 수단에 관한 스토리를 『뉴요커』에 연재했는데 그중 「한 척 선단」 편은 위험물을 싣고 미 대륙을 횡단하는 장거리 화물 트럭 이야기다. 트럭을 따라가는 이 여행에는 이렇다 할 사건이 없다. 고작해야 어쩌다 한 번씩 나오는 가파른 언덕과 얌체 운전자 몇몇이 액션에 생기를 불어넣을 뿐이다. 자연히 맥피는 여담 부분에 서체 변화를 주어 따로 구분 짓지 않고 짤막하게 '끊어' 액션의 흐름 안에 섞어 넣는 방식을 취했다.

---

* 개체가 심리적으로 목표로 하는 사물에 끌려가거나 반대로 반발하는 성질을 말한다. 가령 배가 고플 때 음식물을 섭취하려는 성질을 발현시켜 개체에 행동을 유발한다. 행동 방향에 따라 심리적으로 목표 대상에 가까워지려는 적극적 유의성, 심리적으로 대상에서 멀어지려는 소극적 유의성으로 나뉜다.

태평양 연안의 북서부 지역을 향해 막 달리기 시작했을 때 그가 말했다. "우리 무게가 36톤이니까 어디에서 급유를 받아야 할지 머리를 잘 굴려야 합니다." 이 세계에서 말하는 '과체중'이란 적재량 제한 규정에 걸릴 수 있다는 뜻이다. 화물 적재량 측정소에서 강제로 "합법적으로 만들어 준다"고 한다. 과적이 아닌 수준까지 화물을 내리지 않으면 그곳에 발을 묶어 놓기 때문이다.

"곡류 수송 트럭 같은 경우 이런 난감한 상황을 받아들이는 생산자를 만나기도 하지만, 내가 나르는 이런 부식성 물질은 얘기가 다릅니다." 에인즈워스가 말했다. 그의 트럭 트랙터 양쪽에 사이좋게 올라앉은 쌍둥이 탱크는 1,000리터까지 적재가 가능하다. 1리터의 무게는 1킬로그램. 탱크를 가득 채우면 1톤이 된다. 탱크를 완전히 채운 적은 한 번도 없었다. 그는 끊임없이 계산해야 했고, 합격선을 통과했다.

이렇게 액션과 설명을 적절히 조였다 풀었다 하면 해설 내러티브는 강력한 흡인력을 갖는다. 이 테크닉을 잘 사용하는 작가는 평소에 눈길 한 번 주지 않고 지나친 대상에도 비상한 관심을 갖게 만든다. 지질학에 관한 책을 밤을 새워가며 읽어 본 적 없던 내가 맥피의 지질학 책을 세 권이나 읽었다. 홀린 듯 산쑥에 관해 쓴 8,000단어짜리 글을 단번에 읽기도 했다.

그가 쓴 글의 가장 큰 매력은 스토리 기본 구조, 즉 장면, 사건(혹은 액션), 인물이 눈에 훤히 들어오는 얼개에 있다. 이렇듯 눈에 잘 보이는 뚜렷한 구조는 내러티브를 한 방향으로 밀고 나아간다. 존 프랭클린이 구조를 "기계에 깃든 영혼"이라고 부른 것도 이런 맥락에서다.

해설 내러티브든 다른 형식의 내러티브든 내러티브로 인정받는 작가들의 공통점은 구조에 충분한 공을 들인다는 것이다. 대개는 집필에 돌입하기 전 전체 얼개를 잡는 데 많은 시간을 들인다. 맥피는 이 시간을 "작업 과정에 반드시 필요한 시간"이라고 말한다. "이야기 형식과 형태를 잡는 과정을 무사히 마치면 작가는 비로소 마음을 놓는다. 일단 구조가 잡히면 마음 놓고 하루에 한 가지에만 전념하면 된다. 그것을 어디에 넣을지는 고민거리가 아니게 된다."

해설 내러티브는 무대가 있는 액션과 해설을 위한 여담이 위에서 아래로 연달아 진행된다. 이를 두고 『애리조나 리퍼블릭』에서 오랜 기간 글쓰기 코치를 맡은 마이클 로버츠는 레이어 케이크에 비유했다. 대강 구조를 잡아보면 아래와 비슷한 얼개가 나온다. 나는 내러티브를 편집할 때마다 이런 얼개를 잡는다.

리치 리드는 아주 높은 케이크를 만들기로 했다. 미 북서부의 어

해설 내러티브 얼개

내러티브 오프닝 장면
여담 1
내러티브 장면 2
여담 2
내러티브 장면 3
여담 3
내러티브 장면 4
여담 4
내러티브 장면 5
여담 5
내러티브 장면 6
여담 6
내러티브 마무리 장면

느 농장에서부터 아시아까지 프렌치프라이의 이동 경로를 추적하자면 이야기의 동선이 상당히 길어질 터였다. 게다가 아시아의 경제 위기처럼 복잡한 문제를 설명하려면 여러 차례 옆길로 새서 독자의 이해를 도울 설명을 덧붙여야 했다. 우선 취재할 게 산더미였다.

점심을 겸한 회의가 끝난 뒤 리치는 자신만의 프렌치프라이를 찾아 나섰다. 감자는 미 북서부 지역의 경제를 떠받치는 주요 산업이었다. 연간 수익 20억 달러 규모로 환태평양 지역으로 가는 물량을 포함하면 이 지역 전체 수출 물량에서 꽤 큰 비중을 차지했다. 리치가 아는 것은 일단 여기까지였다.

그는 아이다호 주도 보이시에 있는 J. R. 심플롯 컴퍼니에 전화했다. 아이다호의 막대한 기업식 농업에서 충분히 짐작되다시피 심플롯은 엄청난 양의 감자를 재배한다. 자카르타에서 마이애미, 모스크바까지 패스트푸드 마니아의 입에 들어가는 맥도널드 프렌치프라이를 세계에서 가장 많이 공급하는 곳이다. 첫 통화에서 리치는 뜻밖의 수확을 얻었다. 이런 행운은 그의 해설 내러티브가 끝나는 마지막까지 꼬리에 꼬리를 물고 찾아왔다.

심플롯의 홍보 담당자는 전직 기자였다. 리치가 무엇을 원하는지 단박에 눈치챈 그는 오리건 허미스턴에 위치한 심플롯 가공 공장에 전화를 걸어 리치와 사진기자 캐스린 스콧 오슬러가 견학할 수 있도록 조치를 취했다. 리치와 캐스린은 심플롯의 회사 차량을 타고 컬럼비아 고지에 있는 초대형 원형 감자밭까지 무려 5시간을 달려갔다.

리치와 캐스린이 눈빛을 교환했다. 두 사람의 머릿속에는 같은 생각이 떠올랐다. '이게 바로 우리 감자다! 제대로 찾아왔다. 내러티브가 시작됐다.'

"그래서 이 감자들은 다 어디서 오나요?" 리치는 물었다.

서클피벗[*] 관개 방식을 취하는 이 지역은 상공에서 내려다보면 크롭서클[**]이 난쟁이 외계인의 소행이라는 이들의 주장을 뒷받침할 만한 광경을 보여준다. 물론 컬럼비아 유역의 서클피벗 농업과 외계인은 아무런 관련이 없다. 컬럼비아강의 풍부한 수력 발전으로 돌아가는 거대한 관개 시설 때문이다. 들판 곳곳에 설치된 축을 중심으로 원을 그리며 작물에 물을 공급하기 때문에 척박한 토지 곳곳에 작물이 무성하게 자란 초록 동그라미가 생겨나는 것이다.

사방이 탁 트인 드넓은 컬럼비아고원에 자리 잡은 심플롯의 가공 공장은 농업 기술의 경이 그 자체였다. 일렬로 늘어선 기계가 와르르 밀려 내려오는 적갈색 감자의 껍질을 벗기고, 프렌치나이프가 꽂혀 있는 통 속으로 감자를 내보낸다. 프렌치프라이라는 이름은 바로 여기서 나온 것이다. 얇게 썰린 감자는 식물성 기름 속으로 풍덩 빠져 지글지글 소리를 낸다. 덕분에 공장에는 후끈한 기름 냄새가 눅진하게 배어 있다. 기름에 반숙된 감자는 급속 냉각을 거친 뒤 커다란 상자에 포장된다. 마지막으로 각 상자에는 바코드가 찍힌다.

리치는 이 진풍경에는 장면을 만드는 데 더없이 좋은 시각적 요소가 넘친다고 했다. 부공장장의 안내를 받으며 공장 곳곳을 돌아본 그는 부공장장에게 인도네시아로 가는 프렌치프라이에 특별히 관심이 있다고 말했다. 인도네시아는 이번 경제 위기에 가장 큰 타격을 입은 나라였다.

이번에도 행운의 여신이 찾아왔다. "이 감자가 가는 곳이 바로

●　　circle-pivot. 원의 중심점에서 사방으로 급수하는 방식이며 대개 토지 모양이 원형이다.

●●　　crop circles. 곡식을 심어놓은 밭에 어느 날 생기는 커다란 동그라미.

거깁니다." 부공장장은 말했다. 얼마 전 이슬람 율법인 할랄 표준으로 전환되었는지를 확인하기 위해 이슬람 성직자가 이 공장을 찾아왔다는 것이었다. 할랄 표준 인증은 이슬람 국가의 소비자에게 프렌치프라이에 이슬람교 식품법에서 금지하는 동물성 지방이 사용되지 않았다는 공증이다. 그리고 이 공장의 주요 이슬람 고객이 바로 인도네시아였다.

해설 내러티브에 필요한 취재 기법은 다른 내러티브 취재 기법과 별반 다르지 않다. 한편으로는 장면 디테일을 살리고, 다른 한편으론 작품 전반에 흐르는 주제 의식을 살리기 위해 일반적인 신문기사를 쓸 때보다 추상화 사다리를 더욱 폭넓게 오르내려야 한다. 사다리 아래쪽에서 일어나는 일은 인터뷰와 관찰을 통해 흥미로운 디테일, 이를테면 할랄 조사를 나온 이슬람 성직자와 같은 디테일을 잡아내야 한다. 사다리 위쪽에서 일어나는 일은 개별적인 사실들이 어떻게 더욱 커다랗고 굵직한 패턴을 보여주는지 살펴야 한다. 가령 프렌치프라이는 환태평양 국가 간의 교역 증가에 일조한 품목 중 하나다.

인터뷰나 자료 조사는 일반적인 기사를 쓰는 기자들도 많이 하지만 논픽션 내러티브를 쓸 경우 디테일을 구할 방법이 달리 없어서 관찰에 더 기댈 수밖에 없다. 따라서 지금까지의 현실은 잠시 잊고 관찰 대상의 세계에 풍덩 빠져든다. 낯선 세상으로 들어가 벽에 붙은 파리처럼 조용히 보고 듣는 관찰자가 되어 웬만해선 알아내기 힘든 섬세한 사실을 포착한다.

해설 내러티브는 내러티브 취재 위에 취재를 한 겹 더 얹는다. 또 다른 접근 각도에서 여담이 흐르는데, 이는 기자의 강력한 탐구욕과 호기심이 만들어낸 관점이다. 신시아 고니는 "주변의 모든 것이 스토리의 소재가 될 수 있도록 머리에 주파수를 맞추고" 거기에 맞는 질문을 던지는 것이 핵심이라고 말한다. 끊임없이 자신이 쓸 스토리를 심문해야 한다. 좋은 해설자가 되려면 눈앞의 사건에서 두어 발짝 뒤로 물러나 "이게 왜 중요하지? 왜 하필 여기지? 왜 지금이지?" 같은 질문을 던져야 한다.[69]

신시아 고니는 해설기사를 쓰려면 기존의 판에 박힌 출처 그 너머를 보라고 조언한다. 관리자뿐 아니라 경비원도, 의사뿐 아니라 간병인도 만나 얘기해보는 것이다. 인터넷 게시판, 채팅방을 드나들고 토픽과 관련된 전문 잡지도 들여다보고, 연관된 일들이 발생하는 장소를 찾아가 그 무대 뒤편을 어슬렁거려볼 것을 제안한다. 그녀는 우리가 사는 세상의 메커니즘을 드러낼 몇 가지 질문을 제시한다.

- 그들은 그것을 어떻게 하는가?
- 그것은 어디에서 오는가? 그리고 어디로 가는가?
- 이 사람은 어떤 사람인가?
- 이것은 어쩌다 이토록 난장판이 되었나?
- 그 사람이 된다면 어떨까?

부공장장은 리치와 캐스린을 지하에 위치한 사무실로 안내했다. 여직원 한 명이 구부정한 자세로 컴퓨터 앞에 앉아 있었다. 리치는 앞서 했던 질문을 반복했다. 매일 포장돼 나가는 프렌치프라이용 감자는 누가 키운 것인지 알고 싶었다.

요즘에는 내러티브 작가도 첨단 기술 덕에 편히 일할 수 있게 되었다. 이제는 프렌치프라이 상자에 붙어 있는 바코드로 생산자에서부터 소비자까지 경로를 추적할 수 있다. 리치는 담당 편집자가 내준 불가능할 것 같은 숙제(특정 감자 출하분의 모든 이동 경로를 실제로 따라가 보기)가 가능하다는 사실을 깨달았다.

여직원은 타닥타닥 키보드를 두드리더니 그날 쓸 감자는 대단위 농기업 한 곳과 농가 한 곳 그리고 후터라이트 농가 한 곳에서 들어왔다고 했다.

"그런데 후터라이트가 뭔가요?" 리치가 물었다. 다시 한번 행운의 여신이 그에게 미소를 지었다. 후터라이트는 재침례교의 한 종파로 아미시와 유사하지만 한 가지 중요한 차이점이 있었다. 그들은 현대 기술을 적극 받아들여 미국 내에서 효율성과 수익성이 가장 좋은 농장 일부를 운영하고 있었다. 그들은 GPS 시스템을 사용해 작업할 밭을 원격으로 찾아가도록 최신 트랙터를 조정하면서도 전통 의상을 입고 공동체 생활을 고수했다.

후터라이트에 대한 이야기를 들은 리치는 이만큼의 화제성이라면 이번 기획 연재를 성공적으로 띄울 수 있겠다고 생각했다. 리치는 후터라이트 농장 관리자의 이름을 받아 적었다. 그런데 막상 연락하니 관리자가 탐탁지 않은 목소리였다. 깍듯하긴 했지만 리치의 제안이(많은 힌트를 주었음에도) 얼떨떨한 듯했다. 농장에 가보고 싶다는 리치의 말에도 그는 아무런 대답을 하지 않았다. 대신 농장에서 몇 분 떨어진 모지스 레이크에서 커피 한 잔은 할 수 있다고 말했다. 차로 5시간을 달려가 커피 한 잔만 마시고 돌아오기엔 아쉬웠지만, 리치는 그러겠다고 답했다.

하지만 커피 한 잔으로 이 만남이 끝날 가능성은 희박했다. 뛰어난 리포터는 취재원이 친 방어벽을 넘는데, 리치는 아주 뛰어난 리포터였다. 모지스 레이크에서 커피를 마시며 그는 무심하게 후터라이트 사람들은 농사를 짓지 않는 겨울에 무엇을 하는지 물었다. 그 관리자는 목공방에서 일한다고 답했다. 그들은 작물에서 거둔 수익으로 웬만한 공장 수준의 목공기계를 구비해두고, 멋진 가구를 만들고 있었다. 리치의 얼굴에 화색이 돌았다. 목공은 그의 오랜 취미였다. 그는 목공 도구며 기술, 가구에 대해 이야기하며 공통의 관심사를 파고들었다. 라테 잔을 다 비우기도 전에 캐스린과 리치는 관리자를 따라 후터라이트 농장으로 (목공방을 보러) 발길을 옮기고 있었다.

그렇게 그들은 후터라이트의 세계로 들어섰다. 리치는 나무에 대해서만 이야기하고 펜은 주머니에서 꺼내지 않았다. 캐스린도 카메라를 꺼내지 않았다. 관리자는 경계를 풀었고, 대화는 한결 부드러워졌다. 리치는 조심스럽게 물었다. "농장도 좀 볼 수 있을까요?"

농장 견학을 시작했을 때 보닛을 쓰고 전통 의상을 입은 여인 한 명이 헛간에서 나왔다. 빛과 노출, 구도 등 모든 것이 완벽했지만 캐스린은 카메라를 꺼내 들지 않았다. 혹시 그들을 놀라게 할까 봐 신중을 기했다. 얼마 후 모두 모여 밥을 먹는 식당에서 캐스린은 여자 쪽 자리에 앉아 후터라이트 생활에 대한 여자들의 생각을 열심히 귀담아들었다. 리치는 남자 쪽 자리에 앉아 목공과 농사, 국제 교역에 대해 이런저런 이야기를 나누었다. 나중에 리치는 말했다. "일단 누군가와 밥을 같이 먹게 되면 큰 잘못을 하지 않는 이상 웬만하면 이해를 해주죠."

얼마 후 리치는 초대를 받아 농장을 다시 찾았다. 이야기를 잘해서 콤바인 운전도 해보았다. 리치를 초대한 사람은 이 호기심 많은 기자와 단둘이 조용한 공간에 있게 되자 완전히 긴장을 풀고 컬럼비아 유역의 서클피벗 감자 농법에 대한 리치의 모든 궁금증을 해결해주었다.

후터라이트의 농부들은 보통의 기업처럼 노련하게 사업을 운영하고 있었다. 아시이아 경제와의 연관성도, 머나먼 땅에 닥친 금융 위기 사태가 어떤 위험을 안고 있는지도 이미 제대로 인지하고 있었다. 리치는 이때 받은 강렬한 인상으로 이야기를 시작하기로 했다.

> 이 프렌치프라이 여행의 출발점에는 발목까지 오는 드레스를 입고, 전통에 따라 보닛을 살짝 뒤로 뉘여 쓴 채 씨감자를 썰며 현대적인 농기계에 쌓인 먼지를 거위 날개로 털어내는 강인한 후터라이트 여성들이 함께하고 있다.

리치와 캐스린은 지구의 절반이 관련된 복잡한 현상을 설명하는 일에 본격적으로 돌입했다. 액션은 태평양을 가로지르는 동선을 따라가기로 했다. 리치와 나는 일찌감치 이 기사가 단발이 아닌 연재가 될 것을 직감했다. 수천 단어는 가뿐히 넘을 주제였다.

리치의 프렌치프라이 이야기만큼은 아니지만, 대부분의 해설 내러티브에는 상당한 지면이 필요하다. '장면—여담—장면' 식의 구조는 어느 지점을 넘어가면 간단히 압축할 수가 없다. 보통 활자 매체로 나가는 기사를 작성할 때 나는 장면당 평균 5백 단어 정도를 할애한다. 신문 지면으로 계산하면 2단 분량이다. 여담 길이는 정해져 있지 않지만, 대체로 액션이 포함된 장면의 길이와 비슷한 게 좋다. 여담을 별도로 빼지 않고 내러티브 안에 섞어 넣는 경우에도 장면과 여담 비율은 비슷하게 맞추는 것이 좋다. 여담을 한 마디 할 때마다 액션도 한 마디 하는 것이다. 물론 아주 대략 잡은 비율이지만 이는 초기에 구조를 잡을 때 꽤 유용하다.

　모든 스토리에는 시작과 중간과 끝이 있어야 한다. 레이어 케이크를 만든다는 것은 이 사이사이에, 즉 시작과 중간 사이에 여담을 하나 넣고, 중간과 끝 사이에 다시 여담을 하나 넣는다는 뜻이다. 나는 해설 내러티브라면 최소한 이 정도 구조는 갖추어야 한다고 생각한다. 나는 이 형식을 3+2 해설 내러티브라고 부른다. 내러티브 장면이 세 개, 사이사이에 들어가는 여담이 두 개. 이를 정리하면 다음과 같다.

3+2 해설 내러티브

내러티브 1: 주요 인물을 소개하고 설명할 질문을 던진다.
여담 1: 필요한 배경 정보와 전반적인 상황을 설명한다.
내러티브 2: 사건의 본 줄거리를 전개하며 주요 인물을 따라간다.
여담 2: 설명을 마무리한다.
내러티브 3: 사건을 논리적으로 마무리한다.

　『오레고니언』에서 우리는 소아과에서 진행한 새로운 뇌수술을 소개하는 데 이 형식을 사용했다. 사실 이 3+2 해설 내러티브는 모든 소재에 적용할 수 있다. 『오레고니언』에서 피처기사를 쓰는 스티브 비븐은 아주 다양한 소재에 이 형식을 사용했는데, 매번 매우 훌륭한 결과물을 내놓았다.

　그가 처음으로 쓴 3+2 해설 내러티브는 순찰 도는 경찰을 따라갔다 알게 된 일명 '스캐너 헤드'에 관한 것이었다. 스캐너 헤드란 무전 스캐너로 밤낮없이 경찰과 소방관의 무전 교신을 엿듣는 취미를 가진 사람들을 가리킨다.

나는 누가 시켜서 듣는 것도 아니고, 자발적으로 무전 스캐너를 듣고 싶은 사람이 있을까 싶었다. 경찰서 출입기자 시절 사건 사고를 수집하러 담당 구역을 돌 때면 책상에 앉아 무전 스캐너를 주야장천 듣기도 했다. 스캐너가 자동으로 이리저리 채널을 바꿔가며 자잘한 사고와 범죄 소식을 쉼 없이 수신하는 동안 지지직거리는 기계음과 웅얼거리는 소리가 끊임없이 흘러나온다. 나에게는 이보다 더 짜증스러운 소음이 없었다. 그런데 스캐너 애호가들에겐 그렇지 않은 모양이었다. 그들만의 모임이 있고 전국으로 배포되는 잡지가 여러 종 있으며, 블로그 활동도 왕성하게 진행되고 있었다. 스캐너로 범죄 사건이나 화재 소식을 듣고는 부리나케 현장으로 달려가는 터라 경찰과 소방관들에게 얼굴이 알려진 사람도 있었다.

　　스티브 비븐이 78세의 스캐너 헤드 조 매카시와 처음 마주친 곳도 어느 주택의 화재 현장이었다. 굉장한 화재였다. 아슬아슬하게 사람들을 구조했고, 안타까운 사망자도 있었다. 스티브는 화재 현장에서 조를 지켜보는 것만으로 내러티브 2에 필요한 모든 정보를 얻었다. 그 뒤 스티브는 조의 집을 찾아가 인터뷰를 진행하며 스캐너를 늘 배경음악처럼 틀어놓는 그의 모습을 관찰했다. 이 이야기는 이렇게 시작한다.

　　　　포틀랜드 남동부 주택에 화재 발생. 2층 창문으로 거센 불길이 치솟고 있음. 집 안에 갇힌 사람 있음. 조 매카시는 보고 있던 과학 수사 프로그램을 끄고 주방 식탁에서 시끄럽게 떠들어대고 있는 스캐너를 집어 들었다.

　　이어 스티브는 자기 주특기인 3+2 구조로 이야기를 엮는다.

심플롯 가공 공장이 그러했듯 후터라이트 또한 감자의 모든 흐름을 꼼꼼하고 정확하게 기록해놓았다. 그 덕분에 리치는 정확하게 인도네시아행 감자가 생산되는 구역인 6번 서클에 집중할 수 있었다. 앞서 가공 공장 장면을 확보했으니 내러티브 처음 두 장면은 건진 셈이었다. 다음은 냉동 프렌치프라이가 아시아인의 입으로 들어가기까지의 과정을 추적하는 것이었다.

프렌치프라이가 허미스턴의 한 창고에서 잠시 쉬는 동안 리치도 포틀랜드로 돌아와 휴식을 취했다. 그리고 드디어 전화기가 울렸다. 심플롯의 홍보 담당자였다.

"우리 감자가 …"출발합니다."

다시 한번 리치는 허미스턴까지 먼 길을 달려갔다. 감자 가공 공장 앞에서 트레일러트럭 운전사 랜디 튜슨을 만나 창고 직원들이 냉동 프렌치프라이 20톤을 트럭에 싣는 것을 지켜보았다. 리치는 운전석 옆자리에 자리를 잡았다. 두 사람은 11만 3천 명분의 후터라이트 프렌치프라이를 신고 터코마 항구를 향해 서쪽으로 달렸다.

　　리치에겐 행운이 그치지 않았다. 랜디는 베트남전쟁 당시 미군 군함에 배치되어 베트남 북부로 로켓탄을 퍼부었던 참전 군인이었다. 리치는 이것을 연결고리로 자연스럽게 동남아시아의 현대사, 통화 위기가 가져온 경제 파탄, 환태평양 지역의 교역 역학에 관한 여담으로 들어갔다. 쉼 없이 움직이는 스토리 라인은 이따금 끼어드는 여담에 기름칠을 해 지루함을 덜어준다. 리치는 인도네시아의 정치 상황을 간략하게 설명한 뒤 재빨리 도로를 질주하는 트럭으로 돌아왔다. "랜디는 클러치를 조작하지 않아도 될 만큼 정확한 엔진 회전수에 기어를 저속으로 바꾸고, 왼손으로 운전대를 돌려 중요한 갈림길로 들어섰다."

　　마침내 터코마 항구에 트럭이 멈췄다. 크레인 기사가 냉동 프렌치프라이가 든 컨테이너를 공중으로 높이 들어 올려 요코하마행 덴마크 화물선에 내려놓았다. 리치는 화물선에 올라 독일인 선장과 잠시 이야기를 나누고, 이 배에 승객으로 승선했다는 한 부부를 만났다. 텍사스에서 온 이 부부는 리치에게 자세한 여행 소식을 전해주기로 했다. 그리고 약속대로 리치에게 퓨젓사운드만에서 바다로 빠져나갈 때 만난 범고래 떼며, 남지나해에서 본 바다거북 이야기 등을 들려주었다. 그들 이야기는 내러티브의 분위기를 띄우는 감초 역할을 했다.

───────────

　　랜디 튜슨은 프렌치프라이의 이동 경로에서 만난 색깔 있는 인물 중 하나에 불과했다. 해설 내러티브에 등장하는 많은 인간 군상이 그렇듯 그들은 극의 목적이 되는 주인공이 아니라 특정 기능만 수행하고 사라지는 수단일 뿐이다. 하지만 해설 내러티브에서 결코 무시할 수 없는 역할을 한다. 흥미로운 인물이 등장하면 독자는 그에게 이끌려 이야기를 끝까지 읽기도 한다. 하지만 꼭 흥미롭지 않아도 해설 내러티브에 사는, 이리저리 돌아다니고 이런저런 말을 하는 인간은 글 소재를 전달하는 데 좋은 수단이 된다. 인물들의 말과 행위를 통해 작가 대신 설명을 하는 것이다.

인물 묘사는 대개 몇 가지 주요한 성격적 특징이나 단편적인 개인사를 언급하는 데 그친다. 방송 다큐멘터리는 인물이 화면에 나올 때 더빙이나 자막을 통해 해설을 내보낸다. 팟캐스트 시리즈 《시리얼》 중심인물인 아드난 사이드는 베일에 싸인 캐릭터다. 그가 누구인지를 밝혀내면 그가 범인인지 아닌지가 설명이 된다. 진행자 사라 쾨니히가 사이드란 인물의 베일을 조금씩 벗겨내는 과정은 극적 긴장감을 끌어올리고, 이것이 내러티브를 추진한다.

신문과 잡지에 실리는 스토리에서 핵심 인물에 생명을 불어넣는 것은 여전히 사진이고, 글은 중요한 배경을 채운다. 캐스린의 스틸 사진은 주요 인물에게 생명을 불어넣었고, 텍스트는 중요한 정보로 배경을 채웠다. 리치는 랜디 튜슨을 "짧게 다듬은 갈색 콧수염에 잿빛 곱슬머리를 가진 다부진 체격의 남자"라고 간단히 묘사했다. 그리고 베트남전 참전 경험과 옆에서 지켜본 그의 운전 실력을 언급했다. 이보다 중요한 사실은 랜디가 리치가 다루려 하는 소재에 대해 나름의 의견을 피력했다는 것이다. 그는 맥도널드의 창업주 레이 크록과 함께 프렌치프라이를 맥도널드의 주메뉴로 개발한 J. R. 심플롯을 만났다며 일화를 들려주었다. 또한, 미국의 경쟁력을 더욱 적은 비용으로, 더욱 실속 있게 유지하게 하는 주간 고속도로망에 대해 날카로운 분석을 내놓았다. 그러고는 자신이 싣고 온 화물을 내려놓고 이야기에서 사라졌다.

해설 내러티브에서도 인물 묘사를 더 발전시켜야 하는 경우가 있다. "역사를 통틀어 가장 위대한 세일즈맨"이라 불리는 루 길버트를 다룬 스티브 비븐의 해설 내러티브는 루라는 인물 자체에 집중했다. 그의 성격과 태도는 "외판원이라는 직업이 지난 수십 년간 어떤 변화를 거쳤는지 돌아본다"라는 글의 주제에 중요한 역할을 했다. 따라서 스티브는 루라는 인물을 파고드는 데 많은 시간을 들였고, 그만큼 많은 지면을 할애했다. 그는 인물을 지면 위에 생생하게 되살리는 데 필요한 전형적인 문학 장치들을 이용했다.

그는 글이 시작되자마자 인물의 신체적 특징을 묘사했다(루는 "78세이고, 보청기를 끼고 있다. 대머리에 볼링공 같은 몸매를 가졌다"). 그다음 톰 울프가 '신분 표식'이라 부른 차림새와 소지품을 보여주며 그가 속한 계층, 소득 수준, 사회적 위치를 드러냈다. 또한, 세일즈맨이라는 그의 직업을 가장 잘 나타내는 특유의 말투와 버릇을 지면에 충실히 옮겼다. 말투와 버릇은 인물의 성격을 묘사하는 데 늘 탁월한 효과를 발휘한다. 그리고 나서 스티브는 여담으로 빠져 루의 인생사를 들려준다. 이 대목을 통해 그의 판매 기법이 어떻게 탄생했는지 충분히 짐작할 수 있다. 기억할지 모르지만, 트레이시 키더는 아이티에 간 의사 폴 파머의 성격을 탐구하는 데 책 한 권을 통째로 할애했다.

리치와 캐스린은 홍콩에서 프렌치프라이와 재회했으나 프렌치프라이를 실은 화물선은 기계 고장으로 출발이 지연되고 있었다. 있는 대로 허풍을 떤 두 사람은 호주인 정비사를 따라 보안 구역으로 들어가는 데 성공했다. 정비사가 높은 돛대 위로 올라가 장비를 고치는 동안 리치는 그에게 우산을 씌워주었다. 그리고 나서 리치와 캐스린은 선장

과 선원들에게 그동안 밀린 이야기를 들었다.

한편 인도네시아 경제 위기는 그 나라에 제2의 경제 부흥을 안겨준 주역이자 맥도널드 프렌치프라이의 주 소비자인 젊은 중산층을 벼랑 끝으로 내몰고 있었다. 성난 군중이 거리에 쏟아져 나왔고, 폭동이 나라 전체로 번져갈 조짐을 보였다.

홍콩을 떠나기 전 리치는 허미스턴에 전화를 걸어 프렌치프라이 일정을 다시 확인했다. 인도네시아에서 일어난 소요 사태로 선적 회사가 후터라이트 화물을 싱가포르로 돌렸다고 했다. 리치와 캐스린은 계획대로 신속하게 베트남으로 이동했다. 이곳에서 리치는 미국의 북서부 경제와 이 지역 경제 간의 또 다른 연계점인 나이키 하청 공장 이야기를 끼워 넣었다. 그런 다음 둘은 J. R. 심플롯이 감자 생산량 일부를 조달받는 중국의 산간벽지로 향했다. 이곳 농부들은 그때까지도 말이 끄는 수레를 사용하며, 수확한 작물을 동굴에 저장하고 있었다. 감자 생산을 일부 중국에 맡긴 이유는 프렌치프라이를 아시아 시장에 더욱 저렴한 가격으로 내놓기 위함이었다. 그 결과 후터라이트처럼 최첨단 설비를 갖춘 미국의 생산자들은 치열한 경쟁에 놓였다.

한낱 프렌치프라이라고 하더라도 그 행로를 추적하면서 리치는 환태평양 안팎의 각국 경제가 세계화 아래 어떻게 하나로 통합되고 있는지 보여주는 사례를 거듭 발견했다. 중국 오지 마을에 사는 가난한 농부가 컬럼비아 중부의 드넓은 평야에서 콤바인을 모는 기사에게 영향을 미쳤다. 아시아 경제 위기는 『오레고니언』을 보는 지역의 일상생활에도 지대한 영향을 미쳤다.

리치와 캐스린은 프렌치프라이를 따라 싱가포르로 갔다. 6번 서클에서 나온 감자가 그곳에서 마침내 최종 목적지에 다다랐다. 일부는 번화한 오처드로드에 위치한 맥도널드 점포로 들어갔다. 리치와 캐스린은 이곳 냉동고에 박스째 저장된 프렌치프라이를 확인했다. 바코드가 틀림없었다. 그들이 미국에서 뒤따라온 바로 그 감자였다.

엔버 씨 가족이 계산대 앞에 서서 프렌치프라이를 주문했다. "경제적, 정치적 혼란의 소용돌이를 아슬아슬하게 피해 지구 반 바퀴를 돌아온 냉동 프렌치프라이가 (맥도널드의 규정에 따르면) 7분 뒤 계산대 위에 놓였다." 마침내 따끈하게 튀겨진 프렌치프라이가 나왔다. 엔버 씨의 아이들이 기다렸다는 듯 달려들어 먹기 시작했다.

당연한 말이지만 해설 내러티브의 핵심은 해설이다. 사건 흐름, 즉 스토리 라인이 존재하는 이유는 무엇이 어떻게 돌아가는지를 효과적으로 보여주기 때문이다. 사건을 묘사할 때는 스토리 요소가 필연적으로 등장한다. 스토리 안에 등장하는 인물은 반드시 해결해야 할 문제에 직면한다. 또한, 완결된 스토리의 기본 요소 중 하나인 장면은 해설 내러티브에서도 매우 중요한 역할을 한다.

하지만 스토리 내러티브에 필요한 모든 요소가 어려운 주제를 레이어 케이크 형식으로 풀어내는 해설 내러티브에도 꼭 필요한 것은 아니다. 프렌치프라이는 주인공이 아니다. 사물이 아닌 사람이 중심인 해설 내러티브라 해도 내러티브 라인을 관통하는 인물 하나를 따라가기보다는 여러 인물을 돌아가며 따라가는 경우가 많다.

길이가 짧은 해설 내러티브라면 주요 인물 한 명만 따라갈 수 있다. 하지만 이런 경우에는 대개 완전한 스토리 구조를 취하지 않는다. 우리는 스캐너 헤드를 만나고, 전설적인 세일즈맨을 만나지만 통찰 지점(주인공이 생각의 변화나 깨달음을 얻는 지점)이나 클라이맥스 등을 갖춘 내러티브 포물선을 따라가지는 않는다. 몇 가지 단편적인 일화를 통해 그들의 세상을 엿볼 뿐이다.

　　그렇다고 해설 내러티브의 구조에 시련과 변화, 인물의 발전, 해결을 아우르는 정통적인 스토리 내러티브를 녹여낼 수 없는 것은 아니다. 리치 리드는 「프렌치프라이 커넥션」 이후에 다룬 굵직한 프로젝트에서 이 방법을 시도했다. 세계를 아우르는 경제에 대해 설명하되 문학적으로 완결된 스토리를 만들고 싶었기에 더욱 어려운 작업이었다.

　　리치는 경제 대국 일본이 환태평양에 두 다리를 굳건히 걸친 채 오리건을 비롯한 미국 전역에 공장을 세우고 있을 당시 다카하시 게이이치를 만났다. 일본의 거대 기업 NEC의 오리건 공장 책임자였던 다카하시는 매우 이채로운 인물이었다. 예술가 부모 밑에서 나고 자라 학생 시절 반정부 운동권으로 활동했던 그는 일본인에게서는 찾아보기 어려운 강렬한 개성과 솔직함을 드러냈다. 그는 미국에 와서 미국적 생활 방식을 누리며 승승장구했다. 하지만 그의 자유분방한 스타일과 일본의 보수적인 스타일은 불협화음을 냈다. 몇 년 동안 일본 문화를 두 눈으로 직접 관찰했던 리치는 지대한 관심을 갖고 그를 지켜보았다.

　　마침내 일본 경제가 휘청였다. NEC 오리건 공장은 문을 닫았고, 다카하시는 일본으로 돌아갔다. 일본으로 돌아간 다카하시는 NEC의 꽉 막힌 위계질서와 싸우는 한편 수익성 없는 국내 공장을 유지하고자 필사적인 노력을 기울였다. 그러다 그는 일본의 위상을 위협해오는 중국, 한국, 대만의 무서운 성장세를 견제하는 막중한 책임을 맡게 됐다. 리치는 다카하시와 계속 연락을 주고받으며 이 대기업 중역이 환태평양 경제를 재편하는 거대한 흐름에 어떻게 대응하는지 주목했다. 그때 리치와 나는 일주일에 한 번씩 신문사 근처 커피숍에서 회의를 가졌다. 몇 달 동안 다카하시 이야기를 하는 사이 광범위한 스토리의 윤곽이 서서히 모습을 드러냈다.

이 스토리는 「세계를 달리다」라는 제목으로 탄생했다. 3부에 걸쳐 다카하시의 이야기를 전개하는 한편 더욱 큰 경제 문제들을 들여다보았다. 첫 에피소드는 다카하시가 오리건 공장의 책임자로 오는 장면으로 시작한다. 리치는 지체하지 않고 바로 배경 설명을 덧붙였다.

> 앞으로 10년 동안 다카하시는 미국과 일본 제조업의 몰락, 해외 아웃소싱의 폭발적 증가 그리고 중국의 부상과 싸워야 한다. 사라진 일자리는 종국에 일본과 미국의 정치권에서 강력한 세력을 키워낼 것이다.

그리고 10년간 펼쳐진 한 인간의 인생 역정을 스토리 한 축으로 이끌어나갔다. 집안 배경이나 학생 시절의 활동, 미국 생활을 보면 다카하시는 일본의 전통적 가치관에 별로 얽매이지 않았다. 그런데 자신을 둘러싼 세상이 예전과 달라지자 그가 믿어온 것들에 위기가 찾아왔다. NEC 공장이 하나둘 문을 닫았고, 동료들은 평생 다닐 거라 믿었던 일자리를 잃었다. 리치는 이렇게 표현했다. "충성심이 사라진 자리에 해방감이 찾아왔다. 30년 전만 해도 생각할 수 없는 일이었다." 3부 끝에 이를 즈음 다카하시는 다른 사람이 되어 있었다. 유럽이나 미국에 사는 같은 또래 남자들과 훨씬 비슷해져 있었다. 더 이상 노예처럼 일만 하지 않았다. 가족들과 즐거운 시간을 보냈다. 골프를 치러 다니고, 좋은 음식도 먹었다. NEC에서 그가 맞이할 운명은 거의 분명해 보였다. 회사는 결국 구조 조정을 하고, 다카하시는 조기 퇴직 제안을 받아들일 것이다. 전통적인 경제 질서와 함께 일본의 전통적인 경영인도 역사의 뒤안길로 물러났다.

해설 내러티브가 스토리에 더욱 가까워지면 대중적인 파급력이 폭발적으로 증가한다. 리처드 프레스턴의 『핫존』은 베스트셀러에 오르고, 영화로까지 제작되었을 뿐 아니라 살인적인 바이러스에 대한 국민의 집착에 불을 당겼다. 프레스턴은 스승 존 맥피와 마찬가지로 과학 분야 전문 기자다. 크게 3부로 이루어진 이 이야기는 에볼라 바이러스가 처음 발생한 아프리카에서 출발한다. 이후 여러 시점을 오가며 버지니아 레스턴에서 짧은꼬리원숭이를 집단 폐사시킨 변종 에볼라 바이러스 발생 사태로 옮아갔다. 이 사건은 위기감을 극적으로 고조시켰다. 에볼라에 감염된 모든 사람이 죽었기 때문이다. 만약 에볼라가 미국으로 유입돼 인간 숙주로 확산하기 시작한다면 그 결과는 묵시록적인 공상과학영화에 버금갈 것이다. 코로나바이러스보다 치사율이 높은 에볼라는 감염자 대부분을 죽게 했고, 팽팽한 긴장감이 뚝뚝 흘렀다.

　　프레스턴은 리치 리드처럼 처음부터 끝까지 한 인물만을 따라가지 않았다. 하지만 에볼라의 역사라든지, 에볼라처럼 치명적인 병균을 다루는 군(軍) 생물학자에 관한 이야기 그리고 버지니아 사태의 확산을 막기 위한 노력 등은 내러티브에 다채로운 곁가지 이야기를 제공했다. 현대의 바이러스 연구며 필로바이러스의 발생 경로, 인간의 생태계 교란이 초래할 가공할 만한 결과 같은 흥미로운 이야기들이 꼬리에 꼬리를 물고 이어진 덕분에 독자들은 지루해할 틈이 없었다. 이러한 전략이 빛을 발한 이유는 손에 땀을 쥐게 하는 스토리 때문이다. 많은 사람이 기피하는 생물학 강의를 흥미와 스릴이 넘치는 읽을거리로 내놓은 것이다. 하지만 안타깝게도 정책을 수립하는 유력 정치인들의 관심을 사로잡지 못한 채 2020년 코로나바이러스가 닥쳤다.

프렌치프라이는 리치와 캐스린을 또 다른 장소로 이끌었다. 바로 미국에서 뒤를 밟아온 프렌치프라이의 원래 목적지 자카르타였다. 폭동에 휩싸인 자카르타는 아시아 경제 위기라는, 직관적으로 와닿지 않는 추상적 사실을 피부로 느끼게 해주었다.

성난 폭도들이 거리를 장악했고, 곳곳에서 불길이 치솟았다. 맥도널드의 프렌치프라이를 안전하게 보관하고 있던 냉동고 관리자는 창고 발전기를 돌릴 연료가 얼마 남지 않았다며 초조해했다. 그는 화염이 솟아오르는 시가지를 뚫고 유조 트럭을 몰고 올 무모한 사람을 수소문했다. 그는 자신의 프렌치프라이를 지켰지만, 그날 거리에서는 500명이 사망했다. 들불처럼 번진 소요 사태는 결국 정부를 전복시켰다.

경제 위기를 맞은 인도네시아는 점점 비극적인 상황으로 치달았다. 이 와중에 리치와 캐스린은 기막힌 액션 장면을 수확했다. 그 덕분에 리치는 내러티브에 힘을 불어넣을 수 있었고, 이 여세를 이용해 프렌치프라이의 주 소비자가 중산층이며 이 중산층이 아시아 경제를 일으킨 주역이었다는 여담으로 들어설 수 있었다. 또한, 캐스린은 성난 인도네시아인들이 담긴 강렬한 사진을 건졌다.

리치는 이렇게 말했다. "프렌치프라이처럼 지극히 평범한 물건이 미국에서 한참 떨어진 섬나라 인도네시아에 가 닿는다면 달러화, 엔화, 유로화는 얼마나 멀리까지 갈지 생각해보라. 한 무더기의 감자를 목숨 걸고 지키려는 상인들이 있을 때 세계 경제의 향방이 얼마나 간단히 국가와 지역 경제를 일으킬 수도 주저앉힐 수도 있는지 생각해보라."

포틀랜드로 돌아온 캐스린은 찍어 온 사진들을 편집했고, 리치는 구조를 잡고 내러티브와 여담이 차례로 이어진 얼개를 짰다. 그런 다음 자리에 앉아 집필에 들어갔다. 이렇게 해서 마침내 장장 1만 단어에 달하는, 신문에서는 보통 나흘에 걸쳐 연재하는 해설 내러티브가 탄생했다. 『오레고니언』 미술팀은 액션에 박진감을 더하고 설명을 돕는 시각 자료를 넣어 리치의 원고를 한층 생생하게 만들어주었다. 세계지도를 넣어 6번 서클에서 재배된 감자가 태평양을 건너 이동한 경로를 보여주었고, 또 다른 지도를 넣어 이 프렌치프라이가 지나간 구체적인 지역을 나타냈다. 날짜와 시간대별로 감자의 이동 상황을 나타낸 표, 경제 위기의 진행 상황을 일목요연하게 정리한 표도 들어갔다. 여기에 더해 밭에서 일하는 후터라이트 여인부터 싱가포르에서 프렌치프라이를 먹는 중국계 아이들까지 캐스린이 찍은 다양한 사진이 자리를 잡았다.[70]

　　이 연재 기획물에 대한 반응은 매우 뜨겁고 폭발적이었다. 한 여성 독자는 "평소에 이런 기사는 너무 재미가 없어서 그냥 건너뜁니다. 그런데 우연히 2회 연재분을 읽고는 그 즉시 첫 회를 찾아 읽었습니다. 남은 연재분을 목을 빼고 기다렸습니다"라고 말했다.

　　술술 읽히는 마력을 가진 글이라는 반응이 주를 이뤘다. 어려운 주제를 비전문가도 이해하기 쉽게 충분히 흥미롭게 다루어 이해력의 수준을 높여주었다는 의견도 있었다. "경제를 잘 모르던 사람들도 이해할 수 있게 해주었다", "평소에 경제 기사를 읽지 않는다. 그런데 이 기사는 감탄이 나오는 경제 이야기다", "아시아 경제 위기의 파급 범위를 이렇듯 명쾌하게 보여준 글은 없었다"와 같은 반응이 줄을 이었다.

　　나는 이처럼 긍정적이고 뜨거운 반응을 접하면서 해설 내러티브에 완전히 매료되었다. 액션은 정말 과정을 설명한다. 나는 이 이야기를 하고 싶었다. 그래서 리치와 캐스린이 「프렌치프라이 커넥션」을 취재하며 잡았던 스토리 라인을 중심축으로 삼고, 해설 내러티브가 만들어지는 과정을 설명한 이번 장을 쓰기로 했다. 말하자면 해설 내러티브를 설명하는 해설 내러티브인 셈이다.

이후 「프렌치프라이 커넥션」은 미국에서 크고 작은 상을 휩쓸었다. 경제 분야 출판물에 주는 권위 있는 문학상을 받기도 했다. 퓰리처상 심사가 한창이던 어느 날, 진위를 알 수 없는 소식이 들려왔다. 「프렌치프라이 커넥션」이 해설보도 부문 최종 결선에 올랐다는 것이었다.

퓰리처상 수상작을 발표하는 날, 『오레고니언』 기자들은 회의실로 몰려들었다. 연합뉴스에서 전송한 뉴스 자막이 커다란 화면에 실시간으로 떠올랐다. 각 부문의 수상자 명단이 올라오다 마침내 해설보도 부문이 화면에 나타났다. 리치 리드는 42년 만에 처음으로 『오레고니언』에 퓰리처상을 안겨주었다. 모두가 일제히 환호성을 터뜨렸다. 기자와 편집자들이 서로 얼싸안았다. 여기저기서 샴페인을 터뜨렸다. 그리고 신문사에서 특별 보너스가 나왔다.

그다음 달 리치와 편집주간, 수석 편집자가 퓰리처상 시상식에 참석하기 위해 뉴욕으로 갔다. 시상식은 컬럼비아대학교 로 도서관 안에 있는 원형 홀에서 거행되었다. 리치는 이름이 호명되자 『오레고니언』 지정 테이블에서 일어나 성큼성큼 단상으로 올라갔다. 그리고 상장과 함께 컬럼비아대학교 학장이 주는 상금을 받았다. 공교롭게도 그다음 수상자는 존 맥피였다. 그는 해설보도 분야에 남긴 공로를 인정받아 특별평생공로상을 받았다. 시상식이 끝나고 리치와 나는 맥피가 앉아 있는 테이블로 향했다. 우리는 그에게 감사 인사를 전했다. "「프렌치프라이 커넥션」에 원조 허락을 받지 않고 (해설 내러티브 형식을) 멋대로 가져다 썼습니다." 맥피는 특유의 수줍은 미소를 지었다.

그날 저녁, 신문사 사장과 함께 뉴욕에서 이름난 고급 레스토랑 르 써크에 갔다. 영화배우며 언론계 유명인이 바로 옆 테이블에 앉아 수다를 떨고 있었다. 샴페인으로 입가심을 하고 나자 근사한 샐러드가 나왔다. 이어질 메인 요리에 대한 기대를 한껏 높이는 훌륭한 샐러드였다. 그때 수석 주방장이 은색 뚜껑이 덮인 접시를 들고 우리 자리로 왔다. 그는 테이블 위로 상체를 숙이고 보란 듯이 뚜껑을 열었다. 모락모락 김이 나는 그것은 방금 구운 프렌치프라이였다.

13장

그 밖의 내러티브

연대기에 의미를 입힌 것이 내러티브다.

⬤ 존 프랭클린_퓰리처상 두 차례 수상

내러티브의 기본은 액션이 연속되는 데 있다. 통찰 시점도, 클라이맥스도, 시련도 필요 없다. 액션은 관찰 취재에서 나올 수도, 재구성 취재에서 나올 수도 있다. 책 한 권 분량이 될 수도, 단 몇 줄로 처리될 수도 있다.

　　형식의 선택 폭은 매우 넓다. 스토리 내러티브만으로 모든 것이 해결된다고 생각하면 오산이다. 이 그릇에 들어맞지 않는 재료는 얼마든지 있다. 감정이나 서스펜스가 풍부하다든가, 평범한 인간의 독특한 점이라든가 좋은 소재는 매우 많다. 그런데 주된 인물이 딱히 없거나 혹은 극적 긴장감이 조성되지 않는다면 장면 변화 없이 달랑 한 장면으로 끝날 수도 있다.

　　낙담에 빠져 나에게 조언을 구하러 오는 기자들을 보면 네모난 내러티브 재료를 동그란 구멍에 억지로 끼워 넣으려 하는 경우가 많다. 내러티브와 스토리를 동일시하는 초짜가 주로 이런 실수를 한다. 마음

속에선 자꾸 '지금까지 수집한 자료 정도면 뭔가 괜찮은 게 나올 거야' 라고 속삭인다. 그런데 그게 무엇일지 답이 보이지 않는다. 발상을 살짝 바꾸면 전혀 상상하지 못했던 가능성이 활짝 열리는데도 가망이 없다고 포기해버리는 것이다.

몇 가지 형식은 이미 앞에서 소개했다. 6장에서는 어선 타키투호의 비극적인 이야기를 통해 사건의 시간별 추이, 일명 '틱톡' 형식을 보여주었다. 스토리 내러티브인 타키투호 이야기는 해안경비대의 기록과 생존자 인터뷰를 바탕으로 완벽하게 재구성되었다. 스토리 내러티브에서 빠지지 않는 잠입 취재는 전혀 동원되지 않았다. 그럼에도 에릭 라슨의 『화이트 시티』처럼 디테일이 매우 섬세해 마치 그 현장에 있는 듯한 생생함을 주었다.

뉴저널리즘의 중흥기에 『에스콰이어』에 실렸던 게이 탈리스의 「미스터 배드 뉴스」는 단순한 약력을 대체할 만한 내러티브를 선보였다.[71] 스토리 내러티브 형식으로 쓴 다른 인물기사처럼 탈리스는 『뉴욕타임스』 부고 전문 기자 올던 휘트먼의 생전 모습을 되살려냈다. 독자는 살아 있는 휘트먼이 이리저리 돌아다니는 모습을 바라본다. 뉴욕의 한 아파트에서 평범한 하루를 시작하는 휘트먼. 직접 차를 끓이고, 병중에 있는 유명 인사가 없는지 아침 신문을 훑는다. 조만간 부고기사를 써야 할 수도 있기 때문이다. 집을 나서 시내로 가는 기차를 탄다. 그리고 신문사 편집실로 들어가 책상에 앉아 글 쓸 준비를 한다. 짤막하고 단순한 액션의 연속이다. 하지만 탈리스는 이 동선을 따라오는 내내 해설 내러티브처럼 여담으로 빠져 부고라는 글의 형식에 대해 설명한다.

스토리 내러티브, 해설 내러티브, 틱톡, 인물 내러티브로 모든 재료를 담을 순 없다. 도심의 거리를 걷다가 우연히 흥미로운 사건을 목격했다고 치자. 이 내용을 신문의 여행 섹션이나 여행 전문 잡지의 맨 마지막 장에 넣으면 딱 좋을 소품문으로 써볼 수 있지 않을까. 어제 나에게 일어난 어떤 일이 마음속에 강렬한 여운을 남겼다면 가벼운 에세이로 써볼 만하다.

많은 기자나 작가가 생각하는 것 이상으로 글에는 다양한 형식이 존재한다. 가장 중요한 건 생각을 열어두는 것이다. 술자리에서 친구들을 즐겁게 해줄 이야기라면 어딘가에 팔 만한 내러티브로 포장할 수 있다. 문제는 재료에 맞는 그릇을 찾는 것이다.

소품문

소품문은 한 장면으로 완결된다. 따라서 배경 설정을 다룬 장에서 소개했던 지침이 그대로 적용된다. 모든 장면이 그렇듯 한 가지 연속된 액션이 어떤 물리적 공간을 쓱 훑고 지나간다. 스토리 내러티브에 완벽한 포물선은 없다. 시련도, 위기도, 해결도 없다. 시점인물이 한두 명 등장하긴 하지만 꼭 주인공이 있어야 하는 건 아니다.

소품문은 일반적인 내러티브 속 장면과 한 가지 중요한 차이점이 있다. 소품문은 장면 하나로 끝나기 때문에 이 삶의 한 조각에 잘 사는 것이 무엇인지 같은 주제 의식을 담아내야 한다는 것이다. 『워싱턴 포스트 매거진』의 기자 출신으로 현대 내러티브 논픽션의 큰 스승인 월트 해링턴은 소품문을 "저널리즘의 하이쿠"라고 말했다. 일상 현실에서 소재를 가져와 제한된 길이 안에서 보편적 진리를 환기한다는 점이 일맥상통하기 때문이다. 같은 이유로 기자와 편집자들은 소품문을 "교향시"라고 부른다. 뭐라고 부르든 소품문은 다양한 매체에서 다뤄질 수 있다. 신문, 잡지는 물론이고 TV도 가능하다. CBS의 전설적인 뉴스 앵커 찰스 쿠랄트는 모범 답안을 보여준 소품문의 달인이었다. 소품문은 블로그나 개인 웹사이트와 같은 1인칭시점 온라인 미디어에 이상적이다.

인간의 모든 경험은 소품문에 담길 수 있다. 『버지니언 파일럿』의 얼 스위프트는 밸런타인데이에 본 이혼 법정의 풍경을 묘사했다. 이 글에선 부부가 차례로 나와 무엇이 사랑을 망가뜨렸는지 증언한다. 내가 좋아하는 사진기자 겸 작가인 안젤라 판크라지오는 나와 함께 여러 편의 소품문을 작업했는데, 매년 봄, 가을이 되면 새로 탑시계를 맞추는 남자부터 커다란 십자가를 끌고 도심 거리를 돌아다니는 한 광신도까지 별의별 이야기가 다 있다. 내가 『오레고니언』에 있을 때 최고의 소품문 중 한 편을 남긴 케이티 멀둔은 그 보석 같은 소재를 말 그대로 하늘에서 낚아챘다.

이 보석은 매우 평범하기 짝이 없는 상황에서 케이티에게 굴러들어 왔다(훌륭한 소품문은 종종 이렇게 탄생한다). 그녀가 공항 탑승구 앞에서 대기하고 있을 때였다. 비행기의 연착을 알리는 안내 방송이 들려왔다. 얼마나 기다려야 할지도 알 수 없었다. 그다음 펼쳐진 상황은 익히 짐작하는 대로다. 기다리고 있던 승객들은 뚱한 얼굴로 의자 깊숙이 몸을 묻었다. 그러고는 이내 짜증을 내고 불만을 터뜨리기 시작했다. 흥분한 몇몇 사람은 티켓 확인 직원들과 거친 말다툼을 벌였다. 물론 이럴 때 이성을 지키는 유일한 길은 통제 불가능한 이 상황을 최대한 유익하게 활용하는 것뿐이다. 일부 승객은 바로 그렇게 행동했지만 일부 승객은 그렇지 않았다.

불만 섞인 웅얼거림은 66번 탑승구 앞에서 점차 뚜렷한 색깔과 목소리를 내기 시작했다. 그러더니 삽시간에 거친 욕설이 난무하는 아우성으로 바뀌었다.

조종사 한 명이 갑자기 아파 나오지 못하게 됐다. 그래서 샌프란시스코 발 보스턴행 비행기의 출발이 늦어지게 됐다. 그것도 아주 많이. 3시간이 될지, 6시간이 될지 알 수 없었다.

"뭐라고?"

"뭐어!"

사람들은 발을 쿵쿵 구르고 버럭 화를 내고, 툴툴거리며 하소연하기도 했다. 그러고는 한숨을 짓더니 체념한 듯 공짜 시식 샌드위치와 7.59달러짜리 맥주를 먹으며 시간을 죽이러 갔다.

대부분이 그랬다.

하지만 파란색 스포츠 재킷을 입고 기타를 둘러맨 중년의 남자는 그렇지 않았다. 오늘 새벽 포틀랜드에서 여행길에 오른 그는 샌프란시스코를 경유해 보스턴으로 갈 참이었다.

하모니카를 든 반백의 남자 역시 그렇지 않았다. 그는 더 빠른 비행기를 탈 수도 있었지만 굳이 이 비행기를, 너무 지연돼서 우롱당하는 기분이 드는 이 비행기를 선택했노라고 주변 사람들에게 이야기했다.

이 두 사람은 66번 탑승구에서 꼼짝하지 않았다. 기타 케이스를 매개로 시작된 대화는 꼬리에 꼬리를 물고 이어졌다. 별로 놀랄 일도 아니지만 알고 보니 공통 연주곡이 아주 많았다.

〈거짓된 그대 마음〉, 〈폴섬 감옥〉, 〈내 사랑스러운 그대의 품에서 뒹굴어〉. 음악을 하는 특정 연령대의 남자라면 알 만한 레퍼토리였다.

둘은 각자 악기를 꺼내고 목을 가다듬었다. 젊은 남자 한 명이 근처에 앉더니 블루투스 전화기에 대고 속삭였다.

"나 지금 공항인데, 떼창을 하려나 봐."

하모니카 남자가 주변 사람들에게 말했다.

"신청곡 없나요? '입 다물어'란 노래는 빼고요."

그가 자기 농담에 웃고 있던 그때, 백발에 곱슬머리를 한 자그마한 노부인이 64번 탑승구 쪽에서 소리쳤다.

"〈올드 스모키 꼭대기에〉!"

기타와 하모니카의 합주가 시작되었다. 서로에게 눈길을 주지 않던 여행객들이 마주 보고 미소를 지었다.

하지만 스키니 바지를 입은 여자와 뱀가죽 플랫슈즈를 신은 여자, 루이뷔통 가방을 든 여자는 그렇지 않았다. 루이뷔통을 든 여자가 큰 소리로 말했다.

"왜 저래? 아, 정말 싫어!"

"어머 세상에, 웬일이래."

"끔찍하다, 끔찍해."

"왜 저래?"

"자기들이 잘한다고 생각하는 건가?"

"잘한다고 생각하는 거네."

"세상에. 정말 싫다."

기타와 하모니카 그리고 떼창에 동참한 승객 10여 명은 이어서 〈잘자요, 아이린〉을 불렀다. 노래가 끝나자 64번부터 66번 탑승구에 있던 사람들 사이에서 박수갈채가 터져 나왔다.

스키니 여자와 뱀가죽 여자, 루이뷔통 여자는 주변 사람에게 들으라는 듯 기세등등한 목소리로 말했다.

"세상에, 웬일이래."

주변 사람은 그들을 피해 몸을 움츠렸다. 그런 목소리라면 치즈도 갈 수 있을 듯했다.

우선 몇 가지가 눈에 띈다. 길이가 아주 짧다. 400단어가 겨우 넘는다. 목소리 색깔도 강하다. '뭐라고?', '뭐어!' 같은 표현을 보면 글 쓴이의 빈정대는 말투가 그대로 드러난다. 한 장소, 한 장면으로 이야기가 끝이 난다. 이것은 엄밀한 의미에서 스토리는 아니다. 변화를 겪는 사람, 통찰 시점을 맞는 사람, 시련을 해결하는 사람이 아무도 없기 때문이다. 모두가 공감할 만한 삶의 단편일 뿐이다. 케이티의 소품문은 일요판 여행 섹션 첫 페이지를 장식했다. 많은 독자에겐 그 두툼한 신문에 실린 기사들 중 가장 기억에 남는 글이었을지 모른다. 이 글을 읽고 포용력이 커진 사람도 있을 것이다. 그 누가 스키니 여자처럼 살고 싶겠는가.

북엔드 내러티브

내 오른쪽 책장에는 음식 글쓰기 워크숍에서 받은 대리석 북엔드 두 개가 두꺼운 양장본 도서들을 든든하게 지지하고 있다. '북엔드 내러티브' 구조라는 표현은 여기서 가져온 것이다. 장면이 있는 액션이 긴 설명을 샌드위치처럼 앞뒤로 받치고 있는 구조다. 내러티브로 시작하고 내러티브로 마무리함으로써 중간에 자리 잡은 길고 지루한 내용을 지탱한다.

아주 오래전 『세인트피터즈버그 타임스』에 실렸던 기사를 지금도 기억한다. 그때 나는 포인터연구소 정기 강좌에서 수업을 하고 있었다. 기사는 세인트피트 해안 지역의 상징이 된 펠리컨이 정체불명의 병에 걸려 고통받고 있다는 내용이었다. 엄청난 양의 배경 정보가 들어간 기사였다. 펠리컨에 대한 기본 지식부터 전문가 인터뷰, 통계, 병에 대한 가설들…. 하지만 그 기사는 탬파베이에서 조용히 흔들리는 고깃배를 배경으로 이야기를 시작하고 있었다. 선장은 배 위에서 고등어 미끼를 매단 낚싯줄을 이리저리 흔들었다. 하늘을 맴돌다 물 위에 내려앉은 펠리컨 떼는 미끼가 움직일 때마다 이리저리 방향을 바꾸었다. "나는 이것을 펠리컨 교향곡이라고 부르죠." 선장은 말했다.

일단 흥미로운 내러티브로 독자를 사로잡고 난 뒤 다소 지루한 설명으로 들어간다. 그리고 이런저런 배경 정보를 풀어놓고는 다시 선장의 고깃배로 돌아가 글을 끝마친다.

북엔드 내러티브는 커다란 흐름, 이슈, 정책을 다룰 때도 얼마든지 내러티브를 사용할 수 있다는 것을 보여준다. 예를 들어, 지하실이 물에 잠긴 그런디 부인의 이야기로 시작해 하수관 채권 투표에 대해 보도한 뒤 소파에 앉아 눈물짓는 그런디 부인의 모습으로 마무리할 수 있다. 바비튜레이트*를 모으는 시한부 암환자 아무개의 내러티브를 앞뒤로 넣고 안락사를 둘러싼 입법 논란을 다룰 수도 있다.

『뉴욕타임스』 1면에 실린 C. J. 치버스의 글 역시 강렬한 장면의 내러티브로 포문을 연 북엔드 내러티브 구조였다. 이라크전 상황을 생생하게 알렸던 치버스는 해병대 무선통신병이 총에 맞아 쓰러지는 장면으로 글을 시작한다.

해병대 정찰대가 질척한 시가 도로로 들어서자 총알이 후안 밸디즈 카스티요 일병을 관통했다. 단발이었다. 일병은 벽에 몸을 기대며 쓰러졌

- 진정, 수면 효과를 유발해 불면증, 간질 등의 치료제로 사용되지만 다량을 사용하면 혼수상태가 되거나 심장마비로 사망에 이를 수 있다.

다. 일어서려고 안간힘을 썼지만, 다시 쓰러지고 말았다.

정찰대 대장인 제시 리치 병장은 총알이 날아온 쪽을 향해 소총과 유탄 발사기를 들어 올리며 피투성이가 된 일병 앞을 재빨리 막아섰다. 그는 뒷걸음으로 이동하며 사격 태세로 전방을 주시했다.

이 내러티브는 두 문단 더 이어진다. 보이지 않는 눈앞의 저격수에 맞서 앳된 병사의 목숨을 구하려는 필사의 노력을 그린다. 그리고 그다음 문단에서 돌연 추상화 사다리 위로 올라가 도입부에서 보여준 상황을 더욱 넓은 시각으로 다룬다.

화요일 이곳 안바르주에서 일어난 이 사건은 이라크 전장에 확산하고 있는 위협의 실체를 단 몇 초 만에 확인시켜주었다. 최근 몇 달 사이 반란군은 저격수를 더욱 자주, 더욱 효과적으로 이용하고 있었다. 장병과 사병들은 이것이 미군의 작전을 교란하는 것은 물론, 병영에 좌절감과 소리 없는 분노를 전염병처럼 퍼뜨리고 있다고 말했다.

반란군의 새로운 전술, 이에 대한 미군의 반격이 『뉴욕타임스』 특유의 집요함으로 낱낱이 파헤쳐졌다. 우선 반란군에 대한 대응 전략을 모색하기 위해 열린 군 회의를 자세히 보도했다. 저격수에게 당한 사상자 수를 제시하고 저격수에 지원하는 사람들을 사전에 차단하는 야전 전술을 소개했다. 저격수의 총구가 무선통신병을 겨냥하는 이유는 공군과 포병대의 보병대 지원을 차단하기 위함이라고 설명한다. 그리고 마지막 네 개 문단에서 다시 내러티브로 돌아간다.

밸디즈 카스티요 일병이 총상을 입고 이송되자 땀과 피로 뒤범벅된 리치 병장은 팀을 이끌고 남은 철책을 정찰했다. 철책 안 부대로 복귀해 보고하자 성난 질책이 쏟아졌다.

아무도 저격수를 어떻게 죽일 것인지에 대해선 말하지 않았다. 저격수의 위치도 파악하지 못했다. 정찰대원들은 담배를 한 개비씩 나눠 들고 볕에 앉아 연기를 내뿜었다.

"다음엔 제가 무전기를 들겠습니다."

피터 스프라그 일병이 말했다.

"딸린 자식이 없거든요."

경수필

최초의 경수필 대가를 꼽으라고 한다면 16세기 프랑스 지성을 대표하는 몽테뉴가 아닐까. 몽테뉴는 사사로운 자기 경험이 다른 이에게 교훈을 준다는 점에서 자기 자신을 글감으로 삼는 오만함은 정당화된다고 말했다. 교훈을 주려면 개인적 경험을 다른 사람이 공감할 수 있도록 재현해야 하는데 유일한 방법이 내러티브로 옮기는 것이다.

수필가이자 영화 평론가인 필립 로페이트가 "인류 역사상 최고의 수필가"로 꼽은 몽테뉴는 언제나 일상 한 조각으로 에세이를 시작한다. 예를 들어, 「한 기형아에 대하여」는 바로 전날 기형 소년을 만난 경험으로 시작한다. 그러곤 살면서 마주쳤던 여러 신체적 기형을 떠올린다. 하지만 신이 모든 것을 만들었으므로 신의 눈에는 어떤 것도 기형이 아니라는 논리를 펼친다. "자연을 따르지 않은 것은 아무것도 없다"라고, 그렇지 않다고 믿는 사람은 자연의 위대한 뜻에 무지한 것이라고 결론 내린다.[72]

수필은 현대 내러티브 형식 중 유연성과 활용도가 가장 뛰어나다. 보통 5분 정도면 독파하는 짧은 경수필(1,000단어 내외)은 신문 칼럼이나 잡지의 주된 형식이다. 이뿐 아니라 지역신문에서부터 무가지, 고급 잡지, 개인 블로그까지 모든 매체에 어울린다. 잡지의 경우 대개 해당 호를 갈무리하는 마지막 장에 이 경수필이 들어간다. 나도 얼마 전 잡지의 마지막 장에 들어갈 수필 원고를 어떤 플라이 피싱 잡지에 기고했다.

한정할 수 없을 정도로 다양한 내용을 다루는 게 가능하지만, 그 기본 구조는 몇 가지 공통 요소로 한정된다. 모든 경수필은 몽테뉴의 수필처럼 내러티브, 방향 전환, 결론으로 이루어진다. 말하자면 귀납적이다. 구체적인 예(기형아)에서 시작해 추상화 사다리를 오르고("자연에서 태어난 모든 것은 신의 계획이다"), 우주적인 진리("드물지만 지극히 자연적인 일을 자연적이지 않다고 판단하는 것은 무지 때문이다")를 결론으로 이끌어낸다.

1,000단어가 규정처럼 자리 잡은 이유는 간편함 때문이다. 행간 간격을 2(한 줄 간격)로 하고 타이핑하면 다섯 매가 나온다. 잡지에 실을 경우 제목을 넣고, 사진이나 삽화를 한 컷 넣으면 잡지 한 면을 충실하게 채운다. 나는 단순하고 직설적인 구조를 좋아해서 내 글을 쓸 때나 내러티브 에세이 초심자를 가르칠 때 주로 도표10과 같은 구조를 사용한다.

나는 내 심경이 어떤 변화를 일으켰지만 왜 그런 기분이 들었는지 영문을 알 수 없을 때 주로 경수필을 사용한다. 플라이 피싱 잡지에 기고한 에세이 역시 깊은 숲속으로 들어갔다가 우연히 발견한 어느 추모비 앞에서 난데없이 눈물을 흘린 뒤 쓴 글이다. 누군가가 자신이 키우던 골든리트리버를 추모하기 위해 세운 비석 앞에서 내가 왜 눈물을

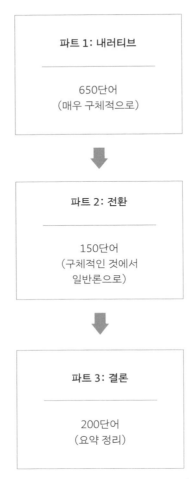

파트 1: 내러티브

650단어
(매우 구체적으로)

파트 2: 전환

150단어
(구체적인 것에서
일반론으로)

파트 3: 결론

200단어
(요약 정리)

◆도표10 **1,000단어짜리 경수필 구조**

흘렸는지 도무지 알 수 없었다. 나는 내 감정을 들여다보기 위한 방편으로 내러티브를 써보기로 했고, 그 결과물은 많은 독자와 나눌 만한 가치가 있는 듯했다.

1,000단어짜리 내러티브 에세이를 쓸 때는 도표10과 같은 기본 구조를 엄밀하게 따른다. 『오레고니언』 시절 에세이 형식에 문외한이

었던 피처기사 전문 기자 가브리엘 글레이저가 내 사무실을 찾아와 자신의 경험을 들려주었을 때도 나는 이 형식을 내밀었다.

가브리엘은 어느 동네의 상점가를 걷고 있었다. 그런데 이때 한 뚱뚱한 여자가 몰던 전동 스쿠터가 연석에 걸려 전복되고 말았다. 이 사고 이후 몇 가지 사건이 꼬리에 꼬리를 물고 이어졌고, 그 과정에서 가브리엘은 평소와 다른 자신의 모습을 마주하게 됐다. 가브리엘은 자신이 왜 그랬는지 납득하지 못했다. 나는 우선 그녀가 목격한 사건, 즉 내러티브 부분만 써보라고 말했다. 가브리엘은 다음과 같이 글을 시작했다.

"911에 전화하지 마세요."

여자는 숨이 끊어질 듯 색색거렸다.

"911에 전화하지 마세요."

전동 스쿠터는 연석 끝에 간신히 걸려 있었고, 여자는 노스웨스트 23번가 배수로에 널브러진 채였다. 산소호흡기가 빠져 대롱거리고 있었다. 주변에 있던 사람들이 재빨리 달려왔다. 다들 허우대가 멀쩡한 사람들이었다. 힘을 합하면 아무리 거구라 하더라도 들어 올릴 수 있을 것 같았다.

그런데 막상 나서는 사람이 없었다. 뭘 해야 할지 몰라 난감해했다.

"미안해요, 제 몸이 너무 커서."

여자가 울먹였다. 스쿠터 손잡이가 그녀의 등을 찌르고 있었다. 스쿠터를 빼내기엔 사람이 부족했다.

그때 훤칠한 키에 상고머리를 한 데이브라는 남자가 앞으로 나서더니 참착하게 상황을 정리했다. 가브리엘은 지나가던 머스탱 자동차를 세워 남자 두 명을 더 데려왔고, 데이브의 지휘하에 모두 일사불란하게 움직여 여자를 다시 스쿠터에 태웠다. 데이브는 여자의 상처를 닦아주었다. 여자는 재차 구급차를 부르지 말라고 애원했다. 비용을 걱정하는 듯했다. 데이브는 구급차를 부르지 않을 거라고, 알아서 할 테니 아무 걱정 말라고, "이보다 더한 일도 숱하게 겪어봤노라"고 여자를 다독였다.

그 자리에 있던 두 사람이 여자를 주치의가 있는 병원으로 데려갔다. 가브리엘은 데이브에게 군인 같다는 인상을 받았다. 그리고 그녀는 충동적으로 데이브에게 술 한잔 하자고 제안했다. 그는 자신의 경험을 털어놓긴 했지만 중동에서 벌어진 전투를 보았다고만 할 뿐 구체적인 이야기는 피했다. 가브리엘이 이 일화를 가족에게 털어놓자 대부분 믿을 수 없다는 반응을 보였다.

> 군대라는 곳의 마초적인 속성을 잘 아는 남편은 데이브의 행동에 의심의 눈길을 보냈다. 여동생은 어떻게 그 남자에게 맥주를 마시자고 했느냐며 황당해했다. 이 이야기를 들은 대부분은 왜 아무도 911을 부르지 않았는지 의아해했다.

나는 그래서 본인은 무슨 결론을 내렸느냐고 물었다. 생판 모르는 사람과 어떻게 그렇게 주저 없이 술을 마실 생각이 들었느냐고. 이 모든 상황이 인간에 대해 무엇을 말하고 있는 것 같으냐고. 우리는 이리저리 그 연유를 찾아보았다. 점점 가닥이 잡혀갔다. 가브리엘은 왜 아무도 911에 전화하지 않았느냐는 질문에서 실마리를 찾았다.

> 우린 그럴 필요가 없었다. 데이브는 어쩌다 그 자리에 모인 생면부지의

사람들을 일사불란하게 지휘했다. 온몸에 문신을 한 남자도 있었다. 데이브는 머스탱을 타고 온 남자들에게도 할 일을 지시했다. 여자가 민망해하며 자신을 쳐다보자 안심하라고 위로했다.

나는 그에게 맥주를 샀다. 그가 어떤 사람인지 더 알고 싶었다. 전쟁터에서 돌아온 지 얼마 안 된 사람이(그가 정말 바그다드에서 돌아온 지 얼마 안 됐다면) 다른 규칙이 지배하는 이쪽 세상에 제대로 적응할 수 있을까? 고향으로 돌아온 참전 군인을 보면 우리는 대개 이런 생각을 제일 먼저 한다. 전쟁의 고통스러운 대가, 병사들의 몸과 마음에 남겨진 상처만을 생각한다.

하지만 전장에서 숱한 일을 겪고 돌아온 듯 보이는 이 남자는 이 세계에 와서도 **훌륭하게** 행동했다. 나는 이렇게 생각했다. 우리는 젊은 청춘들이 전장으로 나갈 때마다 온갖 부정적인 것을 떠올리지만 데이브가 노스웨스트 23번가에서 보여준 행동처럼 좋은 것도 있다고.

용기, 판단력, 순발력 등을 요하는 위험지대로 남자들을 보내는 것이 사회에 득으로 돌아올 수도 있지 않을까. 가브리엘은 조심스럽게 결론을 내린다. 전쟁의 실(失)에 대한 열띤 담론에 함몰되어 그 득은 못 보고 있었다고. 개척자의 기질이 흐르는 오리건 출신답게 가브리엘은 그 득을 알아보고 싶었던 것이다. 그러고는 160단어로 깔끔한 결론을 맺는다.

당시 23번가에 있던 사람들은 대부분 가장 먼저 911을 떠올렸다. 우리는 눈앞에 닥친 곤란한 상황을 직접 처리하는 대신 전문가를 부른다. 그렇게 우리는 전문가에게 직접 할 수 없거나 하고 싶지 않은 일을 떠넘긴다. 스쿠터에서 굴러떨어진, 가난하고 몸이 불편한 여자를 돕는 것도 그런 일이었는지 모른다.

적의로 가득 찬 세계에서 현실 사회로 돌아온 이들이 외상후스트레스장애만 안고 오는 것은 아닌가 보다. 원래 우리 모두가 갖고 있던 것, 미국인의 정신에 뿌리 깊이 박혀 있던 무언가도 가지고 돌아온다.

"생각하고 그런 게 아니었어요."

데이브는 말했다.

"그냥 한 거죠."

그는 남은 맥주를 비웠다. 그러곤 웃었다. 목에 힘줄이 불룩 튀어나오도록.

"자신에게 계속 상기시켜야 하거든요."

데이브는 말을 이었다.

"여러분은 모두 민간인이라고요."

이 에세이는 일요판 칼럼 면에 실렸다. 족히 수만 명은 이 글을 읽었을 것이다. 그리고 그중 적지 않은 이들이 리더십이며 각박해진 도시의 삶, 개인의 책임감에 대해 한 번쯤 생각하거나 이야기해보았을 것이다. 나는 가브리엘의 에세이가 많은 사람에게 '전이'를 일으켰을 것이라고 확신한다. 저자가 이끄는 대로 구체적인 사례에서 보편적인 원리에 이른 독자가 그 후 새로운 추상화 사다리로 건너갔다 자신의 구체적인 일상으로 내려오는 것이 전이다. 저자에게 이만한 보람이 또 있을까? 군대에 갔다 온 사람이라면 가브리엘의 글을 읽고 군 복무 경험이 사회에서 자신의 행동 양식을 어떻게 바꿔놓았는지 돌아보았을 것이다. 직접 나서기보다는 비용을 주고 전문가에게 책임을 떠넘긴 적이 없는지 돌아본 사람도, 다음부터는 적극적으로 솔선수범하자고 결심한 사람도 있었을지 모른다.

짧은 경수필 구조는 이 외에도 여러 가지가 있다. 내러티브를 쪼개서 그 사이사이에 중간 결론을 넣을 수도 있다. 내러티브를 짧게 줄이고 주제에 대한 추상적인 논지를 길게 이어갈 수도 있고, 반대로 내러티브를 길게 가져감으로써 문학적 단서들을 통해 보편적인 결론이 은근히 드러나도록 할 수도 있다. 미국의 몽테뉴라 불리는 E. B. 화이트는 「다시 호수로」에서 마지막 방식을 취했다.

『하퍼스』에 처음 실린 후 10여 차례 재출간된 이 에세이는 화이트가 어린 시절에 많은 시간을 보냈던 호수로 독자를 데려간다.

> 1904년 무렵 아버지는 8월 한 달 동안 메인주의 한 호수 근처 캠핑장을 빌려 온 가족을 그곳으로 데려갔다. 새끼 고양이에게서 백선증을 옮는 바람에 우리는 모두 밤낮으로 폰즈 엑스트랙트를 팔과 다리에 문질러야 했고, 아버지는 옷을 입은 채로 카누 안에서 데굴데굴 굴러야 했다. 이것만 빼면 최고의 휴가였고, 그 후로 우리는 그 호수만 한 곳은 세상 어디에도 없다고 믿어 의심치 않았다. 매년 여름이면 우리는 늘 그 호수로 돌아가 8월 1일부터 한 달간 머물렀다.

어른이 된 화이트는 아들을 데리고 호수로 돌아가는데, 이 여행이 내러티브 대부분을 차지한다. 추억에 잠겨 동심으로 돌아간 화이트는 그곳에서 기묘한 경험을 한다. 세월의 흐름에 변해버린 호수처럼(마차가 지나다녀서 골이 세 줄 나 있던 길에는 이제 골이 두 줄만 나 있다) 어릴 적 자신이 뛰어놀던 자리에 이제는 아들이 있다(그 옛날 화이트의 낚싯대에 내려앉았던 고추잠자리들이 지금은 아들의 낚싯대에 내려앉는다). 그렇게 한 세대가 다음 세대로 교체되는 이치를 속수무책으로 바라본다.

아들이 나라는, 그래서 지금 여기 있는 나는 내 아버지라는 착각이 들기 시작했다. 설명하기 어려운 이 현상은 사라지지 않고, 그곳에 있는 내내 불쑥불쑥 튀어나왔다. 완전히 생소한 느낌은 아니었지만, 호수라는 장소가 그런 착각을 갈수록 강화시켰다. 마치 두 가지 인격을 가진 존재 같았다.

나는 아주 단순한 행동을 하고 있었다. 미끼 상자를 집어 올리거나 테이블 위에 포크를 놓거나 무슨 말인가를 했다. 그런데 이런 동작을 하거나 말을 하는 사람이 돌연 내가 아니라 내 아버지가 되었다. 온몸에 소름이 끼쳤다.

내러티브는 계속된다. 아버지와 아들은 낚시를 하고, 숲을 돌아다니고, 천둥 번개가 치는 모습을 바라본다. 화이트는 아들이 멋지게 성장해가는 동안 자신에게 주어진 시간은 점점 줄어들고 있다는 생각에 사로잡혀 마음이 심란해진다.

내러티브는 일반적인 전개에서 벗어나 곧장 마지막 문단을 향해 간다. 화이트는 호수에서 수영할 채비를 하는 아들을 묘사하다 말고 뜻밖의 반전으로 결말을 맺는다.

아들은 샤워하는 동안 줄에 걸쳐 둔 수영 팬츠를 걷어서 물기를 짰다. 나는 축 늘어진 채 안으로 들어갈 생각도 하지 않고 아들의 작고 단단한, 비쩍 마른 알몸을 바라보았다. 아들은 축축하고 차가운 수영 팬츠를 허리춤까지 끌어올리더니 몸을 살짝 떨었다. 그리고 물에 퉁퉁 불은 벨트를 채웠다. 바로 그때 내 사타구니로 죽음의 한기가 확 전달되었다.

칼럼은 신문, 잡지, 온라인을 막론하고 800단어 내외로 길이가 거의 정해져 있다. 최근의 사회문제나 풍속에 대한 필자의 촌평이 담긴 글로 일반적인 기사문과 마찬가지로 통계자료와 직접 인용문이 들어간다. 800단어라고 해도 짤막한 내러티브를 넣을 여지는 충분하다. 사실 호평받은 칼럼 중에는 주장을 강하게 드러낸 것보다 뛰어난 스토리텔링으로 충성 독자를 확보한 경우가 더 많다. 한때 미국에서 가장 많은 애독자를 거느렸던 『시카고 트리뷴』의 칼럼니스트 마이크 로이코는 슬라츠 그로브니크라는 자신의 분신을 등장시켜 스토리텔링 기법을 활용해 글을 썼다.

『오레고니언』에서 오랜 기간 칼럼을 썼던 마지 불레는 마이크처럼 허구의 인물을 내세우진 않았지만, 그와 마찬가지로 내러티브에 의존했다. 라이프스타일 면에 들어가는 기사였기에 딱딱하거나 무겁지 않은 일상적인 소재를 다루었다. 설문 조사에서 늘 상위권을 차지하는 그녀는 정치·경제 면에 들어가는 무거운 기사를 쓰는 동료 기자들을 어리둥절하게 했다. 그들은 가벼운 내용에 지나지 않는 마지의 기사에 독자들이 왜 열광하는지 알 수 없어 했다. 소소하지만 좋은 스토리가 가진 마력을 몰랐기 때문이다. 내러티브를 모아놓은 내 서류첩에는 마지가 「두 명의 캐서린과 두 개의 파란 리본, 여섯 개의 완벽한 초콜릿칩 쿠키에 관한 이야기」라고 명명한 칼럼이 들어 있다.

45년 전 캐서린 커렐라는 캐스린 프리츠 피니컴 선생님의 가정수업을 들었다. 그때 배운 내용은 캐서린의 뇌리에 콕 박혔고 "파이 반죽을 밀 때, 브라우니에 넣을 너트를 다질 때, 으깬 감자에 버터밀크를 넣을 때, 늘 피니컴 선생님의 목소리가 들렸다". 피니컴 선생님은 수업의 일부로 4H클럽*을 조직했고, 학생들이 직접 빵과 쿠키를 구워 카운티 품평회에 출품하도록 지도했다. 당시 열 살이던 캐서린은 너트 식빵을 출품해 품평회 최고상인 파란 리본을 받았다. 이 일은 유년기의 가장 빛나는 추억이 되었다. 그 후 오랜 세월이 흐른 뒤에도 캐서린은 종종 그 파란 리본을 떠올렸다. 그러다 남편이 은퇴하자 다시 한번 카운티 품평회에 도전하기로 결심한다.

> 캐서린은 브라우니와 스니커두들, 파운드 케이크, 오트밀건포도 쿠키, 초콜릿칩 쿠키를 출품하기로 했다. 그녀는 시중에 나와 있는 요리책은 물론, 가정에서 직접 개발한 레시피들을 샅샅이 찾아보며 연구했다. 친구들을 수소문해 피니컴 선생님의 전화번호를 알아내고, 조언을 구하기도 했다.

여기까지의 전개를 보면 내러티브와 다름없다. 그런데 바로 이때부터 세월을 뛰어넘는 스승의 가르침, 인격 형성에 중요한 역할을 하는 유년기의 성취, 요리법을 통한 세대 간의 소통 같은 분명한 메시지들이 드러나기 시작한다.

캐서린은 오후 내내 부엌에 틀어박혀 구슬땀을 쏟으며 빵을 구워냈다. 아내의 열정에 전염된 남편도 은퇴 후 기르기 시작한 야채들을 품평회에 내놓았다. 마침내 심사가 끝나고 결과를 확인할 시간이 되었다. 남편이 내놓은 껍질콩과 방울토마토는 각각 2등과 3등 상을 받았다. 그런데 캐서린의 성적은 더 좋았다.

---

*   농업 구조와 농촌 생활 개선을 목적으로 하는 세계농촌청소년연맹.

"그리고 그때 내 초콜릿칩 쿠키에 파란 리본이 놓인 것을 봤어요. '됐어! 됐어! 내가 해냈어! 아직 죽지 않았어!'라고 속으로 얼마나 외쳤는지 몰라요."

캐서린은 그 즉시 옛 스승에게 전화했다.

"다시 어린아이로 돌아간 것 같았어요. 어찌나 좋아하는지." 피니컴은 말했다.
"그래서 내가 그랬죠. '얘, 선생님도 좋아서 웃음이 나와'라고요."

이야기를 풀어내던 마지는 이제 내러티브를 끝내고 경수필의 일반적인 결말로 들어가 이 아름다운 일화가 전하는 인생의 교훈을 요약한다.

그 후 캐스린 피니컴은 4H 여학생들과 함께 보낸 시간을 돌아보았다.
"아주 긴 시간이 흐르기 전에는 내가 아이들의 마음에 무엇을 심었는지 몰라요. 그런데 고맙게도 캐서린이 그걸 알려준 거예요. 아주 뿌듯했죠. '내가 이 세상에 태어나 잘한 일이 있구나' 싶었죠."
품평회가 끝나고 캐서린은 상금을 받았다. 7.50달러. 은행원 출신 남편은 재료비만 160달러가 들어갔다고 투덜댔다.
"국세청에 이 지출을 어떻게 신고할지 회계사와 의논해봐야겠어."
캐서린은 웃음이 나왔다. 아무리 따져봐도 캐서린에겐 멋진 투자였다.
"파란 리본 말고도 많은 상을 받았잖아요."
캐서린은 말했다. "남편은 자신이 키운 껍질콩과 토마토에 자부심을 갖게 됐어요." 캐서린의 어릴 적 선생님인 피니컴은 자신이 아이들에게 오랜 세월이 흘러도 변치 않는 배움과 성취에 대한 열정을 심어주었음을 알게 됐다.

1인칭 내러티브 이슈 에세이

에세이는 '상념과 산책'이라고도 불린다. 내러티브 이슈 에세이를 가리킬 때는 이보다 더 적절한 비유가 없다. 발품을 팔아 취재원을 만나러 다니고, 이슈를 집요하게 캐고 자세히 들여다보고 시각의 지평을 넓힐 정보가 없는지 찾아본다. 잡지의 중심이 되는 기사들은 주로 이 형식을 취한다. 『하퍼스』, 『뉴요커』처럼 다소 깊이 있는 접근을 보이는 간행물들은 이슈를 내러티브 형식으로 다룬 1인칭 에세이(즉, 1인칭 내러티브 이슈 에세이)를 비중 있게 싣는다.

『애틀랜틱』의 수석 특파원 제임스 팰로스는 1인칭 내러티브 이슈 에세이를 주로 썼다. 때로는 1만 5,000단어를 넘기도 했고, 때로는 주제를 상당히 깊이 있게 파고들기도 했는데 그중 「51번째 주」는 그의 이름을 널리 알린 기사다. 이 원고를 쓸 때 그는 몇 달 동안 계류 중이었던 이라크 공습 문제를 놓고 10여 명의 취재원을 인터뷰했다. 이 인터뷰를 통해 그는 새로운 정보를 더하고 견해를 넓혀갔다. 그러면서 "미국은 분명 사담 후세인의 군대를 참패시킬 테지만 전쟁의 후유증에서 쉽게 헤어나오지 못할 것이다. 사담 후세인이 철권통치로 억눌렀던 종파 분쟁에 발목이 잡힐 것이다"라는 주장을 구축해갔다. 안타깝게도 이 예상은 정확히 들어맞았다.

마이클 폴란은 잡지기사나 책을 쓸 때 모두 이 형식을 사용한다. 폴란은 "물리적 공간을 이리저리 돌아볼 때도 내러티브를 쓸 수 있지만, 어떤 시스템을 샅샅이 돌아볼 때도 내러티브를 쓸 수 있다"라고 말한다. 미국의 식품 생산 시스템을 파헤친 그의 베스트셀러『잡식동물의 딜레마』가 아주 좋은 예다.

이 책은 사실 폴란이 잡지에 발표한 에세이에서 출발했다. 그중 하나가『뉴욕타임스 매거진』에 기고한「동물의 자리」다. 이 글은 잔잔하고 동선이 크지 않은 액션으로 시작하는데, 폴란은 두 가지 이질적인 사실을 맞붙여 놓는 수법으로 화두를 던진다.

> 피터 싱어의『동물 해방』(*Animal Liberation*)을 처음 펼쳤을 때 나는 더 팜*에 홀로 앉아 반쯤 익힌 소갈비 스테이크를 먹고 있었다. 인지적 부조화(소화불량까지는 아닐망정)를 자초하는 조합이 아니냐고 묻는다면 사실 그런 의도도 없지 않았다. 동물의 권익을 옹호하는 사람들에게는 가당찮은 언어도단처럼 들릴지 모르겠으나 그때의 내 행위는 1852년 미국 최남동부**에 있는 어느 노예 농장에서『톰 아저씨의 오두막』을 읽는 격이었다.

폴란은 이 간결하고 함축적인 출발점에서 곧장 육식 문화와 미국의 식품 생산 시스템으로 시선을 돌려 동물의 권익 문제를 살핀다. 그리고 네 번째 문단에서는 스토리의 주제를 다시 한번 요약하며 이슈의 중요성을 강조한다.

- 1926년 뉴욕에서 개점한 유명 레스토랑. 스테이크와 로브스터, 이탈리아 전통 요리로 유명하다.
- 조지아, 앨라배마, 미시시피, 루이지애나, 사우스캐롤라이나 주 일대.

동물 해방이 도덕적 발전으로 가기 위한 다음 행보라는 생각은 더 이상 1975년처럼 변방에 머물러 있지 않다. 갈수록 많은 철학자, 윤리학자, 법률학자, 운동가가 동참해 점점 더 강한 영향력을 행사하고 있다. 우리 시대의 위대한 도덕적 투쟁은 동물의 권익을 위해 싸우는 것이라고 이들은 믿는다.

폴란은 프린스턴대학교 철학 교수인 싱어의 책을 읽고 "동물의 편에 서지 않을 수 없었다"라고 고백한다. 그러곤 이를 기점으로 진실을 파헤치기 위한 여정을 떠난다. 우선 이어지는 문단에서 독일이 동물의 존중권과 존엄권을 헌법으로 보장하기 시작했다는 사실을 언급한다. 그리고 싱어의 주장을 하나씩 이야기하며 그 정당성을 따진다. 또 다른 동물 권익 보호 운동가들의 의견도 열거하고 조목조목 검토한다. 다양한 사람을 인터뷰하며 자신의 주장을 다져갔던 제임스 펠로스의 방식과 흡사하다. 폴란은 독자를 기업식 농장으로 데려간다. 그곳에서는 닭과 돼지들이 최대한 효율적으로 식량을 생산해야 한다는 목적 아래 잔인하게 사육되고, 도살된다. 그는 동물도 고통을 느끼며 어떤 동물은 생각할 줄도 안다며, 야생동물 가죽으로 만든 옷을 입겠다고 그들을 잔인하게 죽이는 짓은 특히나 불필요한 행위라고 인정하기에 이른다. 축산 시스템을 돌아볼수록 폴란이 당장이라도 소갈비 스테이크를 물리치고 채식주의자로 돌아설 것만 같다. 그런데 그는 돌연 방향을 바꾸어 폴리페이스 농장으로 우리를 이끈다.

하지만 고기를 완전히 끊겠다고 결심하기 전에 전혀 다른 종류의 농장을 소개할까 한다. 결코 흔한 사례는 아니지만 이런 곳이 존재한다는 사실은 축산업이 처한 도덕적 문제를 다른 각도에서 바라보게 한다. 폴리페이스 농장은 버지니아주 셰넌도어 계곡의 임야 70만 평에 걸쳐 있다. 조엘 샐러틴과 그의 가족은 이곳에서 모두 여섯 종의 식용 가축(소, 돼지, 닭, 토끼, 거위, 양)을 기른다. 각 생물종은 서로 뒤얽힌 공생관계 속에서 살아가되 샐러틴의 표현을 빌리면 "각자의 타고난 생리적 특이성을 마음껏 표출할" 자유를 누린다.

폴리페이스 농장에서 돼지는 열심히 퇴비를 휘젓고, 소는 굽이치는 초원에서 한가로이 풀을 뜯는다. 소가 초원에서 풀을 뜯고 나오면 닭이 들어가 소똥을 이리저리 헤집고 애벌레를 잡아먹는다. 이는 천연비료를 사방으로 퍼뜨려 땅을 비옥하게 하는 동시에 기생충을 없애는 역할을 한다. 모든 것이 조화롭다. 이곳의 동물들도 결국엔 죽어 인간의 식량이 된다. 하지만 살아 있는 동안은 자유로이 천성대로, 본능대로 살아간다. 그러다 최대한 고통스럽지 않은 방식으로 죽음을 맞고, 그래서 우리가 인간으로서의 천성과 본능에 충실할 수 있게 해준다.

마지막으로 폴란은 흐름을 반전시켜 채식주의자를 공격한다. 육식은 우리의 동물적 본성의 일부라고 주장한다. 게다가 모든 사람이 채식을 하면 곡식을 기르기 위해 사용하는 기계의 바퀴와 칼날 아래 더 많은 동물(가령 들쥐와 새)이 죽어갈 것이라고 말한다. 뿐만 아니다.

동물 권익 보호 운동가에겐 청교도적 성향이 깊게 배어 있다. 우리의 동물성뿐 아니라 동물의 동물성에 대한 심리적 불편함이 이들을 지배한다. 하지만 우리 눈에 어떻게 비치든 먹이사슬은 도덕이나 정치의 문제가 아니다. 공생의 문제도 아니다. 무리의 수를 적정 수준으로 유지해주는 포식자가 없다면 개체 수가 늘어나 서식지가 부족해지고, 결국 사슴은 굶어 죽게 될 것이다.

폴란은 계속해서 자신의 개인적인 여행에 우리를 동행시킨다. 물리적인 공간(이야기가 시작된 레스토랑과 새로운 유형의 축산업이 가능함을 증명하는 농장)을 이동하기도 하지만 대부분은 주장과 반론이 맞서는 형이상학적 공간을 통과한다. 그는 정말로 하나의 상념(육식은 나쁘다)을 안고 산책했다. 9,000자 정도의 단어를 걷고 났을 때 그는 이 생각이 완전히 옳은 게 아님을 깨닫고, 한층 발전된 시각을 얻는다. 미국의 공장식 축산 농장은 나쁘다. 하지만 그렇다고 육식까지 나쁜 것은 아니다. 제3의 길이 있다. 그것이 이후 『잡식동물의 딜레마』를 끌고 가는 내러티브가 된다. 이 책은 수십만 독자에게 폴란의 생각을 소개하며 큰 인기를 얻었다. 이것이 가능했던 이유는 이번에도 역시 내러티브를 효과적으로 사용한 덕분이었다.

다큐멘터리 영화

내러티브 논픽션에 관한 책을 이야기하면서 다큐멘터리 영화를 빼놓을 수 없다. 하지만 이 책은 제한적인 접근에 그칠 것이다. 나는 내러티브 논픽션을 쓰고, 편집하고, 코칭하면서 직접 겪은 경험, 이 분야에서 부딪히고 깨지며 축적한 자산에 기초해 이 책을 썼다. 하지만 영화와 비디오에선 이런 경험이 전무하다. 영상 제작 전문 분야를 제대로 터득하는 데만 해도 몇 년간의 공부와 현장 경험이 필요하다.

다큐멘터리 영화의 내러티브 논픽션에 특별히 관심이 있는 사람이라면 로버트 맥키의 『시나리오 어떻게 쓸 것인가*Story*』, 크리스토퍼 보글러의 『신화, 영웅, 그리고 시나리오 쓰기*The Writer's Journey*』, 시드 필드의 『시나리오란 무엇인가*Screenplay*』 등의 좋은 교재가 있다. 여기 소개한 세 권은 나도 이 책에서 여러 차례 인용하고 다룬 유용한 스토리 이론서들이다. 존 트루비의 『이야기의 해부*The Anatomy of Story*』도 시나리오 작법 교본으로 잘 알려져 있다. (그에게 수학한 제자들은《시애틀의 잠 못 이루는 밤》,《슈렉》등을 집필했다.)

오래전 다큐멘터리 스토리텔링의 진정한 천재로 명성을 날린 켄 번즈 감독은 다큐멘터리 영화에 관한 고급자 코스를 온라인 강의로 제공하기도 했다. 이때 베르너 헤어초크, 론 하워드, 애니 리버비츠와 같은 쟁쟁한 거장들이 강사로 초대되었다.

스토리 이론의 기본기나 이 책이 다루는 기본적인 지식이 다큐멘터리 영화와 관련 없다는 것은 아니다. 최근 나온 시나리오 작법서들은 스토리 이론이 시나리오를 쓰는 데도 중요하다고 공통으로 강조한다. 이것은 최근 우리 뇌의 스토리 영역이 우리가 세상을 바라보는 방식에 얼마나 중요한 영향을 미치는지에 관해 뇌신경과학자들이 발견한 부분과 일맥상통한다.

뇌과학자들처럼 우리는 스토리텔링 원칙이 어떤 형식에든, 논픽션이든 픽션이든 동일하게 적용된다는 사실을 갈수록 깨닫는다.

이 책의 제1장 첫 단락에 썼듯이 나는 아이라 글래스의 강연을 듣던 도중 불현듯 깨달았다. 내가 잡지에 낼 내러티브 논픽션 스토리를 짤 때 사용하는 이론과 그가 라디오 방송《디스 아메리칸 라이프》에 나가는 논픽션 스토리를 짤 때 사용하는 이론이 같아 보였던 것이다. 나는 잡지사 일을 줄이고, 첫 번째 소설을 쓰기로 했을 때 이 생각이 맞는지 시험해보았다. 소설이라는 새로운 형식은 확실히 만만치 않았다. 하지만 소설을 쓰는 주변 친구들의 도움으로 마침내 원고를 완성했고, 위험을 무릅쓰고 신출내기 소설가의 데뷔작을 출판하겠다는 출판사도 찾았다. 그렇게 나온 『스쿠쿰 서머』(*Skookum Summer*)는 좋은 평을 받았다.

베스트셀러는 아니었지만, 이로써 나는 잡지의 내러티브 논픽션이든, 소설이든, 드라마 영화든, 다큐멘터리 영화든 동일한 스토리 이론이 적용된다는 절대적 증거를 확인했다.

팟캐스트

"인간의 마음속에 어떤 악마가 도사리고 있을지 누가 알까요? 섀도우는 압니다!" (이어서 광적인 웃음소리와 기분 나쁜 음악이 흐른다.) 연사의 이 첫 마디가 나오면 온 동네 아이들은 진공관이 우뚝 솟은 거대한 콘솔 라디오 앞에서 달달 떨면서 깊은 우물 밑바닥에서부터 울리며 나오는 듯한 오슨 웰스의 목소리가 이번엔 어떤 무시무시한 얘기를 풀어놓을지 기대하곤 했다.

1930년대 후반에 섀도우를 모르는 미국인은 거의 없었다. 이 연극배우 같은 범죄를 처단하는 캐릭터는 수십 년 동안 소설, 만화, 영화의 단골이었다(매회 "악을 심으면 악을 거두리라!"는 그의 경고로 마무리됐다). 이 캐릭터의 오랜 인기는 라디오가 황금기를 누리던 시절 라디오극의 위력을 입증한다.

내러티브는 라디오 초창기 시절부터 함께 했다. 방송국들은 매우 친숙한 상상의 공간으로 청취자들을 빠져들게 할 방법을 찾아냈고, 지역 방송들은 이미 짧은 라디오극을 1920년대 초부터 실험하고 있었다. 침몰하고 있는 배 위에서 벌어지는 프랑스 드라마는 너무도 사실적이었던 나머지, 원래 1924년 방송될 예정이었지만 프랑스 정부는 청취자들이 극중 구조신호를 실제로 오해할 수 있다는 우려에서 방영을 금지했다. 이 드라마는 1937년에 마침내 전파를 탔다. 이듬해 1938년,

오슨 웰스는 라디오 단막극에서 뉴저지에 화성인이 침공한 상황을 연출해 미국 청취자들을 충격과 공포에 빠뜨렸다. 아직도 진짜라고 믿고 있는 사람이 있을까마는, 머큐리 극단*에서 송출한 〈우주전쟁〉으로 라디오 방송의 위력은 확고해졌다.

　《피버 맥기와 몰리》(Fibber McGee and Molly) 라디오 시트콤은 텔레비전에 완전히 밀려나기 전까지 몇십 년 동안 큰 사랑을 받았다. 1928년부터 1960년까지 방영된 《아모스와 앤디》(Amos 'n' Andy)는 혁신적인 마이크 조작으로 청취자들을 실감 나는 상상의 공간으로 빠뜨리며 어마어마한 청취율을 기록했다. 하지만 백인 연기자들이 무지하고 잘 속는 흑인 캐릭터들을 연기함으로써 인종 차별을 부채질했고, 결국 곳곳에서 질타가 쏟아졌다. 전미 유색인 지위 향상 협회(NAACP)는 이를 두고 흑인에 대한 역겨운 명예훼손이며, 진실의 왜곡이라고 규정했다. 이후 흑인 연기자로 교체해 TV에서 잠시 방영된 뒤, 이 프로그램도 사라졌다.

　　이제는 새로운 과학기술이 다 죽어가는 오디오 드라마를 끌어내고 있다. 팟캐스트는 구시대 라디오의 친숙함과 흡인력에 인터넷 스트리밍의 편리함을 결합시켰다. 게다가 내러티브 논픽션의 현대 기법을 접목하기에도 더없이 적합하다. 팟캐스트는 개인적인 고민을 담은 산문처럼 현대의 다른 형식들과 유사하여 불편하게 느껴지지 않는다. 다큐멘터리 영화에 비하면 이제 막 걸음마를 뗀 단계라 달리 스토리 이론을 팟캐스트에 적용한 사례도 많진 않다.

●　　오슨 웰스와 존 하우스맨이 1937년 뉴욕에 설립한 극단으로 라디오 프로그램과 영화를 제작했다.

팟캐스트가 아예 새로운 매체인 것은 아니다. 우선, 길이에서 무척 자유롭다. 기존 라디오 방송과 달리 5분이 될 수도 있고, 여러 편으로 나눈 시리즈로 50시간을 방송할 수도 있다. 또, 1인칭 시점 서술에 완벽하게 어울린다. 내레이터 '나'의 진짜 목소리로 표현되기에 자연히 밀도 높게 전달된다. 그래서 나레이터가 팟캐스트에 입히는 내밀한 감각이 증폭된다. 이 밀도감이 팟캐스트가 가진 가장 본질적인 매력이 아닐까 한다. 이 극적 분위기는 라디오의 핵심적 특성 하나를 이용하는 것이다. 팟캐스트 분석평 가운데 프랭클린 루스벨트 대통령의 라디오 방송 《노변정담》(Fireside Chats)을 잘된 목소리 연기가 연출해내는 친근감, 소속감을 보여주는 최고의 예로 꼽는 경우가 의외로 많다.

"진행자가 청취자의 귀에 바로 대고 말할 때 친밀감의 농도가 진해진다"라고 시오반 맥휴⁎는 말한다. "팟캐스트로 오면 이런 특성이 거의 최고조에 이르는데, 두 가지 이유에서다. 첫째는 사람들이 팟캐스트를 들을 때는 혼자서, 대개 헤드폰을 끼고 듣는 경우가 많기 때문이고, 둘째는 옵트인 매체⁎⁎, 즉 무엇을 들을지, 언제 들을지 내가 선택할 수 있는 매체라는 점 때문이다. 이것은 친밀감을 조성하기에 완벽한 조건이다."

나는 주로 내 차에서 검은 래브라도 리트리버를 옆자리에 태우고 고속도로를 달릴 때 팟캐스트를 듣는다. 자동차 역시 친밀감 있는 공간이다. 재미있는 팟캐스트 내러티브 한 편이면 장거리 운전이 지루할 새 없이 지나간다.

⁎ 작가, 다큐멘터리 감독, 팟캐스트 제작자, 팟캐스트 비평가.
⁎⁎ opt-in medium. 수신자의 허락을 받은 경우에만 메일, 전화 등 서비스를 발송할 수 있도록 하는 서비스 방식.

이런 모든 이유로 팟캐스트는 지난 10년 사이 폭발적으로 성장했다. 애플 팟캐스트에 가보면 개별 프로그램이 무려 50만 개에 이르고, 다루는 내용도 전방위적이다. 기존 라디오 프로그램인 《온더미디어》, 《자동차 토크》도 있고, 애완 조류나 페루 음식에 관한 얘기처럼 소수만 좋아하는 주제도 있다. 설마 이런 주제도 있으랴 싶어 찾아보면 십중팔구 정말로 있다.

팟캐스트 콘텐츠 대부분은 주제별로 프로그램이 구성되는 형식을 취한다. 하지만 본격 내러티브도 있다. 장면을 배경으로 내러티브가 시작되고, 최소한 얼마간 추상화 사다리의 밑바닥에 머물며 내러티브 포물선을 따르는—혹은 따르지 않는— 전개를 밟는다. 앞서 언급했듯이, 1995년 첫 전파를 타고 얼마 지나지 않아 아이라 글래스를 미국 방송가의 흥행 보증수표로 자리매김시킨 《디스 아메리칸 라이프》는 혁신적인 논픽션 형식에 스토리 이론의 원칙을 집요하고 철저하게 적용한다. 그리고 이 프로그램에 프로듀서로 참여했던 사라 쾨니히는 이후 《시리얼》을 통해 훨씬 더 확장적인 팟캐스트 형식으로 진출했다. 《시리얼》 역시 하루아침에 대박을 터트렸다. 2018년 말 기준 3억 4천만이라는 다운로드 건수로 세계 기록을 세웠으며, 미국 방송가의 주요 상이란 상은 모두 휩쓸었다.

2014년 첫 방송된 《시리얼》 시즌 1은 자유로운 1인칭 시점으로 총 열두 편을 연재했다. 청취자들은 사라 쾨니히를 따라서 1999년에 일어난 살인사건을 추적한다. 메릴랜드 고등학생인 이해민이 살해당하고, 마침내 같은 반 학생인 아드난 사이드가 범인으로 체포된 사건이다. 도입부 사라 쾨니히의 내레이션은 이어지는 내러티브의 분위기를 지배한다.

지난해 나는 고등학교에 다니는 어떤 아이가 1999년의 어느 날 방과 후 한 시간 동안 어디에 있었는지 찾아내는 데 근무시간을 전부 바쳤다. 정확히 말하면 이 아이가 1999년의 어느 날 학교가 끝나고 21분 동안 어디에 있었는가이다. 탐문을 하다 보면 때때로 내 자신이 부끄러워진다. 십대의 성생활에 대해 어디에서, 얼마나 자주, 누구와 … 같은 것들을 묻지 않을 수 없고, 그들이 수업시간에 주고받는 쪽지 내용이며 마약을 얼마나 자주 하는지, 부모님과의 관계가 어떤지 캐묻지 않을 수 없었다. 나는 수사관도, 사립 탐정도 아니다. 하물며 범죄 전문 기자도 아니다. 그런데도 올해도 매일같이 어느 17세 소년의 알리바이를 알아내려고 하고 있다.

배경으로 음악이 흐르면서(《디스 아메리칸 라이프》가 개척한 형식의 대표적 특징) 영화 속 배경음악이 그렇듯 분위기를 잡아준다. 쾨니히는 자신의 취재 경험에 대한 소감을 정면에 꺼내 놓으며 청취자를 자연스럽게 자신의 여정으로 이끈다. 어휘는 딱딱하지 않은 일상어들이다(고등학생을 가리켜 굳이 '학생'이라고 하지 않고, '아이'라고 부른다). 그리고 쾨니히는 자신이 사건을 수사할 자격도, 경험도 없음을 굳이 숨기지 않음으로써 아마추어 수준의 청취자들과 자신을 동일선상에 놓는다. 쾨니히의 모든 접근법은 청취자들의 적극적 몰입을 위해 계산된 것이다.

물론, 시오반 맥휴가 이른바 "만들어진 자연스러움"이라고 부른 격식을 벗어난 표현들도, 부끄러울 때가 있다는 고백도 모두 연출이다. 내가 여러 번 인용했던 뛰어난 내러티브 논픽션 작가인 신시아 고니는 팟캐스트로 잠시 외도를 했다가 이 뉴미디어에 요구되는 기술적 지식에 발목이 붙들렸다.

팟캐스트용 스토리를 쓰는 것은 내게 익숙한 스토리를 쓰는 것과 질적으로 달랐다. 팟캐스트에는 '그들'이 있다. 그들이 없으면 인터뷰를 할수 없다. 그들에겐 버튼도 있고 슬라이더도 있고, 수많은 코드도 있다. 이 많은 코드를 일일이 플러그에 꽂지 않으면 일을 시작도 할 수 없다. 또 계속 확인해야 하는 측정기들도 있다. 이것들을 계속 주시하면서 취재원이 하필 기막힌 대답을 하고 있는 그때, 정각에 울리는 벽시계 소리나 지나가는 쓰레기 수거 트럭이 급정거하는 소리가 들어가지 않도록주의해야 한다. 그리고 깜박거리는 빨간 불이 있다. 깜박이는 빨간불은정말 상상도 하기 싫다. 아직도 꿈에 나온다.

신시아 고니는 생애 첫 팟캐스트인 《99% 보이지 않는 것》을 만들었다. 로만 마스가 프로듀서이자 진행자인 이 프로그램은 킥스타터˚에서 투자자를 공모해 매시즌 수십만 달러를 모금하여 제작비 일부를충당했다. 그리고 2014년 마스는 《진실》, 《타인들》, 《모든 것의 이론》과같은 개별 팟캐스트 콘텐츠 십여 개를 묶어 《라디오토피아》를 개설했는데, 월간 다운로드 건수가 1,900만 회가 넘는다.

이 숫자들을 보면 양질의 내러티브 논픽션을 굳건히 공급해왔던신문사들이 왜 팟캐스트에 적극 진출하고 있는지 이해가 된다. 『뉴욕타임스』는 미국 노예제도 400주년을 기념하는 기획연재물 「1619」의 진행자를 니콜 한나 존스로 내세워 팟캐스트를 제작했다. 『로스앤젤레스타임스』는 「비열한 남자」로 대박을 터트렸다. 순진한 인테리어 디자이너와 그녀에게 계획적으로 접근했던 나쁜 남자가 겪은 비운의 로맨스

˚ 크라우드펀딩 서비스 플랫폼.

를 스토리 내러티브 형식에 담은 시리즈물이었다. 둘의 로맨스는 긴장감 가득한 일련의 사건이 연달아 이어지며 비극적 결말로 치닫는다. 이때 내레이터를 맡았던 타임스 기자 크리스토퍼 고파드는 《형사 트랩》으로 팟캐스트에 즉시 복귀했다. 실화를 바탕으로 한 범죄드라마였던 만큼 팟캐스트에 더없이 잘 맞았다.

실제 범죄 사건을 팟캐스트로 다루는 실험은 미국의 언론사들만 하지 않았다. 호주의 대표 일간지 『디 에이지』와 『시드니 모닝 헤럴드』는 150킬로그램의 헤로인을 호주로 밀반입하려고 했던 북한 선박 봉수호 선원들의 이야기를 다룬 열 편짜리 드라마 《봉수호의 마지막 항해》를 제작했다.

명망 높은 유력 일간지들이 팟캐스트에 뛰어들자 자연히 굵직한 시상식 프로그램들도 가세했다. 피버디상은 2015년 《시리얼》에, 2018년에는 《디스 아메리칸 라이프》의 스핀오프로 엄청난 인기를 얻은 《에스 타운》에 표창을 수여했다. 2019년 퓰리처상 위원회는 "진실을 밝히는 보도와 지식을 넓히는 스토리텔링으로 차별화되는 오디오 저널리즘으로 대중의 관심사에 부응하는 독보적인 작품을 위해" 수상 부문을 신설한다고 발표했다. 이 부문에는 뉴스프로그램부터 수사물, 오디오 다큐멘터리까지 모든 오디오 저널리즘이 해당된다. 하지만 기존의 여러 부문에서 장편 작품의 수상 실적이 높은 것처럼 오디오 저널리즘에서도 내러티브 논픽션의 수상이 더 많을 것으로 예상된다.

무슨 증거가 더 필요할까. 논픽션 스토리텔링 세상에 팟캐스팅이 등장한 것은 기정사실이다.

14장

윤리 의식

그런 일이 있었든가, 그렇지 않든가 둘 중 하나다.

◉ 테드 코노버_스토리텔링의 대가

내가 정한 기본 원칙은 아주 단순하다. 솔직할 것, 정확할 것, 숨김없이 투명하게 보여줄 것. 모호하게 흐려선 안 된다. 진실에서 아주 살짝만 발을 떼도 극적 효과, 명쾌함, 문체가 엄청나게 달라진다.

물론 말이 쉽지 실천은 어렵다. 내러티브 윤리에는 흑백도 있지만, 미묘한 회색도 있다. 나 역시, 어떤 내러티브를 쓰든 윤리적인 문제에서 자유롭지 못했다. 너무 난감해서 괴로운 적도 더러 있었다.

대형 합병의 물밑 과정을 취재한다고 하자. 양측 모두 재계의 거물 기업이고, 한쪽은 우리 지역에 사업 기반을 두고 있다. 두 대표는 계약이 성사될 때까지 함구한다면 취재를 허락하겠다고 말한다. 취재를 시작하기도 전에 첫 번째 윤리적 고민에 직면한다. 독자의 이익에 반하는 무언가를 보거나 들을 경우에도 입을 다물 것인가?

동의하는 순간, 더욱 깊은 고민이 기다린다. 두 CEO는 사람들의 시선을 피해 지방의 소도시에서 비밀 회동을 갖는다. 널찍한 방에 나와 두 대표만 앉아 있다. 이를 기사로 쓸 때 내가 동석했다는 사실을 밝힐 것인가, 아니면 극적 효과를 살리기 위해 내 존재를 드러내지 않고 두 대표가 얼굴을 맞대고 회의하는 그림만 보여줄 것인가?

취재를 하다 보니 순전히 전화 통화 아니면 회의하는 장면뿐이다. 여기에 약간의 액션을 넣어 생동감을 주고 싶다. 그래서 대표 중 한 명에게 수력 발전 댐에 있는 터빈실을 시찰하고, 힘차게 돌아가는 발전기 옆을 지나가며 사업 이야기를 하면 어떻겠냐고 제안한다. 아주 그럴싸한 장면이 나올 것이다. 거창한 무언가가 쉴 새 없이 소란스럽게 움직이는 모습은 이 회사가 어떤 일을 하는지를 상징적으로 보여줄 것이다. CEO는 현장에서 전력을 생산하는 일꾼들과 만나게 된다. 이런 식의 제안을 해서 리얼리티를 왜곡하는 것이 과연 옳은 일일까?

취재를 하는 사이 두 대표 중 한 명과 점점 친해진다. 인간적이고 호감 가는 사람인 데다 그쪽도 나를 좋아한다. 퇴근 후 술도 함께 마시고, 어느새 친구처럼 스스럼없는 사이가 된다. 그러다 그가 아주 솔깃한 정보를 흘린다. 이것을 그대로 기사화해도 될까? 아니면 이 정보가 기사에 쓰일 수도 있음을 알리고, 비공개로 하길 원하는지 물어야 할까? 최종 기사에 실릴 그의 이미지는 또 어떡해야 할까? 나쁜 인상을 심어줄 수 있는 사실을 쓰면 우정을 저버리는 것일까?

고민은 이어진다. 두 취재원 중 한 명에게 전화를 걸어 앞서 했던 대화에 대한 보충 설명을 청할 때 의미 전달을 분명히 하기 위해 이때 들은 내용을 처음 대화에 추가할 것인가? 친한 CEO에게 중요한 결정을 내릴 때 무슨 생각을 하느냐고 묻는다면 이 검증할 길 없는 내적 독백을 넣을 것인가? CEO가 세 명이고, 같은 회의에 대해 세 명이 다른 이야기를 한다면(실제로 이런 일이 비일비재하다) 누구 이야기를 취할 것인가? 협상이 결렬되어 취재원들이 기사는 없던 일로 하자고 한다면 어떻게 할 것인가?

비즈니스 거래를 다룬 내러티브가 이러한데, 의사의 조력 자살에 관한 내러티브는 도대체 어떻겠는가? 어디에서 어떤 윤리 문제가 튀어나와 발목을 잡을지 알 수 없다. 어느 부부의 입양기를 쓰려고 했는데 막판에 입양이 무산될 수도 있고, 기껏 취재해온 유명 인사가 직원과 부적절한 관계를 맺어 사회적 물의를 일으킬 수도 있다.

난관

논픽션 내러티브를 쓰는 건 오래된 흑백 TV로 멀리 있는 나비를 보는 것과 같다. 분명 현실에 실체가 존재하지만 성능 나쁜 기록 장치에 그것을 담으면 윤곽도, 색도 흐릿하다. 화면에 잡히는 시야도 좁아 화면 밖에서 일어나는 일은 다 놓쳐버린다. 월트 해링턴은 글을 써보면 "우리가 사는 복잡한 세상을 말로 재현한다는 것이 불가능에 가깝다는 사실을 알게 된다"라고 말했다.

글로 옮기려는 순간 리얼리티에 어느 정도 변형이 일어나고, 이 변형은 전부 윤리적 선택을 요구한다. 방금 언급한 월트 해링턴의 인용문을 놓고 생각해보자. 월트는 2004년 세인트루이스에서 열린 전미 작가 워크숍에서 기조연설을 하던 중 이 말을 했다. 나는 오랜 기자 생활에서 터득한 속기법으로 그 자리에서 직접 이 말을 적었다. 그때 나는 딴전 부리지 않고 열심히 그의 말을 듣고 있었다. 그래서 나는 이 인용문이 100퍼센트 정확하다고 확신한다.

그런데 만약 내가 워크숍에 가지 못했다면, 그래서 다른 참석자를 인터뷰해 월트의 말을 재구성한다면 어떨까? 당시 대회의장에는 수백 명이 앉아 있었다. 마음만 먹으면 참석자 명단을 구해 그들을 모두 인터뷰할 수 있다. 하지만 막상 인터뷰를 하면 어떤 사람은 월트가 그런 말을 했는지조차 기억하지 못하고, 또 어떤 사람은 그가 뭐라고 했는지 정확하게 기억하지 못할 것이다. 그가 했던 말을 써달라고 요청하면 토씨 하나까지 정확하게 적는 사람이 과연 있을까? "복잡한 세상을 말로 재현한다는 것이 가능하다는 사실을 알게 된다"라고 적는 사람이 있을지도 모른다.

재구성된 혹은 재현된 내러티브는 믿을 만한 목격자의 증언에서 나온 것이라 하더라도 실제 있었던 일의 어림치일 뿐이다. 이것을 두고 포스트모더니즘은 외적 리얼리티라는 것은 존재하지 않는다고 주장한다. 나는 순전히 실질적인 이유로 이 주장에 동조하지 않는다. 논픽션 내러티브의 가장 중요한 목적은 험난한 세상에 대처할 수 있도록 우리를 돕는 데 있다. 따라서 세상을 정확하게 그릴수록 스토리는 우리에게 도움이 된다. 100퍼센트 정확하게 그리는 것은 불가능하다. 어떤 사실을 모든 이가 똑같이 이야기할 리 만무하다. 가능한 한 리얼리티에 가깝게 그리는 것만이 유일한 윤리적 방책이다.

대신에 곧 쓰러질 듯 흔들리는 오래된 카메라를 나비 가까이로 옮길 수는 있다. 음성 해설을 넣어 형형색색을 묘사할 수도 있다. 켄 번스*처럼 전문가를 초빙해 나비의 생물학적 특징과 중요성을 설명할 수도 있다. 카메라의 방향을 이리저리 바꿔가며 전체적인 그림을 보여줄 수도 있다. 나비의 과거를 조사해 미래를 내다볼 수도 있다. 말하자면

---

* 대통령, 탐험가, 운동선수, 음악인 등의 삶을 그린 역사 다큐멘터리를 제작, 수백만 미국인 시청자에게 감동을 주었다. 대표작 『남북 전쟁』은 1990년 9월 PBS에서 최초 방영된 후 에미상과 그래미상을 포함해 40개가 넘는 상을 받았다.

취재와 글쓰기가 할 수 있는 방법을 총동원해 리얼리티에 좀 더 바짝 다가설 수 있다는 것이다. 이것은 월트 해링턴이 길잡이로 삼은 원칙이다. 우리 또한 이것을 원칙으로 삼을 수 있다.

> 나는 온천수의 온도가 51도라고 쓸 때면 온도계로 직접 수온을 쟀다. 백악관에 가서 라 크레마 리저브 샤르도네를 홀짝거리며 훈제 연어 무스를 먹었다고 쓸 때는 부시 대통령에 관련된 서재를 샅샅이 뒤져 옛 백악관 기록에서 그 사실을 확인했다. 켄터키주의 전원 지대에 줄지어 늘어선 산봉우리가 200, 250, 350미터 높이라고 쓸 때는 토양 보존 지도를 보고 고도를 확인했다. 어렸을 적 아버지와 함께 차를 타고 「더 레드 리버 밸리」를 부르며 애슐랜드로드를 지나갈 당시 버질 그레이의 집을 막 지나자 웅덩이가 나왔던 기억이 난다고 적을 때는 아버지에게 연락해 그때 그 집에 살던 사람이 버질 그레이가 맞는지 물었다. 그러고는 애슐랜드로드로 가서 정말 버질의 집을 막 지나면 길바닥에 웅덩이가 있는지 확인했다.

신뢰를 저버리는 것

1980년 『워싱턴 포스트』의 재닛 쿡은 퓰리처상을 받은 「지미의 세계」 속 아동 마약 중독자가 꾸며낸 인물임을 시인했다. 쿡은 오명을 쓰고 신문사를 떠났고, 퓰리처상도 반납했다. 1998년 『뉴리퍼블릭』의 스티븐 글래스는 있지도 않은 출처를 만들어냈고, 지금까지 쓴 27편의 스토리 중 일부를 지어낸 사실이 들통났다. 같은 해 『보스턴 글로브』의 생활면 칼럼니스트 패트리샤 스미스는 인용문과 등장인물을 허위로 만들어냈다고 시인하고 신문사를 떠났다. 그로부터 얼마 후 그녀의 동료 칼럼니스트 마이크 바니클이 도용과 허위 사실 조작으로 고발당해『보스턴 글로브』를 떠났다. 2001년 마이클 핀컬은『뉴욕타임스 매거진』에 게재한 스토리에서 실제 인물 여러 명을 합성해 가공의 인물을 만들어냈다. 2003년『뉴욕타임스』는 제이슨 블레어가 일부 문단을 도용하거나 조작했음을 알아냈다. 2004년『USA 투데이』는 본지의 유명 해외 특파원 잭 켈리가 "최소한 주요 기사 여덟 편에서 상당 부분을 허위로 만들어냈고, 20여 개의 인용문과 그 외 자료를 경쟁 간행물에서 도용했으며 신문사에서 행한 연설에서 여러 차례 거짓말을 했다. 또한, 문제의 원고를 수사하는 이들을 오도하려고 음모를 꾸몄다"라고 밝혔다.[73]

2011년 루퍼트 머독이 만든 선정적 대중연예신문『뉴스 오브 더 월드』의 기자들이 유명 연예인, 왕실 구성원, 살해된 어느 여학생 그리고 죽은 병사들의 유가족이 휴대전화로 나누는 사적인 통화 내용을 정례적으로 엿듣고 있다는 소식이 세상에 알려졌다. 이 해킹 스캔들로 신문은 폐간됐고, 머독의 고위 임원 몇몇이 사퇴했다. 2014년『롤링 스톤』은 출처가 허술한「캠퍼스 성폭행」기사를 내보냈다가 엄청난 여론의 뭇매를 맞았다. 결국, 잡지사는 기사를 내리고 사과문을 냈으며, 거액의 명예훼손 소송에 합의했다. 2018년『뉴욕타임스』는 신참 기자가 정부 쪽 취재원과 부적절한 관계를 맺었다는 사실을 알고 징계를 내리고, 출입처에서 그녀를 제외했다.[74]

세계적 권위를 지닌 매체에서 이러한 파문이 일어나면 타격이 더욱 크다. 하루가 멀다 하고 나오는 정정보도가 증명하듯 제아무리『뉴욕타임스』일지라도 옳고 정확한 기사만 내보내는 것은 아니다. 하지만 논픽션이라는 이름을 달고 나오는 글이라면 최소한 리얼리티를 담아내야 한다. 월트 해링턴은 "진실은 여러 가지가 있을 수 있지만, 그 무엇도 아닌 것일 수는 없다"라고 말한다.

여기에 재닛 쿡과 마이클 핑컬 같은 돼먹지 못한 인간들이 편의대로 만들어 낸 '합성 인물'이 설 자리는 없다. 두 사람은 취재를 하며 만났던 이런저런 실존 취재원들을 조금씩 합성해 가짜 인물을 탄생시킨 이유가 현실의 진면목을 제대로 보여주기 위함이었다고 변명했다. 대중심리에 관한 베스트셀러 『패시지스』(Passages)를 쓴 게일 시히는 '레드팬츠'라는 가짜 매춘부를 만들어 실존 인물인 양 내놓고는 사실은 합성된 인물임을 밝히는 글을 한 줄 넣었다며 스스로 합리화했다. 그러거나 말거나… 나는 존 맥피의 말에 동의한다. "우리 동네에서 합성 인물은 픽션이다."[75]

회고록의 윤리

프랭크 매코트는 영국에서 막 독립한 아일랜드에서 궁핍한 유년기를 보냈다. 당시의 이야기를 쓴 『안젤라의 재*Angela's Ashes*』는 1996년 출간 즉시 베스트셀러에 진입했다. 평단에서 호평이 쏟아졌고 퓰리처상을 비롯해 권위 있는 문학상을 모두 휩쓸었다. 판매 부수가 500만 부에 육박할 무렵 어디선가 매코트가 유년기에 나눈 대화를 그토록 정확하게 하나하나 기억한다는 것에 의문을 제기하는 목소리가 흘러나왔다. 의문을 제기한 쪽은 매코트의 이야기가 펼쳐지는 주 무대, 아일랜드 리머릭시에 사는 사람들이었다. 이들은 책이 리머릭을 잘못 묘사하는 바람에 피해를 입었다며 10여 가지 오류를 지적했다. 매코트는 이 책으로 벌어들인 출판 수입을 챙겨 3만 평에 달하는 소유지로 숨어버렸다.

매코트의 회고록이 깡그리 날조된 것이라고 주장하는 사람은 없었지만 그중 대화문은 많은 부분 조작된 것으로 보인다. 과거의 기록을 찾아 정확성을 검증하는 월트 해링턴의 원칙을 적용하지 않은 것이 분명하다. 이 지경임에도 매코트의 책은 논픽션 부문 퓰리처상을 받았다. 과연 상을 받을 만한 자격이 있는 것일까?

언론계에 몸담고 있는 기자, 편집자라면 매코트의 수상에 문제가 있다고 생각할 것이다. 하지만 창조적 논픽션을 가르치거나 쓰는 작가라면 그의 수상에 반대하는 이유를 잘 납득하지 못할 것이다. 이러한 시각차가 가장 극명하게 드러나는 분야가 회고록이다.

저널리즘 텍스트는 정확성에 분명한 원칙을 적용한다. 이름의 철자를 정확하게 표기하는 것은 물론 토씨 하나까지 정확하게 인용하고, 아무리 작은 디테일이라도 한 치의 오차 없이 묘사해야 한다. 반면, 창조적 논픽션 텍스트는 정확성에 대한 기준이 크게 다르다. 동일한 텍스트를 놓고 기준이 달라지기도 한다. 손드라 펄과 미미 슈워츠는『사실적 글쓰기: 창조적 논픽션 작법과 요령』에서 존 프랭클린, 월트 해링턴 그리고 나 같은 사람들이 반길 만한 똑 부러지는 원칙을 제시한다.

> 창조적 논픽션은 철저한 진실성 준수에 달려 있다. 구체적 사실에 의존해 정직하게 현실 세계를 쓰고, 기억과 상상에 의존해 이 세상을 총천연색으로 보여주어야 한다. 더 멋진 스토리를 쓰겠다고 사실을 왜곡하거나 없는 사실을 만들어내면 그것은 픽션이다. 자신의 경험을 이야기로 풀기 위해 존재하는 사실을 사용하는 것은 창조적 논픽션이다.

펄과 슈워츠는 회고록에 관한 논의로 들어가면서 앨리스 워커의 글을 예로 들어 설명하는데, 여기서 앨리스가 열두 살 때 했던 것으로 추정되는 대화 일부를 직접 인용한다. 그러더니 정확성에 대한 이들의 원칙은 점점 유연해진다.

창조적 논픽션 작가는 독창성과 사실성 두 가지를 다 잡으려 하므로 다른 작가들과 달리 아슬아슬한 줄타기를 해야 한다. 기자와 학자는 사실만 붙잡고 늘어지기 때문에 기억과 상상으로 만들어지는 애매모호함을 피하려 한다. 픽션 작가는 스토리만 생각하기 때문에 흥미로운 세상을 꾸며내는 데 주저함이 없다. 하지만 창조적 논픽션 작가는 사실적이면서도 훌륭한 스토리를 쓰겠다는 일념으로 사실성과 예술성의 경계를 넘나든다. 르포르타주가 지나치면 연구보고서나 보도문이 돼버리고, 상상이 지나치면 픽션이 돼버리기 때문이다.

그 후에 펄과 슈워츠는 사실과 상상의 합의점을 만들어낸다. 그러나 개운하지 않기는 마찬가지다. 그들은 "우리가 확고부동하고 검증 가능한 사실만 고수한다면 과거는 색칠 책의 밑그림처럼 골격으로만 남을 것이다. 색을 채워 넣어야 한다"라고 말한다. 여기서 '색을 채워 넣는 것'은 "우리가 희미하게 기억하는 디테일을 상상력이 채워 넣도록 허용하는 것"도 포함한다.

인간의 기억이 얼마나 불완전하고 엉뚱한 것인지 고려한다면 이런 허용은 픽션을 써놓고 실화라고 발표해도 된다는 면죄부처럼 보인다. 물론 펄과 슈워츠라면 '색을 입히는 것'이 '감정적 진실'에 닿는 길이라고 주장하며 면죄부가 아니라고 반박할 것이다.

'감정적 진실'은 창조적 논픽션에서 정확성을 논할 때 종종 튀어나오는 개념이다. 모든 디테일을 일일이 정확하게 묘사할 수는 없지만 본질적으로는 사실인 큰 의미를 잡아낼 수는 있다는 주장이다. 이것은 학술 논픽션* 영역을 제외하고는 보편적인 생각이 아니다. 펄과 슈워츠는 "창조적 논픽션에 관한 작가 회의에 가보라"고 말한다. 그곳에서는 "두 가지 용어, 즉 감정적 진실과 사실적 진실을 놓고 격한 논쟁이 벌어진다"라고 한다.

이 논쟁은 2003년 제임스 프레이의 『100만 개의 작은 조각』(*A Million Little Pieces*)이 출간되면서 전면 부각되었다. 책은 알코올 중독, 마약 중독을 극복하기 위해 힘겨운 시간을 보낸 프레이의 삶이 담긴 전형적 회고록이다. 2006년 오프라 윈프리의 토크쇼에 소개되며 300만 부가 팔렸다. 그 뒤 '스모킹 건**'이라는 진실 추적 웹사이트에서 이 책이 날조됐다고 폭로했다.

프레이의 책을 출판한 더블데이에서는 '감정적 진실'이라는 상투적인 변명을 내놓았다. "최근의 물의로 … 그럼에도 이 책을 읽은 수백만 독자가 깊은 영감을 얻고, 자기 구원의 힘을 믿게 되었다는 사실은 변하지 않습니다." 프레이는 래리 킹에 출연해 "이 책은 여전히 내 인생의 가장 중요한 진실"이라고 말하며 출판사와 비슷한 답변을 내놓았다. 오프라는 사실적인 디테일이 어찌 되었든 가치 있는 책이라고 옹호했다.

하지만 『100만 개의 작은 조각』에는 감정적이든 아니든 사실상 진실은 없었다. 프레이는 끝내 애초에 소설로 쓴 책이라고 시인했다. 17곳의 출판사에서 퇴짜를 맞고 더블데이를 찾아갔을 때 낸 탈리스가 이 책을 회고록으로 고치면 출판해주겠다고 제안했다. 그렇게 두 사람

• 역사적 사실 혹은 중요 인물을 다루거나, 중요한 가치가 있는 텍스트를 분석하거나, 어떤 주제에 대한 최근의 연구 경향을 파악하는 논픽션.
•• '총구에서 나오는 연기'처럼 범인을 확정 짓는 결정적 증거를 일컫는 말.

은 양심을 내팽개친 채 위험한 길을 택했다. 이들에게 소설과 회고록의 차이는 회고록이 더 잘 팔린다는 사실 하나뿐이었다.

스모킹 건의 폭로 이후 전국에서 비난 여론이 들끓었다. 오프라는 따가운 여론을 의식해 책에 대한 지지를 철회했다. 그러고는 자신의 토크쇼에 프레이를 다시 초대해 "수백만 독자를 우롱했다"며 맹비난했다. 더블데이의 모기업인 랜덤하우스는 사기당했다고 생각하는 모든 독자에게 환불해주겠다며 진화에 나섰다.

그럼에도 의혹투성이 회고록은 끊임없이 나오고 있다. 마거릿 셀처의 회고록 『사랑과 대가: 생존과 희망에 관한 회고』(*Love and Consequences: A Memoir of Hope and Survival*)*는 『뉴욕타임스』와 『로스앤젤레스 타임스』의 극찬을 받았다. 그런데 저자 이름이 쓰여 있어야 할 자리에 마거릿 B. 존스라는 이름이 있었다. 이것은 기만의 일각이었다.

우리 신문사의 서평 편집자 제프 베이커가 알아낸 바로는 존스인지 셀처인지 하는 저자는 그의 주장처럼 아메리칸 원주민이 아니라 백인이었다. 또, 어렸을 때 살던 곳은 로스앤젤레스 중남부의 양부모 집이 아니라 캘리포니아 셔먼 오크스라는 부유한 교외 주택 단지였다. 민족학 전공으로 오리건 주립 대학교를 다니긴 했지만, 졸업한 건 아니었다. 무엇보다 "갱단 블러드의 조직원으로 마약을 거래하고 크랙코카인을 제조했다"라는 것도 사실무근이었다.

데이비드 세다리스**는 회고록에 대해 다소 유연한 입장을 보인

- 양부모의 집에서 만난 수양 오빠를 따라 어린 나이에 마약을 만들어 파는 폭력 조직 '블러드'에 발을 들여놓지만 독학으로 대학을 마치는 등 갱 조직과의 악연을 끊고 새로운 인생을 찾은 저자의 자전적 경험을 담았다.
- 시카고에서 시작한 재기 넘치는 라디오 방송으로 전국적인 명성을 얻었으며, 1994년 에세

다. 그는 자신의 글 중 상당 부분이 허구임을 굳이 숨기지 않는다. 세라 리올은 『뉴욕타임스』에 다음과 같은 글을 썼다.

> 데이비드 세다리스는 재미를 위해 특히 대화문을 과장한다고 입버릇처럼 말하곤 했다. 신간에 실린 작가 후기에는 책에 나오는 이야기가 '다소 사실적'이라고 표현했다. 또한, 자신이 쓰는 에세이류의 글에서 리얼리티는 주관적이며 종잡기 힘든 개념임을 부단히 주장한다. 같은 사건을 겪었다 해도 10명이면 10명 모두 제각각 다르게 기억하기 때문이다. 그는 "다른 책은 몰라도 회고록에서 리얼리티를 찾을 수 있다고 기대해선 안 된다"라고 말한다.

어디 회고록뿐이랴. 미국 영화는 오래전부터 사실과 허구의 경계를 무너뜨려왔다. 올리버 스톤 감독의 《JFK》나 《W》, 《에스코바》* 등의 영화가 왜곡된 역사를 마치 사실인 양 그리고 있다 해도 할리우드 영화에서 진짜 사실을 기대하는 사람은 없다. 갈수록 대중의 인기를 얻고 있는 다큐멘터리도 관객은 당연히 정직한 기록일 것이라 생각하지만 사실과 어긋날 때가 종종 있다.

수간에 대한 다큐멘터리로 알려진 《동물원》의 감독 로빈슨 데버는 엄밀한 의미에서 이 영화는 사실이 아니라고 인정한다. "나는 늘 말

이집 『취중만담』을 발표해 작가의 길로 들어섰다. 2000년에 출세작 『나도 말 잘하는 남자가 되고 싶었다』를 출간하며 일약 베스트셀러 작가 대열에 합류했다. 이 책은 20주 연속 『뉴욕타임스』 베스트셀러에 올랐고, 세계적으로 300만 부 이상 팔렸다.
* 안드레아 디 스테파노 감독의 2014년 영화 『파괴된 낙원: 에스코바』

한다. 우리가 하려는 것은 《60분》° 식의 폭로가 아니라 어떤 사건이 시사하는 의미를 잡아내는 것이라고." 데버 감독 역시 허위를 정당화하기 위해 '감정적 진실'이라는 주장에 기대고 있다. 그는 《동물원》에 등장한 실제 인물 중 한 명이 이 영화를 본다면 "어쩌면 '사실은 저렇지 않은데'라고 말할지도 모른다"라고 말했다. "그럼 나는 '내가 당신이 하려는 말은 충실히 옮겼느냐'라고 묻고 싶다."[76]

　　필립 제라드는 리얼리티에 대한 이런 포스트모더니즘적 태도가 심지어 라디오 뉴스에까지 퍼져 있다고 이야기한다. 그는 이삿짐센터에서 일할 당시 한 여성의 물건을 파손했던 일화를 에세이로 썼다. 그 여자는 울음을 그치더니 "물건 때문에 우는 것은 옳지 않아요"라고 말하며 윌리엄 스타이런의 책 『소피의 선택』을 주었다. 제라드는 이 에세이를 라디오 프로그램 《모든 것을 고려한다면》(All Things Considered) 프로듀서에게 보여주었다. 프로듀서는 그의 글을 매우 마음에 들어 했지만 한 가지가 걸린다고 말했다. 『소피의 선택』은 유대인 대학살이 벌어지던 당시를 시대적 배경으로 하는데 이삿짐 파손에 관한 가벼운 에세이 속에 넣기엔 책이 너무 무겁다는 것이었다. "다른 책으로 갈 수 없을까?" 프로듀서는 제안했다.

　　다른 책! 나는 왜 이 말이 그렇게 거슬렸을까? 《모든 것을 고려한다면》이 권위 있는 뉴스 프로그램인 만큼 사실에 충실한 보도를 해야 마땅하기 때문이었을까? 그럴지도 모른다. 진정하고 다시 생각해보니 '논픽션'이라는 간판을 내걸었다면 그게 무엇이든 사실에 충실해야

°　미국 CBS 방송에서 1968년 9월 처음 시작한 이래 현재까지 방송 중인 탐사보도 프로그램으로서 어떤 이슈나 사건을 집중 추적해 그 전모를 밝혀 나간다.

한다는 핵심 믿음 때문이었다.

이 사건만큼이나 어처구니없는 일은 논픽션 『선악의 정원』을 쓴 존 베런트가 (몇 가지 사실에 대한 의혹이 제기되자) "이 책은 확실히 내가 지어냈으니 사실적인 기록이 아니다"[77]라고 인정했음에도 무려 216주 동안 『뉴욕타임스』 베스트셀러 순위에서 내려오지 않았다는 사실이다.

이 책이 여실히 보여주듯 논픽션이라고 해서 100퍼센트 사실에 입각해 썼다고는 볼 수 없다. 월트 해링턴은 어느 유명 출판 편집자가 까탈스럽게 정확성을 고집하는 그에게 "너무 기자스럽다"며 "당신은 지금 기자가 아니라 작가"라고 상기시키더라고 씁쓸하게 말했다. 또 다른 편집자는 내러티브에 도움이 된다면 어떤 일이 등장인물에게 일어났을 때의 나이를 40세에서 20세로 바꿔도 전혀 상관없다고 했단다. 월트는 자신의 귀를 의심하지 않을 수 없었다. 나 역시 그렇다. 「히로시마」를 쓴 존 허시는 "저작권자 표기란에 '위 내용은 지어내지 않았다'라는 문구를 넣어야 한다"라고 말한 적이 있다. 정말 그렇게까지 해야 하는 걸까?

억측

취재를 시작하는 순간 하루 동안 (맞든 틀리든) 얼마나 많은 억측을 하는지 알게 된다. 신출내기 기자들은 망신스러운 실수를 반복하고 나서야 뼈저리게 깨닫는다. 『노스웨스트 매거진』을 발행할 당시 나는 젊은 프리랜서 기자에게 복권 당첨자들에 대한 기사를 맡긴 적이 있다. 그는 거액의 당첨금을 수령한 한 여성을 인터뷰하며 당첨 사실을 알았을 때 제일 먼저 무엇을 했느냐고 질문했다. 여자는 가족과 함께 버거킹에 갔다고 대답했다. 이 기자는 기사에 약간의 양념을 쳐 그녀가 일가족을 이끌고 버거킹의 대표 버거인 와퍼를 먹으러 갔다고 썼다.

그런데 알고 보니 여자는 채식주의자였다. 버거킹에 간 이유는 샐러드 메뉴를 먹기 위해서였다. 화가 난 여자는 나에게 전화를 걸어와 기자가 자신의 얼굴에 먹칠을 했다며 항의했다. 오랜 설득 끝에 여자는 어렵사리 화를 가라앉혔고, 나는 명예훼손 소송을 면하게 됐다는 사실에 가슴을 쓸어내렸다.

억측도 합당할 때가 있다. 정직한 기자라도 스토리텔링을 위해 억측을 할 수 있다. 리처드 프레스턴은 에볼라 바이러스 사태를 생생하게 기록한 『핫존』에서 억측을 자주 사용했다. 하지만 합당한 억측을 근거로 장면을 재현할 때는 "어쩌면 그랬을 것이다", "아마도 그러지 않았을까" 같은 표현을 써 여지를 남겼다.

엘곤산에는 비가 예사로 내렸으니 그날 오후에도 그랬을 것이다. 모네와 여자친구는 텐트 안에 있었을 것이고, 어쩌면 벼락소리를 들으며 사랑을 나누었을지도 모른다. 날이 어두워지자 비가 잦아들었다. 두 사람은 모닥불을 피우고 저녁을 준비했다. 그해의 마지막 밤이었다. 두 사람은 샴페인을 기울이며 축배를 들었을 것이다.

프레스턴이 취재에 나섰을 때 모네는 에볼라 유사 바이러스에 감염돼 사망한 뒤였다. 논픽션에서 인터뷰를 할 수 없다는 건 심각한 제약이다. 생생한 장면 묘사를 갖춘 본격 내러티브를 쓰고자 한다면 얼마간의 가정은 피할 수 없다. 그는 모네의 이동 경로를 밟으며 자취를 찾고, 샴페인 에피소드 같은 추측으로 공백을 메웠다. 괜찮은 생각이었다. 나는 『핫존』을 읽으며 프레스턴의 의도를 알 것 같았다.

에릭 라슨도 비슷한 난관에 부딪혔다. 『화이트 시티』에 등장하는 살인 사건의 목격자들 역시 고인이 된 지 오래였다. 『핫존』과 다른 점이 있다면 시카고 세계 박람회는 무려 100여 년 전의 일이고, 에볼라가 아닌 연쇄살인범이 살인자라는 것이다.

라슨은 고지식한 역사학자처럼 주석을 달아 출처를 명기했는데, 이것은 글이 난잡해지는 것을 피하는 좋은 방법이다. 주석을 달지 않으면 본문에 "그는 생각했을지도 모른다"라거나 "그는 회고록에서 희미한 기억을 떠올렸다"라는 식의 문장을 거추장스럽게 덧붙이게 된다. 주석은 대중성을 갖춘 내러티브에도 심심찮게 등장한다. 심지어 신문에서도 1990년대에 허위 보도로 한바탕 홍역을 치른 뒤 실험적으로 주석을 달았다. 『월스트리트 저널』은 2001년 9·11 테러를 재구성한 기사에 지나칠 정도로 세세한 주석을 달아 일부 평론가들에게 조롱을 사기도 했다.

라슨은 주석을 달긴 하지만 본문 속에 출처를 밝히는 경우는 매우 드물다. 그래서 글을 읽다 종종 여기에 묘사한 이 사실을 대체 어떻게 알아냈을까 궁금해지곤 한다. 한번은 한 여자가 위층에 있는 방으로 걸어 들어갔다고 묘사한 대목이 있었다. "그날은 아주 더웠다. 창틀에 파리가 앉아 있었다. 밖에선 다시 기차가 덜거덕거리며 교차로를 통과했다." 당시 기록을 뒤져서 그날의 기온이 어땠는지 알아낼 수 있다고 하자. 심지어 기차가 교차로를 통과한 횟수도 알아낼 수 있을지 모른다. 그런데 그때 창틀에 파리가 앉아 있었다는 것, 그 순간 기차가 교차로를 지나갔다는 것을 어떻게 알 수 있었느냐는 것이다. 이것은 누군가가 굳이 기록으로 남겨 놓을 만한 디테일이 아니다. 이 의문에는 라슨의 주석도 대답해주지 않는다.

라슨은 이런 문제에 무신경한 사람이 아니다. 그의 작가 후기에는 습작 원고, 회고록, 신문 보도를 비롯한 주요 출처가 열거되어 있다. 그 집요하고 철두철미한 조사는 실로 감탄을 자아낸다. 그럼에도 라슨은 종종 확인 불가능한 사실을 던져 놓는다. 다음은 연쇄살인범의 야행성을 묘사한 대목이다.

> 밤에 1층 가게들이 문을 닫고 줄리아와 펄, 이 건물의 다른 세입자들이 잠들면 그는 가끔 지하실로 내려가 조심스럽게 문을 잠그고 그곳에서 가마에 불을 지폈다. 그러곤 그 굉장한 열기를 홀린 듯 바라보았다.

라슨은 주석에서 "홈스는 편안하게 잠드는 사람이 아니었던 모양이다. 그는 한밤중에 서성거린 것으로 알려져 있다. 사이코패스는 자극을 필요로 한다. 가마는 그에게 떨쳐 버리기 힘든 유혹이었을 것이다. 감탄하며 가마에 불을 피우고 있노라면 새로운 힘이 솟고, 저 위의 입주자들 위에 군림하고 있는 듯한 기분에 취했을 것이다"라는 사실을 바탕으로 이 대목을 추측해 묘사했다고 인정한다. 이것이 모두 다 사실일지도 모른다. 하지만 위의 사실을 확대 해석해 실제 장면처럼 묘사한 것은 좀 지나치다고 생각한다.

나라면 라슨에게 이렇게 제안했을 것이다. "일반적으로 알려진 사이코패스에 대한 사실을 놓고 보면 어렵지 않게 이런 상상을 할 수 있다. 아마도 홈스는 지하실로 내려가 조심스럽게 문을 잠그고, 굉장한 열기를 느껴보기 위해 가마에 불을 지폈을 것이다." 글이 다소 늘어지긴 하지만 마음은 더 편하지 않은가?

양심적인 내러티브 작가들도 이야기의 뼈대에 살을 붙이는 데 억측을 얼마나 사용할 수 있느냐에 이르면 의견이 분분해진다. 내가 가장 중요하게 생각하는 원칙은 내가 안다고 주장하는 것을 정확히 어디에서 알게 됐는지 독자에게 알려야 한다는 것이다. 이런 생각을 하는 것은 나뿐만이 아니다. 문학상 심사위원들은 바로 이런 종류의 투명성을 요구한다. 최근에 퓰리처상 선정위원회는 저작자가 정보 출처를 분명하게 밝히지 않았다는 이유로 최종 결선에 오른 작품을 탈락시켰다. 2003년 미국 신문편집자협회는 올해의 언론상 수상자를 발표하며 출처 명기에 대한 우려 섞인 특별 성명을 발표한 바 있다.

> 심사위원들은 몇 년 전부터 뉴스 기사, 특히 내러티브 기사에 출처가 누락되고 있다는 현실을 우려해왔습니다. 다행히 올해 최우수 기자로 뽑힌 분들은 모두 출처를 문제없이 명기했습니다. 하지만 좋은 글을 썼음에도 출처를 명기하지 않아 애석하게 탈락한 분도 있었습니다.

솔직하고 친절한 일러두기

세세하고 구체적인 사실을 놓고 에릭 라슨과 옥신각신했을지 모르지만, 그가 『화이트 시티』에 넣은 일러두기는 흠잡을 데가 없다. 독자는 이 부분을 보고 작가가 어떤 일을 했고, 정확성·증거·공정성 면에서 어느 정도의 잣대를 적용했는지 자세히 알 수 있다. 나는 이런 글을 아주 좋아하지는 않는다. 하지만 내가 편집한 대부분의 내러티브 기사에 이와 비슷한 일러두기를 넣었다. 퓰리처상을 받은 톰 홀먼의 「가면 너머의 소년」에는 다음과 같은 편집자 주를 달았다.

> 톰 홀먼은 「가면 너머의 소년」을 취재하기 위해 10여 개월 동안 수백 시간을 들여 눈이 빠지게 의료기록을 들여다보고, 라이트너 가족의 가족

일기를 읽었다. 그 집에서 동고동락하며 샘과 함께 학교 수업을 듣고 그의 친구들을 인터뷰하고, 샘의 가족을 따라 두 차례나 미국을 종단했다. 그는 중요한 순간을 거의 모두 자신의 두 눈으로 목격했고, 중요한 대화를 두 귀로 직접 들었다. 그 결과 「가면 너머의 소년」에는 재현된 장면이 극히 적다. 얼마 되지 않는 재현 장면들은 현장에 있던 이들을 면밀히 인터뷰해 나온 것이다. 각 장면에 그 내용을 제공한 사람이 누구인지 출처를 밝혀놓았다.

작가 후기는 확실하지 않은 사실이 있다면 그것을 밝혀두는 자리이기도 하다. 로런 케슬러의 『장미와 춤을』(*Dancing with Rose*)은 알츠하이머 치료 시설에서 간호보조로 일한 저자의 경험담을 담은 글이다. 그녀는 이곳에서 일하는 동안 꼬박꼬박 교대 근무를 서며 환자를 돌보았다. 하지만 오리건 주립 대학교의 내러티브 논픽션 교육 프로그램 관장인 그녀는 결코 평범한 간호보조라고 할 수 없었기에 이러한 취재 방식은 사생활 침해 우려를 불러왔다. 로런은 이러한 우려를 불식시키고자 작가 후기에서 자신이 어떤 조치를 취했는지 설명했다.

.

이것은 논픽션이다. 메이플우드는 실재하는 곳이지만 실명은 아니다. 이 책에 나오는 사람들, 즉 메이플우드에 사는 환자들, 그 가족들, 파견 간병인들 그리고 병원 직원들은 실존 인물이다. 이 중 몇 사람은 사생활 보호를 위해 가명을 사용했지만, 이들에 관한 구체적 사실을 알면서 바꾼 경우는 단 한 번뿐이다. 이 책에 순서대로 나열한 크고 작은 사건들은 실제로 일어난 일이다. 이 중 몇 가지는 내가 직접 목격한 것이 아니라 현장에 있었던 사람들의 이야기를 듣고 재구성한 것이다. 이 책에 기록된 대화도 모두 실제 대화를 그대로 옮긴 것이다. 듣기만 한 경우도 있지만, 대화에 동참한 경우가 많았고, 그 자리에서 바로 취재 수첩에 적거나 대화 직후에 메모해둔 것이다.

잠입 취재

어떻게 보면 잠입 취재기자는 취재원의 사적인 공간에 초대된 손님이다. 여기에는 그 집의 규칙에 따른다는 암묵적 합의가 깔려 있다. 좋은 손님은 정중하며 함부로 판단하지 않는다. 집주인이 하는 대로 지켜볼 뿐 평소의 집 안 풍경이나 흐름에 간섭하지 않으려 최선을 다한다. 집 안에 낯선 사람을 들여 가까이에서 지내야 한다는 심적 부담감을 덜어주고자 노력한다.

리치 리드는 누구보다 정중하고 객관적이며 협조적인 잠입 취재기자다. 이런 점은 어떻게 그가 퓰리처상을 두 번이나 수상했는지, 왜 끊임없이 독자의 사랑을 받고 있는지를 말해준다. 이러한 명성 덕에 2004년 미국의 의료진은 쓰나미가 덮친 스리랑카로 떠날 때 그에게 동행을 청했다. 현지에 도착한 의료진은 부서진 어선, 쓰나미에 휩쓸려 흔적만 남은 마을, 아이를 잃고 비통해하는 부모들 앞에서 망연자실했다. 한번은 일손이 너무 부족해 의료진 중 한 명이 리치에게 도움을 청했다. 알약을 분류하는 간단한 일을 좀 도와줄 수 있겠느냐는 것이었다. 리치는 안 된다고 거절했다. 이것은 언뜻 주인과 손님의 암묵적인 협약을 깨뜨린 무례한 처사로 보인다.

이 에피소드는 잠입 취재 시 생기는 당황스러운 갈등 상황을 정확히 보여준다. 의료진의 일은 스리랑카인을 질병과 죽음에서 구하는 것이다. 리치의 일은 그들이 하는 일을 보이는 그대로 기록하는 것이다. 이때 리치가 그들의 일에 개입하는 건 리얼리티를 왜곡하는 행동이다. 이는 스리랑카로 떠나기 전에 이미 의료진에게 설명한 부분이었다.

어느 정도 경력이 쌓인 기자들은 취재원과 얼마나 거리를 두어야 하느냐는 물음에 각각 다른 의견을 내놓는다. 포인터연구소의 윤리 문제 전문가 밥 스틸은 이 문제를 논의하기 위해 우리 신문사를 찾아왔다. 그는 기자, 편집자, 사진기자를 불러 모았다. "때로는 개입해선 안 된다며 거리를 두지만 또 때로는 그 선을 넘어버리기도 하죠." 그 자리에 있던 누군가가 말했다. 그는 그건 그것대로 리얼리티를 왜곡하는 것이라고 덧붙였다. 몇몇은 그곳이 재난 지역이었다면 망설임 없이 알약을 분류해주었을 것이라고 말했다. 한 편집자는 "우리 방식만 고집하며 들어주길 바라면서 다른 사람의 방식은 들어주려 하지 않는 거죠"라고 말하고 리치 리드를 향해 고개를 돌렸다. "그런데 우리가 아파서 치료를 받아야 한다면요? 죽든 말든 그냥 길가에 내버려두겠어요?"

토론을 주의 깊게 듣고 난 뒤 스틸은 몰입 취재의 윤리적 책임에 대해 한마디 했다. "사람마다 각자 주어진 임무가 있죠. 기자의 임무 역시 아주 특수하고 중요합니다." 그리고 이 임무에는 네 가지 윤리적 책임이 수반된다고 덧붙였다. 첫째, 진실을 말할 것. 둘째, 독립적일 것. 셋째, 피해를 최소화할 것. 넷째, 책임을 질 것.

1인칭 시점으로 쓸 때도 똑같은 규칙이 적용될까? 필자가 내러티브에 등장하는 이상 그에게 일어나는 일은 모두 이야기의 일부가 된다. 로빈 코디가 1인칭 시점으로 쓴 『어느 여름 태양의 항해』는 카누를 타고 컬럼비아강을 여행한 여행기다. 당시 컬럼비아강에서 물에 빠져 허우적대는 사람을 발견했다면 로빈은 주저 없이 물속으로 뛰어들었을 것이다. 그랬다면 내러티브에 훌륭한 에피소드를 제공했을 테고.

밥 스틸이 꼽은 '진실을 말할 것'에는 필자 자신이 누구이며, 어

떤 의도를 지녔는지 숨김없이 밝히는 것도 포함될까? 테드 코노버는
『신참』을 쓰기 위해 신분을 위장하고 교도소에 교도관으로 들어갔다.
1년 가까이 그는 하루도 빠지지 않고 싱싱 교도소에 출근했다. 죄수는
물론 함께 일했던 교도관 또한 그가 책을 쓰기 위해 메모한다고는 꿈에
도 생각하지 못했다. 이보다 최근에는 『하퍼스』 매거진 기사를 쓰려고
육류 가공 공장에 취직하기도 했다. 코노버는 그것밖에는 다른 방법이
없었다는 말로 위장 취재를 정당화했다. 두 스토리 모두 기존의 정해진
취재 수순을 밟았지만, 거절당했다. 코노버는 취재 대상의 중요성을 근
거로 떳떳하지 못한 취재 방식을 정당화했다.

그럼에도 코노버는 자신의 잠입 취재에 나름의 제한을 두었다.
저서 『어느 작가의 잠입 취재 가이드』(*Immersion: A Writer's Guide to Going
Deep*)를 펴낸 뒤 카티아 사브척과의 니먼 스토리보드 Q&A에서 몇 가
지를 열거했다.

> 적극적으로 거짓말하지 않는다. 그곳에 왜 왔는지 설명하거나 취직을
> 하려고 거짓 스토리를 꾸며내지 않는다. 그냥 대답하지 않거나, '그건 말
> 하고 싶지 않다'라고 말하면 대부분 거짓말을 지어내는 걸 피할 수 있
> 다. 어떤 사람들은 교도관 제복이나 연방 육가공 감독관 제복을 입는 것
> 부터가 속이는 것이라고 말할지 모른다. 어느 정도는 맞는 말이다. 하지
> 만 다른 한편으로, 나는 그 일을 하는 척하는 게 아니라, 실제로 한다. 열
> 두 단계 중독 치료 모임처럼 철저한 심리상담 치료가 이뤄지는 공간에
> 들어갈 때는 대충 눈속임으로 임할 수 없다. 시늉만 내서는 누군가와 친
> 분을 쌓을 수도 없다. 평소의 자기 모습이 비윤리적으로 비치는 행동은
> 하지 못한다. 가짜 신분을 달고 있다고 해서 윤리적인 행위에 제약이 없
> 어지는 게 아니기 때문이다.

이와는 다른 결정을 내리는 작가도 있다. 메리 로치는 죽은 사람의 머리로 실습하는 1인당 500달러짜리 성형수술 수업을 듣기 위해 외과의로 잠입하려 했다. 하지만 결국 그녀는 솔직하게 기자라는 신분을 밝히고 취재했다. 나는 그녀가 윤리적으로 올바른 판단을 내렸다고 생각한다. 대부분의 신문사는 익명 취재를 금지하고 있지만, 아무나 접근할 수 없는 소재에는 예외를 둔다. 진실은 알려져야만 하고, 보통 사람은 죽은 사람의 머리를 다루는 방에 들어갈 수 없기 때문이다.

배신

1979년 아내와 두 딸을 살해한 혐의로 기소된 군의관 제프리 맥도널드는 경이로운 인기를 얻은 『대통령의 마케팅』(*The Selling of the president*)* 의 저자 조 맥기니스를 불러 자신의 사건을 책으로 써달라고 요청했다. 맥도널드와 그의 변호사는 맥기니스가 이 사건을 호의적으로 다루리라고 기대했다. 그런데 취재를 해나가면서 맥기니스는 맥도널드가 비뚤어진 심리로 가족을 살해한 병적인 나르시시스트라는, 즉 유죄라는 결론에 도달했다. 이 사건을 다룬 책이 바로 『치명적인 시선』(*Fatal vision*)이다. 어찌 보면 1979년 맥도널드에 유죄판결을 내린 법정보다 이 책이 더한 형벌을 선고한 것이다. 결국, 맥도널드는 맥기니스를 사기로 고소했다.

• 　1968년 당시 대통령 후보로 나선 리처드 닉슨의 대선 전략과 캠페인을 밀착 취재한 논픽션으로 1969년 출간과 동시에 「뉴욕타임스」 베스트셀러에 오른 뒤 여섯 달 동안 내려오지 않았다. 이후로도 오랫동안 평단과 대중의 호평을 받았으며, '정치 저널리즘의 고전'으로 일컬어지고 있다.

재판은 배심원단에서 일치된 의견이 나오지 않아 무효화되었고, 맥기니스는 합의금 32만 5천 달러를 주고 소송에서 해방됐다.

맥기니스의 수난은 여기서 끝나지 않았다. 1989년 재닛 맬컴은 『뉴요커』에 다음과 같이 자극적인 문장으로 시작하는 연재기사를 발표했다. "무슨 일이 벌어지고 있는지 모를 만큼 멍청하거나 자기밖에 모르는 기자가 아니라면 도덕적으로 변명의 여지가 없는 짓을 모르고 하지는 않는다." 그리고 여기에 해당하는 대표적인 사례로 조 맥기니스를 들었다. 맬컴의 논지는 내러티브 기자가 취재원과 맺는 관계는 종종 배신으로 치닫는 유혹의 한 형태라는 것이다. 이 주장은 후에 『저널리스트와 살인자』(*The Journalist and the Murderer*)라는 책으로 출간되었다.

주류 언론에서 불만 섞인 항의가 터져 나왔다. "우리는 아니다!" 자존심에 상처를 입은 기자들이 목소리를 높였다. "우리는 착한 사람들이다." 그럴지도. 하지만 기자와 취재원의 관계에는 갈등과 대립 인자가 내재해 있다. 내러티브 논픽션을 쓸 때는 이 갈등 인자가 더욱 커진다. 나는 그때나 지금이나 맬컴이 옳은 지적을 했다고 생각한다.

문제는 기자와 취재원이 어떤 내러티브가 나올 것이냐에 서로 상반된 기대를 갖고 있다는 데서 생긴다. 취재원은 일상에서 맺는 인간관계를 기자와의 만남에도 그대로 적용해 당연히 측은지심이나 인간적 정리를 가질 것이라 예상한다. 그러나 기자에게 취재원은 목적을 위한 수단일 뿐이다. 테드 코노버는 "사람들은 우리가 그곳에 일하러 와 있다는 사실을 잊어버리고 우리를 친구라고 생각한다"라고 말했다.

그렇다면 어떻게 해야 갈등을 줄이고 취재원에게 배신감을 주지 않을 수 있을까? 밥 스틸은 취재에 들어가면서 대원칙을 설명하라고 조언한다. 기자로서, 작가로서 자신의 역할을 설명하고 그것이 취재원이 기대하는 바와 다를 수 있음을 고지하는 것이다. 스틸은 자신을 "윤리적으로 결정해야 할 사항이 있다면 처음에 꺼내놓아야 한다고 믿는 사람"이라고 말했다.

리치 리드는 다카하시 게이이치를 찾아가서 그가 사업가로서 걸어온 길을 장기간에 걸쳐 취재하고 싶다는 뜻을 밝혔다. 그리고 그 자리에서 메모를 한 장 건넸는데, 그곳엔 다카하시가 취재에 협조하고 싶지 않을 수 있는 갖가지 이유가 열거되어 있었다. 그 후 다카하시는 메모 내용을 조목조목 반박하는 글을 써서 보냈다. 한마디로 리치에게 전권을 위임한다는 뜻이었다. 두 사람은 각자가 가진 기대치를 상대방에게 분명히 확인시켰다. 그 덕분에 두 사람은 기사가 나간 후에도 좋은 관계를 유지할 수 있었다. 나와 함께 여러 편의 내러티브 기사를 쓴 이나라 버젬닉스도 이와 비슷한 전략을 취했다. 그녀는 일찌감치 "아주 직설적인 대화"를 해야 한다고 주장했다. 그래서 "내가 내 입으로 취재를 포기하게 할 뻔한 적도 여러 번 있었다"라고 했다.

취재 기간이 긴 경우 직설적인 대화로 돌아가야 할 때도 있다. 섬세한 기자나 작가는 취재원을 작업 과정에 참여시킨다. "내 생각은 이래요. 한번 들어보세요…." "X를 생각하는 건 알지만 저는 그녀의 말이 Y라고 해석하고 있습니다." "최종적으로 이 스토리를 쓸 사람은 저지만 그 점에 대해 우리 생각이 다르다는 것은 인정해야 할 것 같아요."

'투명성'에는 활자화되지 않은 원고를 취재원과 공유하는 것까지 해당할까? 신문사 내에서 '사전 검토'는 오래전부터 금기시되어왔다. 취재원에게 출판되지 않은 스토리를 보여주는 것은 그 자체가 윤리적 의무를 저버리는 행위다. 기사에 대한 결정권을 취재원에게 넘기고, 기자의 독립성을 훼손하는 일이라는 것이다. 메리 로치는 지금도 이 원칙을 지키고 있다. 인용문의 경우 취재원에게 읽어주며 정확성을 확인하고, 필요하다면 사실관계도 재차 확인한다. 하지만 원고 전체를 보여주진 않는다. "수정할 기회를 주면 수정하려 든다"라는 것이 그녀의 설명이다.

글쎄…. 나는 원고의 전부 혹은 일부를 취재원에게 자주 보여준다. 오류는 얼마든지 바로잡겠지만 나의 해석은 오로지 나만의 것이라는 합의를 지키기 위해서다. 작업 내내 모든 과정을 투명하게 진행했다면 원고를 보여준들 새삼 놀라울 게 없다. 게다가 취재원이 검토한 덕분에 원고가 더욱 정확해질 수 있다. 나는 11장에서 다룬 「라흐 구출을 위한 24시간의 레이스」 원고를 데이비드 스터블러에게 검토해달라고 부탁하며 커피를 한 잔 샀다. 데이비드는 커피를 공짜로 마시지 않았다. '세르게이'의 철자를 고쳐서 가져왔다.

상상 속의 패턴

스토리텔링 윤리학과 관련된 초창기 뇌 연구 결과 중에 놀라움을 자아내는 것이 하나 있다. 1944년 프리츠 하이더와 메리앤 지멜은 자신들의 실험 참가자들에게 어떤 형태들이 화면을 떠다니는 영상을 보여주었다. 엘리자베스 헬무트 마르굴리스의 보도에 따르면 참가자들은 "이 형태들을 상호작용하는 살아 있는 생명체, 대리자를 두고 있을 뿐 지시를 받지 않는 독립적 존재로 보는 경향을 보였다. 이 추상적인 형태들과 그 움직임을 이해하려고 사람들은 내러티브를 추론해냈다." 이것은 "우리의 뇌는 무질서해 보이는 것을 싫어해서 실제로 거기에 질서가 있든 없든 억지로라도 질서를 부여하려고 한다"라는 리사 크론의 결론과 크게 다르지 않다.

이 현상은 잘 정립되어 이름까지 붙여졌다. 이 '환시' 현상은 실제로는 있지 않은 형상을 보려는 경향으로, 크론은 "달에 사람 모습이 보인다거나, 감자에 성모마리아가 보인다거나, 구름에 공룡이 보이는 식"이라고 설명한다.

음모이론에 대한 인간의 취약성—아무리 희한한 것이라고 믿어 버리는—도 환시 작용으로 보는 해설가들이 있다. 요새는 음모이론들이 정부의 최고위층까지 쥐고 흔들고 있다. 환시의 안타까운 사례들이 기승을 부리고 있다.

내러티브 논픽션에도 환시가 등장한다. 친구, 지인의 작품에서 그런 사례를 발견하곤 한다. 혼돈의 절정기에, 현실이 어지러울 때 스토리를 찾아내려는 것만큼 환시를 일으키는 것은 없다. 그 결과물은 앞뒤가 뒤바뀐 불안정한 논리를 토대로 세워진 내러티브다. "우연한 범죄의 결과로 이 살인사건이 일어났다는 건 말이 안 된다. 모종의 공모가 있었던 게 틀림없다. 숨길 게 있는 자들의 썩을 대로 썩은 결탁이 틀림없다."

어쩌면 그럴지도 모르고, 결정적 증거가 없으니 아닐 수도 있다. 가능성은 없어 보이지만 어쩌면 리 하비 오스왈드의 단독 범행인지도 모른다. 팟캐스트 스토리 한 편으로 우리가 무죄방면 되길 바라는 그 죄수가 실제 살인범인지도 모른다. 어쩌면 우리의 뇌는 형태들이 무작위로 화면에 떠다니고 있을 뿐인데 뭔가가 있다고 말하는 건지 모른다.

책임감 있는 논픽션 스토리텔러는 늘 잠시 멈추고, 한 걸음 물러나 스스로에게 묻는다. "이 개연성 있는 사실이 정말 일어난 일이라는 결론을 내릴 만한 뭔가가 우리에게 정말 있는 건가?"라고. 무엇보다 중요한 것은 늘 생각을 열어두고, 합리적인 의심 없이는 증명할 수 없다는 주장을 절대 하지 않는 것이다. 조직과 사람의 명성이 걸려 있듯, 우리의 신용도 걸려 있다.

오래전부터 신문사 편집실에 전해 내려오는 우스갯소리가 있다. "너무 좋아서 확인을 못 한다." 기자들은 좋은 글의 내용을 다시 확인하려고 전화기를 들 때면 한숨을 쉬며 이 말을 내뱉곤 한다. 하지만 웃자고 하는 말만은 아니다. 좋은 스토리가 오히려 독이 될 때가 있다. 좋은 스토리를 쓰고 싶다는 일념에 그에 반하는 증거가 나와도 못 본 척하는 것이다. 훌륭한 스토리에 재를 뿌리고 싶지 않거나 처음에 잡은 스토리의 틀에 사로잡혀 거기서 벗어나는 것들은 눈에 들어오지 않기 때문이다. 로런 케슬러는 "스토리를 따라가다 보면 제아무리 도덕적인 논픽션 작가라도 나쁜 생각을 할 때가 있다"고 털어났다.[78]

완벽한 스토리는 주인공이 있어야 하는데 주인공이라고 하기엔 등장인물이 약하다. 이때 악마의 목소리가 이 인물을 좀 부풀려보라고 속삭인다. 완벽한 스토리는 클라이맥스가 있어야 하는데 사건이 대단치 않은 것이다. 그러면 시원치 않은 사건에 필요 이상의 의미를 부여하고 싶다는 유혹에 시달린다. 완벽한 스토리는 대단원이 있어야 하는데 결말이 흐지부지 마무리되기도 한다. 이때 결말을 사실과 다르게 다듬고 싶다는 마음이 치솟는다.

제임스 프레이는 이 모든 유혹을 이겨내지 못했다. 소설로 시작한 글이 시간이 흐르면서 회고록으로 변해 갔음에도 소설로 쓰면 좋을 스토리 요소들을 차마 버리지 못했다. "책 속에서 밀물과 썰물처럼 오르락내리락하는 스토리를 만들고 싶었어요." 프레이는 해명하듯 말했다. "드라마틱한 포물선을 그리는 스토리요. 훌륭한 스토리라면 반드시 갖춰야 하는 긴장감이 흐르는 스토리 말입니다."[79]

나도 똑같은 유혹에 시달린 적이 있다. 샘 라이트너의 수술이 실패로 돌아갔을 때 톰 홀먼과 나는 이만저만 절망한 게 아니었다. 말하기 부끄럽지만 우리가 좌절했던 이유는 샘이 수술 결과에 크게 실망하리란 안타까움 때문이 아니었다. 우리에게 수술 실패는 곧 내러티브 포물선의 실패를 뜻했기 때문이다.

톰과 나는 완벽한 그림을 그리고 있었다. 다른 아이들과 비슷한 생김새를 가지고 싶은, 그래서 또래 집단에 끼고 싶은 샘의 열망이 내러티브에 더없이 좋은 시련을 제공했다. 여기에 이 열망을 더욱 간절하게 하는 고등학교 진학이란 사건까지 갖춰진 상태였다. 톰은 샘이 주인공다운 의연한 태도로 위험한 수술을 받겠다고 결심하는 장면을 직접 목격했다. 이렇게 스토리는 아름다운 상승 곡선을 그리다가 수술에 성공하며 정점에 이르러야 했다.

수술 실패를 축소하는 것도, 모르는 척 건너뛰는 것도 생각할 수 없었다. 신문기자의 생리가 몸에 밴 우리는 제임스 프레이처럼 없는 이야기를 지어낼 수도 없었다. 게다가 수술 후 샘의 모습을 담은 벤 브링크의 사진이 모든 것을 말해 주고 있었다. 『프라이데이 나이트 라이츠』(*Friday Night Lights*)의 저자 H. G. 비싱어의 "고치려 들면 이미 알고 있는 사실이 나를 괴롭힌다"라는 말 그대로였다.

유일한 해법은 이 스토리에 쏟은 1년간의 노력을 과감히 포기하고 새로운 내러티브 포물선을 찾는 것이었다. 톰은 취재를 중단하지 않았다. 그러자 통찰 지점이 찾아왔다. 고등학교 입학 등록을 하려고 줄을 서 있던 샘에게 한 교직원이 다가와 맨 앞으로 가도 된다고 말했다. 그러자 샘이 "여기가 제 자리인데요"라고 말하며 교직원의 제안을 거절했다. 톰은 바로 이 광경을 목격했다. 인내심을 갖고 취재를 지속한 결과 진짜배기 스토리를 만난 것이다. 샘은 자신이 처한 현실을 인정하고 받아들이며 씩씩하게 앞으로 나아가고 있었다. 어엿한 성인이 난관에 부딪힐 때마다 대처하는 것처럼 말이다.

발단부터 대단원까지 모든 것이 완벽하게 갖춰진 이야기를 쓰고 싶은데 재료가 그렇지 않을 때 정직한 기자라면 사실을 회피하지 않고 자신의 글에 픽션이라는 꼬리표를 단다. 『볼티모어 선』의 경찰서 출입 기자로 『강력계, 살인의 거리에서 보낸 1년』, 『뒷골목』 같은 논픽션 범죄물을 쓴 데이비드 사이먼은 범죄와 비리가 들끓는 볼티모어의 뒷골목을 아주 그럴싸하게 그려 낸 『도청』(*The Wire*)을 쓰면서 바로 이런 과정을 거쳤다.

논픽션 작가는 물고기를 그냥 건져 올릴 것인지, 낚싯줄을 끊어 버릴 것인지 선택해야 한다. 논픽션을 쓰거나 다큐멘터리를 만들거나, 소설을 쓰거나 장편영화를 만들거나 둘 중 하나여야 한다. 아무리 악마가 속삭여도 논픽션 형식에 픽션의 상상력을 섞으면 안 된다.

매만지기

아무리 심혈을 기울여 꼼꼼히 확인해도 실수가 나오기 마련이다. 이 책을 쓰면서 나는 아주 조금만 의심스러워도 사실이 맞는지 일일이 확인했다. 그랬음에도 틀린 곳이 없다고 장담할 수 없다. 9만 단어 길이에 달하는 원고를 100퍼센트 정확하게 만들 수 있는 사람은 없다. 신뢰할 수 있는 논픽션은 결점 없는 정확성이 아닌 최선에 있다. 적당히 타협하지 않고, 모든 것을 바로잡으려 최선을 다하는 것이다. 확인에 확인을 거듭하고, 크든 작든 일부러 속이지 않는다.

악마는 '사소한 거짓말 한두 개쯤이야' 하며 끊임없이 유혹한다. 로런 케슬러는 "우리는 일상에서 대화를 나눌 때 흔히 작은 거짓말의 유혹을 느낀다"라고 말했다. "이야기할 때마다 낚아 올린 물고기의 크기가 점점 커진다. 재치 있는 대답은 꼭 10분 뒤에야 생각난다. 하지만 이야기를 전할 때 10분은 너무 길다."[80]

　　나는 직접 인용문에 살짝 손을 대는 것도 불편하다. 4장 '목소리와 스타일'의 첫머리에 노먼 심스의 말을 인용했다. 노먼은 『문학적인 저널리스트』에서 "목소리는 그 작가들을 우리 세상으로 데려온다"라고 썼다. 나는 이 구절을 그대로 가져와 4장 제목 바로 아랫줄에 넣고는 "목소리는 작가들을 우리 세상으로 데려온다"라고 쓰면 더 좋지 않을까 한참을 고민했다. '그'를 뺀다고 노먼이 전하려는 뜻이 달라질 것 같지는 않았다. 나는 다시 '그'를 넣었다가 다시 뺐다. 함부로 고치는 것이 영 마음에 걸려 결국 원문을 살렸다. 나 자신에게 실소가 나왔다. 이토록 사소한 일에 이 야단법석을 떨다니. 내가 지나치게 예민한 것인지도 모른다.

　　지극히 양심적인 논픽션 작가 가운데에도 의미가 달라지지 않는 한 인용문을 살짝 수정하는 사람이 많다. 캐나다에서 논픽션 작가로 호평받고 있는 데이비드 헤이스는 "나는 논픽션을 쓰면서 인용 대화문을 살짝 수정하곤 했다"라고 인정했다. 말을 하거나 듣다 보면 "에""흠""음" 등 군소리가 섞이고 더듬거리느라 같은 말을 되풀이하기도 하며, 의미 없는 말이 잘못 튀어나오기도 한다. 헤이스는 아무 의미 없는 말을 깔끔하게 쳐내는 편이 하려는 말을 더 잘 전달할 수 있다고 주장한다. 그는 누군가가 자신이 한 말을 그렇게 군더더기 없이 정리해주면 좋겠다고 말한다. "행여라도, 대개는 그런 일이 없지만요. 세상에 누가 압니까. 만에 하나 내가 한 말을 누군가가 조금도 손대지 않았다면, 그러니까 교열을 하지 않았다면요. 내가 한 말을 조금도요. 그러니까 내가 하는 말을 고쳐주지 않고 그대로 두었다면 나는 기분이 썩 좋지 않을 겁니다. 상당히 기분 나쁠 거예요. 지면상에서 말이죠."[81] 이 정도라면 고치지 않을 재간이 없겠다.

하지만 의미 없이 늘어지는 말을 쳐내는 것과 출처가 미심쩍은 대화문에 인용 부호를 다는 것은 차원이 다른 일이다. 양심적인 논픽션 작가라면 이 차이를 구별할 줄 알 것이다. 에릭 라슨은 『화이트 시티』에 대해 "인용 부호 안에 넣은 것은 모두 편지나 회고록, 그 외의 문서에서 나온 것이다"라고 밝혔다.

자신의 주장에 동조해줄 사람만을 찾아다니고 반대로 자신의 논지를 흐려놓을 사람은 건너뛰는 소위 '캐스팅'이라는 것을 해서도 안 된다. 다른 사람의 말을 듣고 재현한 것을 자신이 직접 본 듯 내놓는 것도 논픽션 작가가 해선 안 될 일이다. 퓰리처상을 받은 『뉴욕타임스』의 릭 브래그 기자는 기사의 발신지를 "플로리다주, 애펄래치콜라"[82]라고 적은 1인칭 시점의 피처기사를 내놓은 뒤 뜻밖에도 기자 생활에 종지부를 찍어야 했다.

이 기사에는 군데군데 생생한 묘사가 들어 있다. 굴을 따는 배가 "한가로이 떠다녔다"라거나 "배의 흔들림에 놀란 백로가 종이비행기처럼 머리 위로 미끄러지듯 날아갔다"라거나. 그런데 브래그는 기사에 넣을 발신지를 정당화하기 위해 애펄래치콜라에 잠시 다녀왔을 뿐 그곳에서 굴을 따는 배를 본 적이 없었다. 이 사실이 비상근 통신원에 의해 신문사에 보고되었다. 완전한 날조는 아니지만 속인 것은 사실이었다. 신문사에서 2주 정직 처분을 내렸다. 하지만 성토의 목소리는 커져만 갔고, 결국 브래그는 사직서를 제출했다. 그의 속임수에 누구보다 격분한 이는 같은 기자들이었다. "우리는 여기서 열심히 취재하고 있는데 말이죠." 경제부 기자 앨릭스 베런슨이 말했다. "우리는 대부분 제대로 한다고요."[83]

내러티브 논픽션을 쓸 때 윤리적인 문제가 수반되지 않는 경우는 사실상 거의 없다. 100가지 스토리가 있으면 윤리적 문제 또한 100가지에 달한다. 현실 세상에 대해 쓴다는 것은 복잡 미묘하고 다면적이고, 예측 불가능한 인간성이 차고 넘치는 일이다. 따라서 모든 상황에 적용 가능한 한 가지 윤리 공식은 있을 수 없다. 그나마 쓸 만한 윤리적 행동 양식이 있다면 상반되는 이해관계가 있는지 잘 살피고 핵심적인 질문을 던지며 현실적인 대안을 모두 고려해 일을 진행해야 한다는 것이다. 양심적인 논픽션은 여정이지 목적지가 아니다.

이 여정은 스토리의 발상에서 시작한다. 첫 번째로 던져야 할 질문은 '이 아이디어가 어떤 윤리적 문제를 초래할 것인가'다. 핵심 정보제공자(출처)에게 솔직하게 접근할 수 있는가? 직접 관찰할 수 있는가? 재현해야 할 부분은 얼마나 되는가? 재현한다면 믿을 만한 목격자와 뒷받침할 만한 문건을 찾아낼 수 있는가? 기자 자신의 선입견은 없는가? 취재하면서 주제가 스스로 드러나게 할 것인가? 아니면 드러난 사실에 주제를 끼워 맞춤으로써 세상을 보이는 대로가 아닌 보여주고 싶은 대로 그릴 것인가?

취재하는 내내 질문은 계속된다. 각각의 사례를 대표할 만한 출처를 다양하게 이용하고 있는가? 아니면 특정 주장을 내세우고자 유리한 출처를 취사선택하고 있는가? 정보제공자는 그 정보를 어떻게 알게 됐는가? 목격자의 증언을 기록상의 증거와 대조해 진위를 확인했는가? 정보제공자가 이해관계에 얽혀 있지는 않은가? 나는 어떤가?

최종 수정에 이르기까지 질문이 이어진다. 인용 부호 안에 오는 모든 문장은 토씨 하나까지 정확하게 옮긴 것이라고 보증할 수 있는가? 일반화해 내린 결론을 하나하나 뒷받침할 만한 근거가 있는가? 아니면 두어 발짝 뒤로 물러나야 하는가? 출처를 정확하고 분명하게 명기했는가? 사건이 일어난 순서가 맞는가? 근거 없이 억측을 내리고 있지는 않은가? 그녀가 먹은 것이 와퍼가 확실한가?

『오레고니언』에서는 이런 과정을 '검사의 검열'이라고 부른다. 검사가 기소된 피고인을 심문하듯 모든 것을 철저히 의심한다는 것이다. 취재부터 원고 작성, 편집까지 이 자세를 일관되게 유지하다 보니 기자나 편집자 모두 '삐딱한' 시선을 버릇처럼 지니고 있다.

2001년 퓰리처상 공공보도 부문(이 부문에는 금메달이 수여된다)과 특집기사 부문에서 『오레고니언』이 2관왕을 석권했을 때 어맨다 베넷과 나는 『컬럼비아 저널리즘 리뷰』로부터 수상작의 취재 후기를 써 달라는 원고 청탁을 받았다. 우리는 둘 다 윤리적 취재 원칙을 깐깐하게 적용한 '검사의 검열'에 중심을 두고 취재와 기사 작성 과정을 6막짜리 연극 형식으로 풀어냈다. 각 막은 "직접 들은 말만 인용하라", "본 것만 보도하라", "검증할 수 있는 스토리를 선택하라"처럼 취재 원칙을 보여주는 하나의 장면으로 구성했다.

어맨다는 미국 이민귀화국(INS)에 대한 탐사보도로 퓰리처상 금메달을 받은 기획취재팀 수장이었다. 그녀의 진두지휘 아래 리치 리드와 줄리 설리번은 1년이 넘는 시간 동안 INS 안에서 벌어지는 학대 실상을 취재했다. 그 후 탐사보도 전문기자 킴 크리스텐슨과 브렌트 월스가 합류했고, 취재 범위를 미국 전역으로 넓혀 광범위하게 퍼져 있는 조직적 인종차별, 부실 운영, 비리 사례를 파헤쳤다. 그때 나는 리치의 편집자로서 팀 편집회의에 참여해 '검사의 검열'이 이루어지는 현장을 지켜보았다.

어맨다는 수시로 검사가 되었다. 한번은 비좁은 회의실에 팀을 소집시키고 화이트보드 앞에 서서 질문을 던지며 대답을 매직펜으로 빠르게 적어나갔다. 지금 우리가 무엇을 증명하려는 거지? "비리요." 기자 한 명이 대답했다. "비밀 감옥." 다른 기자가 대답했다. "엉터리 운영." 또 다른 기자가 말했다. 어맨다는 그렇다면 이것들을 증명하기 위해 무엇이 필요하냐고 물었다. 여기저기서 증거 자료에 대한 의견이 나왔다. 어맨다는 그것을 받아 적었다. 그리고 팀원들은 자료를 찾으러 전국으로 흩어졌다.

그들은 증거와 객관성 확보에 대한 명확한 기준을 정했다. 최종 기사에 실릴 내용은 2차적 해석을 거치지 않은 원출처에서 나온 것이어야 한다. 이해관계가 얽혀 있는 이익 단체에서 나온 자료는 피하며, 다양한 정치적 입장을 되도록 골고루 반영한다. 어떤 주장을 펼 때는 각기 다른 출처, 다른 지역에서 나온 예를 최소한 세 가지 이상 들어 뒷받침한다.

원고 작성 단계로 들어가자 어맨다는 다시 회의를 소집했다. 그녀는 검사를 자처하며 결론에 조목조목 반론을 제기했다. 『컬럼비아 저널리즘 리뷰』에 기고한 글에서 이 과정은 이렇게 묘사됐다.

> 비평가 역을 하는 어맨다가 "서로 상관없는 별개의 사건을 주워다 짜 맞췄다"라고 공격했다. 월스는 각각의 사건이 어떻게 대표성을 띠는지 증명하는 통계자료를 하나씩 확인시켰다.
> 어맨다는 계속해서 철창에 갇힌 아이들에 대한 내용을 지적하며 "소수 아이들 이야기를 너무 자극적으로 다룬 것 아니냐?" 하고 따졌다. 설리번은 기사에 못다 실은 수많은 사례를 열거했다.
> "특정 정당의 손에 놀아나고 있다"라고 힐책하자 이번에는 리치가 비정치권뿐 아니라 두 정당에서 수집한 증거를 내놓기 시작했다.

한편 나는 톰 홀먼과 함께 작업한 「가면 너머의 소년」이 어떻게 탄생했는지 소개했다. 톰이 샘 라이트너가 자필로 적어 놓은 질문을 보며 의사와 나눈 대화를 재현한 일이며, 도중에 스토리의 방향이 달라져 주제를 새로 잡았던 일 등을 언급했다. 톰이 1만 7,000단어 길이의 원고를 죽 훑으며 직접 보거나 들은 부분을 형광펜으로 표시해봤더니 전체 내용의 80퍼센트 이상이 직접 취재에서 나온 것이었다는 이야기도 했다. 편집 단계에서 철저하게 의심하고 회의하는 검사의 자세가 어떤 도움이 됐는지도 다루었다.

> 초고에 병원 대기실에서 다른 환자들이 샘을 노골적인 시선으로 바라보는 장면을 묘사한 대목이 있었다. "그들은 일제히 샘을 바라보았고, 자신이 무슨 문제로 병원에 왔든 저런 얼굴을 가진 소년보다는 심하지 않을 거라고 생각하는 듯했다."
> 잭 하트는 이곳에 체크 표시를 하고 홀먼에게 "'생각하는 듯했다' 같은 표현은 신중하게 사용해야 한다"라고 주의를 주었다.
> "기자가 독심술로 글 쓴다는 소리를 들으면 안 되지."
> 홀먼은 취재할 때 써놓은 메모를 다시 찾아본 뒤 이 장면을 고쳐 썼다. "샘은 의자에 앉아서 잡지를 뒤적거렸다. 그러다 맞은편에 앉은 아줌마와 눈이 마주쳤다. 아줌마는 얼른 시선을 돌렸다. 샘은 그 아줌마가 옆에 앉은 다른 아줌마에게 뭐라고 속삭이는 것을 보았다. 그러더니 두 사람은 다시 시선을 돌려 샘을 빤히 바라보았다."

윤리적 책임에 대한 내 생각이 완전히 바뀐 것은 오리건 주립 대학교에서 이 주제에 대해 강의를 하면서부터였다. 수업을 들은 학생들에게 관련 사례 연구를 조사하고, 자신만의 윤리 규약을 만들어 이것을 기말 리포트로 제출하라고 지시했다. 그 뒤 『오레고니언』에서 일하게 된 나는 윤리적인 문제에 부딪힐 때 참고할 수 있도록 신문과 방송, 잡지 10여 곳의 윤리 규약을 한데 모은 데이터베이스를 만들었다. 그런데 사실 나는 이 규약이 유익하다고 생각해본 적이 없다. 몇 년 동안 한번도 써먹은 적이 없었던 것이다. 얼마나 윤리적 책임을 다할 것인가를 결정짓는 것은 대답이 아니라 질문에 있기 때문이다.

최근 몇 년 사이 윤리적 문제에 대한 핵심 질문이 잘 정리된 리스트가 몇 가지 나왔다. 내러티브 한 편을 쓰는 동안에도 글을 쓰는 과정에서 우리는 온갖 문제에 직면하게 된다. 이 리스트들은 겉핥기 수준이긴 하지만 글을 쓸 때 꽤 도움이 된다. 여러 리스트 중에서 나는 특히 밥 스틸과 칩 스캔런이 만든 포인터연구소의 것을 좋아한다.[84]

글을 쓸 때 윤리 의식을 지키는 목적에 대한 내 생각 역시 바뀌었다. 뉴스 보도밖에 모르던 젊은 시절에는 정보 제공자의 협조를 얻고 공정성을 확보하고 독자의 신뢰를 얻고 명예훼손 소송을 피하는 데 목적이 있었다. 물론 이는 여전히 중요하다. 하지만 뉴스 보도에서 논픽션 스토리텔링으로 옮겨 오면서 다른 원칙과 동기도 알게 됐다.

내가 이제까지 논픽션 내러티브에 대해 깨달은 게 있다면 스토리텔링은 리얼리티와 도덕성을 최선을 다해 지킬 때 가장 강력한 힘을 발휘한다는 것이다. 논픽션 내러티브는 세상에 대처하는 우리 방식에 아주 근본적이고 중심적인 역할을 해왔다. 스토리가 인간의 뇌에서 논리적인 질서를 잡아준다는 사실은 우리가 내러티브의 인과적 흐름에서 의미를 발견한다는 뜻이다. 나는 다양한 내러티브 형식을 이해하게 되면서 "논픽션 스토리로 담아내지 못할 이야기는 없다"라는 사실을 깨달았다. 완벽한 주인공이 없어도, 명확한 클라이맥스가 없어도, 정확한 통찰 지점이 없어도 얼마든지 논픽션 스토리가 될 수 있다. 나아가 독자

1. 내가 정말로 있었다고 주장하는 일이 내가 표현한 그대로 일어났는지 어떻게 알았는가?
2. 그건 사실인가? 누가 사실이라고 이야기하는가?
3. 나는 사실을 옳게 알고 있는가? 또한 옳은 사실을 알고 있는가?
4. 나는 장면을 얼마나 완벽하게 재현해놓았는가? 재현에 바탕이 된 정보 제공자는 하나인가, 둘인가, 그 이상인가? 당시 현장에 있던 다른 목격자의 기억과 대조해보았는가?
5. 사료나 공식 기록 등의 문건을 통해 독립적 검증을 거쳤는가? 예를 들어 정보제공자가 "비바람이 부는 칠흑 같은 밤"이라고 말했을 때 기상청에 전화를 걸어 그날의 날씨를 확인했는가?
6. 나는 정보 제공자를 신뢰하는가? 정보 제공자의 기억이 부정확하거나 그가 다른 속셈을 갖고 있어 내가 그에게 속아 넘어갔을 가능성은 없는가?
7. 내 목적은 떳떳한가? 나는 독자에게 실체를 전달하려 노력하고 있는가? 아니면 내 필력으로 사람들을 즐겁게 하거나 감동을 주려 할 뿐인가?
8. 재현의 신빙성을 보증하는 것이 출처 명기다. 이것이 없어서 신뢰성을 떨어뜨리는가? 어떤 장면을 재현할 때 어떻게 취재했고 어떤 출처에서 나왔는지 독자 이해를 도울 편집자 주석이 필요하진 않은가?
9. 어떤 방식을 써서 취재했는지 편집자에게 숨김없이 공개하고 설명할 수 있으며, 그럴 의향이 있는가? 독자에게도 그럴 수 있고, 그럴 의향이 있는가?

가 믿어주기만 한다면 제아무리 최고의 픽션인들 상대가 되지 않는다.

아주 오래전 톰 울프는 독자는 정확하게 아주 단순한 한 가지 이유로 언제든지 잘 쓰인 논픽션에 열광할 준비가 되어 있다고 말했다. "기교의 문제를 넘어서 가만히 앉아 늘 이 이점을 누린다. 너무도 빤한, 본래부터 갖고 있는, 그게 무슨 힘이 있으랴 싶어 잊어버리곤 하는 이점. 그것은 바로 독자가 이 모든 일이 실제로 일어났던 일이라고 믿는다는 점이다."

우리는 논픽션 내러티브를 읽으며 세상을 이해한다. 같은 시대를 사는 다른 인간이 누구에게나 찾아오는 난관을 어떻게 극복했는지 보여줌으로써 행복한 인생을 사는 비결을 알려줄 때 우리는 그 힘을 실감한다. 이런 깨달음을 주는 것은 작가가 할 수 있는 가장 가치 있는 일이다. 인간의 공통된 경험을 정의하는 어떤 패턴을 찾아내겠다는 정직한 노력, 여기에 수반되는 온갖 수고와 좌절, 우여곡절을 보상해주기에 충분한 이유다.

마지막으로, 윤리적으로 취재를 하고 글을 써야 하는 가장 큰 이유는 진실의 힘에 있다.

『퓰리처 글쓰기 수업』의 가능성을 알아보고 책이 되도록 길잡이 역할을 해준 편집자 폴 셸린저에게 깊은 감사를 드린다. 또 교정과 교열을 봐 준 마크 리시케에게도 감사를 전한다. 지금 생각해도 낯부끄러운 실수들을 매서운 눈썰미로 바로잡고 다듬어주었다. 그리고 맨 처음부터 이 책을 믿어주고 폴이 시카고 대학교 출판부를 떠난 뒤 그의 뒤를 이어 개정판 편집을 맡아준 메리 로어에게도 고마움을 전한다. 성심성의를 다해 책을 검토하고 더 좋은 책이 될 수 있게 귀중한 제안을 해준 신시아 고니, 마일스 하비, 노먼 심스에게도 감사한다. 논픽션 내러티브가 뿌리내릴 수 있도록 나를 비롯한 기자들에게 안식처를 마련해준『오레고니언』편집자였던 샌디 로와『오레고니언』의 다른 편집자들에게도 감사드린다. 그리고 캐런 앨보에게도. 힘든 날도 있었지만 그녀의 지칠 줄 모르는 응원 덕분에 희망의 끈을 놓지 않을 수 있었다.

미국 최고의 글쓰기 멘토가 전하는
논픽션 스토리텔링의 모든 것

진화생물학에서는 인간이 이야기를 소비하고 창조하는 행위를 본성이 발현된 것으로 본다. 2만 년 전에 그날 나갔던 사냥을 기록해두던 동굴 벽이 오늘날 디지털 스크린으로 바뀌었을 뿐, 인간은 이야기를 듣고 들려주며 진화해왔다는 것이다. 세상을 사는 이치, 진화생물학 용어를 빌리면 적자생존 전략을 '스토리'라는 매력적인 매체에 담아 대대로 전한 결과 인류가 멸종을 면했다고도 하고, 스토리를 통해 공감 능력을 기른 덕분에 타자의 반응을 예측하고, 이해하고 그래서 함께 살아갈 수 있게 되었다고도 한다.

스토리가 없었다면 인간관계가 얼마나 어려웠을까? 잘 상상이 가진 않으나 분명한 것은 스토리가 지금 우리 시대의 화두라는 사실이다. 방송가에 유행처럼 번져 있는 음악 경연 프로그램을 봐도 정작 시청자의 심금을 울리는 것은 천재적인 가창력보다는 그 이면의 애틋한 사연 한 자락이다. 드라마틱한 스토리가 빠진 천재적 재능은 어딘지 밍

밍한 느낌이다. 재능에 대한 감탄 이상의 감정, 연민·안타까움·애잔함·소중함 등 더욱 섬세하고 밀도 높은 감정을 자아내는 것 역시 스토리다.

정말이지 이야기를 좋아하면 가난하게 산다는 옛말이 무색한 시절이다. 스토리텔링 수학, 스토리텔링 마케팅에 이어 최근에는 스토리텔링 치료까지 등장했다. 환자와 의사가 함께 스토리를 만들어가는 과정에서 공감대를 형성하고, 서로 잘 이해하게 되면서 의료의 질이 높아지는 것은 물론 회복 속도도 빨라진다는 것이다.

어떤 사실을 스토리라는 틀에 넣어 가공하는 행위인 스토리텔링은 일견 간단해 보이지만 그것으로 사람의 마음을 들었다 났다 하는 재주는 누구에게나 주어지지 않는다. 훌륭한 이야기에는 어떤 비결이 있는 걸까? 내가 이 책『퓰리처 글쓰기 수업』의 원서를 펼쳐 든 이유도 이것이 알고 싶어서였다. 저자 잭 하트는 미국 북서부 지역에서 최대 발행 부수를 자랑하는 150년 역사의 일간지『오레고니언』에서 무려 25년 동안 편집장과 글쓰기 코치로 일했다. 신문사 생활 중반 무렵에는 육하원칙에 따른 사실 전달에 충실한 정통적인 기사 형식에서 사실을 스토리 형식으로 전달하는 내러티브 기사로 전향했다. 그러면서 이 분야에서 손꼽히는 글쓰기 멘토로 이름을 알렸다.『오레고니언』에 실린 내러티브 기사 중 그의 손을 거친 퓰리처상 수상작이 여러 편이다.

잭 하트는 우리가 국어 수업 시간이나 소설, 영화, 연극 등의 평론에서 익히 들었던 스토리의 면면뿐 아니라 스토리를 직접 써보기 전에는 결코 예상하지 못할 디테일까지 조목조목 꼼꼼하게 설명한다. 뼈대 잡는 법, 서술자와 무대와의 거리를 설정하는 시점 정하는 법, 이야기 무대 만드는 법, 작가 특유의 개성을 드러내는 목소리와 스타일 사용법, 주인공을 찾아내고 그를 입체적인 인물로 형상화하는 법 그리고

역자 후기

글 재료를 수집하는 다양한 방법은 물론이고 논픽션이기에 부딪힐 수밖에 없는 녹록지 않은 윤리적 고민들까지. 익숙한 것은 익숙한 것대로 생각하지 못한 세계가 있고, 낯선 것은 낯선 것대로 알아가는 맛이 담겨 있다. 여기에 신문사 안팎의 일화를 얹어 읽는 재미까지 더한다.

우리는 모두 잠재적 스토리텔러다. 인생 자체가 인상적인 장면과 액션, 스토리로 넘쳐나는데 들려줄 이야기 한두 개쯤 없을 리 없다. 깊은 여운을 남기는 묵직한 이야기든, 마음에 잔잔한 파문을 일으키는 소소한 이야기든. 그럼에도 막상 써 보면 한 줄 나아가기가 쉽지 않다. 어디서부터 어떻게 이야기를 시작해야 할지 막막한 사람이라면 일단 이 책으로 스토리텔링 울렁증을 극복할 수 있다. 스토리를 짓는 과정이 설계하고, 터를 닦고, 뼈대를 세우고, 살을 붙여 완성하기까지 집을 짓듯 매우 구체적인 그림으로 나타난다. 작가 초년생 내지는 지망생 입장에서는 쉽게 따라 해볼 만하다. 책에 언급된 예시문은 모두 미국에서 발행된 신문이나 책에 실려 많은 독자에게 반향을 일으켰던 글들로 적시 적소에 배치되어 이론과 실전의 간극을 메워 준다.

하지만 울렁증을 극복하고 이야기의 문턱을 넘었다 해도 무사히 결말에 이른다는 보장은 없다. 논픽션은 상상이 아닌 실화로 내러티브를 짜기 때문에 취재부터 탈고까지 픽션과는 다른 접근 방식을 취한다. 따라서 신문사나 방송국에서 기자로 일하기 전에는 그 노하우를 공유하기도 체감하기도 어렵다.

이 책에는 취재나 인터뷰 등 자료 조사 시 염두에 두어야 할 사항과 테크닉이 기자의 취재 수첩을 들여다보듯 일목요연하게 설명돼 있어 언론사에서 일해 본 경험이 없는 이들에게 특히 유용하다. 또한, 이렇게 수집한 재료를 어떻게 내러티브로 요리할 것인지, 저자가 직접 겪은 온갖 시행착오와 고민에서 나온 노하우를 알고 나면 막막함이 싹

걷히고, 나아가 소재를 보는 눈도 달라진다.

　　　같은 이야기라 하더라도 누가 하느냐에 따라 듣는 이의 반응은 천지 차이로 달라진다. 정말 괜찮은 이야기를 만났을 때 누군가는 친구와의 수다에 안주거리로 삼지만, 누군가는 잔가지를 찾아내고 살을 붙여 한 편의 이야기로 완성한다. 간혹 정말 놓치기 아까운 이야깃거리를 만난다면 멋지게 스토리라는 그릇에 담아 보면 어떨까. 그 이야기가 실제로 있었던 일이라면 더할 나위가 없을 것이다. 독자에게 먹히는 가장 강력한 주문은 "이것은 실화입니다"라니 말이다.

Aldama, Frederick Luis. "The Science of Storytelling: Perspectives from Cognitive Science, Neuroscience, and the Humanities." *Projections: The Journal of Movies and Mind* 9 (June 1, 2015).

Altmann, Jennifer Greenstein, "Assembling the Written Word: McPhee Reveals How the Pieces Go Together." *Princeton Weekly Bulletin*, April 7, 2007.

Aristotle. *The Poetics*. London and New York: Penguin, 1996.

Arrowsmith, Charles. "Daniel Mendelsohn: 'Ecstasy and Terror' Spans the Greeks to 'Game of Thrones.'" *Washington Post*, October 17, 2019. Reprinted in the *Oregonian*, December 15, 2019.

Baker, Jeff. "'Memoir' More about Lies and Consequences." *Oregonian*, March 5, 2008.

Banaszynski, Jacqui. "Listen Up!" *Nieman Storyboard*, December 8, 2019. https://niemanstoryboard.org/storyboard-category/digital-storytelling/.

Bates, Doug, Tom Hallman, Jr., and Mark O'Keefe. "Return of the River." *Oregonian*, February 11, 1996.

Beaven, Stephen. "Lou Gilbert Says Lou Gilbert Is the Greatest Salesman Who Ever Lived." *Oregonian*, December 28, 2003.

Beaven, Stephen. *We Will Rise: A True Story of Tragedy and Resurrection in the American Heartland*. New York: Little A, 2020.

Bernton, Hal. "Distant Water." *Oregonian*, April 12 – 14, 1998.

Berry, Deborah Barfield, and Kelley Benham French. "1619: Searching for Answers: The Long Road Home." *USA Today*, August 21, 2019.

Binder, Doug. "Help from Above." *Oregonian*, February 14, 2002.

Bingham, Larry. "Nothing to Do but Climb." *Oregonian*, October 23, 2004.

Bissinger, H. G. *Friday Night Lights*. Cambridge, MA: Da Capo Press, 2000.

Blundell, Bill. *The Art and Craft of Feature Writing*. New York: New American Library, 1988.

Blundell, Bill. "The Life of the Cowboy: Drudgery and Danger." *Wall Street Journal*, June 10, 1981. Reprinted in American Society of Newspaper Editors, *Best Newspaper Writing 1982*. St. Petersburg, FL: Modern Media Institute, 1982.

Boo, Katherine. *Behind the Beautiful Forevers: Life, Death and Hope in a Mumbai Undercity*. New York: Random House, 2012.

Bottomly, Therese. "News Is Vital, but Its Delivery Evolves." *Oregonian*, January 5, 2020.

Boule, Margie. "A Teacher's Long-Lasting Lessons Yield Blue-Ribbon Results." *Oregonian*, September 12, 2004.

Boulenger, Véronique, Olaf Hauk, and Friedemann Pulvermuller. "Grasping Ideas with the Motor System: Semantic Somatotopy in Idiom Comprehension." *Cerebral Cortex* 19 (August 2009): 1905 – 14.

Boyd, Brian. *On the Origin of Stories: Evolution, Cognition, and Fiction*. Cambridge, MA: Harvard University Press, 2009.

Boynton, Robert S. *The New New Journalism*. New York: Vintage Books, 2005.

Brink, C. O. *Horace on Poetry*. Cambridge: Cambridge University Press, 1971.

Burroway, Janet, with Elizabeth Stuckey-French and Ned Stuckey-French. *Writing

Fiction: A Guide to Narrative Craft. 10th edition. Chicago: University of Chicago Press, 2019.

Campbell, James. *The Final Frontiersman*. New York: Atria Books, 2004.

Carey, Benedict. "This Is Your Life (and How You Tell It)." *New York Times*, May 22, 2007.

Carroll, Joseph. "An Evolutionary Paradigm for Literary Study." *Style* 42, nos. 2–3 (Summer–Fall 2008): 103–35.

Cather, Willa. *O Pioneers!* New York: Vintage Classics, 1992. First published in 1913.

Cheney, Theodore A. Rees. *Writing Creative Nonfiction*. Cincinnati: Writer's Digest Books, 1987.

Chivers, C. J. "Sniper Attacks Adding to Peril of U.S. Troops." *New York Times*, November 4, 2006.

Clark, Roy Peter. *Murder Your Darlings*. New York: Little Brown, 2020.

Cody, Robin. "Cutting It Close." In *Another Way the River Has: Taut True Tales from the Northwest*. Corvallis: Oregon State University Press, 2010.

Cody, Robin. *Voyage of a Summer Sun*. New York: Alfred A. Knopf, 1995.

Cole, Michelle, and Katy Muldoon. "Swimming for Life in an Angry Sea." *Oregonian*, June 12, 2003.

Connors, Joanna. "Beyond Rape: A Survivor's Journey." *Cleveland Plain Dealer*, May 4, 2008.

Conover, Ted. *Coyotes: A Journey through the Secret World of America's Illegal Aliens*. New York: Vintage Books, 1987.

Conover, Ted. *Immersion: A Writer's Guide to Going Deep*. Chicago: University of Chicago Press, 2016.

Conover, Ted. *Newjack: Guarding Sing Sing*. New York: Random House, 2000.

Conover, Ted. *Rolling Nowhere: Riding the Rails with American's Hoboes*. New York: Viking, 1984.

Conover, Ted. *The Routes of Man: How Roads Are Changing the World and the Way We Live Today*. New York: Alfred A. Knopf, 2010.

Conover, Ted. *Whiteout: Lost in Aspen*. New York: Random House, 1991.

Cron, Lisa. *Wired for Story: The Writer's Guide to Using Brain Science to Hook Readers from the Very First Sentence*. Berkeley, CA: Ten Speed Press, 2012.

Curtis, Wayne. "In Twain's Wake." *Atlantic*, November 2007.

Dakota Spotlight. Podcast hosted by James Wolner. https://dakotaspotlight.com/.

D'Cruz, Kate, Jacinta Douglas, and Tanya Serry. "Narrative Storytelling as Both an Advocacy Tool and a Therapeutic Process: Perspectives of Adult Storytellers with Acquired Brain Injury." *Neuropsychological Rehabilitation*, March 1, 2019. https://www.tandfonline.com/doi/abs/10.1080/09602011.2019.1586733.

DeSilva, Bruce. "Endings." *Nieman Reports*, Spring 2002.

Didion, Joan. *Slouching towards Bethlehem*. New York: Farrar, Straus, Giroux, 1968.

D'Orso, Michael. *Eagle Blue*. New York: Bloomsbury, 2006.

Drake, Donald. "The Disease Detectives." *Philadelphia Inquirer*, January 9, 1983.

Dzikie, M., K. Oatley, S. Zoeterman, and J. B. Peterson, "On Being Moved by Art: How Reading Fiction Transforms the Self." *Creativity Research Journal* 21, no. 1 (2009): 24–29.

Egri, Lajos. *The Art of Dramatic Writing*. Boston: Writer, Inc., 1960.

Ellis, Barnes. "A Ride through Hell." *Oregonian*, July 14, 1991.

Engel, Susan. *The Stories Children Tell: Making Sense of the Narratives of Childhood*. New York: Freeman, 1995.

Ephron, Nora. *Wallflower at the Orgy*. New York: Viking, 1970.

Eustachewich, Lia. "NY Times Reassigns Reporter in Leak Scandal." *New York Post*, July 3, 2018.

Fallows, James. "The Fifty-First State." Atlantic, November 2002. Reprinted in *The American Idea: The Best of the Atlantic Monthly*, edited by Robert Vare. New York: Doubleday, 2007.

Feldman, Carole. "Youths' Writing Skills Fail to Impress." *Oregonian*, June 8, 1994.

Fink, Sheri. *Five Days at Memorial: Life and Death in a Storm-Ravaged Hospital*. New York: Crown Publishers, 2013.

Finkel, David. "The Wiz." *Washington Post Magazine*, June 13, 1993.

Fitzgerald, F. Scott. *The Great Gatsby*. Cambridge and New York: Cambridge University Press, 1971.

Foster, J. Todd, and Jonathan Brinkman. "The Green Wall." *Oregonian*, March 29, 1998.

Franklin, Jon. *Writing for Story*. New York: Mentor/New American Library, 1986.

French, Thomas. "Angels & Demons." *St. Petersburg Times*, October 26 – November 9, 1997.

French, Thomas. "A Gown for Lindsay Rose." *St. Petersburg Times*, February 28, 2003.

French, Thomas. "Serial Narratives." *Nieman Reports*, Spring 2002.

French, Thomas. "South of Heaven." *St. Petersburg Times*, May 12 – 15, May 19 – 21, 1991.

Gardner, John. *The Art of Fiction: Notes on Craft for Young Writers*. New York: Alfred A. Knopf, 1984.

Gawande, Atul. *Being Mortal: Medicine and What Matters in the End*. New York: Metropolitan Books, 2014.

Gawande, Atul. *Complications: A Surgeon's Notes on an Imperfect Science*. London: Picador, 2002.

Gawande, Atul. "How Childbirth Went Industrial." *New Yorker*, October 9, 2006.

Gerard, Philip. *Creative Nonfiction: Researching and Crafting Stories of Real Life*. Long Grove, IL: Waveland Press, 1996.

Gersh, Debra. "Inverted Pyramid Turned Upside Down." *Editor & Publisher*, May 1, 1993.

Glaser, Gabrielle. "I Witness." *Oregonian*, May 13, 2007.

Goldsmith, Jack. "Jimmy Hoffa, My Stepfather, and Me." *Atlantic Monthly*, November 2019.

Gorney, Cynthia. "Chicken Soup Nation." *New Yorker*, October 6, 2003.

Gorney, Cynthia. "Mic Drop? A Veteran Longform Writer Trades Notebook for Headphones, Text for Sound." *Nieman Storyboard*, October 18, 2018.

https://niemanstoryboard.org/stories/mic-drop-a-veteran-print-reporter-puts-down-her-notebook-and-puts-on-headphones/.

Gottschall, Jonathan. *The Storytelling Animal: How Stories Make Us Human*. Boston: Houghton Mifflin Harcourt, 2012.

Gould, Stephen Jay. "Jim Bowie's Letter & Bill Buckner's Legs." *Natural History*, May 2000.

Grann, David. *Killers of the Flower Moon: The Osage Murders and the Birth of the FBI*. New York: Doubleday, 2017.

Grann, David. *The Lost City of Z: A Tale of Deadly Obsession in the Amazon*. New York: Doubleday, 2009.

Grann, David. "The Squid Hunter." *New Yorker*, May 24, 2004.

Hall, Stephen S. "Journey to the Center of My Mind." *New York Times Magazine*, June 6, 1999.

Hallman, Tom, Jr. "The Boy Behind the Mask." *Oregonian*, October 1–4, 2000.

Hallman, Tom, Jr. "Collision Course." *Northwest Magazine*, October 9, 1983.

Hallman, Tom, Jr. "The Education of Richard Miller." *Oregonian*, September 13, 1998.

Hallman, Tom, Jr. "Fighting for Life on Level Three." *Oregonian*, September 21–24, 2003.

Hallman, Tom, Jr. "A Life Lost . . . and Found." *Oregonian*, December 20, 1998.

Hammett, Dashiell. *Red Harvest*. New York: Alfred A. Knopf, 1929.

Harr, Jonathan. *A Civil Action*. New York: Vintage Books, 1995.

Harrington, Walt. *The Everlasting Stream: A True Story of Rabbits, Guns, Friendship, and Family*. Boston: Atlantic Monthly Press, 2007.

Harrington, Walt. *Intimate Journalism: The Art and Craft of Reporting Everyday Life*. Thousand Oaks, CA: Sage Publications, 1997.

Harrington, Walt. "The Journalistic Haiku." A paper presented to the Canadian Association of Journalists national convention in Vancouver, BC, May 7–9, 2004.

Harrington, Walt. "The Writer's Choice," *River Teeth*, Fall 2008/Spring 2009, 495 – 507.

Harrison, Jim. *Off to the Side*. New York: Atlantic Monthly Press, 2002.

Hart, Jack. *The Information Empire: A History of the Los Angeles Times and the Times Mirror Corporation*. Lanham, MD: University Press of America, 1981.

Hart, Jack. *Wordcraft: The Complete Guide to Clear, Powerful Writing*. Chicago: University of Chicago Press, 2021.

Hart, Jack, and Amanda Bennett. "A Tale of Two Tales: A Pulitzer Prize-Winning Play in Six Acts." *Columbia Journalism Review*, September/October 2001.

Harvey, Chris, "Tom Wolfe's Revenge." *American Journalism Review*, October 1994.

Hillenbrand, Laura. *Seabiscuit*. New York: Ballantine, 2001.

Hogan, Dave. "A Boy Seeks Help after Watching His Father Overdose on Heroin." *Oregonian*, May 3, 1990.

Hsu, Jeremy. "We Love a Good Yarn." *Scientific American*, August 2008.

Irizarry, Adrienne. "Why Is Storytelling So Compelling?" *Leviosia Communication: Storytelling* (blog). August 16, 2018. https://leviosacomm.com/2018/08/16/why-is-storytelling-so-compelling/.

Johnson, Rheta Grimsley. "A Good and Peaceful Reputation." *Memphis Commercial Appeal*, November 1, 1982. Reprinted in American Society of Newspaper Editors, *Best Newspaper Writing 1982*. St. Petersburg, FL: Modern Media Institute, 1983.

Junger, Sebastian. *The Perfect Storm*. New York: W. W. Norton, 1997.

Kaufman, Naomi. "Learning Not to Go to School." *Oregonian*, June 30, 1990.

Kessler, Lauren. *Dancing with Rose: Finding Life in the Land of Alzheimer's*. New York: Viking, 2007.

Kidder, Tracy. "Facts and the Nonfiction Writer," *Writer*, February 1994.

Kidder, Tracy. *Mountains Beyond Mountains: The Quest of Dr. Paul Farmer*. New York: Random House, 2003.

Kidder, Tracy. "Small-Town Cop." *Atlantic Monthly*, April 1999.

Kidder, Tracy. *The Soul of a New Machine*. New York: Little Brown and Company, 1981.

Kidder, Tracy, and Richard Todd. *Good Prose: The Art of Nonfiction*. New York: Random House, 2013.

Kluger, Jeffrey. "How Telling Stories Makes Us Human." *Time*, December 5, 2017.

Krakauer, Jon. *Into the Wild*. New York: Anchor Books, 1996.

Kramer, Mark. "Narrative Journalism Comes of Age." *Nieman Reports*, Spring 2000.

Kramer, Mark, and Wendy Call. *Telling True Stories: A Nonfiction Writers' Guide from the Nieman Foundation at Harvard University*. New York: Plume, 2007.

Kurtz, Howard. "Rick Bragg Quits at New York Times." *Washington Post*, May 29, 2003.

Larabee, Mark. "Clinging to Life—and Whatever Floats." *Oregonian*, December 12, 2007.

LaRocque, Paula. *The Book on Writing: The Ultimate Guide to Writing Well*. Oak Park, IL: Marion Street Press, 2003.

Larson, Eric. *The Devil in the White City*. New York: Vintage Books, 2003.

Larson, Eric. *Isaac's Storm*. New York: Random House, 2000.

Leonard, Elmore. *Ten Rules of Writing*. New York: William Morrow, 2001.

Levine, Mark. "Killing Libby." *Men's Journal*, August 2001.

Levy, Shawn. "Give It to Me Straight, Doc." *Oregonian*, February 4, 2007.

Lopate, Phillip, ed. *The Art of the Personal Essay*. New York: Anchor Books, 1995.

Lukas, J. Anthony. *Common Ground*. New York: Vintage Books, 1986.

Lyall, Sarah. "What You Read Is What He Is, Sort Of." *New York Times*, June 8, 2008.

Macauley, Robie, and George Lanning. *Technique in Fiction: Second Edition*. New York: St. Martin's Press, 1987.

Maclean, Norman. *Young Men and Fire*. Chicago and London: University of Chicago Press, 1992.

Malcolm, Janet. *The Journalist and the Murderer*. New York: Vintage Books, 1990.

Margolis, Michael. "Humans Are Hard-Wired for Story." *Storied* (blog). May 8, 2013.

https://www.getstoried.com/hard-wired-for-storytelling/.

Margulis, Elizabeth Hellmuth, et al. "What the Music Said: Narrative Listening across Cultures." *Nature Communications*, November 26, 2019. http://www. nature.com/articles/s41599-019-0363-1.

Martinez-Conde, Susana, et al. "The Storytelling Brain: How Neuroscience Stories Help Bridge the Gap between Research and Society." *Journal of Neuroscience* 39, no. 42 (October 16, 2019): 8285-90. https://doi.org/10.1523/ JNEUROSCI.1180-19.2019.

McGinniss, Joe. *Fatal Vision*. New York: Penguin Putnam, 1983.

McHugh, Siobhan. "Subjectivity, Hugs and Craft: Podcasting as Extreme Narrative Journalism." *Nieman Storyboard*, October 8, 2019. https://niemanstoryboard. org /storyboard-category/digital-storytelling/.

McKee, Robert. *Story*. New York: ReganBooks, 1997.

McMaster University. "The Art of Storytelling: Researchers Explore Why We Relate to Characters." *ScienceDaily*, September 13, 2018.

McPhee, John. *Coming into the Country*. New York: Farrar, Straus, and Giroux, 1976.

McPhee, John. *Control of Nature*. New York: Farrar, Straus, and Giroux, 1982.

McPhee, John. *Draft No. 4: On the Writing Process*. New York: Farrar, Straus and Giroux, 2017.

McPhee, John. "A Fleet of One." *New Yorker*, February 17, 2003.

McPhee, John. *The Pine Barrens*. New York: Farrar, Straus, and Giroux, 1968.

McPhee, John. "Travels in Georgia." *New Yorker*, April 28, 1973. Reprinted in *The Literary Journalists*, ed. Norman Sims. New York: Ballantine, 1984.

Meinzer, Kristen. *So You Want to Start a Podcast: 7 Steps That Will Take You from Idea to Hit Show*. New York: HarperCollins, 2019.

Miller, G. Wayne. *King of Hearts*. New York: Times Books, 2000.

Monroe, Bill. "A Night on the River." *Oregonian*, September 14, 1994.

Morrison, Blake. "Ex-*USA Today* Reporter Faked Major Stories." usatoday.com, March 19, 2004.

Muldoon, Katy. "Guitar Guy, Harmonica Man Liven Up a Dreary Wait at Gate 66." *Oregonian*, July 16, 2006.

Murali, Geetha. "Books Can Rewire Our Brains and Connect Us All." *Hill*, September 1, 2018.

Murray, Don. *A Writer Teaches Writing*. Boston: Heinle, 2003.

Murray, Don. *Writing for Your Readers: Notes on the Writer's Craft from the Boston Globe*. Boston: Globe-Pequot, 1992.

Newman, Barry. "Fisherman." *Wall Street Journal*, June 1, 1983.

Nigam, Sanjay K. "The Storytelling Brain." *Science and Engineering Ethics* 18, no. 3 (September 2012): 567-71.

Oatley, Keith. "A Feeling for Fiction." *Greater Good Magazine*, September 1, 2005.

Orlean, Susan. *The Orchid Thief*. New York: Random House, 1998.

Pancrazio, Angela. "His Rolling Cross to Bear." *Oregonian*, March 5, 1997.

Pancrazio, Angela. "His Work in Time." *Oregonian*, October 28, 1996.

Parker, Ian. "The Real McKee." *New Yorker*, October 20, 2003.

Paterniti, Michael. "The Long Fall of One-Eleven Heavy." *Esquire*, July 2000.

Perl, Sondra, and Mimi Schwartz. *Writing True: The Art and Craft of Creative Nonfiction*. New York: Houghton Mifflin, 2006.

Pinker, Steven. *How the Mind Works*. New York: W. W. Norton, 2009.

Pinker, Steven. *The Language Instinct: How the Mind Creates Language*. New York: Morrow, 1994.

Pinker, Steven. "Toward a Consilient Study of Literature." *Philosophy and Literature* 31 (April 2007): 161-77.

Plimpton, George. *Paper Lion*. Guilford, CT: Lyons Press, 1965.

Plimpton, George. "The Story behind a Nonfiction Novel." *New York Times*, January 16, 1966.

Pollan, Michael. "An Animal's Place." *New York Times Magazine*, November 10, 2002.

Pollan, Michael. *The Omnivore's Dilemma: A Natural History of Four Meals*. New York: Penguin, 2006.

Preston, Richard. *The Hot Zone*. New York: Random House, 1994.

Price, Michael. "World's Oldest Hunting Scene Shows Half-Human, Half-Animal Figures—and a Sophisticated Imagination." *ScienceMag.org*, December 12, 2019. https://www.sciencemag.org/news/2019/12/world-s-oldest-hunting-scene-shows-half-human-half-animal-figures-and-sophisticated.

Radostitz, Rita. "On Being a Tour Guide." *Etude: New Voices in Literary Nonfiction* (online magazine), Autumn 2003.

Raver-Lampman, Greg. "Adrift." *Virginian-Pilot*, October 22–24, 1991.

Raver-Lampman, Greg. "Charlotte's Millions." *Virginian-Pilot*, August 11–17, 1997.

Rayfield, Donald. *Anton Chekhov: A Life*. New York: Henry Holt and Company, 1997.

Read, Rich. "The French Fry Connection." *Oregonian*, October 18–21, 1998.

Read, Rich. "Racing the World." *Oregonian*, March 7–9, 2004.

Roach, Mary. *Grunt: The Curious Science of Humans at War*. New York: W. W. Norton, 2016.

Roach, Mary. *Gulp: Adventures on the Alimentary Canal*. New York: W. W. Norton, 2013.

Roach, Mary. "Just Sharp Enough." *Sports Illustrated Women*, October 2001.

Roach, Mary. *Spook: Science Tackles the Afterlife*. New York and London: W. W. Norton, 2005.

Roach, Mary. *Stiff: The Curious Lives of Human Cadavers*. New York and London: W. W. Norton, 2003.

Roach, Mary. "White Dreams." A Wanderlust column for *Salon*, December 1, 1997.

Roberts, Michelle. "Law Man Races Time and Elements." *Oregonian*, December 10, 2006.

Rose, Joseph. "Thief Learns Lessons in Do's and Doughnuts." *Oregonian*, January 19, 2005.

Ruark, Robert. *The Honey Badger*. New York: McGraw-Hill, 1965.

Rubie, Peter. *The Elements of Storytelling*. Hoboken, NJ: John Wiley and Sons, 1996.

Rubie, Peter. *Telling the Story: How to Write and Sell Narrative Nonfiction*. New York:

HarperCollins, 2003.

Rule, Ann. *Small Sacrifices*. New York: E. P. Dutton, 1987.

Savchuk, Katia. "5(ish) Questions: Ted Conover and *Immersion: A Writer's Guide to Going Deep*." *Nieman Storyboard*, February 7, 2017. https://niemanstoryboard.org/stories/5ish-questions-ted-conover-and-immersion-a-writers-guide-to-going-deep/.

Savchuk, Katia. "Singular Moments, Timeless Questions: Two-Time Pulitzer Winner Gene Weingarten Finds the Beating Heart at the Center of His New Book about One Ordinary, Extraordinary Day." *Nieman Storyboard*, October 22, 2019. https://niemanstoryboard.org/stories/singular-moments-timeless-questions/.

Schroeder, Peter. "The Neuroscience of Storytelling Will Make You Rethink the Way You Create." *The Startup* (blog). January 3, 2018. https://medium.com/swlh/the-neuroscience-of-storytelling-will-make-you-rethink-the-way-you-create-215fca43fc67.

"The Science of Storytelling: A Conversation with Jonathan Gottschall." *PBS Newshour's Science Thursday*. June 14, 2012

Shadid, Anthony. "In a Moment, Lives Get Blown Apart." *New York Times*, March 27, 2003. Reprinted in American Society of Newspaper Editors, *Best Newspaper Writing, 2004*. St. Petersburg, FL: The Poynter Institute, 2004.

Shontz, Lori. "From Basketball Stardom to Rosary Beads: Twenty-Five Years after a College Athlete Keeps a Promise to God, ESPN Follows Up with a Rare Story from Inside a Cloistered Convent." *Nieman Storyboard*, December 10, 2019. https://niemanstoryboard.org/stories/from-basketball-stardom-to-rosary-beads/.

Simon, David. *Homicide: A Year on the Killing Streets*. New York: Houghton Mifflin, 1992.

Simon, David. "Making the Story More than Just the Facts." *NewsInc*, July/August 1992.

Simon, David, and Edward Burns. *The Corner: A Year in the Life of an Inner-City Neighborhood*. New York: Broadway Books, 1997.

Sims, Norman, ed. *The Literary Journalists*. New York: Ballantine Books, 1984.

Sims, Patsy. *Literary Nonfiction: Learning by Example*. New York and Oxford: Oxford University Press, 2002.

Singer, Mark. "The Castaways." *New Yorker*, February 19 and 26, 2007.

Smith, Daniel, et al. "Cooperation and the Evolution of Hunter–Gatherer Storytelling." *Nature Communications*, December 5, 2017.

Stabler, David. "Lost in the Music," *Oregonian*, June 23 –25, 2002.

Stein, Michelle. "Branded by Love." *Oregonian*, January 19, 1990.

Stepp, Carl Sessions. "I'll Be Brief." *American Journalism Review*, August/September 2005.

Strauss, Darin. "Notes on Narrative." Blog entry at Powellsbooks.com. July 11, 2008.

Swift, Earl. "The Dark Side of Valentine's Day." *Virginian-Pilot*, February 15, 2000.

Talese, Gay. *Fame and Obscurity*. New York: Laurel, 1981.

Talese, Gay. *Honor Thy Father*. New York: Ballantine Books, 1971.

Thompson, Hunter. *Hell's Angels*. New York: Random House, 1966.

Thompson, Hunter. "The Kentucky Derby Is Decadent and Depraved." *Scanlan's Monthly*, June 1970.

Tomlinson, Stuart. "John Lee Hooker." *Oregonian*. January 19, 1990.

Tomlinson, Stuart. "An Officer Reacts." *Oregonian*, October 13, 2004.

Tomlinson, Tommy. "A Beautiful Find." *Charlotte Observer*, November 16, 2003.

Volz, Jan. "Of Time and Tashina." *Redmond Spokesman*, October 1, 1997.

Voutilainen, Liisa, Pentti Henttonena, Mikko Kahria, Maari Kiviojab, Niklas Ravajacd, Mikko Samse, and Anssi Perakylaa. "Affective Stance, Ambivalence, and Psychophysiological Responses during Conversational Storytelling." *Journal of Pragmatics* 68 (2014): 1 – 24.

Walker, Spike. "Tragedy in the Gulf of Alaska." *Northwest Magazine*, December 26, 1982.

Weinberg, Steve. "Tell It Long, Take Your Time, Go in Depth." *Columbia Journalism Review*, January/February 1998.

Weingarten, Gene. "The Beating Heart: A Tragic Crime. A Medical Breakthrough. A Last Chance at Life." *Washington Post Magazine*, September 30, 2019.

Weingarten, Gene. *One Day: The Extraordinary Story of an Ordinary 24 Hours in America*. New York: Blue Rider Press, 2019.

Weingarten, Gene. "The Peekaboo Paradox." *Washington Post Magazine*, January 22, 2006.

Weller, Debra. "Storytelling, the Cornerstone of Literacy." *California Kindergarten Association*, 2016. http://www.californiakindergartenassociation.org/wp-content /uploads/2009/01/Weller-Article1.pdf.

White, E. B. "Once More to the Lake." *Harper's*, August 1941.

Wilkerson, Isabel. *The Warmth of Other Suns: The Epic Story of America's Great Migration*. New York: Random House, 2010.

Wolfe, Tom, and E. W. Johnson, eds. *The New Journalism*. New York: Harper and Row, 1973.

Woods, Keith, ed. *Best Newspaper Writing 2004*. Chicago and St. Petersburg, FL: Bonus Books and The Poynter Institute, 2004.

Wyatt, Edward. "Frey Says Falsehoods Improved His Tale." *New York Times*, February 2, 2006.

Zak, Paul J. "Why Your Brain Loves Good Storytelling." *Harvard Business Review*, October 28, 2014.

미주

들어가는글

1   리치 리드와 줄리 설리번의 내러티브 기사는 2000년 4월에 시작해 12월까지 지속했던 미국 이민귀화국에 대한 『오레고니언』의 대대적인 보도 중 일부였다. 이 건과 관련해 당시 『오레고니언』에 게재된 기사 관련 내용은 참고문헌에 빠짐없이 열거했다.

1. 스토리

2   아이라 글래스는 2001년 12월 1일 매사추세츠주 케임브리지에서 열린 니먼 내러티브 저널리즘 회의(니먼 재단에서 주관하는 언론인 학술회의)에 참석해 강연했다.

3   스티븐 제이 굴드와 스티븐 핑커는 다양한 지면에서 스토리의 원형과 보편성에 대해 이야기한다. 일례로 굴드는 이 문제를 「짐 보위의 편지와 빌 버크너의 다리」(Jim Bowie's Letter & Bill Buckner's legs)에서 언급했고, 핑커는 『언어 본능』과 『마음은 어떻게 작동하는가』에서 다루었다.

4   내러티브 형식의 신문기사가 다른 구조와 비교해 어떤 효과를 발휘하는지에 대한 논의는 데브라 거슈의 「위아래가 뒤집힌 역피라미드」(Inverted Pyramid Turned Upside Down)와 노스웨스턴대학교 미디어경영센터에서 2000년에 발간한 『임팩트 연구』(Impact Study)에서 찾아볼 수 있다. 학생들이 다른 형식에 비해서 내러티브 구조를 얼마나 알고 있는지 알아보는 연구 결과는 캐럴 펠드먼의 「젊은 층의 작법은 감동을 주지 못한다」(Youths' Writing Skills Fail to Impress)에 소개돼 있다.

5   Michael Price, "World's Oldest Hunting Scene."

6   Gottschall, *Storytelling Animal*.

7   Carey, "This Is Your Life (and How You Tell It)."

8   D'Cruz, Douglas, and Serry, "Narrative Storytelling."

9   맥키의 말은 재닛 버로웨이의 『라이팅 픽션』(*Writing Fiction: A Guide to Narrative Craft*)에서 인용했다.

10   Pinker, "Toward a Consilient Study of Literature."

11   플롯에 대한 정의는 재닛 버로웨이의 『라이팅 픽션』, 매콜리와 래닝의 『픽션의 기교』(*Technique in Fiction*)에서 가져왔다.

12   스토리 전편은 다음에서 볼 수 있다. www.press.uchicago.edu/books/hart

13   테드 코노버의 말은 로버트 보인턴의 『뉴뉴저널리즘』에서 인용함.

14   게이 탈리스는 2001년 니먼 내러티브 저널리즘 회의에서 이 말을 했다.

15   톰 홀먼의 스토리 전편은 www.press.uchicago.edu/books/hart에서 볼 수 있다.

2. 구조

16   2001년 니먼 나래티브 컨퍼런스(Nieman Narrative Conference)에서 에프톤이 한 말이다.

17   니먼 스토리 보드에서 칩 스캔런(Chip Scanlan) 인터뷰. 2019년 11월 29일.

18   리처드 로즈의 말은 노먼 심스의 『문학적인 저널리스트』(*The Literary Journalists*)에서 인용했다.

19   톰 프렌치는 존과 린 프랭클린이 운영하는 내러티브 논픽션 이메일링 서비스 '작가L'에서 이 말을 했다.

20   메리 로치는 2007년 2월 9일 포틀랜드에서 열린 오리건주립대학교 저널리즘 세미나 「논픽션에 '논' 돌려주기」(Putting the Non Back in Nonfiction)에서 이렇

게 말했다.

21 짐 콜린스는 2001년 니먼 내러티브 저널리즘 회의에서 이 말을 했으며, 이 내용이 간추려져 『니먼 리포트』 2002년 봄호에 실렸다.

22 마크 라라비의 스토리 전편은 다음에서 볼 수 있다. www.press.uchicago.edu/books/hart

23 찰스 디킨스의 공식에 대한 참고문헌은 어디서든 찾아볼 수 있다. 그중 하나가 『세계 자서전 대백과』(*Encyclopedia of World Biography*)이다.

24 테드 코노버는 「논픽션에 '논' 돌려주기」라는 주제로 열린 오리건주립대학교 저널리즘 세미나에서 이렇게 말했다.

25 호라티우스의 시에 관한 C. O. 브링크(Brink)의 번역본이 가장 유명하다. 참고문헌 목록에 넣어두었다.

3. 시점

26 톰 홀먼, 더그 베이츠, 오키프의 「강의 회귀」(*Return of the River*).

4. 목소리와 스타일

27 루이스 래펌의 말은 시어도어 앨버트 리스 체니의 『창의적 논픽션 쓰기』(*Writing Creative Nonfiction*)에서 인용함.

28 노먼 심스의 『문학적인 저널리스트』에서 인용함.

29 테드 코노버의 말은 라도스티츠의 「여행 가이드로 산다는 것」(On Being a Tour Guide)에서 인용함.

30 트레이시 키더의 「사실 그리고 논픽션 작가」(Facts and the Nonfiction Writer) 14쪽.

31 애니 딜러드의 「중국인 작가들과의 우연한 조우」(Encounters with Chinese Writers)는 시어도어 앨버트 리스 체니의 『창의적 논픽션 쓰기』에서 인용함.

32 조지 플림프턴은 체니의 『창의적 논픽션 쓰기』에서 인용함.

33 존 맥피는 노먼 심스의 『문학적인 저널리스트』 재간행판에 실린 「조지아 여행」(Travels in Georgia)에서 인용함.

34 노먼 심스의 『문학적인 저널리스트』 40쪽에서 인용함.

35 「논픽션에 '논' 돌려주기」에서 가져왔다.

5. 캐릭터

36 포스터의 말은 매콜리와 래닝의 『픽션의 기교』(*Technique in Fiction*) 87쪽.

37 윌커슨은 2001년 니먼 내러티브 저널리즘 회의에서 이 말을 했다.

38 스타인의 「사랑의 브랜드」(Branded by Love).

39 코프먼의 「학교에 가지 않기 위한 배움」(Learning Not to Go to School).

40 톰린슨의 「존 리 후커」(John Lee Hooker).

6. 장면

41 리사 크론의 『끌리는 이야기는 어떻게 쓰는가*Wired for Story*』에서 인용함.

42 상동.

43 안톤 체호프는 1889년 친구에게 보낸 편지에서 이 말을 처음 쓴 후 조금씩 바

꿔 가며 계속 사용했다. 이 내용은 도널드 레이필드의『안톤 체호프: 어떤 일
생』(*Anton Chekhov: A Life*)에서 참고했다.

7. 액션

44 『낱말짓기』4장에는 "힘"이란 제목을 달았다. 이 장에서는 자동사, 수동태, 욕
설을 비롯해 힘과 활력이 느껴지는 글쓰기에 전혀 도움이 되지 않는 표현들
을 다룬다. 5장 "간결성"은 군더더기 표현, 조동사 남발, 또 액션 자체를 곧장
묘사하지 않고, 시작부터 묘사하려는 병적인 집착 등이 어떤 식으로 내러티
브의 추진력을 소진하는지 알아본다.

45 동적 표현을 이태릭체로 표시함.

46 리사 크론은『와이어드』에서 "독보적 문학 블로거"라 칭하는 브랜스포드의
이 말을 인용했다.

47 톰 프렌치는 매사추세츠주 케임브리지에서 2001년 11월 8일부터 10일까지
열린 니먼 내러티브 저널리즘 회의에서 속도에 대해 이야기했으며, 이 내용
이 간추려져『니먼 리포트』2002년 봄호에 실렸다.

48 톰 프렌치는 2007년 니먼내러티브저널리즘 회의에서「린지 로즈를 위한 가
운」(A Gown for Lindsay Rose)에 관해 이야기했다.

8. 대화

49 크리스 하비의「톰 울프의 복수」(Tom Wolfe's Revenge).

9. 주제

50 리사 크론은 저서 『끌리는 이야기는 어떻게 쓰는가』에서 핑커의 이 말을 인용했다.

51 노라 에프론의 말은 2001년 니먼 내러티브 저널리즘 회의에서 가져왔다.

52 『오 개척자들이여!』(O Pioneers!). 1913년 초판 발행.

53 존 프랭클린이 2001년 니먼내러티브저널리즘회의에서 한 말이다.

10. 취재

54 스티븐 홈스의 말은 『니먼 리포트』 2002년 봄호 20쪽에서 인용했다.

55 신시아 고니는 몰입 취재 요령 목록을 제공했으며, 2006년 『오레고니언』에서 열린 워크숍에서 이 말을 했다.

56 조지 플림프턴의 「논픽션 소설의 비하인드 스토리」(The Story Behind a Non-fiction Novel)에서 인용함.

57 마크 크레이머와 웬디 콜의 저서 『실화 스토리텔링』(Telling True Stories)에서 인용함.

58 로버트 보인턴의 『뉴뉴저널리즘』 54쪽에서 인용함.

59 로버트 보인턴의 『뉴뉴저널리즘』 16쪽에서 인용함.

60 리언 대시, 테드 코노버, 리처드 벤 크레이머는 로버트 보인턴의 『뉴뉴저널리즘』에서 인용됨.

61 메리 로치는 오리건주립대학교의 저널리즘 세미나 「논픽션에 '논' 돌려주기」에서 이 말을 했다.

62 톰 프렌치는 2001년 니먼 내러티브 저널리즘 회의에서 이 말을 했다.

63 신시아 고니는 전미신문편집자협회 주최 글쓰기 경연에 입상한 뒤 가진 인터뷰에서 자신의 취재 방법에 대해 소개했다. 이때의 인터뷰와 고니의 입상작이 모던미디어연구소의 『1980년도 올해 최고의 신문기사』에 실렸다.

64 조지 플림프턴의 「논픽션 소설의 스토리」(The Story of a Nonfiction Novel)에서 인용함.

65 메리 로치는 오리건주립대학교의 저널리즘 세미나 「논픽션에 '논' 돌려주기」에서 이 말을 했다.

66 켄 퍼슨의 말은 칼 세션스 스텝(Carl Sessions Stepp)의 「간단히 얘기할게요」(I'll Be Brief)에서 인용됨.

11. 스토리 내러티브

67 데이비드 스터블러의 스토리 전편은 www.press.uchicago.edu/books/hart에서 볼 수 있다.

68 줄리 설리번의 스토리 전편은 www.press.uchicago.edu/books/hart에서 볼 수 있다.

12. 해설 내러티브

69 신시아 고니는 2006년 『오레고니언』에서 열린 워크숍에서 해설 내러티브 취재에 대해 강연했다.

70 이 시리즈 전편은 www.press.uchicago.edu/books/hart에서 볼 수 있다.

13. 그 밖의 내러티브

71 「미스터 배드 뉴스」는 게이 탈리스의 문집 『유명과 무명』(*Fame and Obscurity*)
에 다시 실렸다.

72 「한 기형아에 대하여」는 필립 로페이트의 저서 『경수필 작법』(*Art of the Personal
Essay*)에 다시 실렸다.

14. 윤리

73 2004년 3월 19일 〈USA투데이닷컴〉에 게재된 블레이크 모리슨의 기사 「전
USA 투데이 기자, 주요 기사 날조」(Ex-USA Today Reporter Faked Major Stories)

74 『유스타셰위치』의 기사 「뉴욕 타임스, 누설 스캔들 기자 출입처 재배정」(NY
Times Reassigns Reporter in Leak Scandal)에서 인용함.

75 맥피의 말은 심스의 『문학적인 저널리스트』 15쪽에서 인용함.

76 레비의 「박사님 솔직하게 말해 보시죠」(Give It to Me Straight, Doc)에서 인용함.

77 「작가의 선택」(The Writer's Choice)에서 해링턴이 인용함.

78 오리건주립대학교 저널리즘 세미나 「논픽션에 '논' 돌려주기」.

79 와이엇의 기사 「프레이, '거짓이 이야기에 도움 됐다'」(Frey Says Falsehoods Im-
proved His Tale).

80 오리건주립대학교 저널리즘 세미나 「논픽션에 '논' 돌려주기」.

81 내러티브 논픽션 이메일링 서비스 '작가L'에서 데이비드 헤이스가 한 말이다.

82 2002년 6월 15일 자 『뉴욕타임스』 기사 「위기에 처한 굴과 삶」(An Oyster and
a Way of Life, Both at Risk).

83 앨릭스 베런슨의 말은 커츠의 기사 「뉴욕타임스 떠나는 브래그」(Rick Bragg Quits at New York Times)에서 인용함.

84 이 리스트는 포인터연구소의 웹사이트에 실린 칩 스캔런의 칼럼에서 가져왔다. http://www.poynter.org/content/content_view.asp?id=9506

퓰리처 글쓰기 수업

1판 1쇄 발행 2021년 11월 5일
1판 5쇄 발행 2023년 6월 16일

발행인 박명곤   **CEO** 박지성   **CFO** 김영은
기획편집 채대광, 김준원, 박일귀, 이승미, 이은빈, 강민형, 이지은, 성도원
디자인 구경표, 임지선
마케팅 임우열, 김은지, 이호, 최고은
펴낸곳 (주)현대지성
출판등록 제406-2014-000124호
전화 070-7791-2136   **팩스** 0303-3444-2136
주소 서울시 강서구 마곡중앙6로 40, 장흥빌딩 10층
홈페이지 www.hdjisung.com   **이메일** main@hdjisung.com
제작처 영신사

ⓒ 현대지성 2021

"Inspiring Contents"
현대지성은 여러분의 의견 하나하나를 소중히 받고 있습니다.
원고 투고, 오탈자 제보, 제휴 제안은 main@hdjisung.com으로 보내 주세요.

현대지성 홈페이지